纪念中国经济特区成立30周年丛书

纪念中国经济特区成立30周年丛书

中国经济特区导论

苏东斌
钟若愚 著

商務印書館
2010年·北京

图书在版编目(CIP)数据

中国经济特区导论/苏东斌，钟若愚著. —北京：
商务印书馆，2010
（纪念中国经济特区成立30周年丛书）
ISBN 978-7-100-07222-9

Ⅰ.中… Ⅱ.①苏… ②钟… Ⅲ.经济特区—研
究—中国 Ⅳ.F127.9

中国版本图书馆CIP数据核字(2010)第108068号

中国经济特区导论

苏东斌 钟若愚 著

商 务 印 书 馆 出 版
（北京王府井大街36号 邮政编码 100710）
商 务 印 书 馆 发 行
三河市尚艺印装有限公司印刷
ISBN 978-7-100-07222-9

2010年8月第1版 开本 787×1092 1/16
2010年8月北京第1次印刷 印张 25¼
定价：45.00元

总序

2008年是中国改革开放30周年，2010年是中国经济特区创办30周年。相隔有岁，但特区之建立与改革开放之推行有如孪生弟兄，相继着力，共推中国走向现代文明。若言中国新一轮现代化自改革开放始，其坚实之第一步，则从建立经济特区起。1980年，党中央、国务院以非凡勇气建立经济特区，30年过去，如今各级各类经济开发区已遍地开花，与当年的先行者——经济特区一道，映射中国经济发展之跫然足音。其中，尤以深圳经济特区最具代表性。特区的价值难以尽数，最重要莫过于其试验性。“摸着石头过河”，社会之变革无法在电脑上模拟，任何不慎都可能导致不菲的代价。特区之试验性，上至决策者的政令，下至创业者们义无反顾地“南下”，热血满腔，而前途难知。所幸家国有幸，大事得成。今日，经济特区的建设已是成绩斐然，堪称伟业。凡此种种，无须赘言。

先贤语：“三十而立。”30年中，特区在争议声里昂然前行，以速度迅捷与财富累积彰显优势。30年之后，昔日之茁壮少年已成长为成熟稳重的青年，提高城市现代化水平、注重社会综合协调发展成为摆在特区建设者面前新的课题。年岁的增加给了我们盘点的机会，角色的转换更需我们多加理性审视。回顾30年来之成就与缺陷，斟酌当下纠结之矛盾与困境，对于特区而言，此种反思与审视，大有裨益。30年历程，固非一帆风顺，个中甘苦，非回顾，无以显其曲折与别致，面对当今，则无从知晓成就与困顿之所由来。“疏通知远，书教也”，贯通30年历史，恰可观其中之丰赡与缺漏，正可作今天与明日之风帆。而此举，于深圳大学，更是当仁不让之责任。

深圳大学作为深圳经济特区目前唯一一所综合性大学，本身即改革开放之产物。建校虽略晚于特区，但深圳大学自创立始，即秉承“脚踏实地、自强不息”之精神，与特区之发展同声气，为特区之进步尽心力。大学诸君虽身处“滚滚天下财富，岁岁人心浮动”之境地，但能力戒浮躁、潜心向学，自觉加强学养、恪守学范，以做真学问为研究之精义，以追求独立思想为著述之信仰，以回馈社会、造福人民为修学之旨归。历时二十七载，孜孜不倦，本套丛书即为研究成果之一束。

丛书以“纪念中国经济特区成立30周年”为统摄，既宏观中国，又微观深圳，以特区经济研究为主，兼及政治、文学、文化、传媒等社会发展诸方面的论述。各位著者均为学林翘楚，术有专攻，又多在深圳特区工作、生活有年，耳闻目睹鹏城扶摇之历程，切身感知特区变革之硕果，可谓学界中有实力亦最恰当之发言者。丛书之编纂，既为展示深圳大学特区研究这一特色学科之部分成果，更乃致贺深圳特区而立嘉年之薄仪寸礼。丛书本欲涵盖特区教育、法律、艺术等诸方面，但因另有他述，或限于条件，未能周全，亦存憾意。

雄关漫道，迈步从头。特区发展30年为一节，30年之后亦为一始。年初汪洋书记曾三问深圳：而立之年，立起了什么？迎接30年，深圳要做什么？未来30年，深圳要干什么？诚然，30年之中，成绩彪炳，但年岁日增，积年必有陈陋。如何总结过往，破旧立新，谋大格局，成大事业，领航未来，任重道远。

期冀本套丛书能引起关注、批评，并为特区之继续发展略尽薄力。

是为序。

章必功

2010年5月

目录 Contents

第二篇 中国经济特区的基本经验

第三篇 中国经济特区的时代问题

前言
历史的天空

一

据一位曾经担任过深圳市委副书记的老人披露：30年前，深圳一带当地人口大概29万，维持在解放初期的数量。难道是因为这里的计划生育工作搞得好吗？不是的，真实的原因是深圳人外逃香港的情况特别严重。有一个村的人几乎跑光了，只剩下了一个小女孩。原来这个小女孩是头一天下午去了外婆家，第二天才回到自己家里，发现村里突然空无一人，自己的父母也丢下了她加入了逃港洪流。面对空荡荡的村子，一股巨大的恐惧感震撼着她……[1]

据回忆，当时深圳与香港两地农民日收入情况：深圳是6—7分人民币，而香港则是60—70元港币。两地相差100倍……[2]

我想，这就是为什么一定要创办中国经济特区的根本原因！

这就是为什么中国最终一定要走上市场经济之路的时代使命！

这就是为什么一定能形成一个以改革开放为核心的邓小平理论的现实基础！

此刻，在中国经济特区诞生30周年之际，我仿佛又听到了今天这个共和国的骄子当年为摆脱苦难时那最富活力的呼吸，仿佛又看到了今天这个共和国的骄子当年为投奔自由时那最富激动的情绪，仿佛又感到今天这个共和国的骄子当年为追求幸福时那最具高度的想象能力。

三十而立，面对这位今天的共和国骄子，她到底是一个什么样的人呢？“掀起你

[1] 老人是秦文俊。参见《深圳商报》2010年4月16日。

[2] 资料引自凤凰卫视中文台2009年12月26日节目。

的盖头来"，于是，我与她展开了一场心灵的对话。

二

呈现给读者的这本书就是我们对此的体验和理解。

这是一部系统研究中国经济特区30年来伟大历程的学术著作。

它对中国现代化的特殊道路、中国经济特区的成功因素、中国经济特区的历史性贡献、中国经济特区的基本经验以及中国经济的新鲜使命等一系列问题给予了理论上的阐释与说明。主要观点是中国经济特区的基本经验有两条：从现实形态来分析，是选择、引进并坚持了改革的市场经济取向；从深层动力来总结，就是尊重与拓展对人的解放。中国经济特区具有双重新使命：从"改革"的意义上讲，是加快完成向市场经济的转型，继续当好改革开放的先锋队；从"发展"的意义上讲，是加快实现发展方式的转变，早日建成国际性现代化城市，构筑中国区域经济的新版图。国际性现代化城市的根本标志是具有个人权利、自由发展的现代核心价值观念的形式和与之相适应的市场经济、民主政治等新型的基本制度的确立。将传统的威权政府演进成现代的服务政府，既是政治体制改革的核心内容，又是转变发展方式的基本条件。从相当的意义上讲"把香港请进来"，既符合改革开放的根本方向，又能寻找到构建现代城市的简捷路径。

三

回顾这个历程，完全应当像牛顿一样说"我们今天是站在巨人肩膀上"。因为正是从这个共和国的骄子身上，我们最终还是看到了令人高山仰止的经典所散发的光辉思想的原始驱动力。

美国著名的管理学家盖瑞·哈默尔说："无论是布拉格，还是圣地亚哥，广州还是加尔各答，这些城市新兴繁荣的背后，都有亚当·斯密经济思想的贡献。我们完全可以说，是亚当·斯密的《国富论》为现代工业经济奠定了哲学基础。"

请看：

比如，两百年前，经济学开山鼻祖亚当·斯密在他的《国富论》中就这样说："我们每天所需的食物和饮料，不是出自屠户、酿酒家或烙面师的恩惠，而是出于他们自利的打算。""私人利润的打算，是决定资本用途的唯一动机。"

在斯密看来，一个经济活动的参与者，"通常并不打算促进公共的利益，也不知道他自己在什么程度上促进了那种利益。……他所盘算的也只是他自己的利益。在这种场合，像在其他许多场合一样，他受着一只看不见的手的指导，去尽力达到一个并非他本意想要达到的目的。……他追求自己的利益，往往使他能比在真正出于本意的情况下更有效地促进社会的利益"。"每个人都不断地努力为他自己所能支配的资本找到最有利的用途。固然，他所考虑的不是社会的利益，而是他自身的利益，但他对自身利益的研究自然会或者毋宁说必然会引导他选定最有利于社会的用途。"

我们说，这只"看不见的手"就是中国经济特区乃至中国大地所实行的现代市场经济。

作为印证，当年恩格斯赞扬黑格尔关于恶的历史作用的思想。他指出："卑劣的贪欲是文明时代从它存在的第一日起直到今日的动力；财富，财富，第三还是财富——不是社会的财富，而是这个微不足道的单个的个人的财富，这就是文明时代唯一的、具有决定意义的目的。"[1]

再比如，亚当·斯密在他的《国富论》中就这样说："一切特惠或限制的制度，一经完全废除，最明白最单纯的自然自由制度就会树立起来。每一个人，在他不违反正义的法律时，都应听其完全自由，让他采用自己的方法，追求自己的利益，以其劳动及资本和任何其他人或其他阶级相竞争。""按照自然自由的制度，君主只有三个应尽的义务——这三个义务都很重要，但都是一般人所能理解的。第一，保护社会，使其不受其他独立社会的侵犯。第二，尽可能保护社会上的各个人，使其不受社会上任何其他人的侵害或压迫，这就是说，要设立严正的司法机关。第三，建设并维持某些公共事业及某些公共设施（其建设与维持绝不是为着任何个人或任何少数人的利益），这种事业与设施，在由大社会经营时，其利润常能补偿所费有余，但若由个人或少数人经营，就绝不能补偿所费。"[2]

我们说，这个自由经济制度就是现代市场经济的灵魂，就是中国经济特区乃至中

---

[1] 《马克思恩格斯选集》第4卷，人民出版社1995年版，第177页。

[2] ［英］亚当·斯密：《国富论》下卷，商务印书馆1974年版，第252—253页。

国大地现代政府的基本职能，它是裕民富国的根本保障。

作为反证，当年马克思深刻批判了专制社会中农民的劣根性。实际上，农业民族对专制有一种渴望。马克思说，他们是由许多单个集合而成的“一袋马铃薯”。“他们不能代表自己，一定要别人来代表他们。他们的代表一定要同时是他们的主宰，是高高站在他们上面的权威，是不受限制的政府权力，这种权力保护他们不受其他阶级侵犯，并从上面赐给他们雨水和阳光。所以，归根到底，小农的政治影响表现为行政权支配社会。”[1]

这就是说，农业社会只能产生专制政府，而专制政府就是现代市场经济的敌人。

又比如，在17—18世纪，对自然科学进步的最大推动力来自牛顿，他在“自然哲学的数学原理”中揭示了宇宙万物在运动、引力、能量守恒的自然法则下达到均衡机制。斯密将牛顿哲学看成是“人类曾经作出的最伟大的贡献”。并在他的影响下，寻找与自然秩序一致的和谐的、有社会秩序的先进思想。所以，尽管斯密一直把利己心当作推动社会的基本力量，但是仍然忧虑着对贪婪的放纵会击垮社会（不过，人类的本性，对此早有高度的警惕，由普希金改写的长诗，著名的《金鱼与渔夫的故事》就深刻揭露贪婪的恶果了）。

因为人性中还有另一面——“同情心”。所以，斯密在他的比《国富论》还要重要的《道德情操论》的卷首就以一种经典名言生动描述道：“无论人们会认为某人怎样自私，这个人的天赋中总是明显地存在着这样一些本性，这些本性使他关心别人的命运，把别人的幸福看成是自己的事情，虽然他除了看到别人幸福而感到高兴以外，一无所得。这种本性就是怜悯或同情，就是当我们看到或逼真地想象到他人的不幸遭遇时所产生的感情。……最大的恶棍，极其严重地违犯社会法律的人，也不会全然丧失同情心。”[2]

他又指出：“有一种美德，它的普遍准则可高度准确地判定它所要求的每一个外在行为。这种美德就是公正。公正准则是极为明确的，它们不允许有什么例外，或对其进行修正。”[3]

“完全公正、完全自由、完全平等的确立，是这三个阶级（劳动者、地主和制造商）同臻最高度繁荣的最简单而又最有效的秘诀。”[4] 在斯密看来：“完美无瑕的人性，

---

[1] 《马克思恩格斯选集》第1卷，第677—678页。

[2] ［英］亚当·斯密著，蒋自强等译：《道德情操论》，商务印书馆1997年版，第5页。

[3] 同上，第102—103页。

[4] 同上，第84页。

就是关心他人胜过关心自己，就是公正无私和慈善博爱的情怀。唯有如此，人与人之间才能达到感情上的沟通与和谐，才能产生得体而适度的行为。”[1]

关于健全的个人与健全的制度之间相辅相成的辩证关系，当年中国学者蒋梦麟在《西潮》一书中介绍说：“实际的例子已经指出，补救之道在于建设良好的制度，来接替腐败的制度。单单废止坏制度，还是不够的。英国人为中国建立的关税制度，一开始就摆脱了陋规的恶劣影响。海关雇员都经过良好的训练，薪俸也相当的优厚，退休之后还有充裕的养老金。徇情偏私的情形很少发生。……这些成就可以说是依赖外国协助而来的。但是我要请问：这些成就究竟由于外国人的良好道德，还是由于他们介绍到中国来的良好制度呢？没有健全的品德，这些制度固然无法实行，但是单凭外国人的道德难道就能收到预期的效果吗？单凭少数高居要津的外国专家就能够制止千千万万中国职员的不法行为吗？海关、盐务、邮政之所以成功，还是靠良好制度下的基层中国职员的通力合作。这就是孟子所谓：‘徒善不足以为政，徒法不足以自行。’”

斯密又说：“所谓责任感，正是对这引起普遍道德规范的遵守。这是我们生活中最重要，也是很多人唯一的行为规范。”[2]“如果一个人做不到对这种普遍原则的神圣尊重，他就成不了一个很值得依赖的人。”[3]由此可能会导致一系列作为人类社会存在的基础的普遍责任难以维持，进而威胁到人类社会的存在。另一方面，这种遵守或信奉来源于“上帝的命令与戒律”[4]。斯密认为这是更为深刻的原因。

由此可见，伦理学中“上帝的命令和戒律”和经济学中那只“看不见的手”就是构建和谐世界的本质要求。显然，同情心、善良、感恩、仁慈才是积极主动的社会美德。而它们是超越国家、民族、人生、命运的，因为它们所追问的正是人性的、精神的东西。

我们说，这也就是中国经济特区乃至中国大地正在培育的道德。

四

真是“曾经沧海难为水”。

---

[1]　[英] 亚当·斯密著，蒋自强等译：《道德情操论》，第 18 页。

[2]　同上，第 149、151 页。

[3]　同上。

[4]　同上。

今天，若干先富裕起来的城市纷纷提出建设“国际性现代化大城市”的基本目标，有的甚至还勾画出创建“世界级大都会群”的大跃进蓝图。这一切都值得我们进一步思考：我们到底为什么一定要建设一座“国际性现代化的大城市”？！显然认为，只有在这样一座城市里，社会的资源才能更合理地配置，人们的智慧才能更充分地发挥，进而作为市民的我们才能比在别的城市和地区更幸福些。

当代美国政治学家、密歇根大学政治学教授罗纳德·英格尔哈特认为，当前美国正处于深刻的社会变革之中。随着工业化的凋零衰败，所有工业社会都将经历一场从物质价值到诸如归属感、自我实现之类的后工业价值的文化迁移。在这个新的环境里，经济冲突将会被民权、环境保护、可选择的生活方式以及和平这样的问题取而代之。20世纪70年代以来，随着美国从工业社会向后工业社会的转型，美国人的价值观念发生了很大的变化，“后物质主义”崛起，人们越来越关心生活质量，关心人生价值，超越物质丰裕的层面思考政策的超物质的价值意义。[1]

因为人不仅要活在物质中，更要活在永存于天空星云、江河湖海的精神中。

阿玛蒂亚·森于1998年获得诺贝尔经济学奖，次年9月出版了《以自由看待发展》一书。书的主题是发展——更准确地说，是一种特定的发展观，即：自由是发展的首要目的，自由也是促进发展的不可缺少的重要手段。森在《序言》中说，他写作此书的目的，是对“发展”问题提出一个以“自由”来概括的新视角。

森在此书《导论》开宗明义提出全书的出发点：“本书论证，发展可以看做是扩展人们享有的真实自由的一个过程。聚焦于人类自由，与那些狭隘的发展观，诸如认为发展就是国民生产总值增长，或个人收入提高，或工业化，或技术进步，或社会现代化，形成了鲜明的对照。”森把发展的目标看做是等同于判定社会上所有人的福利状态的价值标准。财富、收入、技术进步、社会现代化等等固然可以是人们追求的目标，但它们最终来说只属于工具性的范畴，是为人的发展、人的福利服务的。以人为中心，森认为最高的价值标准就是自由。

贯穿全书的中心概念“自由”是在“实质的”意义上定义的，即“就享受人们有理由珍视的那种生活的可行能力而言”的。更具体地说：“实质自由包括免受困苦——诸如饥饿、营养不良、可避免的疾病、过早死亡之类等——初步的可行能力，以及关系到能够识字算数、享受政治参与、发表不受审查的言论等等的自由。”它包

[1] 赵可全：《“新草根运动”——撕裂美国政治版图》，《世界经济》2010年第8期。

括法治意义的自由，但不限于权利——自由是人们能够过自己愿意过的那种生活的“可行能力”。因此，自由还包括各种“法权资格”，比如说，失业者有资格得到救济，收入在最低标准线之下者有资格得到补助，每一个孩子都有资格上学受教育。在全书结束，森提出其核心诉求：让个人自由成为社会的承诺。

森的前辈诺贝尔经济学奖获得者阿罗高度评价这本书的学术分析：“在这本书中，森精致、简明而范围广泛地阐述了这样一个概念——经济发展就其本性而言是自由的增长。”前联合国秘书长安南的赞扬则指出了森的工作的实践意义：“通过阐明我们的生活质量应该不是根据我们的财富而是根据我们的自由来衡量。”[1]

从这个意义上讲，我们的目标并不是裕民富国，甚至也不是可以培养出一批毫不利己、专门利人的人，而是追求个人的真正幸福。那么，到底什么是真正的幸福呢？其实，幸福只能是个人的感觉。我们必须借鉴英美在城市化进程中的经验，对城市与自然环境的冲突、城市与道德文化的冲突、城市与阶级阶层的冲突以及政府与市民的冲突等现象的“城市病”给予充分的社会预警。

但是，毋庸置疑的是，真正幸福只能存在于法治社会的大环境中。所以，对于一个正在转型的国家、民族、地区来说，从一定的意义上讲，建立制度比建设城市要重要一百倍。这也许就是“君自故乡来，应知故乡事”吧！

苏东斌

2010年5月于深圳大学

[1] ［印度］阿玛蒂亚·森：《以自由看待发展》，中国人民大学出版社2002年版。

概述

中国经济特区的时代使命

以深圳为典型的中国经济特区走过了30年曲折而辉煌的历程，是中国改革开放史上浓墨重彩的一笔。本书拟从理论的视角来观察它的昨天、今天和明天，以期归纳出某些带有规律性的东西来。

一、中国现代化的特殊道路

要了解中国经济特区创办的大背景，先看两个事实：1978年，时任广东省委书记吴南生心痛地说："解放初期，我的家乡汕头还是一个商业繁荣的地方，和香港的差距并不大。30年过去，香港成为亚洲'四小龙'之一，而眼前的汕头却是满目凄凉。比我们小孩子时候还穷啊。""广东搞了30年搞成这个样子，说人家是反动统治，但人家比我们搞得好。这是个压力。"[1]

面对"文革"后处于"崩溃边缘"的中国经济，邓小平则多次表示："我们太穷了、太落后了，老实说，对不起人民。"并高度警觉地指出："外国人议论中国人究竟能够忍耐多久，我们要注意这个话。"[2]

1979年主政广东的习仲勋直言："广东要是个'独立国'的话，现在会超过香港。"并郑重其事地提出："希望中央给点权，让广东能够充分利用自己的有利条件先

[1] 中共广东省委研究室编：《广东改革开放决策者访谈录》，广东人民出版社2008年版，第213、93页。

[2] 《邓小平年谱（1975—1997）》（上），中央文献出版社2004年版，第380、381页。

行一步。”[1]

邓小平十分赞同广东这个富有新意的设想，当他听说“先行一步”的地方名称还未确定时，就对请求中央下拨一点“三通一平”基建款的习仲勋说：“就叫特区嘛，陕甘宁就是特区，你不是当过秘书长吗？中央没有钱，你们杀出一条血路……”[2] 也正在此时，他在酝酿着一个大决策：“要让一部分地方先富裕起来，搞平均主义不行，这是个大政策。”[3]

可以说从1979年中央50号文件出台，到1980年8月26日全国人大作出决定，中国经济特区也就正式诞生了。对此，邓小平曾指出：“办经济特区是我倡议的，中央决定的。”[4]

中国经济特区的创立可以作为“中国道路”的一个标志。第一，苏联模式不行了，计划经济走不通。邓小平说：“如果不改革开放……只能是死路一条。”[5] 第二，平均主义不行了，均衡发展走不通。据于光远回忆，早在1978年底召开的一次中央工作会议上，邓小平就提出了一个新鲜的观点：“让一部分城市先富起来。”他当时一口气列举了十来个城市，第一个就是深圳。在这里，邓小平提到的是“深圳”，而不是人们常说的“宝安”。[6] 第三，寻找突破口，创办经济特区，以便在现有僵化的体制之外能够实行强制性的渐进式的制度变迁。

从此，中国的现代化就走上了一条既不同于传统体制下的苏联模式，又不同于自由资本主义时代的西方模式的特殊道路。

二、中国经济特区的成功因素

对于中国经济特区的伟大成就当然举世瞩目，但对于成功的因素，相当一部分人认为主要是特殊政策的产物。

---

[1]　《习仲勋主政广东》，中共党史出版社2007年版，第242页。

[2]　中共广东省委研究室编：《广东改革开放决策者访谈录》，第217、221页。

[3]　《邓小平年谱（1975—1997）》（下），第964页。

[4]　同上，第954页。

[5]　《邓小平文选》第3卷，人民出版社1993年版，第370—371页。

[6]　吴晓波：《激荡三十年》，中国经济出版社2008年版，第155页。

对此，必须作具体分析，主要有三大决定性因素。

第一，有一把“尚方宝剑”。

我们之所以把这30年称为“改革”而不是“革命”，就是因为这并不是一场自下而上的“造反”，而是自上而下的“授权”。1980年谷牧代表中央对时任广东省委第一书记任仲夷讲：你们是独立王国，半独立王国，你就是国王，搞特区的地方，你要亲自抓。[1]1985年时任总理赵紫阳对时任深圳市委书记李灏讲：特区有“改革权”——允许突破一些不合时宜的束缚生产力发展的规章制度。紧急问题可以在向省委报告的同时，直接向中央请示。[2]时任副总理万里也讲：“你们要闯出一条新路，犯了错误也不要紧，国务院负责。你们先走一步，犯错误对全国来说也是有意义的，可以吸取教训。”[3]总之，中央授予的“改革权”就是一把“尚方宝剑”，与此相适应的才是特殊政策和灵活措施。

第二，有一块得天独厚的“好地方”（叶剑英语）。[4]

毗邻港澳，华侨众多，水域辽阔。试想，如果深圳所面对的不是香港，改革初期怎么会吸引那么多外资？！如果没有那么长的海岸线和深水码头，盐田港能会高居世界第四大集装箱港口的地位？！不仅如此，特区之所以选在这里，还在于它们远离中国政治经济中心，是计划经济体制相对薄弱的地区，又是便于借鉴市场经济体制的地区（相邻港澳台）。同时，对于全国来说，它们毕竟是块小地方，当时的中央认为，万一搞错了，也无关大局。

第三，有一批敢于“大闹天宫”的闯将。

再好的制度、再好的环境，事情也总是由人干出来，而人又是具有丰富的个体特性、千差万别的。对于特区，从“敢于大胆地使用中央授权，敢于真正先走一步”[5]的任仲夷，到“我愿到家乡去搞实验，要杀头先杀我”[6]的吴南生，从“没有钱就是当掉我裤子也要办一所深圳大学”[7]的梁湘，到恳请不做副省长兼深圳市长就留在蛇

---

[1] 中共广东省委研究室编：《广东改革开放决策者访谈录》，第18页。

[2] 同上，第343页。

[3] 同上，第12页。

[4] 同上，第9页。

[5] 同上，第13页。

[6] 同上，第217页。

[7] 马国川：《罗征启：大学里不能没有故事》，《经济观察报》2009年3月9日。

口搞改革开放大实验并声言“大不了再回秦城监狱去”[1]的袁庚。就是这样一大批既敢于冒险，又敢于承担的改革家们，在特区进行着创造性的工作，他们创造性地运用着中央赋予的特殊政策和灵活措施。

正是“天时”、“地利”、“人和”三大因素，才使特区当时终于在体制外发生了渐进式的强制性的制度变迁。

三、中国经济特区的历史贡献

从历史的深度来观察，以深圳为典型的中国经济特区从理论与实践的结合上对中国社会的发展，概括地说作出了四大历史性贡献：

第一，贡献了一个“新体制”。

中国改革的目标是要建立市场经济体制，1992 年邓小平斩钉截铁地判断：“深圳就是社会主义市场经济。”[2]特区对“中国改革”的贡献就是探索到一种从计划经济走向市场经济的转型模式，为社会经济发展提供了制度变迁这一基础性保障。

第二，贡献了一条“新道路”。

深圳由一个边陲小镇跃为人口近 1300 万的现代化大都市，成为全国最富裕的地区之一。珠海也由一个“一条街道，一间粮站，一间工厂，一家饭店的落后小渔村”，变成被联合国授予的宜居城市。邓小平在 1984 年第一次视察深圳渔民村时就赞许地预言：全国农村要达到这个水平恐怕要 100 年。[3]特区对“中国发展”的贡献就是寻找到一条从一般小城镇走向区域性现代化中心城市的发展道路。通过非均衡发展能够比较迅速地实现从普遍贫困达到共同富裕的最终目的。

第三，贡献了一种“新精神”。

邓小平多次总结“深圳的重要经验就是敢闯”[4]。他号召：“第一要大胆去干，第二发现干得不对的地方要及时纠正，总结经验，不是首先考虑犯不犯错误。”[5]当年袁庚

---

[1] 中共广东省委研究室编：《广东改革开放决策者访谈录》，第 19 页。

[2] 《邓小平年谱（1975—1997）》（下），第 1347 页。

[3] 中共广东省委研究室编：《广东改革开放决策者访谈录》，第 174 页。

[4] 《邓小平文选》第 3 卷，第 372 页。

[5] 同上，第 379 页。

在蛇口那句响彻全国的口号“时间就是金钱，效率就是生命”，则是这种精神的集中体现。特区对“中国精神”的贡献就是使人在状态上形成了一种勇于创新、善于创新的品格，它突出反映在思想上的解放和科技上的创新。

第四，验证了一个“大理论”。

新加坡资政李光耀1992年说：“中国不能没有深圳，因为它是中国改革试验田，深圳经验如果成功了，说明邓小平的中国特色的社会主义路子是走得通的。”[1] 这就透彻地点出了中国经济特区的功能、地位和作用。而验证的结果正是：“深圳的发展和经验证明，我们建立经济特区的政策是正确的。”[2] 中国经济特区的创办，是邓小平一个伟大的理论发明，是开启中国社会全方位转型的关键之举，是最具有“中国特色”的伟大的创造性实践。中国经济特区的发展是邓小平理论充分而光辉的实践，特区的历史步伐又极大地丰富了邓小平理论的科学内涵，正是这种内在联系又构成了中国经济特区在理论上的巨大贡献。

四、中国经济特区的基本经验

特区的成功的确反映出鲜明的“中国特色”魅力，其中一个重要的标志就是“举国体制”所具有的空前的动员与集中。如高交会、文博会，一声令下、千军万马，其效率之高都是左右难以比拟的。但是，我们绝不应该把这种转型中过渡状态和超常规特殊项目的获得当作运行的常态和应有的特色去对待。中国经济特区30年辉煌成就说明了中国特色的发展道路的正确性。但是，我们必须同时看到，这条具有鲜明“中国特色”的道路在本质上所体现的仍然是符合国际社会的普遍价值，符合市场经济的基本原则，而这一切又都是对人类社会发展的一般规律的发现与揭示。用时任领导人的话来总结：深圳是按国际规则打篮球。[3]

概括起来，其基本经验有两条：

其一，从现实状态来分析，是选择、引进并坚持了改革的市场经济取向。

---

[1] 中共广东省委研究室编：《广东改革开放决策者访谈录》，第376页。

[2] 《邓小平年谱（1975—1997）》（下），第957页。

[3] 中共广东省委研究室编：《广东改革开放决策者访谈录》，第375页。

早在1980年底当特区条例公布之后，广东就明确提出：特区要以引进外资为主，以实行市场经济为主。[1] 而当时在全国还都把搞市场经济等同于洪水猛兽，等同于搞资本主义复辟。一位著名的理论家竟这样对任仲夷讲：戴你资本主义帽子嘛，不好，说你是社会主义，全国若都这样，那还行吗？！[2] 在他们眼里，特区就是旧中国的租界，除了五星红旗还飘着外，已经没有什么社会主义味道了。据回忆，1982年，真可谓秋风萧瑟、寒流滚滚，深圳也由门庭若市变成门可罗雀。也正在这关键时刻，邓小平在广州说了一句很重要的话："如果你们认为好，就坚持下去。"任仲夷强调指出：小平没有说上面认为好，只说你们认为好。这就给省委极大的信任和支持。[3]

尤其在1992年之前，虽然就总体而言，从1978年开启的中国改革开放大业的基本面，已经踏上了不可逆转之路。就当时的形势而言，却同时笼罩着巨大的阴影。当"两种改革观"成了大议论，当"反和平演变"成了主旋律时，改革开放出现了危机，中国的前途出现了危机。然而，邓小平就是邓小平。作为中国改革开放的总设计师，作为新中国第二代领导集体的核心人物，这个在中国政治舞台上曾经传奇式"三起三落"的"钢铁"巨人，他不甘心，也不允许阴影造成弥漫，逆浪冲垮潮流。他有胆略、有智慧去力排众议，去扭转乾坤，去洗涤"八九风波"留在人们心灵上的阴霾。于是，才有了那幕激动人心的"春天的故事"。

在这里，他作出了如下两个坚定的判断：

第一，经济判断："市场经济不等于资本主义，社会主义也有市场"。

第二，政治判断："中国要警惕'右'，但主要是防止'左'。"并严厉地批判："反对改革的人就不要反对了，去睡觉好了。"（公开发表时是："谁反对改革开放，人民就把他打倒。"）[4] 这位88岁老人的南方重要讲话是可圈可点、可歌可泣的。可以说正是南方重要讲话的拨乱反正，力挽狂澜，才使中国改革开放的航船又重新驶向文明世界的汪洋大海中去。他在1992年6月12日审看十四大报告第四稿时，毫不犹豫地说："我赞成社会主义市场经济这一提法。"[5] 此言一出，可谓黄钟大吕。

经济学家哈耶克说："价格是信号，它引导我们利用根本不认识的人的力量和天

[1] 中共广东省委研究室编：《广东改革开放决策者访谈录》，第228页。

[2] 同上，第22页。

[3] 同上，第24页。

[4] 田炳信主笔：《历史不止一只耳朵（广东改革开放口述实录1）》，广州出版社2004年版，第82页。

[5] 《邓小平年谱（1975—1997）》（下），第1347页。

赋去满足那些一无所知的人们的需求。”“我相信比起按照某种想象的理想刻意分配收入的做法，通过竞争的市场更能接近实现公正的理想。”[1] 而市场竞争的压力就是内生技术变迁导致创新的决定性动力。经济学家张五常研究表明：资源稀缺竞争无可避免，决定胜负要有准则，在无数可以采取的准则中，只有市价不会导致价值消散。[2] 其实，市场经济说到底也就是经济学鼻祖亚当·斯密所揭示在那只“看不见的手”的指引下实现社会利益的基本制度。它是人类社会近300年历史智慧的结晶，是无数理论大师殚精竭虑的伟大成果。

对于中国来说，邓小平理论的核心内容就是社会主义市场经济。市场经济成就了经济特区，市场经济挽救了中国。

历史就是这样，30年前搞市场经济还是罪大恶极，而今天我们却一再要求国际社会承认我们是市场经济国家的地位。真可谓天翻地覆，换了人间！

其二，从深层动力来总结，就是尊重与拓展对人的解放。

邓小平说：“过去只讲在社会主义条件下发展生产力，没有讲，还要通过改革开放解放生产力，不完全。”[3] 可以说，再一次解放人，解放中国人民就是邓小平理论的深层含义。

首先，改革调动了市场经济主体——个人的积极性。社会最终主体并不是国家、城市和单位。亚当·斯密的《国富论》的经典性论点就是促进公共利益的最好的方式是个人对他们自身利益的追求。应该说，经济学的基石就是价格理论，而价格理论的精髓也就是需求定律，它背后的全部奥秘就是制约人类行为的最基本准则——价格。（即“我这样做，到底值不值？”）这就是说经济人的假设是人们具有对每一种可能性都衡量其代价和收益的理性。斯密比喻：“他所盘算的也只是他自己的利益。在这场合，像在其他许多场合一样，他受着一只看不见的手的指导，去尽力达到一个并非他本意想要达到的目的。也并不是因为事非出于本意就对社会有害。他追求自己的利益，往往使他能比在真正出于本意的情况下更有效地促进社会的利益。”[4]

这种对利益追求的前提也就是特区人因被解放所享有更大的自由。如深圳，这个几乎95%以上移民的城市构成了生产力最基本的要素——人的自由流动；大力引进香

[1] ［英］艾泼斯坦：《哈耶克传》，中国社会科学出版社2003年版，第370页。

[2] 张五常：《中国的经济制度》，中信出版社2009年版，第122页。

[3] 《邓小平文选》第3卷，第370页。

[4] ［英］亚当·斯密：《国富论》（下），第27页。

港以及海外资金构成了生产力最强大的要素——资本的自由流动。从 20 世纪 90 年代兴起的农民工进城，成为特区建设大军的主体、服务大军的主体。

其次，改革又调动了中国市场经济的另一个主体——地方政府的积极性，这也是发生中国魅力的重要因素。地方政府由计划经济体制下的“被安排”、“去执行”，转变为市场经济环境中的因竞争而创新。邓小平的“让一部分地区先富起来”就成了地区竞争的总动员令。田纪云说：“中国人民一旦得到了追求财富的自由，将表现出伟大的创造力。”[1] 可以说，区域竞争（包括省际、市际、县际）构成了中国经济特殊的强大内在动力，中国的奇迹在这里可以得到相当的解释，被赋予了庄严的使命感再加上转变个人命运的强烈欲望，使特区政府更加充满了活力。中国经济特区一反“要使资本主义绝种、小生产也绝种”的传统计划经济法则，对于股票证券、对于土地经营、对于深度资本市场，按着邓小平“坚决地试”的指令，坚定不移地开展起来。于是，才有了波澜壮阔的一系列“财产性收入”的历史突破。可以说，有一分自由，就能释放五分潜力，就能形成十分发展。

然而，创新的主体并不是政府，而是企业。在良好的特区创业环境下，终于孕育出腾迅、华为、中兴、比亚迪、巨人、格力等创新型企业及其背后的企业家。创新型企业已经形成为特区的中流砥柱，90% 的产值属 IT 产业的高新技术产业使特区又成为国内高科技重镇，可以说，企业家是市场经济的灵魂，企业家阶层形成是特区自由发展的坚强基石。

对人的解放不仅在于政治，更在于经济，其根本内容就是对个人的产权的确认。从经济学意义上讲，对人的解放基础就是科斯在 1959 年论文中所表述的：清楚的资产权利界定是市场交易的关键条件。张五常阐述，因为只要有竞争存在，交易或制度费用便一定存在，由于中国的改革开放是把以等级界定权利转移到以资产界定权利的制度，或者说从一种合约安排转到另一种合约安排，中国才发生奇迹。[2] 经济学家周其仁也指出：经由重新界定产权，中国大幅度降低了全盘公有计划模式的制度运行成本，从而解放了庞大人力资源的生产力与创造力，得以在全球市场上形成了综合成本竞争优势。他又说，正是改革开放大幅度降低了中国经济的制度成本，才使这个有着悠久文明历史的最大的发展中国家，成为增长最快的经济体，并以自己的增长改变了

[1] 田纪云：《改革开放的伟大实践——纪念改革开放三十周年》，新华出版社 2009 年版，第 55 页。
[2] 张五常：《中国的经济制度》，第 125、130、131 页。

全球经济格局。[1] 一句话，只有市场经济制度才能通过价格（所有权的交换条件）来保护财产所有、保护自由创业、保护自由竞争，从而解放了生产力，解放了人。

值得强调的是，“以自由看待发展”，是印度裔诺贝尔经济学奖获得者阿玛蒂亚·森在 20 世纪末提出的一种新的发展观念：自由不仅是发展的首要目的，而且也是促进发展的首要条件。在这里，发展的标准不仅主要不是以 GDP 指标，而是以自由的程度看待发展的水平，更主要的还是把发展过程视为拓展自由的过程。

从这个角度来观察，中国经济特区比其他地区实际上享有更大的自由空间。可见，以自由看待发展，以发展去拓展自由就是中国经济特区以及中国社会近 30 年巨大进步的深层奥秘所在。

正是这两点构成了邓小平理论与现代化人类的核心价值观念的高度共识与圆满结合，才终于发生举世瞩目的“中国奇迹”。

五、中国经济特区的双重新使命

从概念上讲，特区本来就是“实行特殊优惠的经济政策的地区”的简称，一旦这种政策取消了，特区在概念上自然就没有可能存在了。而从 20 世纪末的 20 多年的实践上看，特区已经圆满地完成了当初所设定的“窗口”、“试验田”、“排头兵”的使命，1992 年之后当全国都走上了市场经济之路，特区也就没有必要存在了。所以，我也一直持有“特区终结论”的观点。正是在这个意义上，我才能理解，时任总理朱镕基说的“现在特区已经不‘特’了，已经没有什么特别优惠的政策了，全中国都是一样的。我们并不按地区来优惠，而是按产业来优惠”[2] 这句话的含义了。

那么，特区还有什么新使命？进入新世纪，中央要求特区“增创新优势，更上一层楼”，并宣告中国经济特区将贯穿于中国改革开放的全过程，贯穿于中国现代化建设的全过程。[3] 这两个“全过程”就清楚地表明，特区又被赋予了双重新使命：从“改革”的意义上讲，是要加快完成向市场经济的转型，继续当好改革开放的先锋队；从

[1] 周其仁：《中国经济增长的基础》，《北京大学学报》2010 年第 1 期。

[2] 《朱镕基答记者问》，人民出版社 2009 年版，第 397 页。

[3] 江泽民在特区成立二十周年大会上讲话，《深圳特区报》2000 年 8 月 27 日。

“发展”的意义上讲，是要加快实现发展方式的转变，早日建成现代化国际性大城市，构筑中国区域经济的新版图。正如胡锦涛总书记在2009年12月视察珠海时所要求的那样：“努力当好推动科学发展、促进社会和谐的排头兵。”[1]

也就是说，对于中国经济特区来讲，改革的任务并没有完成，改革的时代也并没有结束，绝不能认为特区的主要任务，不再是深化改革，而只是大力发展了。更不能得出中国社会已经从“改革开放时代”，进入了“科学发展时代”这一结论。

因为只有深化改革、扩大开放，确实建立起社会主义市场经济，才能实现发展方式的彻底转变，才能使中国社会真正走上科学发展之路。“改革”与“发展”两者的关系不是前后关系，而是因果关系，它们绝不处在两个时代。市场经济不仅是科学发展的强大动力，而且是科学发展的制度保证。因为只有彻底解放了思想，才能形成自主创新的良好环境，才能最终解放生产力。

中国社会前30年的高速发展靠的就是改革开放，今后的科学发展靠的还是改革开放，改革开放仍然是第一法宝。总之，要当好科学发展的排头兵，必须首先当好改革开放的排头兵。离开了改革开放，发展不仅不能“科学”，而且更不能“持续”。

既然还有这样的使命、责任，那么就自然还是要给予相应的权力。今天，特区到底还有什么“特”的权力呢？

广东省委书记汪洋那句著名的话：“允许改革失败，不允许不改革。”他提出，特区还要“锐意进取、先行先试”。这就不是在默许，而是在明示：特区还有继续“先行先试”的改革权。[2]我们理解，这就是今天特区的基本含义了。

这种特殊的权力（包括立法权）一旦结合30年所形成的财富积累，体制改革，尤其是创新精神三大优势，是完全有条件完成这一新使命的。

今天的特区所面临的主要矛盾，可以归纳为：在政府的主导与市场的基础性资源配置之间的失衡问题。

比如，加快转变经济发展方式，不仅要靠大项目、大活动的获得，政府资本的巨额投入来支撑，更要靠提高对资源配置质量与效率来实现；而加快产业结构的优化升级，不仅要靠政府的产业政策、产业规划去引导，更要靠企业，尤其是中小企业的创新活动来完成。

---

[1] 《广东，改革再出发》，《南方周末》2010年2月25日。

[2] 岳宗：《汪洋：做点“特”事擦亮特区牌子》，《南方日报》2009年10月10日。

显然，解决这一矛盾，需要的就绝不仅仅是“勇气”和“信心”。还必须在重点领域和关键环节有突破性的举措，即靠改革的深度和开放的广度去平衡。

第一，只有深化改革政府及国有资本的投入方向，才能建立起巩固的市场经济基础，对此特区还有极大的空间。

太阳底下，果无新事。可是，近年来，政府和国企凭借充足资金不仅大力涉足经贸、旅游等一般竞争性行业，而且连央企也直奔暴利行业（房地产业）争夺“地王”，2009年已经有7成央企涉足房地产业，而且愈演愈烈，在2009年产生的90多个“地王”中，央企占了60个。[1] 甚至有的垄断企业还通过建立财务公司进入金融领域，以及直接组建国有资产运营公司，目标就是“做强做大”、“保值增值”。

五年前，中央发布了“非公经济36条”，确立了平等准入、公平待遇的原则。明确允许非公有资本进入法律法规未禁入的行业和领域。允许外资进入的行业和领域，也允许国内非公有资本进入。

但据全国工商联2010年1月28日发布的2009年《中国民营经济发展形势分析报告》，援引2008年的统计数据称，目前我国私营控股投资在电力、热力的生产和供应业中只占13.6%，在金融业中只占9.6%，在信息传输、计算机服务和软件业中只占7.8%，在交通运输、仓储、邮政业中占7.5%，水利、环境和公共设施管理业中占6.6%。[2]

市场经济的运行是不能建立在计划经济基础之上的。[3] 市场经济的基础是多元化的产权结构。

本来，自十五大以来，非公有经济的发展已经成为我国基本经济制度的重要内容之一，它也同公有经济一样是立国之本，是执政之基。可是在实际操作上，由于对公有制的崇拜、对私有制的歧视，甚至仇视，所以才出现大量的“玻璃门”和“弹簧门”现象。所以，必须明确划分政府投资的边界，调整国有经济布局和结构，在制度设计上扫清民间资本“平等准入”、“非禁即入”的体制性障碍。应当规定除了涉及国家安全必须实行垄断经营外，所有领域都要向民间资本开放。同时，严格限制垄断链条向竞争性服务行业延伸。这样，不仅不能扩建资产运营的“政府公司”，而且还要

---

[1]　龙飞：《在央企“顶风夺王”的背后》，《中国经营报》2010年3月22日第14版。

[2]　陈宪：《给李书福们更多“准生证”》，《文汇报》2010年4月7日。

[3]　苏东斌：《市场经济体制对所有制结构的三大要求》，《经济研究》1998年第12期。

加快对垄断企业的股份制改造，同时更要加快国有资本从竞争性行业退出的步伐。

据国际著名学者“休克疗法”之父杰弗里·萨克斯判断：资源管理是中国的最大挑战。他说，大体上我相信，一个混合经济意味着有市场体系，也会有政府的位置。政府的作用就是帮助穷人，建设基础设施，促进技术创新，保护环境。如果有一个运行良好的混合经济体系，就可以实现最好的结果；如果滑向非此即彼的两个极端，即要么只有自由市场，要么只有政府那就无法运行。[1]

第二，只有深化改革收入分配制度，才能形成可持续发展的内在动力。对此，特区应当有大动作。

特区中的城市一个鲜明特征是一眼就能看出谁是“城里人”，谁是“外来工”。中国城市化率只有45%（2007年），中国收入差距最突出的表现就是城乡差距，2009年为3.33倍。[2] 只有加快城市化进程，早日把这批30年来实际上成为特区建设大军主体、特区服务大军主体的占实际人口大多数的农民工转化为产业工人的同时也转化为市民，以便使工业化和城市化同步（深圳的户籍人口不及常住人口的1/3）。这样，才能出现一个作为整体的特区消费群体，而这正是特区政府义不容辞的责任与最大的政绩。

我国在1978年到1980年间，消费对经济增长贡献率为66.2%，投资仅占36%，那个时候，出口还是负增长3.3%；2001—2005年，消费对经济增长的贡献率下降到41.2%，投资上升到51.1%，出口上升到7.7%。在这次应对金融危机的2009年，我国经济增长“保八”也主要是靠投资拉动贡献的。

消费对我国经济增长贡献率持续下降，其中的收入分配制度不合理、绝大多数低收入群体的消费能力有限是最主要的原因。近几年，总体上看收入分配差距仍在不断扩大：一是劳动者报酬占比不断下降，从1996年的53.4%下降到2007年的39.7%；二是在政府、企业、居民收入分配结构上，居民收入占比不断下降，从1995年的67.2%下降到2005年的59.4%。[3]

正是因为银行业垄断了资本要素，吃着高额的存贷获得的暴利，国内金融业的员工才活得更加轻松和有尊严。国际上房地产的利润率一般在5%上下，我国的工业也

---

[1] 田晓玲：《文汇学人访谈录之三十》，《文汇报》2010年3月21日。

[2] 倪建伟、梅东海、祝雅辉：《应全面调整国民收入分配格局》，《经济参考报》2010年3月3日。

[3] 迟福林：《收入分配改革：关键时期的关键改革》，《学习时报》2010年3月15日。

大体如此，而我国房地产利润率高达30%，完全成了暴利行业。[1]

可以肯定地说，目前我国的基尼系数值几乎超过了绝大多数西方发达国家，接近于0.5国际公认最高警戒线。有专家提供的数据证实，2008年全国9大垄断行业的就业人群占全国就业人口约8%，但是他们拿走了全年所有就业人口（不包括农民工）工资福利的一半。一个典型例子是，北京2008年的某个行业人均收入高达52万。与巨大的行业差距相联系，在目前我国的各类企业中，劳资冲突也在明显上升，其中一个重要原因，就是收入分配问题。比如一个国有企业的老总，动不动年薪上百万，甚至几百万，和普通工人的收入形成巨大的反差，再加上这些高级管理者的其他隐形的消费和开支，进一步拉大了高管和普通职工的收入差距，激化了劳资关系。[2]这就是说，国有企业至今仍然没有从根本上解决资本预算软约束、内部人控制等顽症。

只有拆除垄断壁垒，实行平等准入，才能使价格下降，而且必然会降低“特许租金”。据介绍，从1980年到2009年我国GDP和财政收入分别增长74倍与59倍，而农村和城镇居民收入仅增长27倍和36倍。[3]财政收入占GDP比重由53.4%下降至39.7%。[4]只有大幅度降低行政管理费用，使其变为转移支付、社保经费等，把政府财政转为公共财政才能在治本的方向上改革分配结构。也只有这样，才能转变高度依赖国际市场、高投资、低消费的发展方式。

尤其要防止利用公共权力、公共资源为个人牟利，特别防止利用某种垄断优势去扭曲市场，使公权与利益走向部门化、集团化、个人化。因为在转型时期已经在一定程度上形成了一个特殊利益阶层。它的特点是：他们并不迷恋计划经济时代的一切，因为那意味着他们将失去30年来所积累的财富，同时，他们更不希望改革的深化与开放的扩大，因为那意味着他们将失去现有的各种特权。在胶着的环境中，主张“维持现状”构成了他们的特有的基本情绪。[5]我们应当看到，有的经济特区经济总量富可敌省，甚至放在世界上看，还富可敌国，但社会福利被公共财政所忽略，连沙特阿拉伯、阿根廷、南非三国都实行了全民的免费教育和免费医疗。

---

[1]　朱薇、谭浩、廖雷：《开发商暴利凭啥“高烧不退”》，《深圳特区报》2010年3月4日。

[2]　汪玉凯：《理顺收入分配关系是政府的重要职责》，《学习时报》2010年3月19日。

[3]　《经济观察报》2010年3月8日。

[4]　倪建伟、梅东海、祝雅辉：《应全面调整国民收入分配格局》，《经济参考报》2010年3月3日。

[5]　苏东斌：《人与制度》，中国经济出版社2006年版，第12页。

值得警觉的是，有人明示：在中国改革开放30年后的今天，全国最富的地方在广东，最穷的地方也在广东。这是广东之耻，是先富地区之耻。[1]

在邓小平的晚年有一个重要的思想："富裕起来之后财富怎样分配，这都是大问题。""分配不公，会导致两极分化，到一定时候，问题就会出来了。""过去我们讲先发展起来，现在看，发展起来以后的问题，不比不发展时少。"[2] 实践证明，邓小平这个英明预见，仍然是我们解决分配问题的指导思想。在这里，不仅需要"道德"和"良心"，也不仅需要良好的"制度"与"政策"，更需要的还首先是正确的以人为本的理念。

这个理念的核心内容并不是经济的增长而是社会的和谐，而和谐的基础与前提就是社会公正，公正才能创造和谐。[3] 国家并不是一家追求盈利的增长主义的公司，国家的本质就是主持正义。两千年前儒家经典《大学》就提出："国不以利为利，以义为利也。"同样，大思想家柏拉图也在《理想国》中指出：理想的国家是正义的，国家的正义来自统治者——哲学家的正义，哲学家的正义来自至善。至善、神圣、圆满。拥有至善就拥有最真实的快乐，所以，正义就是幸福的。这些都可谓伟大的智慧。

第三，只有深化改革政府的调控方式，才能创造更加公平的竞争环境。对此，特区应表现更出色。

比如，由于特区人口的急剧膨胀和极为有限的土地资源，住房供需的矛盾是特别尖锐的，这种准公共产品不能完全由市场去决定（新加坡政府投资的保障性住房占85%，而香港政府补贴的住房容纳了四成居民）。所以，建设廉价房就是特区政府必须把"居者有其屋"政策作为保证民生的极为重要内容。这绝不是什么政府的特殊关怀，而是他们责无旁贷的责任。这不仅是一个民生重大问题，而且是城市转型成功的一个标志。

据介绍，房价的一半几乎是地价，地方政府的土地收入2006年占财政收入的50.92%，有些地区竟达到70%，而在地方政府要以40%的税收承担70%的支出形势下，只有靠"卖地生财"。[4] 可见，除了个别官员的牟取私利之外，庞大的政府官员，地方财政事权与财权的极不均衡，尤其是地方官员为彰显政绩所做的种种政府工程所

---

[1]　广东省委书记汪洋在2010年3月29日在广东河源就"扶贫开发规划到户，责任到人"的专题调研时强调，见《深圳特区报》2010年3月31日。

[2]　《邓小平年谱（1975—1997）》（下），第1364页。

[3]　苏东斌：《公正创造和谐》，《广东社会科学》2005年第3期。

[4]　陈海峰、李舒瑜、甘霖、李萍：《土地出让金收归国税》，《深圳特区报》2010年3月8日第A07版。

需开支，才是卖地背后的利益冲动的主因。

从世界范围看，美国和英国在过去60年间，大部分OECD国家的劳动收入占GDP比重在65%到80%之间。目前，中国劳动收入占GDP的份额在40%左右，并有进一步下降趋势。从国内外比较来看，在政府、企业和个人三者之间的宏观分配关系中，居民个人所占份额偏低，这是造成劳动者报酬在GDP中比重偏低的重要原因。因此，居民整体收入水平偏低，这不利于消费增长，制约了从投资驱动型增长向消费驱动型增长模式的转变。[1]

对于一个急剧膨胀起来的大城市来说，教育是一个大弱项。在特区创办初期，邓小平就针对缺乏专业人才的现状明确地指示：深圳要办一所大学。这所大学由华侨、外国实业家用西方科学和管理的办法来办。教员请外国学者来当，请外籍华人来当校长。[2] 可惜，30年过去了，中国的教育制度改革收效甚微。

据介绍，在2010年3月28日在深圳召开了IT领袖峰会上，极大地欢迎深圳市政府所作的关于“打造互联网特区”的承诺。主要指在维护国家安全和遵守国家宪法前提下，政府将努力创造更好发展条件。

中国那么多产业，算来算去，只有互联网与国际一流程度同步，甚至有所超越。

互联网之所以如此特殊，在于它的锋芒所及，不仅急剧减少了买家与卖家之间的各种交易费用，令人目眩地降低了整个经济体的运行成本，而且正从基础上重构传统商业、社会乃至政治运行的方式。而究其根本，互联网最强大的功能，则是海量信息的零成本制造与传播。它天然地以分享反对垄断、以透明反对暗箱操纵，与高高在上的独断、众乐乐不如独乐乐的封闭思维格格不入。它不仅仅是一种技术，更是一种价值，一种文化。这种价值和文化，对当下中国弥足珍贵！

仅仅十多年的历史，中国本土就出现了腾讯、阿里巴巴、百度等互联网巨头。这当然有4亿中国网民的莫大功劳，然而主要原因是政府干预少。在纯粹的市场化环境中，起来了很多很多的互联网公司。下一个腾讯与阿里巴巴，或许已在潜滋暗长。

除了以明晰而确定的恰当方法监管色情信息，使之不要伤及未成年人；除了保护国民的私人信息、经严格程序认定的国家安全信息不被泄露外，政府监管不应走得过远。[3]

---

[1]　权衡：《调节收入分配，建设全球城市》，《文汇报》2010年4月7日。
[2]　《广东改革开放访谈录》，梁灵光回忆，广东人民出版社2009年版，第172页。
[3]　戴志勇：《互联网文化弥足珍贵》，《南方周末》2010年4月1日。

互联网需要的不是特区，而是管制的放松和管制权力的明晰。

2000 年我曾判断：货币瓦解公社，网络崩溃极权，[1] 可以说，互联网给今天世界所带来的自由，就是它诞生与发展的根本意义。

今天，特区政府乃至许多地方政府都逐渐认识到，香港是当今世界最繁荣的地区之一，它的魅力充分展示了人类文明的结晶。所以，我认为，学习香港，就是学习市场经济；借鉴香港，就是借鉴法治社会。从相当的意义上说，"把香港请进来"（如廉政公署、政府预算约束、现代大学制度等），既符合改革开放的根本方向，又能寻找到构建现代城市的简捷路径。

当然，香港与内地的全方位合作也不是内地的单方需求。比如，在珠三角地区创建最具发展空间和增长潜力的世界级新经济区域的设想，就可以实现以跨界基础设施、现代服务业和先进制造业、国际化营商环境、优质生活圈、重点合作区等为合作重点，就为香港的发展创造新天地。[2]

显然，城市化、工业化、信息化、全球化的确构成了建设国际性现代化大城市的重要内容。但是，在这里，要建设国际性现代化大城市不是简单的物质繁荣问题。特区发展到今天，已经由经济体制转型走向社会全面转型的新阶段，其重要标志是具有一个以个人权利、自由平等为内容的现代核心价值观的形成，以及与此相适应的市场经济、民主政治的基本制度的确立。今天，我们所提倡的科学发展观，其首要含义也并不是如何发展，而是为谁发展。以人为本的宗旨，要求以个人为主体的现代核心价值观的实现。而在如何发展中，首要含义也不是什么技术上的升级，而是现代基本制度下的成型，这也就是现代性对现代化的根本制约。

可见，改革开放的不仅是实践科学发展观的必由之路，而且是它的前提条件甚至就是它的内容本身。中国的大战略家邓小平晚年有句十分清醒而准确的判断："我们所有的改革最终能不能成功，还是取决于政治体制改革"[3]，"而且应该把它作为改革向前推进的一个标志"[4]。可以说，由于对传统的威权政府所形成的路径依赖，毛泽东才说，"百代都行秦政法"[5]，其特征：第一是高度集权；第二是缺乏有效的监督，

---

[1] 苏东斌：《中国经济特区史略》（序言），广东经济出版社 2000 年版；《人与经济》，北京大学出版社 2000 年版，第 173 页。

[2] 《人民日报》2010 年 4 月 8 日。

[3] 《邓小平文选》第 3 卷，第 164 页。

[4] 毛泽东：《读"大封建"论呈郭老》（1973），《毛泽东诗词选》，红旗出版社 2002 年版。

[5] 同上。

而且退出的成本又会逐渐升高。一旦锁定，又常会以社会的动荡为代价。

2010年3月18日，在国务院召开的常务工作会议上，对于领导干部申报个人财产，总理温家宝严正地质问：人民的公仆对人民忠诚、接受人民的监督，是很自然的，怕什么？为什么部分资本主义制度的国家能办到，为什么俄罗斯能办到，为什么新加坡能办到，为什么香港特区、澳门特区能办到？十多年来，党内呼声、社会各界的呼声，总要对人民有个交代。千万别忘了一条定律：政府合法性是人民的授权，政府管制的基础的稳定性，是人民的支持和凝聚力。[1]

当年马克思在总结巴黎公社经验时说："以随时可以罢免的勤务员来代替骑在人民头上作威作福的老爷们"，这也就是"选举权已被应用于它的真正目的"。[2]"这些市政官员对选民负责随时可以罢免。"[3]可见，这是一条多么重要的民主政治的内容啊！

所以，今天我们就是要用协商民主去引发而不是取代选举民主，用党内民主去带动而不是削弱社会民主，用下层民主去推动而不是停滞上层民主。只有这样，才能从根本上瓦解已经形成的各种"经济利益集团"，在抗衡官僚与资本结合的反腐败问题上完成制度上的构建。也只有这样，才能把传统的威权政府演进为现代的服务政府，这也正是政治体制改革的核心内容，更是转变发展方式的基本条件。

这就是说，只有深化并加快超越经济体制改革的全面的社会改革，深圳才能真正建成一座国际性的现代化大城市。

当代世界著名的思想家科尔奈在建言中国的改革时讲了如下这段话：

> "可持续性"的意思可以分为狭义和广义。就算从狭义的、纯粹经济学的角度来说，这个标准也意味着经济增长可能受到一些限制，例如大城市变得更加拥挤，工业与机械化交通的快速发展造成的环境破坏等。
>
> 更重要的是，我们要考虑到广义的政治条件。当前的体制确保了当前的宏观经济形势，以及当前的消费与投资比例，但这能维持多久？
>
> 必须提醒读者特别注意，我并不建议中国遵循什么"斯堪的纳维亚模式"、"北美模式"或"印度模式"，就像我并不建议瑞典、美国或印度遵循什么"中国

[1]《凤凰周刊》2010年第14期。

[2]《马克思选集》第3卷，第96页。

[3] 同上，第13页。

模式”一样。

我们无法通过简单的成本收益分析计算出一种数学上最优的发展路径。事实上，快乐与痛苦、获取与牺牲都可能以许多不同的方式，在不同的社会阶层、地区及不同代人之间分配。

并不只是物质上的福利能这样分配，与个人自由相关的快乐、因自由权利受限而产生的痛苦，都可以进行这样的分配。我无意提供一种能解决所有潜在分配问题的药方，我只是想提醒大家注意我们所面临的选择困境。

政府官员进行的经济调节和市场调节应该取什么比例，这并没有放之四海而皆准的标准。在银行、教育、医疗、安全等不同的领域，合理的比例也各自不同。通常而言，在一些领域政府必须发挥主要作用，另一些领域则须由市场主导。

最重要的一点是，当我们在政府和市场之间进行分工时，必须清醒、精明地设定相关的比例和形式。市场不是一部永不出错的神奇机器，但它也不是一个密不可穿的丛林、弱肉强食的杀戮场。政府不是一部由清廉无私的公务员操作、运转起来纤毫不差、永远客观公正的机器，但它也并不是一部完全受贪权的腐败官员掌控的机器。

市场和政府这两种机制都远不够完美，甚至即使这二者的作用结合起来，也不一定能消除各自的缺陷。事实上也许是相反的情况：这两种机制的结合也许反而会破坏它们独自运转时可能具有的一些优点。

中国如此快速的发展必然伴随的一个危险是，经济体中可能出现种种失衡和潜在的“赤字”，并在未来造成大问题。40年前我写过一本书《突进还是和谐增长》，当时也被翻译成中文，不过恐怕早已在书店里买不到了。该书总结了苏联和东欧的经验，表示要反对“对增长率的迷信”。

苏联和东欧那些负责经济事务的政治家为了推动GDP尽可能快地增长，忽视了其他重要的发展任务，例如住房、环保、城市交通等。我在书中还用了一个比喻：就像是一个人穿了件时髦的新夹克，下身却是破破烂烂、仅足以蔽体的裤子，脚上连鞋都没穿。也许这本书应该在今天的中国再版。

对许多国家的历史进行研究就会发现，经济发展水平与政治体制之间并没有自动的、决定性的联系，经济增长率高低和政治发展水平高低之间，更没有简单的因果关系。

斯大林实行第一个“五年计划”时，是苏联经济产量增长最快的时期，但当时发生了令人震骇的政治压迫。当希特勒和纳粹党上台时，德国是最富的、发展水平最高的工业化国家之一，在那之后德国经济增长率也迅速加快。而且回头来看，宪政国家和议会民主制是在一些欧洲国家的早期发展起来的，当时它们的发展水平远不如今天。

私人所有制、自由企业和市场调节的扩展，为政治改革提供了有利的环境，但这并不能自动保障政治改革的成功。[1]

我以为，我们应当从他的这些深刻的体会中得到正确的启示。

经历了30年的改革开放，中国确实出现了天翻地覆的奇迹；尤其是体验着当前世界经济危机的洗礼，中国的国际地位绝不再是无足轻重的了。于是，探讨“中国模式”的声音在海内外刹那间响了起来。不仅有超越1989年“只有中国才能拯救社会主义”的国内言辞，更有天真地认为“只有中国才能挽救世界经济”的国际论调，对此，我们应高度警惕。这是因为：

第一，从总体上看，中国还处在改革之中，最艰难的改革（如国企改革、政治体制改革等）并没有完成。

第二，从过程上看，中国正处在变化之中，无论从体制改革还是到制度变迁，都没有形成一种定型的“模式”。

第三，从现状上看，“中国问题”有的还很严峻（如环境问题、居民消费力问题，地区、城乡发展不平衡问题，法制建设问题等）。

可见，虽然我们有辉煌成就，有独特的因素与过程，但同时也有重大的教训，要真正实现“社会主义市场经济”的伟大目标，还有许多问题需要进行强制性的制度安排。所以，我们决不能盲目地陶醉于“盛世”中，必须对自己在国际社会中的地位与作用有一个清醒而准确的估计与评价，千万不要被有些人吹得晕乎乎的。所以，应该慎言“中国模式”。[2]

总而言之，要解决政府的主导与市场的基础性资源配置之间的失衡这一先发展起来的经济特区的主要矛盾，绝不能简单地靠举办大活动、争夺大项目、规划大手笔所能奏效的，而只能靠深化改革扩大开放去完成。

[1]　马国川：《科尔奈：中国改革再建言》，《财经》2010年3月29日总260期。

[2]　苏东斌：《慎言“中国模式”》，《建议活页》2009年12月第1期。

第一，在经济体制上，首先深化改革分配制度，变政府财政为公共财政；

第二，在政治体制上，首先深化改革政府职能制度，变威权政府为服务政府；

第三，在文化体制上，首先深化改革教育制度，变应试教育制度为现代大学制度。

而在这里，有的尚需大力深化，有的则才刚刚破题，有的甚至还没有真正触及。可见，对于未来，中国经济特区能够胜利完成双重新使命还是任重道远。

中国再也不能与新科技革命失之交臂，再也不能与人类现代文明进程失之交臂，我们改革的任务还远远没有完成，现在绝不能说，中国的改革尤其是特区的改革已经结束了，剩下的任务就是科学发展了。在今天的中国，那种“离开了改革还能发展”的观点或者“用发展来取代改革”的倾向都是根本错误的。因为如果那样，不仅发展是不可持续的，而且会导致旧体制的复归。

这就是说，不仅改革开放的大业尚未完成，而且中国现代化建设的任务也远未实现。

我赞同这样的估计：第一，大趋势不会变，现代化的方向不可逆转；第二，仍有两种前途，搞得好，把改革进行到底，就会建立起现代市场经济、法治市场经济；搞得不好，就会形成权贵资本主义、官僚资本主义、国家资本主义，那是非常可怕的。

如果我们再问，建成一座国际性的现代化大城市到底干什么？现在，许多原始的苦难已不再成为苦难，于是什么是幸福这个原始的词语反而变得更加模糊起来了。这就迫使我们追根溯源去寻找存在于生活中那个最基本的价值。那就是，只有在这样的能够较大限度地集中社会资源、合理进行配置的大城市里才可能让每一个人（不管是男人，还是女人，不管是强者，还是弱者）都会拥有同一个梦想，都能共享同一个世界。其实，幸福的目标只有一个就是让生活变得更加美好。这才是我们所追求的科学精神和人道意义。[1]

据胡耀邦之子胡德平回忆：20 世纪 80 年代，是我国改革开放的奠基期，又是世界由圆变平的转轨期。记得 1985 年夏季的某一天，父亲胡耀邦偶然看到马克思在 1858 年 10 月 8 日致恩格斯的一封信，他不由得出声细读：“资产阶级社会的真实任务是建立世界市场……因为地球是圆的……在极为广阔的领域内资产阶级还在走上坡路。”读罢，他专注的目光在翻开的书页上又来回扫过几次，好似默读，又像思索，最后他收回目光，抬起头，敲敲书，说了一句话：“看看，还在走上坡路噢！”[2] 邓小平

[1]　王安忆：《什么样的生活更幸福》，《文汇报》2010 年 4 月 11 日。

[2]　胡德平：《保持历史的记忆力》，《经济观察报》2010 年 3 月 19 日。

曾说：中国的改革“从世界的角度来讲，也是一个大试验”[1]，中国经济特区已经加快了中国的历史，并相当地吸引着世界。

据调查显示：被列为“未来10年10大挑战”的就有“主流价值观边缘化危机”这一项。[2]

对此，有的学者指出，如果我们的主流价值观在现实问题面前失效或“失语”，那么就意味着“主流价值”体系本身在弱化和自我“边缘化”。关键在于，主流价值观本身的理论和实践要充分到位。

事实上，每种价值观在社会上处于“主流”还是“边缘”地位，首先是它的主体自我选择的结果，即它是否站在历史进步和人民大众一边。从这个意义上说，世界上没有人能够把别人“主流化”或“边缘化”，也没有人是“被”别人主流化或边缘化的。因此，我们的价值观的命运，最终掌握在我们自己手里，要由我们自己的理论和实践来决定。[3]

“曾因醉酒鞭名马，生怕情多累美人。”深圳它既不是一个独立的新加坡，又不是港人治港的香港，毕竟是一座年轻的内地城市。这样，有些事可以为、能够为（如地方政府资源配置），有些事则不可为、不能为（如政治体制改革大格局）。今天，它不可能垄断中国的改革开放权，它不可能永远做“经验批发商”（仅国务院批准的新特区就又有6个），如花美眷最怕那似水流年，再辉煌的过去，都可能潜伏着变数与危机，所以，特区的人们只应以忧患的意识去畅想着自己的今天和明天。波兰思想家米奇尼克有两句话可以警示我们：“我们不是为了一个美好的明天而奋斗，而是为了一个美好的今天而奋斗；我们不是为了一个完善的社会而奋斗，而是为了一个不完善的社会而奋斗。”

[1] 邓小平：《建设有中国特色的社会主义》（增订本），人民出版社1984年版，第113页。
[2] 中共广东省委研究室编：《广东改革开放决策者访谈录》，广东人民出版社2008年，第217、221页。
[3] 李德顺：《当前的价值冲突与主导价值观到位》，《学习时报》2010年3月29日。

第一篇

中国经济特区的历史性贡献

经济特区经历了30年快速发展，已经圆满地完成了当初所期望的历史使命，即充当“排头兵”（改革）、“窗口”（开放）、“试验田”（现代化）的角色。回顾和研究过去30年经济特区的发展历程，我们可以从“改革”、“发展”、“精神”这三个层面来考察中国经济特区的历史性贡献。

首先，从对“改革”的贡献来看，中国经济特区的贡献是，探索到一个从计划经济体制走向市场经济体制的转型模式，为经济社会发展提供了制度上的基础和保障。

其次，从对“发展”的贡献来看，中国经济特区寻找到从区域性一般城市走向现代化、国际化的全国重要的中心城市的发展道路，这条道路，达到了从普遍贫穷走向共同富裕的根本目标。

再次，中国经济特区是对中国“精神”的贡献，形成了特有的创新精神。这种创新精神不仅为中国内地城市的发展贡献了一种敢闯敢冒的精神和意识，而且集中反映在思想解放和由此引发的结构调整与升级上。

第一章

经济体制的转型

★中国的经济增长并不特殊，导致中国经济增长的基本因素也并不特殊。中国改革开放实际上沿着市场化的基本指向，始终抓住市场经济的几个基本特点：产权明晰、价格调节和开放。这种深层次的制度变迁正是中国变化的根源。

★中国经济特区在从计划到市场的转型进程中走出了经济发展的第一步，创造了历史性的奇迹。经济特区的创设是“中国道路”的一个标志，在计划经济、平均主义行不通的情况下寻找突破口，从此中国的现代化走上了一条特殊的道路。

★经济特区的基本功能和使命在早期被明确为充当“排头兵”（改革）、“窗口”（开放）和“试验田”（现代化）。经济特区对中国经济改革的贡献，是为中国探索发展之路提供了试验场（这是过去），率先探索从计划到市场的转型路径。

★计划到市场的转型仍远未结束。中国经济特区在今天具有的新使命是，既要加快完成向市场经济的转型，同时也要为现代化和城市发展探索新的路径，构筑中国区域经济的新版图。

1978年12月召开的十一届三中全会，确立了以经济建设为中心、实行改革开放、加快社会主义现代化建设的路线，并明确提出："在自力更生的基础上积极发展同世界各国平等互利的经济合作，努力采用世界先进技术和先进设备。"这实际上是对外开放的重大决策是此时最早作出的。此后，以广东、福建两省实行特殊政策和创办四个经济特区为起点，揭开了中国波澜壮阔的对外开放序幕。

第一节 经济特区的创办

30多年来，中国快速发展最主要的特征是改革开放。改革开放不仅使中国在经济上取得了快速发展，而且也让中国重新回到了"世界"。开放的内容，最初仅仅是指扩大对外贸易、引进技术设备等，在中国30多年改革开放进程中，开放的内涵日益丰富，逐步扩展为多层次、宽领域的全方位对外开放；开放的政策也不仅限于经济领域，而且扩大到科技、文化等各个领域的对外交流与合作。其中，以深圳为典型的中国经济特区的创立、建设和发展，是整个中国对外开放进程中最值得一提、也最具标志性的一部分。

一、改革开放前的深圳

要了解中国经济特区创办的大背景，应该首先考察"文革"结束时中国老百姓的生活状况。[1] 城市居民基本上靠工资生活，然而从1957年到1976年，全国职工在长达20年时间里几乎没长过工资。1957年全国职工平均货币工资624元。1976年下降到575元，不进反退，还少了49元。[2] 很多生活消费品供给不足，需凭票购买。住房相当困难。改革开放初期，在上海180万住户中，按国家标准，有89.98万户为住房困难户，其中三代同室的119499户；父母与12周岁以上子女同室的316079户；12周岁以上子女同室的85603户；两户同居一室的44332户；人均居住2平方米以下的268650户。

---

[1] 苏东斌编：《当代中国经济思想史断录》，社会科学文献出版社2009年版，第170—171页。

[2] 曾培炎主编：《新中国经济50年》，中国计划出版社1999年版，第897—898页。

再看农民的生活。安徽农村最具有代表性。1977年6月，中央任命万里担任安徽省委第一书记。到任后，万里先后来到芜湖、徽州、肥东、定远、凤阳等地调研，所见所闻，使他大为震惊。他后来回忆说："原来农民的生活水平这么低啊，吃不饱穿不暖，住的房子不像房子的样子。淮北、皖东有些穷村，门、窗都是泥土坯的，连桌子、凳子也是泥土坯的，找不到一件木器家具，真是家徒四壁呀。我真没料到，解放几十年了，不少农村还这么穷！"[1] 安徽农村的情况并非个别现象。据农业部原人民公社管理局统计的数字：1978年，全国农民每人年均从集体分配到的收入仅有74.67元，其中2亿农民的年均收入低于50元。有1.12亿人每天能挣到1角1分钱，1.9亿人每天能挣到1角3分钱，有2.7亿人每天能挣到4分钱。

（一）深圳农民生活状况

新中国成立后，经过土地改革和生产体制改革，无地、少地的农民分得土地，蚝民分得蚝田，生活水平明显提高。组织互助组、农业合作社之后，生活水平进一步提高。但在20世纪50年代末实行人民公社化后，受自然灾害等影响，农民生活困难。在广东省委"利用香港，发展宝安"的方针指导下，宝安县与香港接近的边界地区开展了小额贸易，这一政策使农民的生活得到了改善。经济最困难时，整个宝安县没有饿死人或得水肿病的现象，当时的宝安县还借给东莞、龙门、增城三县粮食1万担。1961年宝安县提出《关于适当放宽进出口管理意见（草案）》，开放沿海22个公社、1个农场，规定出口的商品包括鱼苗、水草、"三鸟"、蛋品、蔬菜等，以换回化肥等农业紧缺物资。这些灵活边境政策的提出和实施，促使本地经济形势好转，农业生产一度得以较快发展。从1965年起，本地年人均上交商品粮400多斤，比珠江三角洲各县都高。

但在"以粮为纲"的政策指导下，多种经营偏废，没有大力发展经济作物，致使人民经济收入远远低于香港新界的农民。再加上"文化大革命"及极"左"倾路线的干扰，致使居民生活水平与香港居民的生活水平差距越来越大，部分农民因生活困难外逃香港。[2]1958年至1978年，农村经济发展徘徊不前，农民收入极低。1959年至1978年的20年间，年人均口粮在220斤（稻谷）左右，1959年，年均收入49元，

---

[1] 田纪云：《万里：改革开放的大功臣》，载《炎黄春秋》2006年第5期。

[2] 1959年农历正月初四夜，后海村外逃香港104人。

以后平均每年每人只增加4元左右的收入，到70年代末期，本地村民人均收入在200元左右。[1]

（二）大规模逃港事件

“逃港”历来是广东一个十分特殊的问题。[2]1949年10月19日，深圳获得解放，但由于中英交恶，双方从1951年便封锁了边界。随后的20年里，深圳共出现了四次大规模偷渡：第一次1957年前后，实行“公社化”运动期间，一次外逃了5000多人；第二次1961年，经济困难时期，一次外逃1.9万人；第三次1972年，外逃2万人；第四次1979年，撤县建市初期，有7万多人沿着几条公路成群结队地涌向边境线，伺机越境，最后外逃3万人。据统计，从1954年至1978年，全省共发生偷渡外逃56.5万多人次，逃出14.6万多人。

鉴于内地群众越来越多地偷渡来港，港英当局从1979年起，对偷渡来港人员，一反过去的做法，采取了即捕即遣送的办法。1979年1月至6月初，香港方面便遣送回偷渡客3.3万多人，为过去4年多来遣送人数的3倍，有时一天就送回1000多人。香港的报刊、电台和电视台等传媒也大量报道偷渡的情况，把内地“逃港”群众与越南难民相提并论，公开提出中国“难民”问题。一些报刊还宣称中国国内政局“不稳”、“对基层失去控制”等等。香港的电台和电视台有段时间还每天将搜捕、遣送偷渡客情况播放，向内地施加舆论压力。港督麦理浩也于1979年5月31日约见中国驻港代表机构负责人，专门提出内地人口外流香港问题，反映了港英当局对偷渡外逃问题的关注和紧张心理。[3]

全省偷渡人数最多的几个地区有惠阳（当时包括深圳市）、汕头地区、广州市。在广州市区，当时有一种比较奇特的现象：每天大街小巷都可以听到鞭炮声，仔细一打听，原来是广州市民每当自己家庭里有人“逃港”成功时，都要放鞭炮祝贺一番。1979年5月6日、7日两天，深圳市万余名群众听信谣传，误认为开放边境，纷纷涌向边境前沿，强冲边防，后经深圳市委和边防部队全力以赴进行劝阻教育后，

---

[1] 数据引自宝安县地方志编纂委员会编：《宝安县志》，广东人民出版1997年版，第154页。

[2] 在20世纪六七十年代，深圳公安有一项特殊任务，就是防止居民“偷渡出境”。尽管从中央到地方一直对这个问题严防死守，保持着高压状态，但是偷渡之风愈演愈烈。1979年，深圳市第一任市委书记张勋甫发现在上任的头一个月就有3054人次外逃香港，逃出1855人。

[3] 杨建：《七十年代末的广东反偷渡斗争》，《百年潮》2001年第4期，第24页。

才平息下来。[1]

1977 年 11 月 11 日至 20 日，刚刚复出不久的邓小平到广东视察。当广东省委领导汇报谈到一些边境地区的农民外逃出港的问题十分突出时，邓小平说，看来最大的问题是政策问题。政策对不对头，是个关键。[2]

改革开放之后，1979 年宝安辖区内实行家庭联产承包责任制，耕地、蚝田分给农民、蚝民承包，农民、蚝民的生产积极性得到极大提高，生产方式迅速发生变化，农民、蚝民收入显著提高，陆续出现了一批万元、数十万元以上的专业户。经济特区的确立和建设加快了工农业生产，经济迅速发展，人民生活显著改善。到 1983 年，国有企业职工平均工资 1571 元，比 1978 年增长 1.7 倍；农民人均年收入达 840 元，收入超过万元的农户占总农户的 20%。特区内人均居住面积为 9.6 平方米。人民安居乐业，边境秩序安定，社会风气良好，人员外流已经停止。[3]

当年曾参与特区筹建工作的广东原省委书记吴南生后来回忆说："最令人感到高兴和意外的是，在特区条例公布后的几天，最困扰着深圳——其实也是最困扰着社会主义中国的偷渡外逃现象，突然消失了！确确实实那成千上万藏在梧桐山的大石后、树林中准备外逃的人群是完全消失了！没过多久，有些偷渡到港澳去的人见家乡经济发展了，又成批成批地回来了。"[4]

二、经济特区的创办

(一)创办特区的构想

创办经济特区的设想萌发于党的十一届三中全会之前。早在 1978 年，为吸取国外的先进经验，以推动中国的现代化建设，国务院曾先后组织多批团组分别考察了港澳地区和西方一些国家。其中，港澳经济考察组回到北京后向中央建议，把靠近港澳的广东宝安、珠海两县改为省辖市，建设成为具有相当水平的对外生产基地、加工基地和吸引港澳游客的游览区。这一设想得到了党中央和国务院主要领导人的支持。

1978 年 11 月 10 日至 12 月 15 日，中央召开工作会议。习仲勋同志在中南组分组

---

[1] 杨建：《七十年代末的广东反偷渡斗争》，载《百年潮》2001 年第 4 期，第 24 页。

[2] 中共中央文献研究室编：《邓小平年谱（1975—1997）》，第 239 页。

[3] 《深圳经济特区年鉴》，香港经济导报社出版 1985 年刊，第 58 页。

[4] 卢荻：《习仲勋与广东反"偷渡外逃"》，载《百年潮》2007 年第 10 期，第 27 页。

会议发言提出，如果中央允许我们吸收港澳、华侨资金，从香港引进一批先进设备和技术，购进电力，进口部分饲料，就可以一方面先把国有农场、畜牧场、淡水养殖场等武装起来，作为示范，培养人才，取得经验。还希望中央允许广东在香港设立办事处，加强调查研究，与港澳厂商建立直接的联系。凡是来料加工、补偿贸易等方面的经济业务，授权广东决断处理，以减少不必要的层次和手续。福建的同志也提出，要利用侨乡优势，吸收外资、侨资，放手大搞出口贸易，为发展福建经济创出一条路子，建议中央在具体政策上给予支持，外贸分成多给地方一点，开放福州、厦门等港口。这些意见和建议，引起了中央的重视。邓小平在闭幕式上作了题为“解放思想，实事求是，团结一致向前看”的讲话，指出：“要学会用经济方法管理经济。自己不懂就要向懂行的人学习，向外国的先进管理方法学习。不仅新引进的企业要按人家的先进方法去办，原有企业的改造也要采用先进的方法。在全国统一方案拿出来以前，可先从局部做起，从一个地区、一个行业做起，逐步推开。中央各部门要允许和鼓励它们进行这种试验。试验中间会出现各种矛盾，我们要及时发现和克服这些矛盾。”[1]

1979年1月31日，国务院决定在蛇口创办工业区，由香港招商局集资并组织实施。3月，广东宝安县经中央同意改为深圳市。1979年3月3日，吴南生在广东省委常委会议上正式提出在汕头划出一块地方搞试验的设想。他举出三条理由：第一，在全省来说，除广州之外，汕头是对外贸易最多的地方，每年有1亿美元的外汇收入，搞对外经济活动比较有经验。第二，潮汕地区海外的华侨、华人是全国最多的，约占我国海外华人的三分之一。其中许多是在外有影响的人物，我们可以动员他们回来投资。第三，汕头地处粤东，偏于一隅，万一办不成，失败了，也不会影响太大。4月3日，习仲勋赴京参加中央工作会议，4月8日，习仲勋在中南组发言说，广东邻近港澳，华侨众多，应充分利用这个有利条件，积极开展对外经济技术交流。这方面，希望中央给点权，让广东先走一步，放手干。会上，福建省也提出在厦门建立出口加工区的要求。

中央工作会议讨论了广东省和福建省的要求，决定对广东、福建两省实行特殊政策、灵活措施，并在广东的深圳、珠海、汕头，福建的厦门等地试办出口特区，作为华侨和港澳商人的投资场所。会后，谷牧向邓小平汇报，谷牧说：广东有这样的思想，先走一步，划一个地方出来，搞改革开放，然后全面推开。邓小平很赞成。谷牧说：“但是名字定不下来。”邓小平说：“还是叫特区好，陕甘宁开始就叫特区嘛！”

[1] 《邓小平文选》第2卷，人民出版社1994年版，第150页。

当谈到解决配套建设资金时，邓小平说："中央没有钱，可以给些政策，你们自己去搞，杀出一条血路来！"

7月15日，中共中央、国务院批转了广东、福建的两个报告：《关于发挥广东优越条件，扩大对外贸易，加快经济发展的报告》和《关于利用侨资、外资，发展对外贸易，加速福建社会主义建设的请示报告》。中央决定，在粤闽两省实行特殊政策和灵活措施，给地方以更多的自主权，使之发挥优越条件，抓紧当前有利的国际形势，先走一步，把经济尽快搞上去。1980年10月9日，邓小平在会见日本客人时第一次谈到设立深圳经济特区的战略考虑。他说："我们把广东、福建当作特殊地区，在广东靠近香港的地方设立一个特区，欢迎各国的资本在那里投资设厂，参与那里的竞争。之所以选择这个地方，是利用香港同外界的关系比较容易沟通。"[1]

(二)创办特区的决策

设立经济特区是对一种新制度的探索，来源于中央高层领导人的观念更新和地方领导人解决实际问题努力的结合。这种对新制度的探索和创新是中国改革时代采用最多的方式。

1. 深圳、珠海、汕头、厦门四个特区的创办。创办深圳、珠海、汕头、厦门四个特区，本来是中央对广东、福建两省实行特殊政策、灵活措施的一项内容，随着实践的发展，逐步单列出来，由国家进出口管理委员会归口管理。1979年9月下旬，受中共中央、国务院委托，兼任国家进出口管理委员会主任的副总理谷牧前往这四个地方实地考察筹办工作。

1979年12月12日，广东省委就筹办"出口特区"的工作，向中央专题报告。该报告提出："中央批转广东省委的报告中说要办'出口特区'，我们同各方面的同志和朋友多次交换意见，都觉得改称'经济特区'较好。特区固然要以办工厂企业为主，但也要搞楼宇住宅和其他经济事业。比如深圳特区，拟规划工业区、科学技术研究区、住宅区，以及商业、行政和文化区……因此，把'出口特区'改为'经济特区'，其含义会更确切些。"[2]

---

[1] 中共中央文献研究室编：《邓小平年谱（1975—1997）》，第679页。

[2] 《关于广东建立经济特区几个问题的汇报提纲》，广东省政协文史资料研究委员会编：《经济特区的由来》，广东人民出版社2002年版，第217页。

1980 年 3 月 24 日至 30 日，谷牧在广州主持召开广东、福建两省会议，检查两省对中央指示的贯彻情况，进一步研究特区建设问题。这次会议采纳了广东提出的建议，将“出口特区”这个名称，改为具有更丰富内涵的“经济特区”。

1980 年 5 月 16 日，中共中央和国务院批准《广东、福建两省会议纪要》，“出口特区”被正式改名为“经济特区”。同年 8 月 26 日，五届全国人大常委会第十五次会议审议批准在深圳、珠海、汕头、厦门设置经济特区，并通过了《广东省经济特区条例》，这标志着中国的经济特区正式诞生了。[1] 深圳和珠海、汕头、厦门一起成为中国首批经济特区，面积 327.5 平方公里。

2. 海南经济特区的创办。在海南建立特区是我国经济体制改革和特区建设的又一伟大实践。1980 年 6 月和 1983 年 4 月，中共中央、国务院批转《海南岛问题座谈会纪要》和《加快海南岛开发建设问题讨论纪要》，确定对海南实行以对外开放促进岛内开发的方针，决定加快海南岛的开发建设，在政策上放宽，给予较多的自主权。

1988 年 4 月 13 日，七届全国人大第一次会议通过设立海南省和建立海南经济特区的决议。[2]26 日，中共海南省委和海南省人民政府正式挂牌。5 月，国务院颁发《关于鼓励投资开发海南岛的规定》，紧接着又批转了《关于海南岛进一步对外开放加快经济开发建设的座谈会纪要》，对海南经济特区实行更加灵活开放的政策，授予海南省人民政府更大的自主权。海南建省并成为继深圳、珠海、汕头、厦门特区建立后全国最大的经济特区。[3]

3. 为什么没在其他省市办特区？虽然有了中央的文件，但并没有消除党内的不同意见。按照传统的观念，社会主义应当是以公有制为主体，实行计划经济。然而，经济特区是以吸引外资为主，实行市场调节。由此产生了一个观念上的难题：“经济特区究竟姓‘社’还是姓‘资’？”

1981 年 12 月 22 日，在中央召开的省、自治区、直辖市党委第一书记座谈会上，陈云要求，经济特区现在第一位的任务是认真总结经验，既要看到特区的有利方面，也要估计到特区带来的副作用。当时不少省市都向中央要求试办经济特区，陈云坚决不同意。他明确指出，特区“现在只能有这几个，不能增多”。可以看出，陈云对试

---

[1] 1980 年 8 月 27 日的《纽约时报》写道：“铁幕拉开了，中国大变革的指针，正轰然鸣响。”

[2] 田纪云：《万里：改革开放的大功臣》，《炎黄春秋》2006 年第 5 期。

[3] 宝安县地方志编纂委员会编：《宝安县志》，广东人民出版社 1997 年版，第 154 页。

办特区态度比较谨慎。他不反对试办经济特区，但要求注意特区带来的负面影响，坚决不主张扩大特区的范围，特别不赞成在中国的经济心脏——江浙地区办经济特区。陈云讲这个话，打消了其他地区办特区的想法。

1979 年 4 月中央工作会议上议论办出口特区时，还有上海崇明岛。从地理条件看，崇明岛与大陆自然隔离，最适宜于办特区，但最后确定时没有它。不过，20 世纪 90 年代初，邓小平为 80 年代没有在上海设立经济特区不止一次地表示遗憾。1991 年 1 月 28 日，邓小平说："浦东开发至少晚了五年。浦东如果像深圳经济特区那样，早几年开发就好了。" 2 月 13 日，他又说："如果当时就确定在上海也设经济特区，现在就不是这个样子。" 1992 年 2 月 17 日，邓小平再次表示："浦东开发晚了。"[1]

4. 浦东新区的开发开放。1990 年 3 月 28 日至 4 月 7 日，时任国务院副总理的姚依林带队，对浦东进行专题调研，并迅速形成《关于上海浦东开发几个问题的汇报提纲》。仅 11 天后的 4 月 18 日，时任国务院总理李鹏即在上海大众汽车投产仪式上宣布：中国政府决定开发开放浦东。随后，上海市委、市政府按照中央的战略部署，制定了"开发浦东、振兴上海、服务全国、面向世界"的开发方针。

2005 年，国务院正式批准浦东进行国家综合配套改革试点，市委、市政府明确了"一个作用、三个区"（在树立和落实科学发展观、构建社会主义和谐社会、实施建设"四个中心"国家战略中发挥示范带动作用，努力成为改革开放先行先试区、自主创新示范引领区、现代服务业核心集聚区）的功能定位，标志着浦东改革开放进入了新阶段。16 年精心谋划，16 年坚实步履，在党中央、国务院坚强领导下，在中央各部委、全国各省市大力支持下，浦东开发开放取得举世瞩目的成就，初步建立了外向型、多功能、现代化新城区框架，浦东已成为"中国改革开放的窗口"和"上海现代化建设的缩影"。

2009 年 4 月，国务院批复同意将原南汇区行政区域划入浦东新区。新浦东雄踞东海之滨、杭州湾畔，内连扬子江、外眺太平洋，面积 1210 平方公里，占全市面积五分之一左右。常住人口 412 万。经济总量占全市四分之一以上。浦东开发作为国家战略，整体功能不断得到显著的提升，特别是上海建设国际金融中心、国际航运中心的核心要素如陆家嘴金融城、外高桥港区、洋山深水港和浦东空港都聚集于此。浦东还荟萃了先进制造业、临港工业、高新技术产业、生产性服务业等现代产业要素。2010

---

[1] 萧冬连：《试办经济特区的决策内情》，《党史博览》2008 年第 6 期。

年上海世博会 5.28 平方公里场馆区有四分之三位于浦东，浦东作为其主场馆的所在地，在城市建设、城市管理、人文精神提升方面具有前所未有的机遇和广阔的发展空间。

实践证明，建立经济特区的思想和决策是完全正确的，取得了巨大成功。它不仅使这些地区的经济得到快速发展，而且在推进对外开放，引进境外资金、先进技术及管理经验，建立社会主义市场经济体制等方面，发挥了窗口作用、试验作用和排头兵的作用。

(三)经济特区的早期建设

如果说深圳最初是不自觉地在实行市场经济的话，那么，随着特区建设的大规模开展，资金、物资、人才的匮乏以及与计划经济的碰撞，使得深圳开始主动突破传统的经济模式，在广阔的范围内进行大刀阔斧的改革。深圳先后放开了金融市场、生产资料市场、房地产市场、证券市场、劳务市场等，在物资供应、用工制度、企业贷款、外汇调剂等方面进行了大规模的改革，破解了国资管理难题，大规模引进了外资，引导民营经济蓬勃发展。据不完全统计，深圳创造了 450 多个“全国第一”，120 多项“世界首创”。每一项改革在全国都引起阵阵回响，每一个突破都给计划经济撕开了道道裂口。[1]

1. 十条特殊政策。1980 年 12 月，谷牧同志和江泽民同志到广东考察，任仲夷在向他们汇报时，着重谈了特区在对外经济活动中应采取更加开放的政策的见解，他说建设特区“不单是为国家挣几个外汇，更重要的是取得先走一步建设特区的经验，取得体制改革，搞好经济工作，实行计划调节与市场调节相结合，以及党如何领导经济工作等一系列的经验”。他还提出：“深圳、珠海要搞特区，没有比对广东、福建实行的‘特殊政策和灵活措施’更特殊一些的政策是搞不起来的。”谷牧同意这个观点，他风趣地说：“你们是‘独立王国’、‘半独立王国’，你就是‘国王’。从世界各国的情况看，凡是搞特区的地方都是那里的总统、总理或国王亲自抓。我看，要动员各部门重视特区建设，定期研究，其中最重要的一条，就是你这个‘国王’、‘总统’要亲自抓。”对于当时社会上对特区的一些误解，特别是特区是姓“社”还是姓“资”的问题，任仲夷查阅了大量马克思主义经典著作，形成了自己的见解。任仲夷说：“依我看，对一个企业，无论是合营企业或是外商独资经营的企业，可以用国家资本主义这个词；但就整个特区来说，则不能说这个特区是国家资本主义，因为特区是社会主

[1] 李南玲、丁时照：《杀出市场经济“血路”来》，《深圳商报》2008 年 10 月 29 日。

义国家领导的，实行特殊政策、灵活措施，是社会主义的经济特区。”

1981年5—6月，由谷牧同志主持在北京召开了广东、福建两省和特区工作会议，参加会议的有广东、福建两省的主要领导任仲夷、吴南生、项南，有中共中央、国务院的有关部门及特区的负责干部，还邀请了钱俊瑞、许涤新、薛暮桥、古念良等多位经济学家出席。根据会议结果报送中央的《广东、福建两省和经济特区工作会议纪要》，经党中央、国务院同意于1981年7月19日以中发[1981]27号文件进行批转。《会议纪要》指出，一年多来的实践证明，中央对两省实行特殊政策、灵活措施和设置经济特区的决策是正确的。进行这个试验的时间虽然还不长，但已经取得比较显著的成绩，积累了一些经验，使大家看到了希望，增强了信心。会议提出要解放思想，统一认识。会议认为，试办经济特区，是两省实行特殊政策的一项重要内容，是执行开放政策、吸收外资的一种特殊方式。特区是经济特区，不是政治特区。特区内全面行使我国主权，它的“特”在于实行国家规定的特殊经济政策和特殊经济管理体制，与帝国主义强加于旧中国的“租界”有本质的区别。特区是扩大出口贸易、利用外资引进技术、发展经济比较成功的好方式。对我国来说，特区是我们学习与外国资本竞争、学习按经济规律办事、学习现代化经济管理的学校，是为两省，甚至全国训练和造就人才的基地。《会议纪要》除了在计划、财政、金融、外贸等方面提出了两省继续推进经济体制改革的措施外，还系统地为特区建设提出了十条政策性意见。

（1）特区的规划和建设要因地制宜，注重实效，各有侧重地发展。深圳、珠海的特区应建成兼营工、商、农、牧、地产、旅游等多种行业的综合性特区。厦门、汕头的特区目前应建成以加工出口为主的、同时发展旅游等行业的特区。特区要抓紧拟订全面的社会经济发展规划，特区的建设首先要搞好基础设施，在划定的区域内由小到大，逐步发展，量力而行。

（2）海关对特区进口的货物、物品，要给予特殊的关税优惠。

（3）简化出入境手续，方便人员往来。各特区都有权通知签证机关办理特区的外国人和华侨入境签证，其中需经常出入的，可发给有效期不超过一年的多次入境签证。

（4）劳动工资制度要进行改革。特区企业职工一律实行合同制，企业有权自行招聘、试用、解雇员工。逐步改变低工资、多补贴的办法。企业工资可以分为基本工资和浮动工资两部分，并由特区统筹建立职工年老退休和社会保险制度。

（5）特区市场需要的国内出口商品，可由特区向有关外贸公司提出订货，以外汇结算。商业应以国有为主，允许特区与外商合办某些商业企业，并允许进口必需的商品。特区的对外贸易在国家统一政策指导下，由特区自主经营。特区可接受各省、市、自治区的委托，代理外贸部不统一经营并经各省、市、自治区批准的进出口业务。

（6）特区的货币目前以人民币为主，外币限制在指定的范围内使用。允许我在港澳注册的银行到特区设立分支机构，并有步骤有选择地批准外资银行来特区设立分支机构。两省应结合特区的具体情况，制订特区外汇管理办法，国家外汇管理总局在特区设立国家外汇管理分局。

（7）积极筹措特区建设资金。资金来源主要靠利用外资，尽量吸收侨资及港澳的资金。允许特区银行吸收的存款在几年内全部用作贷款，并放宽对贷款的限制。深圳、珠海两市的财政收入原定 3 年不上缴，现决定延长到 1985 年。4 个特区的外汇收入（包括外币兑换券在当地回笼部分）单列，超过 1978 年基数的增收部分，用于特区建设，5 年内不上缴。特区土地开发的收入，归特区发展公司使用。

（8）特区的机场、海港、铁路、电讯等企、事业，应允许特区引进外资，由特区自营或与外资合营，自负盈亏。

（9）为了加速发展特区的各项建设事业，必须制订特区的各项单行法规。建议全国人大常委会通过议案，授权广东、福建两省人大常委会制订所属特区的单行法规，并向全国人大常委会及国务院备案。

（10）特区的管理机构，应按照精简、高效的原则设置，并赋予充分的权力，使之能独立自主地处理问题，协调各方面的关系。

2. 土地使用权与资金问题。特区开发之初，资金筹集是一大难题。特区开发走了一条“多方筹资，负债开发”的新路子，从三个方面成功地解决了筹集资金的难题：一是使用国家银行信贷；二是收取土地使用费，以地生财；三是吸收利用外资，包括从国际金融市场筹借贷款，中外合资、合作经营建设基础设施等形式。国家只给予税收优惠和信贷倾斜。

虽然中央一直强调不给特区一分钱，吴南生还是从副总理谷牧那里争取到了 3000 万的启动资金；此外特区建设初期的资金来源是“卖土地”[1]、向银行贷款和引进外

[1] 在没有其他切实可行办法的情况下，只有用出租土地来换资金。可这个想法，在当时却是“离经叛道”的基本原则问题。当时广东省和深圳市的领导对此态度审慎，让人翻阅马列主义经典在《列宁全集》中查出列宁引用恩格斯的一段话来：“住宅、工厂等等，至少是在过渡时期未必会毫无代价地交给个人或协作社使用。同样，消灭土地私有制并不要求消灭地租，而是要求把地租——虽然是用改变过的形式转交给社会。”据此将“地租”改称“土地使用费”，规避了舆论和政策的禁区。

资，最初几年不向中央缴纳税款的特殊政策也间接提供了特区建设的资金。统计数字显示，从1980年到1981年，深圳共出租土地4.45万平方米，获得“土地使用费”2.136亿港元。这一做法，日后在全国蔚然成风。

专栏1－1

基建体制改革的第一炮

当第一批海外的投资者走过罗湖桥，穿越了半个世纪以来对峙于世界的两大阵营前来投资时，碰到的依旧是计划经济的铜墙铁壁。

1981年，香港中发大同公司与深圳房地产公司联合兴建20层的深圳国商大厦，施工由上级指令性安排给广东一家建筑公司。该公司几次单方面提高造价，要求得不到满足就不动工，时过半年不见动静。港商急了：工程造价、质量、进度都不由他说了算，投资者成了局外人，却背着银行贷款的沉重包袱，100多万元的利息只换来工地上疯长的野草。港商提出要招标，说香港就是这么搞的。深圳方听了很感兴趣，决定引入竞争机制，面向全国招标。谁家能又好又快又省工，那就中标。谁知这个具有市场意味的举动，竟然引起轩然大波。深圳顶住压力，招标依然举行。

此举成为我国基建体制改革的第一炮。仅仅引入了那么一点市场竞争的因素，就产生了奇迹：当时深圳最高建筑的国商大厦，工期缩短6个月，造价节省近千万元，质量达到优良。

资料来源：李南玲、丁时照：《杀出市场经济“血路”来》，《深圳商报》2008年10月29日。

3. 改革与开放互相推动。原市委副书记周溪舞曾多次谈到，深圳特区初期的经济体制改革就是以市场经济为取向的。首先，中央说过经济特区要按国际惯例办事，要和国际市场接轨；说过市场调节的范围和幅度在全国要小一些，在经济特区可以大一些，我们的理解是特区基本上就是搞市场经济。其次，中央赋予经济特区的使命是做中国改革开放先行一步的排头兵和改革开放的试验场，当然要在市场经济方面先行先试。再者，深圳原来没有什么经济基础，初期搞大量的“三来一补”（来料加工、来样加工、来件装配以及补偿贸易）、搞外商投资企业，这本身就是市场经济，不可能给外商制定指令性的生产计划。内联企业看准的就是要从深圳奔向国际市场、赚外汇，也要靠市场经济，这是一个客观存在的事实。

改革开放，引发了中国社会分工的变革和细化，这样的分工拓展不仅仅是在产业中，其实也蕴含在一系列经济体制中。从深圳吸引外商投资企业的战略开始，劳动、工资、土地使用制度等方面的新问题就和旧有计划经济体制发生了冲突。其后，随着工业发展和人口急剧增长，为了解决商品短缺，流通体制和价格体制改革就势在必行了。同时，金融、财政、外贸管理、政府行政管理等领域的深层次矛盾又引发了进一步的改革。

提起深圳，有的人只把它列为开放的窗口，而我们更应该看到在历史进程中，改革与开放的互相推动作用，特别是深层次改革之效力，二者已经天然地融合在这片中国南方的试验田里。[1]1984 年 1 月 24 日至 2 月 15 日，邓小平先后视察了深圳、珠海、厦门三个经济特区，对特区建设的成就给予了充分肯定，并分别为三个经济特区欣然挥笔题词。回到北京后，他特意就办好经济特区同中央几位负责同志座谈，指出：“我们建立经济特区，实行开放政策，有个指导思想要明确，就是不是收，而是放。”“特区是个窗口，是技术的窗口，管理的窗口，知识的窗口，也是对外政策的窗口。从特区可以引进技术，获得知识，学到管理，管理也是知识。特区成为开放的基地，不仅在经济方面、培养人才方面使我们得到好处，而且会扩大我国的对外影响。”[2] 经济特区取得的令人瞩目的巨大成就，向世界展示了中国改革开放的坚定决心，同时也为逐步扩大对外开放和推进经济体制改革提供了丰富的经验。

第二节 走向市场经济

历史表明，计划经济体制只是具体的手段，而赶超战略则是使用这一手段的根本原因。问题不在“赶超”本身，而在于严重脱离了现实可能，脱离了现有的实际发展

[1] 田毅：《深圳，就是中国改革开放的一片试验田》，《第一财经日报》2008 年 7 月 18 日。
[2] 邓小平：《办好经济特区，增加对外开放城市》，载《邓小平文选》第 3 卷，第 51—52 页。

水平，而提出不切合实际的指标，最终使国家和人民浪费人力财力，遭受巨大损失。[1]

一、市场经济之路

(一)计划经济问题

最早使用“计划经济”概念的是列宁。1906年，列宁在《土地问题和争取自由的斗争》中指出：“只有实行巨大的社会化的计划经济制度，同时把所有土地、工厂、工具的所有权转交给工人阶级，才能消灭一切剥削。”[2]1918年7月，列宁“在省苏维埃主席代表大会上的演说”中指出：“只有按照一个总的大计划进行建设，并力求合理地使用经济资源，才配称为社会主义建设。”[3]列宁还努力组织实施计划经济，苏联实施计划经济的计委、经委和专业管理局，都是列宁亲手创建起来的。

苏联早期的计划经济，对苏联的工业化、国防现代化和战胜法西斯德国和赢得第二次世界大战的胜利，都起了历史性的作用。对比同一时期发生的资本主义国家的严重经济危机，更是显示出新生的社会主义制度和早期计划经济的优越性。根据美国经济学家伯格森的估算，1928年至1955年苏联国民收入的平均增长率达到4.4%—6.3%。1950年社会总产值比1913年增加17.2倍，其中工业总产值增加了12倍。1929年至1932年的第一个五年计划期间，苏联工业平均增长率高达19.20%；而处在同一时期的1933年，美国工业总产值只有1929年的65%，英国是86%，法国为77%，德国为66%，都是大幅度地下降。1933年至1937年第二个五年计划期间，苏联经济继续保持了17.8%的高增长率。1938年至1940年的第三个五年计划期间，苏联经济的增长率仍然高达13.2%。这一切，都大大加快了苏联的工业化进程，迅速改变了苏联的面貌。[4]

但是，在苏联实行计划经济的同时，世界发生了深刻的变化。资本主义在调整自身的矛盾中，从1929年至1933年、1937年至1938年的两次经济危机中走了出来，生产力继续发展。同资本主义对待自身矛盾的态度相反，苏联则思维僵化，不去正视计划经济开始显露的缺陷，继续视市场为异端，坚持20世纪30年代的计划经济模式。

---

[1] 苏东斌编：《当代中国经济思想史断录》第39、41—43页。

[2] 《列宁全集》第10卷，人民出版社1995年版，第407页。

[3] 《列宁全集》第28卷，人民出版社1995年版，第18页。

[4] 正像后来丘吉尔在评价斯大林功绩时所说的，是斯大林把“用木犁耕地”的俄罗斯变成了“用拖拉机耕地”的俄罗斯。

到 1958 年，苏联全民所有制的 20 万个国有工业企业、6000 个国有农场、5000 个技术修配站和机器拖拉机站、10 万个国有工厂和机关所属的农业副业企业，都要按照中央计划机关层层下达的计划执行。表 1—1 清楚地记录了 1951—1985 年苏联经济每况愈下的数据：

表1-1 1951—1985年间苏联经济年均增长率

（单位：%）

年份	1951—1960	1961—1965	1966—1970	1971—1975	1976—1980	1981—1985
苏联官方统计	10.1	6.5	7.8	5.7	4.3	3.6
苏联学者估计	7.2	4.4	4.1	3.2	1.0	0.6
美国中央情报局估计	5.6	4.9	5.1	3.0	2.3	0.6

1999 年 12 月 30 日，俄罗斯总统普京在《千年之交的俄罗斯》中分析了苏联走向衰落的原因，指出："为限制甚至压制企业和个人的创造性和进取精神付出代价。今天我们在收割那几十年的苦果，既有物质上的，也有精神上的苦果。"当然，导致苏联经济长期衰退、人民生活水平不断下降，直至苏联解体，有多种原因，但不可否认，苏联的经济管理体制落后，计划经济模式的日益僵化，直至丧失活力，使资源配置错位，最终导致生产力不断下降，应当是其中一个重要原因。就经济基础和上层建筑的关系来讲，经济管理体制僵化、衰老，失去对经济的激活作用，它对生产力和生产关系的双重影响都是致命的。[1]

新中国成立以后，通过没收官僚资本并把它改造成为社会主义国有经济，确立了计划经济的基础。经过三年土地改革，农民的个体经济成为农村中的主要经济形态，农民和手工业个体经济逐步向互助合作的方向发展形成集体经济。1953 年起的三大改造推动了计划经济体制的确立，到 1956 年底，随着社会主义改造的基本完成，生产要素市场基本消亡，产品市场也在国家的计划控制之下，在全国范围内逐步确立起了计划经济体制。

新中国成立后长期主持经济工作的薄一波回忆说，当时全党都认为，不优先发

[1] 陈锦华：《国事忆述》，中共党史出版社 2006 年版，第 219 页。

展重工业，怎么能改变中国这种落后的经济状况，怎么能使我国立于世界民族之林呢？为此，国家计委在安排“一五”期间国家基本建设投资时，用于重工业的资金占36.2%，用于轻工业的占6.4%，用于农业的占7.1%。1957年，中央计划经济的计划程度（指计划指标比重）和中央集中程度（指中央所占比重）都达到顶峰。国家对企业下达的指令性生产指标有12项：总产值、主要产品产量、职工总数、工资总额、平均工资、劳动生产率、利润等。国家计委统一管理、直接下达计划指标的产品，1953年为115种，1956年为308种。国民收入分配中，国家财政收入所占的份额为34%，其中75%由中央支配，地方仅占25%。[1]

表1-2　1952—1978年经济增长基本指标

（单位：%）

	社会总产值	工农业总产值	国内生产总值	国民收入	积累率
“一五”时期	11.3	10.9	9.1	8.9	24.2
“二五”时期	−0.4	0.6	−2.2	−3.1	30.8
1963—1965	15.5	15.7	14.9	14.7	22.7
“三五”时期	9.3	9.6	6.9	8.3	26.3
“四五”时期	7.3	7.8	5.5	5.5	33.0
1976—1978	8.1	8.0	5.8	5.6	33.5
1953—1978	7.9	8.2	6.0	6.0	29.5

资料来源：国家统计局国民经济平衡统计司编：《国民收入统计资料汇编（1949—1985）》，中国统计出版社1987年版，第2、45—46页。

说明：增长速度按可比价格计算，积累率按现价计算。

“一五”计划是我国编制的第一个大规模经济建设计划，它的总投资额在中国经济发展史上是史无前例的，可折合7亿多两黄金。这一计划首先贯彻了优先发展重工业的方针，这集中体现在它把主要力量用于建设苏联帮助我国设计的156个建设单位和由限额以上694个建设单位组成的工业项目上，其中，苏联帮助我们的156项成为“一五”建设的核心。[2] 这种在资金稀缺条件下为实现资金密集型优先发展重工业的战略，最终形成了以扭曲产品和生产要素价格的宏观政策环境、高度集中的资源计划配置制度，以及没有自主权的微观经营机制为特征的“三位一体”模式。在这种模式

[1]　参见薄一波：《若干重大决策与事件的回顾》（上），中共中央党校出版社1991年版，第292—293页。

[2]　苏东斌编：《当代中国经济思想史断录》，社会科学文献出版社2009年版，第69页。

下，1952—1978 年，中国的经济增长速度还是比较高的。统计资料表明，这一时期中国内地按可比价格计划的社会总产值、工农业总产值和国民收入的年均增长率，分别达到 7.9%、8.2%、6.0%（见表 1—2）。这样的经济增长速度不仅高于世界平均水平，即使与发展较快的台湾地区、韩国相比也不低多少。

但是问题在于，在这种较高的经济增长率之下，中国仍然没有实现现代化，仍然没有摆脱低收入发展中国家的位次。而且，由于推行重工业优先发展战略，国家在政策上实行倾斜式的投资和保护，工业特别是重工业的增长明显快于农业和第三产业，构成经济增长速度中起主导作用的因素。片面依赖重工业部门的发展，并不能产生各产业增长比较协调条件下的效果，因而这种较快的速度并不能代表实质性的经济增长。此外，还因资源配置效率低下、缺乏竞争和劳动激励不足，造成了资源利用效率的低下。

首先，由于计划制定者事实上很难获得决策所需的信息，因而计划往往只能是一种事后的调整。同时，这种计划调节不是用价格机制来矫正经济结构对政策目标的偏离，而是用扭曲的价格，以及各种直接、间接补贴（预算软约束）和数量调节手段来安排和调整国民经济比例，因而事实上所有部门都分别在两种状态下进行生产。其次，缺乏竞争，生产效率低下。优先发展重工业就意味着同时实行初级（生活用品）进口替代和次级（机器、设备等）进口替代。当企业和部门的资源完全由计划配置，产品统购包销，生产按指令进行时，它们就不再具有改进效率、提高产品质量的激励。再次，劳动激励不足。在价格扭曲和缺乏竞争的条件下，企业盈亏不取决于经营好坏。如果给企业自主权，必然会出现企业经理人员和工人侵蚀利润和资产的情况。为了防止企业经理人员和工人侵蚀利润和国有资产，就必须剥夺企业自主权；而取消自主权，就不能根据工人的努力程度决定工资标准，就必然造成劳动激励不足。在计划经济体制下，企业没有自主权，无权选择雇用对象，也无权解雇工人，更为棘手的是，在这种体制下，城市职工的报酬是固定的，与个人劳动努力及企业绩效没有联系，即无论职工个人干多干少还是职工群体干多干少，都不会影响职工个人收入。由于职工个人多劳不能多得，劳动激励必然不足。

到 20 世纪 70 年代，计划经济的体制性弊端已经毕现无遗。中国是一个封闭自守的、与世界经济体系基本“绝缘”、高度集中而没有活力的经济体。指令性计划经济体系的构筑，让产业经济的效率非常低下。城市的食品和基本消费品实行着配给制，国有企业部门非常的庞大，普遍实行着对生产资料的价格管制，甚至火柴涨价一分钱，都要由国务院讨论和批准。僵化的计划经济体制已经走到了尽头。

(二)开放的基本指向是市场经济

在党的十一届三中全会上，邓小平指出：“总结历史经验，中国长期处于停止和落后状态的一个重要原因是闭关自守。经验证明，关起门来搞建设是不能成功的，中国的发展离不开世界。当然，像中国这样大的国家搞建设，不靠自己不行，主要靠自己，这叫做自力更生。但是，在坚持自力更生的基础上，还需要对外开放，吸收外国的资金和技术来帮助我们发展。”[1]

市场经济的基本特点是产权明晰、价格调节和开放。无论你把这三个基本特点称之为“共识”，也无论你在口头上反对还是拥护这些“共识”，只要走市场经济之路，就必须自觉或被动地遵循这些基本特点。中国从 1978 年开始改革时，实际上就是沿着市场化的方向，也始终抓住了这几个基本点。这种深层次的制度变迁正是中国发生变化的根源。

专栏 1-2

社会主义市场经济方向的确立

十一届三中全会后，中国开始实行改革开放，邓小平和陈云在 1979 年首次提到了计划经济和市场经济并不矛盾的概念。

1984 年中共十二届三中全会通过了《中共中央关于经济体制改革的决定》，确立了在公有制基础上的“有计划的商品经济”。

1993 年中共十四届三中全会通过了《关于建立社会主义市场经济体制若干问题的决定》，勾画了“社会主义市场经济”体制的基本框架。

1995 年中共十四届五中全会通过了《中共中央关于制定国民经济和社会发展“九五”计划和 2010 年远景目标的建议》，提出实现奋斗目标的关键之一是经济体制从传统的计划经济体制向社会主义市场经济体制转变。

---

[1] 《邓小平文选》第 3 卷，第 78—79 页。

二、市场经济方向的确立

在建立社会主义市场经济体制方面，深圳积极探索并创造了许多有益的经验。改革开放以来，国内对经济体制改革目标模式的认识经历了一个逐步深化的过程。深圳率先进行探索并取得了初步成功。继初创阶段的局部改革、单项突破之后，1987—1991年，深圳改革进入了配套改革阶段，推出了一系列举措，初步形成了以市场调节为主的经济体制和运行机制。[1] 在20世纪90年代中期，初步形成了社会主义市场经济体制的基本框架，不仅促进了深圳经济建设的迅速发展，也为全国经济体制改革的深化提供了借鉴。

关于社会主义条件下计划与市场的关系问题，从20世纪30年代苏联沃兹涅辛斯基的“商品形式”的论述，到60年代苏联利别尔曼的“利润挂帅”的大讨论，从捷克奥塔锡克的“货币市场理论”，到中国孙冶方“价格规律第一”的判断，可以说几乎争论了半个多世纪；也大体走了三部曲，即计划和市场绝不相容—计划和市场能够结合—以计划经济为主、市场调节为辅。直到1992年邓小平的南方重要讲话发表，在中国大地上，才终于在实质上发出了要建立“社会主义市场经济体制”的最强音。

(一)社会主义商品经济的明确

经济学家卓炯早在1961年11月18日就写道：“商品经济的集中表现形式是市场，而市场是人类经济生活一种进步的表现，从市场的大小和规律，可以看出一个社会经济、文化发展的程度……我觉得建设共产主义的任务并不是要消灭市场，而是要把无政府状态的市场（也就是自由市场）改变成为有计划的市场。”[2]

由于光远主编的《中国理论经济学史》，确认了卓炯是我国最早提出社会主义商品经济的学者，他在1962年明确提出社会主义商品经济，并提出共产主义也是商品经济，提出“商品经济万岁论”，而大多数人到20世纪70年代末才注意社会主义商品经济问题。1984年以后，卓炯的观点已被广泛接受。[3]

---

[1] 王硕：《1987—1994年深圳经济特区的发展历程》，载《中国沿海城市的对外开放》，中共党史出版社2007年版，第50页。

[2] 赵晓：《他们为中国播撒市场经济火种》，《南方周末》2005年3月31日。

[3] 李炳炎：《卓炯学说及其在社会主义经济理论史的地位》，《学术研究》2008年第1期。

社会主义是否存在商品经济？改革开放前，对于这一问题的认识，我国学术界颇有争论。1979年邓小平在会见美国不列颠百科全书出版公司编委会副主席吉布尼等人时明确指出："说市场经济只限于资本主义社会，只有资本主义的市场经济，这肯定是不正确的。社会主义为什么不可以搞市场经济？"[1]

我国理论界对商品经济最鲜明的论述，体现在1980年9月国务院经济体制改革办公室提出的《关于经济体制改革的初步意见》中。《初步意见》指出："我国现阶段的社会主义是生产资料公有制占绝对优势、多种所有制同时并存的商品经济。"这份报告的主要起草人是薛暮桥老先生。薛暮桥在1980年9月召开的各省、市党委第一书记会议上对《初步意见》作了说明："我们的初步意见，就是根据计划调节和市场调节相结合，在国家计划指导下充分利用市场调节作用的方针制订的。"[2]

这在当时是大胆的倡议。虽然，这份《初步意见》得到中央领导的赞同，但并没有经过讨论，也没有作出最后的决议。在十二届三中全会之前的三年中，商品经济的论述受到了责难和批判，国有部门的改革因为方向不明而处于停滞状态。但是，非国有部门以及农村改革的巨大成功，使越来越多的人认识到我国商品经济的历史必然性。具有代表性的是：1984年7月马洪撰写的《关于社会主义制度下我国商品经济的再探索》。这是当时任中国社会科学院院长的马洪老先生组织社科院的其他几位学者撰写的为商品经济正名的文章。

这篇文章得到了国务院领导和理论界的支持和称赞。1984年9月9日，国务院领导在给中央政治局常委的信中提出："计划第一，价值规律第二，这一表述并不确切，今后不宜沿用。""社会主义经济是以公有制为基础的有计划的商品经济。计划要通过价值规律来实现，要运用价值规律为计划服务。"邓小平、陈云分别在9月11日和9月12日批示同意，从这时开始，十二届三中全会《决定》的起草工作就在新的方针下进行了。[3]

1984年10月20日党的十二届三中全会通过的《中共中央关于经济体制改革的决定》中指出："我国社会主义经济是有计划的商品经济。"这是社会主义经济理论的一个重大突破。邓小平在通过《决定》的会议上说，十二届三中全会的决定是马克思主

[1] 邓小平：《社会主义也可以搞市场经济》（1979年11月26日），《邓小平文选》第2卷，第236页。

[2] 薛暮桥：《经济体制改革的若干理论问题》，《管理世界》1990年第5期。

[3] 吴敬琏：《从计划到市场——20年经济改革的艰辛历程》，《北京观察》1999年第1期。

义新的政治经济学，评价极高。[1]

1984年中共十二届三中全会上提出，建立“社会主义有计划的商品经济”或“社会主义商品经济”[2]。1984年10月，中共十二届三中全会通过的《中共中央关于经济体制改革的决定》（以下简称《决定》），在确定中国改革要从以农村为重点向以城市为重点的战略转移的同时，也明确了建设“社会主义有计划的商品经济”这一改革目标。《决定》指出：“商品经济的充分发展，是社会经济发展的不可逾越的阶段，是实现我国经济现代化的必要条件。只有充分发展商品经济，才能把经济真正搞活，促使各个企业提高效率，灵活经营，灵敏地适应复杂多变的社会需求。”

(二)市场经济方向的确立

1992年10月，十四大报告明确提出：“我国经济体制改革的目标是建立社会主义市场经济体制，以利于进一步解放和发展生产力。”[3] 并且强调，社会主义市场经济体制是同社会主义基本经济制度结合在一起的。1993年11月，十四届三中全会通过的《中共中央关于建立社会主义市场经济体制若干问题的决定》，进一步勾画了建立社会主义市场经济体制的基本框架，指出：“建立社会主义市场经济体制，就是要使市场在国家宏观调控下对资源配置起基础性作用。为实现这个目标，必须坚持以公有制为主体、多种经济成分共同发展的方针，进一步转换国有企业经营机制，建立适应市场经济要求，产权清晰、权责明确、政企分开、管理科学的现代企业制度；建立全国统一开放的市场体系，实现城乡市场紧密结合，国内市场与国际市场相互衔接，促进资源的优化配置；转变政府管理经济的职能，建立以间接手段为主的完善的宏观调控体系，保证国民经济的健康运行；建立以按劳分配为主体，效率优先，兼顾公平的收入分配制度，鼓励一部分地区一部分人先富起来，走共同富裕的道路；建立多层次的社会保障制度，为城乡居民提供同我国国情相适应的社会保障，促进经济发展和社会稳定。这些主要环节是相互联系和相互制约的有机整体，构成社会主义市场经济体制的

[1] 刘国光：《关于社会主义市场经济理论的几个问题》，《经济研究》1992年第10期。

[2] “商品经济”是“市场经济”的俄语表达形式。由于要与1982年中共十二大“坚持计划经济为主”的提法相衔接，十二届三中全会《中共中央关于经济体制改革的决定》，在“商品经济”一词前面加上了定语：“有计划的”。

[3] 江泽民：《加快改革开放和现代化建设步伐，夺取有中国特色社会主义事业的更大胜利》（1992年10月12日），《中国共产党第十四次全国代表大会文件汇编》，人民出版社1992年版，第22页。

基本框架。”[1]

社会主义市场经济理论的确立对于我国进一步深化改革、发展经济具有极为重大的意义。邓小平指出，“走社会主义道路，就是要逐步实现共同富裕。共同富裕的构想是这样提出的：一部分地区有条件先发展起来，一部分地区发展慢点，先发展起来的地区带动后发展的地区，最终达到共同富裕。如果富的越来越富，穷的越来越穷，两极分化就会产生，而社会主义制度就应该而且能够避免两极分化。解决的办法之一，就是先富起来的地区多交点利税，支持贫困地区的发展。当然，太早这样办也不行，现在不能削弱发达地区的活力，也不能鼓励吃‘大锅饭’。什么时候突出地提出和解决这个问题，在什么基础上提出和解决这个问题，要研究。可以设想，在20世纪末达到小康水平的时候，就要突出地提出和解决这个问题。到那个时候，发达地区要继续发展，并通过多交利税和技术转让等方式大力支持不发达地区。不发达地区又大都是拥有丰富资源的地区，发展潜力是很大的。总之，就全国范围来说，我们一定能够逐步顺利解决沿海同内地贫富差距的问题。”[2]

“沿海如何帮助内地，这是一个大问题。可以由沿海一个省包内地一个省或两个省，也不要一下子负担太重，开始时可以作某些技术转让。共同致富，我们从改革一开始就讲，将来总有一天要成为中心课题。社会主义不是少数人富起来、大多数人穷，不是那个样子。社会主义最大的优越性就是共同富裕，这是体现社会主义本质的一个东西。如果搞两极分化，情况就不同了，民族矛盾、区域间矛盾、阶级矛盾都会发展，相应的，中央和地方的矛盾也会发展，就可能出乱子。”[3]

“沿海地区要加快对外开放，使这个拥有两亿人口的广大地带较快地先发展起来，从而带动内地更好地发展，这是一个事关大局的问题。内地要顾全这个大局。反过来，发展到一定的时候，又要求沿海拿出更多力量来帮助内地发展，这也是个大局。那时沿海也要服从这个大局。”[4]

---

[1] 《中共中央关于建立社会主义市场经济体制若干问题的决定》(1993年11月14日)，《十四大以来重要文献选编》(上)，人民出版社1996年版，第520—521页。

[2] 邓小平：《在武昌、深圳、珠海、上海等地的谈话要点》(1992年1月18日—2月21日)，《邓小平文选》第3卷，第373—374页。

[3] 邓小平：《善于利用时机解决发展问题》(1990年12月24日)，《邓小平文选》第3卷，第364页。

[4] 邓小平：《中央要有权威》(1988年9月12日)，《邓小平文选》第3卷，第277—278页。

(三)深圳市场经济的探索

1993年，李南玲在《社会主义市场经济造就了深圳》一文中，对深圳进行市场经济的探索作了以下描述：有很多人从很多不同的视角观察过深圳、研究过深圳，但最终的焦点只有一个：社会主义市场经济造就了深圳。在社会主义条件下，不走计划经济的老路，而开市场经济先河，是深圳特区的真正特色。面对高度集中统一和单纯用行政手段管理经济的传统体制，深圳明确提出在计划指导下实行市场经济。为此，他们放开价格，建立起主要由市场调节的价格形成机制；培育并完善市场体系，广泛发挥市场调节作用；改革流通体制，使特区市场更好地和国际市场连接起来，并逐步向国际化方向转变。

深圳特区经济建设所需资金，主要不是靠国家拨款，而是引进外资。使用外资不像使用国家拨款，可以不计成本，可以不重视收益率，实在用亏了，往国家的账上一挂，等于一笔勾销。外资大多来自国外银行贷款，一旦投入运作，用不好，仅利息就是一笔沉重的负担。外资一进，使深圳人领教了市场运作的厉害。但也逼着深圳进行一系列大刀阔斧的改革：制定了一系列鼓励外商投资的优惠政策，颁布了一批保障外商投资企业权益的法律法令，开放金融市场、生产资料市场、房地产市场、证券市场、劳务市场等，在物资供应、用工制度、企业贷款、外汇调剂以及产品销售等方面进行大量改革；努力提高使用外资的经济效益：成立集中管理外资的专门机构，负责引进外资的计划、指导和监督工作，从宏观上保证引进外资规模结构的合理性；改变单纯依靠优惠政策吸引外资的状况，注重利用经济杠杆调节外资的合理流向，更好地适应特区产业结构的调整。

深圳特区创办之初经济基础十分薄弱，资金“饥渴”使前期引进资金基本处于“饥不择食”、“来者不拒”的状况。加之海外当时正处于新技术革命浪潮的冲击之中，产业结构急剧调整和转移，由此形成深圳早期工业以来料加工和自身的组装业为主体的低技术层、劳动密集型产业。1986年，深圳在工业形成一定基础之后，也开始面临攀升高新技术产业和外向型经济新阶梯的课题。那么，这一攀升是靠行政命令来完成还是靠深圳业已初步形成的市场运作机制来调控，是深圳市面临的一个重大选择。深圳选择了后者。他们一方面坚持由市场导向自发调整投资流向，由于低层次加工工业投资市场已趋饱和，使得这一领域里的资金收益率降低而不得不另择“良木”而“栖”，政府不搞“救济”。另一方面，按照国际市场的要求，制定符合经济发展规律的产业政策，并严格执行，坚持“效益第一，友谊第二”。两个杠杆交替使用，取得了良好的效果。每年外商投资项目虽在1000项以上，但根据产业政策和市场导向被筛掉的项目约占四分之一，保留下来的项目不仅同深圳的产业导向一致，其资金规模和技术档次都有明显提高。深圳很快形成了以高新技术产业为主的外向型工业结构，高新技术产值已占工业总产值的40%以上，有14种高新技术产品在国内销量第一，在国际市场也占有一席之地。深圳的工业发展速度也明显加快，工业总产值每年以百亿元的幅度递增，其中出口产值近6成。改革中日臻完善的市场机制，使深圳成为吸引外来客商投资兴业的一方热土。1979年至1992年底，深圳与外商签订利用外资协议（合同）10233项，协议利用外资98.53亿美元，实际利用外资45.48亿美元，外商投资企业已突破7000家，外资企业出口创汇收入占全市总额的59%。同时，全国各地及国家各部委在深圳共投资50余亿元，兴办各类企业近5000家，投资门类几乎覆盖深圳所有生产和商贸领域。[1]

深圳确立市场经济模式基本框架的过程，是一个需要通过实践检验而循序渐进的发展过程。1987年10月，党的十三大提出了关于“发展有计划的商品经济”的理论；1993年11月，党的十四届三中全会又作出了决定，明确提出“我国经济体制改革的目标是建立市场经济体制”。深圳通过学习领会，进一步提高了对建立市场经济体制模式重要性的认识，指导思想和发展目标更为明确，进而在理论研究中加大力度，在实践中不断总结经验，将这一理论进行升华，大大充实和完善了市场经济模式的基本框架，形成了比较定型的计划与市场结合、以市场为主的市场经济模式。

深圳确立的市场经济模式，既不同于西方资本主义国家那种完全由市场调节的自由市场模式，又不同于国内计划成分较大的商品经济模式。但是，深圳特区毕竟是全国市场的一部分，又经常与国际市场打交道，必然会受到国内外市场，特别是国内市场的制约和影响。深圳使用的经济手段，仍然有很强的计划性。在市场活动中，政府仍然需要通过价格、税收、信贷、许可证等经济杠杆对市场进行计划调控，还要对市场运行进行必要的工商行政管理和法律监督，以保证市场的健康成长。但是必须看到，实行以市场调节为主的经济模式，政府的计划手段不是指令性的，而是指导性的。而且随着市场经济的发育，指令性项目越来越少，指导性项目越来越多。比如，在市场主体方面，必然形成多种经济成分并存。在市场环境中，特区的经济结构早已不再是单一的公有制结构，而是既有全民、集体，又有个体，既有同全国联合的联营

---

[1]　李南玲：《社会主义市场经济造就了深圳——深圳市场经济建设探访录（上）》，《瞭望》1993年第34期。

企业，又有世界各国外商参与的多种成分并存的综合体，体现出广泛的联营和优势互补，这在社会主义经济理论和实践上都是一种重大突破。又比如，在市场流通方面，多种渠道相互沟通。深圳实行市场调节，商品流通早已革除了过去那种主要通过国家调拨和纵向计划分配的单一的流通渠道和多环节批发的老体制，产品的生产和商品的流通，主要以市场体系为中介，通过多种形式的横向联系来实现。整个特区除极少数物资由国家计划分配外，大多数产品是通过企业的自销渠道、兼营渠道和零售渠道来流通。各种产品、各种对象，都可以到市场上去成交，形成城乡畅通、地区交流、纵横交错的市场网络。几年来，特区各类市场，如生产和生活资料市场、金融市场、房地产市场、各种专业和期货市场、技术和信息市场、人才和劳务市场等，都不断发育成熟起来，足以说明市场经济模式的适应性。[1]

党的十五大为我国社会主义改革开放和现代化建设的跨世纪发展作出全面部署，把建设有中国特色社会主义事业全面推向新的世纪。十五大报告指出："建设中国特色社会主义的经济，就是在社会主义条件下发展市场经济，不断解放和发展生产力。这就要坚持和完善社会主义公有制为主体、多种所有制经济共同发展的基本经济制度；坚持和完善社会主义市场经济体制，使市场在国家宏观调控下对资源配置起基础性作用；坚持和完善按劳分配为主体的多种分配方式，允许一部分地区一部分人先富起来，带动和帮助后富，逐步走向共同富裕；坚持和完善对外开放，积极参与国际经济合作和竞争。保证国民经济持续快速健康发展，人民共享经济繁荣成果。"

党的十六大进一步提出，健全现代市场体系，加强和完善宏观调控。在更大程度上发挥市场在资源配置中的基础性作用，健全统一、开放、竞争、有序的现代市场体系。推进资本市场的改革开放和稳定发展。发展产权、土地、劳动力和技术等市场。创造各类市场主体平等使用生产要素的环境。深化流通体制改革，发展现代流通方式。整顿和规范市场经济秩序，健全现代市场经济的社会信用体系，打破行业垄断和地区封锁，促进商品和生产要素在全国市场自由流动。完善政府的经济调节、市场监管、社会管理和公共服务的职能，减少和规范行政审批。要把促进经济增长，增加就业，稳定物价，保持国际收支平衡作为宏观调控的主要目标。扩大内需是我国经济发展长期的、基本的立足点。坚持扩大国内需求的方针，根据形势需要实施相应的

[1] 李醉吾：《深圳经济特区体制改革的回顾》，《深圳文史》（第2辑），2004年。

宏观经济政策。调整投资和消费关系，逐步提高消费在国内生产总值中的比重。完善国家计划和财政政策、货币政策等相互配合的宏观调控体系，发挥经济杠杆的调节作用。深化财政、税收、金融和投融资体制改革。完善预算决策和管理制度，加强对财政收支的监督，强化税收征管。稳步推进利率市场化改革，优化金融资源配置，加强金融监管，防范和化解金融风险，使金融更好地为经济社会发展服务。

党的十七大则提出加快形成统一开放竞争有序的现代市场体系，发展各类生产要素市场，完善反映市场供求关系、资源稀缺程度、环境损害成本的生产要素和资源价格形成机制，规范发展行业协会和市场中介组织，健全社会信用体系。

三、经济特区的跨越式发展

(一)走出经济发展的第一步

20 世纪 80—90 年代，世界各国国内生产总值递增 2.8%，中国年递增 9%，深圳年增 45.8%，比亚洲“四小龙”经济增长最快的年代分别多出 20% 和 34%，创造了闻名中外的深圳速度。1991 年以来，深圳的大部分指标仍以每年增长 40% 的速度协调地发展。特区大胆改革，使社会生产力得到了极大的解放和发展，按不变价格计算，1992 年与 1979 年相比，全市国内生产总值达到了 284 亿元，增加 136 倍；国民

表1—3　1994—2007年深圳上缴中央财政收入

年份	1994	1995	1996	1997	1998	1999	2000
金额（亿元）	47.02	75.11	132.64	227.34	232.74	310.54	514.53
年份	2001	2002	2003	2004	2005	2006	2007
金额（亿元）	488.48	536.2	673.17	861.06	948	1180.34	2112

说明：1994 年 1 月起，中央对深圳实行分税制财政体制以来，深圳市上缴中央收入从 1994 年的 47.02 亿元上升到 2007 年的 2112 亿元。

收入 196 亿元，增加 115 倍；外贸出口额 50.9 亿美元，增加 528 倍；财政收入 43 亿元，增加 252 倍。消灭剥削，消除两极分化，最终达到共同富裕，是社会主义的最终目标。随着经济的发展，特区人民已摆脱了原来贫穷落后的状况，生活达到了较高水平。1992 年人均国民收入 5384 元，是 1979 年的 7 倍。农村人均收入 2833 元，增长 18 倍，居全国第一。正是由于深圳走有中国特色的社会主义道路，不但创造出比资本主义国

家高的生产力水平，而且较大提高了人民生活水平。[1]1994年实行分税制财政体制以来，深圳上缴中央财政收入快速增长。到2007年，深圳当年上缴中央财政收入达到2112亿元。

(二)经济特区的跨越式发展

党的十四大之后，改革开放进入一个新的发展阶段，中国对外开放的范围发展到沿海、沿江、沿边地区和上海浦东新区，全国范围内呈现出全方位、多层次的开放新格局。中央赋予特区的政策优势明显淡化，新的发展阶段特区如何进一步发展，不仅是学者和官员讨论和争论的议题，更是中国特色社会主义理论在特区实践中面临的重要问题。深圳经济特区从原有计划体制到市场体制的转型基本完成，基本建成了社会主义市场经济的十大体系，进入了一个跨越式发展的阶段，在这个跨越式发展的过程和阶段中深圳正式成为在全国领先的特大型城市。

1. 特区发展进入新阶段。党的十四大全面阐述了邓小平建设有中国特色社会主义的理论，并正式提出中国经济体制改革的目标是建立社会主义市场经济体制。报告指出："我国经济体制改革的目标，是建立社会主义市场经济体制。"十四届三中全会则通过了《中共中央关于建立社会主义市场经济体制若干问题的决定》。这些均鲜明地揭示出：改革以市场经济为取向。

随着改革开放的全面推进，特区政策日渐普惠化，深圳开始由超常规高速增长转入快速持续增长时期。改革开放不仅发轫于深圳特区，而且，在深圳特区进入改革开放新阶段和转型转变的关键时期，深圳坚定不移地实践市场经济，深圳市场经济体系的建设和发展，成为中国特色社会主义理论的重要探索和实践。1993年，深圳特区根据十几年建设的实践经验，提出了建立社会主义市场经济五大体系指标，一年后扩充为八大体系。到1997年，深圳特区明确提出，经过多年探索，已初步建立起社会主义市场经济体制的基本框架，形成了社会主义市场经济的十大体系。深圳经济特区对"十大体系"的归纳，构成了社会主义市场经济体制基本框架的主要内容，也成为我国建立社会主义市场经济体制的重要借鉴和依据。

2. 产业结构的跨越式发展特征。我国改革开放经历了一个从局部开放到全方位开放的发展历程。较早开放的经济特区和东部沿海地区，由于影响经济发展各要素的突

---

[1] 许清君：《浅谈深圳经济发展的基本经验及启示》，《大连干部学刊》1994年第2期。

发性变化，使得这些区域产业结构在迅速转换和升级中其演变进程表现出较强的跳跃性。深圳的产业结构演变也同样表现出明显的跨越式或跳跃性特征。

特定的历史、地理、经济及政治等多种背景造就了深圳产业结构的特殊性：其一，城市经济结构中三大产业发展不平衡。深圳特区建立初期，城市化相对趋前发展，第一产业占整个 GDP 的比重不断下降，甚至低于发达国家的水平。第一产业发展相对滞后的原因主要是：特区土地面积狭小，拓展空间有限；产业发展政策的制定往往因深圳特区独特的地缘优势、政策优势而倾向于忽视农业；工业化发展使人口主要由城市居民构成，特区内经济基本上由非农产业组成。因而深圳特区是较典型的城市经济结构体。其二，制造业结构轻型化而重化工业严重滞后。深圳的第二产业内部轻、重工业发展相差较大：第二产业以计算机产业、通信设备制造业、电子及其基础元器件生产、医药产业为主，重化工业很少。以霍夫曼比例来划分，若霍夫曼比例大于 1，表明一个国家或地区的工业特别是制造业中，消费资料工业的生产在制造业中占绝对优势，此即轻型化工业结构，霍夫曼比例小于 1 则称为重型化结构。深圳的制造业未经历发达国家工业发展从轻型化向重型化发展、再向高附加值阶段过渡的发展历程；目前深圳轻工业的产值占工业产值的 65% 左右，轻工业的就业人口也占到工业就业人口的 70%。

在工业化过程中，深圳工业产业结构的演进表现出明显的跨越式特征，这主要体现在以下几个方面：（1）深圳的工业化过程跨越了资金密集型的重化工业阶段；（2）在产品加工程度方面，深圳工业跨越了以原料工业为主的阶段，产品加工程度和加工水平得到不断的深化和提高；（3）在主导产业方面，深圳几乎没有出现以纯粹的资金密集型产业为主的时期，工业的主导优势产业由传统的劳动密集型初级加工工业快速向资金、技术密集型和高附加值的高新技术产业过渡。其中以电子及通信设备制造业为主的高新技术产业发展迅速，在深圳工业化中期就发展成为深圳工业的主导和支柱产业。

深圳工业化结构演变的跨越特征非常明显。高新技术产业发展迅速是深圳产业结构内部演替的重要特征。深圳在成立特区之后，大力吸收和发展“三来一补”的传统型工业企业，逐渐发展成为一个以工业为主的外向型综合性经济特区。20 世纪 90 年代初，深圳的产业政策发生战略性转移，率先提出要大力发展高新技术产业和第三产业。1996 年深圳进一步明确优先发展电子信息、生物工程和新材料三大产业。高新技术产业在主导产业群中的地位快速上升，1995 年高新技术产值占工业总产值的比重为

20.5%，到2002年底，深圳高新技术产业实现产品产值1709.92亿元，高新技术产品产值占全市规模以上工业总产值的47.9%，其中拥有自主知识产权产品产值达954.48亿元，占高新技术产品产值的比重达55.8%。至此深圳借助灵敏的嗅觉和特殊政策率先发展起高新技术产业，发展极为迅速，成为全国最大的信息技术产业化基地，高新技术产业支柱地位进一步强化。深圳市基本形成"以高新技术为先导、先进工业为基础、第三产业为支柱"的产业体系。

3. 实现跨越式发展。深圳特区在1993—2002年的10年间率先建立起比较完善的社会主义市场经济体制框架。市场经济的发展，对深圳的建设和发展发挥了重要的作用。这首先表现在极大地促进了深圳经济、社会的持续、快速发展。在这10年间，深圳特区各项经济、社会发展指标迅速增长，经济总量和城市规模实现了跨越式发展。本地生产总值（GDP）从1993年的4531.4亿元提高到2003年的35857.2亿元，用1979年可比价格计算，生产总值年均增长速度为18.2%，人均GDP年均增长7%。在全国各大城市中经济总量排名第四，仅次于上海、北京、广州，GDP增速排名第一，人均GDP排名第一。人口规模也快速增长，常住人口由1993年的335.97万，上升到2002年的746.62万，实际管理人口达到941万。深圳已成为经济总量和城市规模在国内靠前的特大城市。

其次，促进了深圳特区对外开放向高层次、宽领域和纵深化发展。作为中国对外开放最前沿的新兴城市，深圳特区自建立以来，大胆引进国外资金和先进技术，全面推进与国际经济接轨，积极参与国际经济合作与竞争，形成了多元化、全方位、宽领域的对外开放格局。全市对外贸易进出口总额由1993年的282.04亿美元上升到2002年的872.31亿美元，其中出口总额由1993年的142.18亿美元，上升到2002年的465.57亿美元，到2002年，深圳外贸出口总额连续10年名列全国大中城市首位。深圳已成为中国对外开放的重要窗口，成为全国重要的外贸进出口基地，成为中国内地加强同世界经济联系的重要桥梁之一。

深圳经济发展和对外开放的进展，都与经济体制改革和市场经济体系的建设与完善紧密相关。社会主义市场经济体系基本框架的确立和发展，提高了深圳经济的开放度，管理运行机制日益规范、进一步与国际管理接轨，创造了良好的投资环境，有力地推动了深圳改革开放的深度和广度。

第三节　捍卫市场经济

一、30年改革开放

1992年邓小平视察南方以后，在中国掀起新的改革开放浪潮，党的十四大进一步提倡“全方位、多元性对外开放”，整个中国呈现出开放开发区设立热。据统计，目前国家级高新技术开发区已有54个、保税区15个，近年来又相继批准设立了13个保税港区和9个综合保税区。从2000年4月国务院批准设立大连、天津、深圳、广州、武汉、成都等15个出口加工区以来，又陆续批准设立了重庆、上海金桥、广州南沙、惠州、赣州等出口加工区。2009年6月，国务院批准设立武进出口加工区。至此，我国出口加工区数量达到62个。截至2009年底，全国出口加工区累计吸引投资总额312.86亿美元，合同外资134.95亿美元，实际利用外资102.18亿美元，完成工业总产值7327.97亿元，实现增加值569.60亿元，税收总额91.25亿元。

30年的变化是中国几千年历史上所未曾有过的。从中国历史的角度看，这的确是史无前例的奇迹。学者指出，更赞同钱颖一教授在《从国际比较看中国经济》中所说的，“我国的经济增长并不特殊”，这就是说“中国经济增长的速度，如果从国际的角度看，并不是独一无二的，导致它增长的基本因素也不特殊”。英国、美国、德国早期的经济增长，二战后日本及亚洲“四小龙”，都出现过类似的奇迹。更重要的是，这种增长速度所体现的仍然是人类经济发展的共同规律：市场经济之路。尽管走这条路时，我们有自己的特色，但所坚持的仍然是市场经济的共同基本特点。[1]

有的学者把30年的改革开放称为伟大新觉醒。认为这个伟大新觉醒的深刻内涵的首要核心是“解放思想，解放生产力”。而“解放思想，解放生产力”之最突出、最使10亿人受惠的一条就是从根本上改变了封闭僵化的颓势，中国人真正充满希望地活跃起来了。邓小平说得好：“中国真正活跃起来，真正集中力量做人民所希望的事情，还是十一届三中全会以后的事。”[2] 有的学者极为精辟地总结，改革开放30年成功经验，可以概括为一句话：扩大公民权利，套用20世纪80年代常说的四个字就是“放权让利”。大包干来自放权让利，解决了中国吃饭问题。民营企业的崛起来自

[1]　苏东斌编：《当代中国经济思想史断录》，第179—180页。

[2]　郑必坚：《中国的伟大新觉醒：解放思想、解放生产力》，《新华文摘》2008年第23期。

放权让利，在不平等竞争的条件下，对国民生产总值的贡献将近 70%。这条成功的经验背后的规律是：有一分权利，有一分自由，就有一分发展。所谓自由，就是在自己应享权利的范围内自主选择并承担其后果。多付多得，少付少得，不付不得。不得有人限制，也不被他人剥夺。如此，才能在不侵犯他人利益的条件下，充分调动每个人的生产和创造的积极性。按照这个规律，中国今后的前进方向，仍然是扩展公民权利。以扩展公民权利为核心的发展，便是科学的发展。如此不仅可以解决经济问题，还可以解决政治问题甚至道德问题。[1] 有的学者这样高度概括地指出，过去中国改革开放 30 年体现在四个“巨大”：即中国取得了巨大的进步、巨大的成果，同时也付出了巨大的成本，因此也将面临巨大的挑战。中国取得巨大成就，取决于四个因素：即起点低，政府重视，国际环境提供了好时机，香港以及海外华人提供了支持。[2]

罗德里克（Dani Rodrik）等分析了 1950 年以来各国经济增长的加速过程，并着重考虑了触发经济增长的因素，结论是制度变化对推动最初的经济增长加速的作用是有限的，一国为了实现经济增长其实并不需要实行大规模的制度改革。而且，在实践过程中，启动经济增长比标准的《华盛顿共识》所罗列的众多制度和治理改革要容易。[3] 罗德里克进一步说明，从经济增长理论看，这并不令人惊讶。如果一个国家的收入水平远低于其潜在的稳定状态的收入水平，只要在正确的方向上施加非常微小的推动力，都能够产生显著的增长。“经济诊断”和事后的解释是：1961 年的韩国，其经济增长的主要问题可能在于投资的社会回报和私人回报差距过大；1978 年的中国，增长面临的主要约束显然是缺少市场激励机制；而 1983 年的智利，其主要问题是对汇率估价过高。

这似乎与我们对改革开放之于中国经济增长的巨大作用的理解有所矛盾。需要说明的是，在罗德里克那里，中国在 30 多年前对市场经济的采纳和引入其实并不是巨大的制度变革，用经济学的术语来理解的话，采用市场经济意味着将扩大社会生产可能性边界，相当于经济学家们的术语“技术进步”。从这个角度来理解罗德里克的观点，显然中国的经济增长并不特殊，导致中国经济增长的基本因素也并不特殊。中国改革开放实际上沿着市场化的基本指向，始终抓住市场经济的几个基本特点：产权明

---

[1] 《新年致读者》，《炎黄春秋》2009 年第 1 期。

[2] 《中共党史研究》2009 年第 3 期。转引自苏东斌编：《当代中国经济思想史断录》，第 182 页。

[3] ［美］丹尼·罗德里克著、张军扩等译：《相同的经济学，不同的政策处方：全球化、制度建设和经济增长》，中信出版社 2009 年版，第 153、180—181 页。

晰、价格调节和开放。但是对中国从计划经济向市场经济转型而言，不妨理解为制度变迁，而且这种深层次的制度变迁正是中国 30 多年来发生翻天覆地变化的根源。

中国的改革实际上是从开放开始的，可以说，没有开放就不可能有改革。历时上汉唐的繁荣强大离不开开放，现代化的第一次尝试“洋务运动”也来自“师夷之长”。诺贝尔经济学奖获得者、美国经济学家刘易斯曾经建立了一个劳动供给无限下的经济发展模式，这就是利用劳动成本低廉的优势来走出经济发展的第一步。我国有 13 亿人口，且劳动力大量闲置，尤其是农村大量劳动力处于“隐蔽失业”状态，发展经济就要利用这种优势，一方面引进外资，发展加工贸易型企业；另一方面，发展民营企业，由它们发展劳动密集型出口产业。这些年的经济发展在相当大程度上依靠了这两类企业的出口。

二、市场体制仍未完善

1983 年 2 月，时任中共中央总书记胡耀邦第一次视察深圳时，在新园招待所 6 幢 2 楼会议室听完深圳市委汇报工作之后，一边来回走动着一边高兴地说：“搞得不错，干部是努力的，敢于创新，是很有成绩的，已经开创了新局面，比较出色地完成了中央的意图。”后来他又说：“我们在深圳创造了一个经济特区的典型，那儿蒸蒸日上。”并给深圳特区题了词：“特事特办，新事新办，立场不变，方法全新。”

1984 年 11 月 26 日，时任国务院总理赵紫阳第二次视察深圳特区，站在蛇口微波电讯楼顶俯瞰蛇口工业区全景时，对特区干部说：“我是时刻关注着特区建设的。”11 时许，总理从深圳大学出来后，沿途视察了深圳市的市容，对特区建设速度给予了称赞：“我三年没有来，特区变化很大，在国内外颇有名气了。一个城市建设得这么快，在世界上是少有的”，“你们这几年做了许多工作，并且做得很好，最重要的是进行了改革的探索，你们为内地提供了经验”，“特区就是两个任务，一个是‘窗口’作用，另一个是为全国的改革提供经验。你们地方不大，但作用很大，影响很大，任务艰巨。你们是尖兵，是开拓者”。[1]

新中国成立后，我们实行高度集中的计划经济体制。在当时的历史条件下，这一体制对发展经济、加快推进工业化发挥过重要作用。然而，由于存在排斥市场调节、

---

[1] 李荣光：《开荒牛的脚印——忆梁湘在深圳三、五事》，《深圳文史》（第 2 辑），2004 年。

利益导向这一内在缺陷，计划经济体制的弊端日益凸现，严重束缚了生产力的发展。从以计划经济为主、市场调节为辅，到有计划的商品经济，再到社会主义市场经济，我们在认识上一次次突破，实践中一步步深入。把市场经济写在社会主义的旗帜上，是中国特色社会主义的鲜明特点，也体现了中国改革开放向前迈进的历史逻辑。

随着改革的深化，一些深层次矛盾开始显现。社会主义市场经济体制初步建立，但影响发展的体制机制依然存在。要解决发展中出现的问题，根本出路在于贯彻落实科学发展观，进一步完善社会主义市场经济体制，推进各方面体制改革创新。建立社会主义市场经济体制，是一场深刻的社会变革。展望未来，在完善基本经济制度，健全市场体系，深化财税、金融体制改革，完善宏观调控体系等重要领域和关键环节，仍将面临一场场攻坚战。沿着社会主义市场经济体制的改革方向坚定前行，已经创造30年发展奇迹的中国，必将迎来更加美好的明天。

专栏1—3

捍卫市场经济

金融危机以来听到一种声音，有政治家的也有学者的，政治家柴维斯讲资本主义不行了，萨科奇也讲市场经济不行了，国内的一些学者甚至说应该用“北京共识”来取代“华盛顿共识”，我们理解这些政治家口号的时候就不能那么偏执和肤浅。对于世界各国对这场危机政策的这些做法，充其量来说我以为他还是讲凯恩斯主义的作用，应该说用政府的支出来推动刺激社会有效需求，这是凯恩斯主义的核心，而凯恩斯主义应用范围是一种资本主义非常态，它不是一个常态，所以得不出什么结论来。政府行为就是要用财政政策来取代货币政策，这个一般性的、一贯性的政策得不出这个结论来。

总结中国改革开放30年，不管有多少中国特色，在实际上还是走一条符合现代市场经济一般规律的道路，从产权改革到要素价格，到宏观调控。这些本来都是现代市场经济的基本内容应有之意，说来说去说到底实质还是走一条现代市场经济的基本道路。

对于中国来讲，市场经济的核心包括这两条，其着眼点是解放生产力，这是从工具、手段的角度而言。从深层意义上来讲，是解放人，这是生产力。比如计划经济时代的人民公社制度，这用经济学的语言来说这是一个什么制度？是一个现代农奴制度，把人牢牢地束缚在公社上。30年的改革开放家庭联产承包，它是在产权革命上打响了第一炮、奏响了第一乐章，奠定了农村市场经济的微观经济一个关键点。今天十七届三中全会讲的土地流转，这才深入所有权内部，有实质性的变革，这场变革的意义不能低估，它将使农民由二等公民向平等公民转化。

如果说生存权是人权最重要的，那么经济权就是第一人权。经济权中的财产权又是第一经济权，农民有什么财产？农民的基本财产就是土地，土地不能流转不归他还有什么呢？十七大说土地使更多的人创造财产性收入，把土地流转起来了、交易起来了，土地市场化，农民就有了希望，这是它的根本意义。尽管到今天中央的文件也好，社论也好，通讯也好，都在淡化这件事，但是它的意义了不得。

30年的实践证明：市场经济理论，就是指导我们改革开放的理论基础。走市场经济的路就是我们取得伟大成就的基本实践、基本经验、基本价值。下面讲讲具体的问题。

第一点，所有制的问题。我们一再讲，十七大报告也是这么讲的，学者们阐述，各地的宣传文章也是这样讲的，说我们把社会主义市场经济相结合，把社会主义的基本经济制度和市场经济相结合起来，这是涉及性质问题、涉及方向问题。说到底，什么是社会主义的基本经济制度呢？不是说基本经济制度在那里摆着，我们加一个市场经济，今天搞的就是这个的。社会主义基本经济制度是什么样？邓小平当时说“我们没有完全搞清楚，没有定型”。所以我说社会主义基本经济制度还在探索中，还在变化中，不能把它当成一个前提来用，还要在实践中受到检验，要被加以证明，不是说实践是检验真理的唯一标准吗？这样的话，社会主义的基本经济制度是什么还在探索中，能不能把过去的国有制当作社会主义的基本经济制度的主要内容呢？如果这样的话，我们推到前面去，30年前国有经济高度垄断，占绝对优势，不仅中国是这样，苏联是这样，东欧是这样，东欧政府怎么走到崩溃的边缘呢？苏联怎么大翻车了呢？所以不是这个问题。如果你承认国有制是我们社会主义基本经济制度的主要内容或者是基本内容的话，这个问题很难办。所以我说大家还在探索中。

第二点，宏观调控。我们的社会主义市场经济就是一个宏观调控的市场经济，这个话说得不是很对，现在的市场经济无一例外都有宏观调控，大家看现在的金融危机全世界都在调控，只不过计划经济条件下的宏观调控和市场经济条件下的宏观调控有根本上的区别，政府不会占主导，他只能引导经济，这是他的根本区别。

第三点，共同富裕。我们一再讲社会主义的市场经济不走两极分化的道路要走共同富裕的道路，共同富裕是我们的一个方向，我们千万不能以小生产、小农经济的平均主义来对待这个问题。市场经济一定要两极分化，竞争就是两极分化，只不过政府要干什么呢？政府要搞社会保障，使人能活下去。不要鼓吹穷人造反，不要煽动农民起义，是这样的一些东西。市场经济有竞争，有竞争就有破产，这种状态下两极分化这是市场经济的应有之意，这是很正常的。

关于分配的问题，当前的问题主要是反腐败、反特权的问题。30 年的改革开放已经形成了既得利益集团这个阶层，而这个阶层他第一不愿意回到计划经济时代，那样的话就把 30 年积累的财富没有了。但是他们更不愿意深入去改革，这样把特权弄没了，所以他们希望社会就这样，就这样维持现状的胶着状态。所以，要防止利用公共权力、公共资源为个人获利，特别防止利用某种垄断优势去扭曲市场，使公权与利益走向部门化、集团化、个人化。

主体是我们要捍卫市场经济，要歌颂邓小平，要批判计划经济体制、批判斯大林模式。现在很复杂，不仅存在着对非公有经济准入的大量限制、实质性的限制，而且现在大讲国有企业的做大做强。在公共事业、在垄断行业又重新实行了一些价格管制，甚至在企业用工、裁员、最低工资制、反对企业裁员之类的各种限制，如果是这样的话，我觉得这一些都是反市场行为的。更有甚者，一些宣传都在肯定计划经济体制，大谈苏联的计划经济成就，甚至讲斯大林模式许多优点，如果是这样的话，我说已经走得太远了。如果这样肯定将得出什么结论呢？计划经济体制是不错的，只不过在技术上有点毛病。毛泽东时代是不错的，我们修改一下就行了。如果是这样的话邓小平理论就等于零，30 年的中国改革开放没有多大的意义，这是非常可怕的论调。

概括起来中国的这一场改革开放被邓小平称作“第二次革命”。它从质疑经典社会主义开始，它要通过改革开放达到自主创新，至于什么样，大家都在摸索，现在不能得出具体的结论，只不过肯定是从经典社会主义怀疑开始的，经过改革开放达到自主创新的这么一个结果。概括起来有两点：第一是问题归问题，现在的问题多得很，但是成就归成就。第二，“问题”要靠深化改革、全面改革来解决，中国的改革开放决不是搞第二次“中学为体、西学为用”的洋务运动。有的学者鼓吹30年前的第一次思想解放是向西方学习，30年后的今天第二次思想解放是指打破对西方迷信，走自己的道路（甘阳2008年12月13日凤凰卫视世纪大讲堂）我认为这是根本错误的。否定了市场取向方向也就否定了改革开放。现在的问题是改革没有到位。一句话，改革开放的目标有两个：一个是经济市场化，另一个是政治民主化。

资料来源：苏东斌教授在第七届中国经济学年会大会上的演讲，2007年12月。

第二章

发展道路的探索

★中国经济特区对中国经济社会发展的贡献，还体现在发展道路上的探索和选择。深圳的探索集中表现在三个方面：

★其一，抓住改革开放和中央授权创办特区的政策机遇，充分利用地缘优势，以深港合作为基础，走出了“三来一补”启动工业化和高新技术产业化的第一步。

★其二，在快速城市化的进程中，深圳农村城市化道路的探索，曾经出现了社区股份合作制这种模式。为适应城市发展的要求，深圳积极探索寻求剥离集体股份合作经济的社会管理职能的方式。城中村改造、外来人口的居民化也是深圳城市化的重要方面。

★其三，城市经济增长可能通过制度创新实现跨越式发展，但城市现代化发展中的人文精神和人文特色难以“跨越”发展。深圳实施“文化立市”战略，是深圳城市现代化过程中的重要创新举措，也提升了深圳城市综合软实力，走出了一条独特的城市文明之路。

第一节　深港合作

经济特区的最初设立在地缘上具有明显的特点，均毗邻港澳台地区，这一特征说明，区域经济合作在过去是经济特区设立及其体制创新的基础。从深圳以及整个珠三角地区的社会经济发展来看，均直接得益于香港经济的发展：香港的“三来一补”启动了深圳工业化的进程，香港的资金和信息造就了深圳外向型经济的雏形。在深圳实际利用外资中，港资占了近70%，在进出口贸易中，对港澳进出口贸易占了80%，在“三来一补”的企业中，属于港资兴办的占了90%，深圳的旅游业、房地产业、金融业无不渗透着“香港因素”的作用。香港的烙印在深圳经济发展中是最深的：香港的资本、信息和技术需要通过深圳进入内地，东南亚华人经济圈的资本和技术也需要通过深圳进入内地。另一方面，整个20世纪80年代以来香港经济的快速发展与顺利转型，也离不开其与珠三角腹地和整个内地的密切关系，香港经济也同样深深渗透了“内地因素”的影响。

一、香港的经济转型

香港在地理位置上具有得天独厚的优势，它地处亚太地区海空交通运输的要冲，是远东贸易运输的枢纽，也是世界各地进入中国的南大门。独特的地理区位使得香港自开埠以来直到20世纪50年代，一直以转口贸易为主导产业，至于其航运业、码头仓储业、船坞业、金融业则基本上依附于转口贸易，在经济中不占主要地位。20世纪50年代以后，香港的经济结构先后经历了工业化阶段（1952—1970）和经济多元化阶段（1971—1981），逐步成为亚太地区国际中心城市。80年代以后香港产业结构进一步向国际性大都市模式发展。

(一)香港经济的三次转型

香港经济经历了三次重大转型。第一次是20世纪50年代初至60年代末，香港集中力量发展服装等轻工业，逐步使香港成为亚洲地区制造业中心之一。到60年代末，香港制造工业产值已占本地生产总值的30%，香港产品出口的比重则由50年代初的一成增加到八成左右，这标志着香港经济结构已由转口贸易为主转变为以轻工业制造业为主。

第二次是 20 世纪 80 年代初开始的制造业大规模北移，从工业化走向经济多元化发展和服务业主导的经济体系。据统计，香港的电子、制衣等主要制造业部门，已将 70%—90% 的劳动密集型生产加工工序和生产线，转移到珠江三角洲地区，1978 年以来中国内地的改革开放则进一步推动了香港金融业、旅游业、转口贸易和房地产业的发展，服务业占香港本地生产总值超过八成。经过这次产业结构转型，初步奠定了香港作为国际贸易中心、国际金融中心、国际制造业中心、国际航运中心、国际信息中心、国际旅游中心的地位。

第三次则是 20 世纪 90 年代中后期香港经济结构的再次转型升级。香港经济从 20 世纪 90 年代开始出现失衡，经济增长主要依赖于金融业和地产业，而制造业的比重大大下降，产业基础越来越窄，产业"空洞化"现象日趋加剧。与制造业面临的劳工短缺、成本上涨、效益下降的状况相反，服务业因香港独特的地理位置、自由港的地位和特殊条件保持着长足发展，尤其是与内地的经济合作不断加强，极大地推动了香港以转口贸易为龙头的服务业发展，金融、保险、运输、旅游、地产的发展和居民收入水平的提高，进一步刺激了消费需求和投资意向，并吸引众多人员转向服务业。香港从一个轻型产品的加工制造中心，演变为亚太地区举足轻重的商贸服务中心，其结构转移速度之快、规模之大是世界所罕见的。在这个过程中，受亚洲金融危机冲击，香港的国际竞争力不断下降，迫使香港在经济结构调整和转型的过程中更加注重加强与内地建立更加紧密的经贸联系。

(二)香港经济中的结构性问题

香港的经济结构自 20 世纪 90 年代中期以后呈现的突出特征是，服务业在香港经济中所占比重过大，经济增长及就业过分依赖少数服务行业。2008 年，香港的产业结构中制造业占实际 GDP 比重降至 2.5%，服务业的比重为 92.0%；在劳动人口就业中的比重则分别为 3.8% 及 87.9%，经济高度依赖物流、金融等少数服务行业。[1] 若以进出口服务、运输与仓储作为物流业的基本内容，则物流业占 GDP 比重接近 35.9%，是目前香港最主要的支柱产业。可见，目前香港经济结构的基本特征逐渐摆脱了 90 年代以来形成的经济增长过分依赖于房地产业的局面，它已经发展成为一个不同于国

[1] 香港特别行政区政府统计处编：《香港统计数字一览 2009》及政府统计处网页。

际上一般竞争力较强的中小型独立经济体[1]（表 2—1），而成为高度依赖物流、金融及房地产业的特殊的都市型经济体。

表2—1 中小型经济体经济结构比较

（单位：%）

经济体	中国香港2008	新加坡 2001	中国台湾 2000	韩国 2002	瑞士 2002	新西兰 1999	爱尔兰 2001	瑞典 2001	挪威 2000
第一产业	0.1	0	2	4	2	9	4	2	2
第二产业	7.9	33	32	42	34	23	36	29	31
第三产业	92.0	67	66	54	64	69	60	69	67

资料来源：香港特别行政区政府统计处；香港以外各国／地区的数据引自 *The World Factbook 2002*，CIA，United States。

从就业来考察，香港经济结构转型是引起就业结构变化的主要因素。雷鼎鸣等[2]采用 Lilien 指数度量香港经济转型的程度时发现，经济转型是各种与失业有关的因素中影响最大的一个，20 世纪 80 年代至 90 年代中期，香港失业率变化的动因六成以上来自经济转型。引致香港失业问题的两种主要因素为：其一涉及经济周期状况，表现为失业率随冲击波动；另一个则与结构性因素有关，可用长期失业率、自然失业率等指标来反映。

1998 年以来失业率的短期变动主要反映其周期性因素的影响。在 1998 至 1999 年香港出现经济逆转，失业率大幅上升至 6%，远高于自然失业率的水平。2000 年失业率曾短暂回落至 4.4%，2001 年后持续上升至 2003 年 5—7 月的最高 8.7%，2004 年 2—4 月间降至 7.1%。失业率出现的短期变动与经济的周期状况同步，主要受劳动力需求变化的影响。但长期失业的增加及自然失业率的持续微升反映了经济结构转型的影响。一方面，长期失业率（失业超过半年）由 1997 年的 0.5% 上升至 1999 年约 2%，然后在 2000 年回落至 1.25%；长期失业人数占总失业人数的比例由 1997 年的 17% 上升到 2000 年的 24%。持续失业期中位数最长的行业是制造业，主要原因是生产基地

[1] 这些经济体的产业结构大致呈工业占 35%、服务业占 65% 的比例，并且掌握着某一工业领域的领先技术，拥有若干传统的高增值（不一定是高科技）的品牌产业。

[2] 雷鼎鸣：《香港的经济转型》，载刘兆佳编：《香港二十一世纪蓝图》，香港中文大学出版社 2000 年版，第 70 页。

迁移至内地后制造业的就业机会减少。另一方面，彭文生等[1]和范尚祎[2]的估算显示，自然失业率由20世纪80年代末和90年代初的2%—3%，上升至最近几年的3.5%—4.25%，但仍显著低于实际失业率[3]。

香港经济转型所呈现的一个重要特征是从制造业向服务业的转移，而非制造业本身的升级，这与新加坡的情况大有不同。这种制造业非本土化、服务业空前发展的经济结构转变，使香港成为国际性的金融中心、贸易中心以及航运中心，对专业人员和管理人员的需求与日俱增，劳动力市场结构也逐渐转变。

香港的就业在20世纪80年代中期集中在制造业，1985年制造业吸收的就业人口高达36.1%，其次是批发、零售、进出口、饮食及酒店业，两者合计吸收了将近60%的香港就业人口。随着制造业移入内地，制造业吸收的本地就业人口下降到1996年的16%。这一时期服务业高速发展创造了大量就业机会，从而弥补了制造业就业下降的不足。但服务业高速发展到一定程度后，传统服务行业吸纳劳动力的能力将处于饱和状态，而GDP中增长最快的金融、地产业在很大程度上属于资金密集产业，其吸收就业的能力与其在GDP中的地位并不相称，因而转移出来的劳动力将面临服务业吸纳能力不足的困境，过度依赖服务业成了香港就业结构的最主要特点。

二、深港经济合作的内在要求

深港之间经济合作的基础经历了阶段性的变动，可简单划分为两个阶段：第一阶段，自改革开放到1997年，香港经济结构的长期转型是深港两地进行经济合作的主要基础，在改革开放的政策背景下，香港的中小型企业选择了转型而非产业升级的发展捷径，从而在20世纪80年代以来创造了近20年的快速增长，也造就了两地经济合作的“前店后厂”模式。第二阶段，1997年金融危机之后，这一发展模式深层次的结构性问题集中地显现出来，近年来香港经济的困境，需要深圳在区域经济合作中

[1] 彭文生等：《失业问题的根源：近期发展与前景》，《金融管理局季报》2001年11月号，第49—61页。

[2] 范尚祎：《失业问题的根源》，《金融管理局季报》2004年6月号，第5—15页。

[3] 这一比率相对大部分经合组织国家而言属较低水平，经合组织的一项研究结果（OECD，The Concept，Policy Use and Measurement of Structural Unemployment：Estimating A Time Varying NAIRU Across 21 OECD Countries，*OECD Working Paper No. 250*，June 2000）显示，1999年德国、英国、加拿大、美国及日本的自然失业率分别为7.75%、6.75%、8.5%、5.25%及4%。

发挥比以前更为重要的社会、经济支撑作用，两地间经济合作的基础和要求发生了一定的变化。

发展现代服务业，是经济增长方式转型和可持续发展的内在要求。目前，促进现代服务业发展已成为我国新一轮体制改革和开放的重点。在CEPA（《内地与香港关于建立更紧密经贸关系的安排》）深入实施的推动下，深港两地间服务业的转移和合作将在未来迅速成长。

(一)深港服务经济一体化的内在动力

香港经济体系的结构以及地域、人口的局限决定了香港经济特征的依附性，表现在几次经济转型都呈现出内地经济发展等因素影响的明显痕迹。20多年来香港制造业非本地化的趋势并不意味着香港经济的空心化，相反，使其服务业获得了更为广泛的发展空间；与内地尤其是珠三角腹地以及深港都市圈的融合，将使香港经济进一步内生于这一腹地。

以典型的都市型经济体如纽约来与香港比较，有两个基本特征极为相似：首先，其基本经济特征都假定以市场力量来推动经济；其次，在经济结构的选择上也异曲同工，都同样拥有发达的生产性服务业。基于这两个特征，其生产性服务业的不断增强，实际上反映出经济机制在其向内地转移低增加值经济活动中的作用，本地的生产性服务主要在为分散到其他地方的生产基地从事管理与协调。

表2－2 1993年香港与纽约服务业对GDP的贡献比例

（单位：%）

	所有服务业	消费服务	生产性服务	政府服务
香港	78.1	28.7	42.8	6.6
纽约	77.8	26.1	40.8	10.8

数据来源：转引自Wong，2002，pp.623－634。

表2—2列出的数据反映出20世纪90年代香港与纽约两地经济在结构上的惊人相似。纽约成为国际金融中心且持续保持繁荣，与其强大经济腹地（包括纽约州、新泽西州和康涅狄格州的26个县）的支持密切相关。东京也以横滨和千叶为直接腹地，构成了日本著名的京滨工业区。以纽约、伦敦、东京等都市型经济作为参照，香港经

济体系的结构特征说明了产业结构成功转型和服务经济迅速成长的一种可能途径。据香港统计部门数据显示，超过一半的香港服务业从珠三角港企受益：内地改革开放之初，香港服务业占整体经济的比重尚不足 80%，但现在在香港本地生产总值中，服务业增加值占本地 GDP 比重高达 90.6%，其中 52.8% 得益于香港工业在珠江三角洲的发展。

随着制造业转移以及生产性服务业的高速发展，香港已成为全球服务业最发达的地区之一，目前，世界发达国家或地区服务业增加值普遍占到 GDP 的 70% 以上，而香港的服务业增加值占 GDP 比重自 2004 年以来就超过了 90%，2008 年占 GDP 的 92.0%。2008 年，香港就业人数 350.42 万人（不含公务员），其中服务业就业 308 万人，占全部就业人数的 87.9%。

深圳的服务业发展则呈现出强烈的跟随第二产业发展的适应性结构调整特征。从目前看，深圳自 1999 年开始的新一轮工业大发展，使得第二产业已经大大超前于服务业的发展，服务业占 GDP 的比重由 2001 年的 49.8% 上升到 50.1% 后，逐渐下降到 2006 年的 46.7%。目前深圳经济发展正处于工业化中期升级阶段，在未来一段时期内还将以制造业为经济发展的主导力量，但随着专业化分工的深化和专业服务外部化趋势的发展，深圳制造业竞争力将越来越依靠现代服务业的支撑。大力发展现代服务业，使之与先进制造业一道成为深圳经济增长的两大重要支撑，对深圳转变经济增长方式、优化经济结构意义深远。

随着国际服务业转移进入一个新的时期，跨国公司服务业向中国转移明显加快，服务外包项目增长迅猛，国际服务业直接投资呈快速增长态势，服务业已成为承接国际产业转移的新兴重要领域。在加入 WTO 后过渡期，服务贸易领域将进一步开放，而 CEPA 的深入实施加强了内地和港澳地区的经济合作，对港澳开放的服务行业不断扩大，这些均使得现代服务业成为区域合作和新一轮对外开放的重点。

深圳、香港在 20 世纪 80 年代以来的快速发展建立在两地间经济融合的基础上，但过去的转移和合作主要集中在制造业和加工贸易领域。在现有经济基础和 CEPA 深入实施的新环境下，服务业已成为深港经济合作的新亮点，未来两地的持续增长将主要依赖于两地间现代服务业的深层次合作。香港的服务业如果能进一步与深圳及其周边地区形成合理分工，并向珠三角进行梯度转移和扩展，将有力促进珠三角地区相关服务业尤其是生产性服务业的发展。

(二)深港经济合作的发展

过去的30年，深圳经济发展得到了香港的强大支持，毗邻香港的区位优势是深圳特区取得成功的重要原因。在新的发展条件下，深港经济合作出现了一系列令人瞩目的具有转折性的变化，深港经济合作被提到了前所未有的高度，如深港之间实现了24小时通关，跨境重大基建项目取得了实质性突破等。

2006年初，深圳市委市政府发布以"实施自主创新战略、创建国家创新城市的决定"为题的"1号文件"，提出要"积极与香港各方沟通，循序渐进，共同推动创新圈建设"。2007年初，深圳市出台了《关于加快深圳高端服务业发展的若干意见》的"1号文件"，首次提出深港"高端服务业合作"概念，强调要全面落实深港"1+8"合作框架协议，主动承接香港高端服务业的带动辐射和转移，鼓励香港大型或知名服务企业把总部迁到深圳市或设立分支机构，引进香港高端服务人才和先进运作模式。两个"1号文件"反映出政府层面对推进两地服务经济合作的期盼。

2010年4月7日，《粤港合作框架协议》正式签署，提出携手打造亚太地区最具活力和国际竞争力的城市群，率先形成最具发展空间和增长潜力的世界级新经济区域，确定了两地在跨界基础设施、现代服务业、制造业及科技创新、营商环境、优质生活圈、教育与人才、重点合作区、区域合作规划、机制安排等九大领域的合作内容。

在粤港合作框架协议下，深港关系的新变化对深圳服务业乃至经济发展均有非同寻常的意义。首先，香港作为服务业比重极高的典型的都市经济体，本地要保持完整的经济结构既存在重大困难也无必要，未来高科技制造业的发展在香港所占比重亦难以突破20%。而且，香港经济结构的完整性不应单从香港本地三次产业结构的角度来考察，而必须将其放在深港一体以及香港与内地经济一体的层面来观察。因而，支撑深港区域经济结构的第二产业必然囊括了以深圳、东莞为主体的制造业中心区域，而香港生产性服务业的辐射领域也必然是超出香港或深圳本土的更大区域。

其次，深港经济合作渡过了早期的前店后厂模式，继制造业向深圳乃至珠三角转移后，香港金融、港口运输、专业服务等服务业因市场空间拓展的需要，呈现出明显的"北扩"特征，在中国入世后香港服务业"北扩"虽对深圳本地服务业构成一定的竞争，但更多地带动、拓展深圳服务业市场，提升了深圳服务业竞争力，"双赢"效应大于竞争效应。

再次，CEPA的深入实施将进一步推动深港两地间现代服务业的深层次合作。CEPA的一个重要意义是，正式将深港都市圈及粤港一体化由民间分散型合作推向政府导向下推动的合作。如果说以前的产业转移和产业结构调整是以制造业向内地转移、本地服务业比重增加为特征，那么，CEPA下的粤港澳合作则将以香港本地服务业转移和服务业内部结构进行调整为重要特征，必然伴随着在金融服务业、高层次中介服务、专业服务等方向的扩展和传统服务业的逐步衰退或转移。因而，CEPA实际上是为香港具有比较优势的服务业提前进入内地市场，建造了一个准入的政策通道。而且，相对于其他外资来说，香港服务业进入内地的条件更为宽松[1]，可以预计，CEPA下一阶段的深入实施将促使众多的香港服务贸易企业进入内地拓展市场空间，而现代服务业各行业都将在两地深入合作中受益。以两地间金融业合作来看，双方未来的合作空间和合作领域将进一步扩展，包括深港两地之间资本市场合作、人民币回流业务、资金结算便利化等问题，以及深圳如何为香港金融企业提供更好的后台服务。

三、区域经济合作的推动

(一)深港合作的发展历程

深圳的学者对深港合作有着长期的研究。谭刚在2008年总结说，深港经济合作是在“一国两制”模式下，通过深港两地比较利益引导，以香港产业北移深圳为主要方式和动力，从而把香港的资本、市场和管理的优势与深圳的区位、政策和成本的优势结合起来，进而形成深港两地优势互补、分工协作的区域型经济合作。深港经济合作大体上经历了快速发展、相对停滞和全面推进三个发展阶段，形成产业合作、跨境基础设施建设与服务、运行机制与政策协同三大重点的合作内容。这三个阶段的发展历程，正是深港合作在产业层面、城市功能层面与制度层面不断扩展与逐渐深化的过程。[2]

“从上个世纪90年代初期至21世纪初，深港合作则进入到了探索阶段。由于双方制度性的安排都未及时跟上，导致各方面的探索都比较不明显。”智经研究中心研究报

---

[1] CEPA涉及服务业的各领域，包括管理咨询、会展服务、广告、会计、分销、房地产、物流、视听、旅游、银行、保险、销售、证券等行业，在许多领域降低了准入门槛，如金融机构的准入标准从资产规模200亿美元降低到60亿美元，香港保险公司参股内地保险公司的最高股比限制从现行的10%提高到15%；允许香港公司以独资的形式在内地提供会展、广告、分销等服务。

[2] 谭刚：《深港合作的发展历程与总体评述》，《中央社会主义学院学报》2008年第2期。

专栏2－1

近年来深港合作的关键“节点”

2003年1月27日皇岗口岸从这天零时起实行24小时车流、物流和客流的全日入境大通关，这一历史性新举措被称为“无缝通道”，是深港一体化进程的重要标志。

2004年CEPA实施并连续签署补充协议、“1+6”、“1+8”、共同推进河套与前海湾地区的开发等，最大限度地扩大了深港合作的空间，标志着深港政府全面合作的展开。

2007年7月1日实施“一地两检”，深港西部通道正式开通。深圳湾公路大桥日可通关车辆5.86万辆次，车辆来往深港两地仅需10—15分钟，以前想象中的深港半小时生活圈将成为现实。

2009年1月8日国务院正式批复《珠江三角洲地区改革发展规划纲要（2008—2020年）》，提出把粤港澳三地建设成为分工合作、优势互补、全球最具核心竞争力的大都市圈之一。随后获批准的《深圳综合配套改革总体方案》则确定了深港合作的新定位——合建全球性的金融中心、物流中心、贸易中心、创新中心、国际文化创意产业中心。

2009年4月1日公安部出入境管理局开始实施为深圳户籍居民办理一年多次往返香港个人旅游签证工作。“一签多行”等同“无限次通行”，新政策惠及220多万深圳户籍居民。

2010年4月7日《粤港合作框架协议》正式签署。提出携手打造亚太地区最具活力和国际竞争力的城市群，率先形成最具发展空间和增长潜力的世界级新经济区域，确定了两地九大领域的合作内容。

资料来源：根据《深港“跳探戈”创新“奇迹”携手打造纽约级大都会》（载泛珠三角合作信息网：http://www.pprd.org.cn/92/guangdong/200909/t20090901_65842.htm）及相关媒体报道整理。

告指出，1999年中国加入WTO的步伐加快后，经济特区在中国改革开放中的作用开始弱化。深圳需要更多依靠自身的力量来重新定位自己的角色和规划未来的发展，从而进入了调整期。与此同时，香港回归后不久遭遇东亚金融危机的巨大冲击，整体经济出现低迷情况。“港深两地政府均把重点放在了如何解决自己的问题上。”“从2003年前后持续至今，深港合作进入到了制度性安排阶段，原来阻碍双方合作在第二阶段原地停步的制度性因素有了突破。如从2003年起CEPA的签署到‘1+8’、‘1+6’再到现在的深港创新圈、前海地区、河套地区的合作协定。”谭刚说：“深港政府在本阶段的主导作用开始明显凸现出来。深港之间人流、资金、物流的单向性的流动开始向双向性、互动性转换。特别是人流方面，前两个阶段受政策限定，基本上是严重不对等，港人南下流动的特点在第三阶段随着自由行等政策的实施，有了非常明显的改变。”[1]

(二)区域经济合作的新动态

20世纪90年代中后期，由于香港经济增长趋缓，而比较具有优势的服务业又难以全面进入深圳，使得产业转移难以持续推进。随着深圳经济持续快速发展，高新技术产业不断成长并成为支柱产业，对低层次的香港产业进入门槛标准提高，双方合作陷入了相对停滞的阶段。进入21世纪后，通过CEPA和“1+8”等制度性创新与安排，双方逐渐形成了产业在两地双向式的转移与吸纳，改变了两地产业合作由原来单一、单向的产业垂直分工做法。一度停步的“深港飞人”再次腾飞，迅速从“前店后厂”发展到了区域产业链，完成了对东亚模式的显著创新。

1. 粤港合作框架协议。为贯彻落实《珠江三角洲地区改革发展规划纲要（2008—2020年）》，粤港双方于2009年初商定研究起草《粤港合作框架协议》。2010年4月7日，《粤港合作框架协议》正式签署，提出携手打造亚太地区最具活力和国际竞争力的城市群，率先形成最具发展空间和增长潜力的世界级新经济区域，确定了两地在跨界基础设施、现代服务业、制造业及科技创新、营商环境、优质生活圈、教育与人才、重点合作区、区域合作规划、机制安排等九大领域的合作内容。《粤港合作框架协议》是我国内地省份与香港特别行政区之间签署的一份综合性合作协议，翻开了粤港紧密合作的新篇章。

2. 前海新区的规划创新。前海新区与国内其他开发区的比较优势在于深港合作、制度创新。前海毗邻国际金融中心——香港，周边片区——蛇口及宝安中心区已发展得较为成熟，由于地处特区内，受益于特区30年的飞速发展，原有的软硬件环境也比较发达，不同于内地其他开发区，多是设在郊区、面朝大海、白手起家。最重要的是，在打造新前海的过程中，深港将在产业和制度两个方面合作、引入香港的高端金

[1] 《深港合作要造纽约级大都会》，《广州日报》2009年9月1日。

融服务业和管理制度，这是前海最优胜于内地其他开发区（如滨海新区、浦东新区）的地方。有理由相信，前海未来的发展速度将快于国内大部分开发区。

专栏2—2

解读《粤港合作框架协议》：粤港合作里程碑和新起点

五个重点合作领域促广东进一步深化改革，跨界基础设施、现代服务业和先进制造业、国际化营商环境、优质生活圈、重点合作区等五个领域，是框架协议的重点内容。

一、跨界基础设施建设

框架协议将跨界基础设施摆在合作领域的首位。因为发达完善的基础设施网络，将进一步改善粤港区域发展的硬件环境，为增强双方发展动力奠定基础，也为推进粤港形成更具国际竞争力的区域经济发展格局提供更有力的保障。双方通过共同推进综合交通运输体系、信息网络、水利、电力及能源网络等基础设施建设，把粤港打造成一个陆海空一体、纵横交错、发达便利的“一小时生活圈”，双方关系将更紧密和融洽，同时，两地生产和生活条件、效率也得以保障和提升，形成宜居、宜商、宜创业的区域环境，进一步增强两地的国际竞争力和吸引力。例如，广东承诺实现最终对港年供水量11亿立方米，保障对港供水，为香港长远发展提供了坚实基础。

二、现代服务业和先进制造业

框架协议把发展现代服务业和先进制造业作为合作的核心内容之一，目的是充分发挥香港服务业和广东制造业优势，促进香港服务业向高端化发展并发展其他优势产业，实现广东服务业和制造业“双轮驱动”，共同开启产业合作新的阶段。通过联手发展金融、旅游、物流、会展、专业服务、服务外包、文化创意及工业设计等服务业，进一步拓展香港服务业市场，有利于发挥香港的服务业优势，巩固和提升香港国际金融中心地位；广东也将建立起与香港国际金融中心相配套的现代服务业体系，建设与香港错位发展的旅游、物流、贸易、会展和创新中心等。同时，通过开启以“自主创新”为核心的制造业合作新模式，加快港资加工贸易企业转型升级，拓宽国内外市场，培育具有国际竞争力的企业和品牌，粤港将逐步构建一个具有核心竞争力的世界先进制造业基地。

三、国际化营商环境

粤港建设世界级新经济区域的关键在于营造一个国际化营商环境，因为优质的营商环境是保持区域较强国际竞争力的核心要素之一。框架协议提出了优化和提升营商环境的系列政策措施，标志着粤港经济合作进入了“软环境建设”的新阶段。协议主要从通关、便利往来、检验检疫、电子商务、技术标准、知识产权保护、法律事务合作、贸易投资促进等方面加强营商环境建设。加快粤港两地通关电子化、信息化、规范化，推进通关便利化；契合粤港中小企业众多的特点，支持和鼓励双方业界共建电子商务系统、电子贸易服务平台，着力发展电子商务；加强技术标准交流，减少两地在产品设计、工业制造、行业规范等生产服务环节的技术障碍；建立知识产权保护体系，打击跨境侵权违法犯罪行为；加强法律事务协调，增强法律法规透明度。改善区域营商环境，必将从实质上大大拓展香港服务业的发展空间，并带动广东产业升级发展。

四、优质生活圈

享有绿色、健康、安全的优质生活是建设世界级新经济区域的必备条件，体现了粤港两地坚持以人为本、科学发展的理念，更符合了两地居民的共同愿望。框架协议以环境生态保护和社会公共服务两个体系为支撑，提出粤港共同建设大珠江三角洲地区优质生活圈，打造更适宜人居的自然和社会生活环境。在生态建设和环境保护方面，注重区域总体治理，共同推进空气联防联治、区域水资源、生态林地、海洋环境、环保产业等保育措施，打造一个集“水、气、林、海”的立体生态体系。在公共服务方面，着眼居民的福利和民生要求，大力发展医疗、卫生、文化、体育、社会保障等事业，加强治安管理，完善应急机制，打造一个集“医、食、住、行”的公共服务体系，进一步完善生活安全保障。香港特区行政长官曾荫权在《二○○九至一〇年施政报告》中也提出推动区域合作、将大珠三角地区建设成为绿色优质生活圈。框架协议提出共建优质生活圈，通过实现区域内生态环保、医疗卫生、文化体育等领域的合作目标，增强大珠三角的整体竞争力，为香港居民到内地工作和生活提供便利，显示粤港区域合作的方式和主题正在发生深刻的变化。

五、重点合作区

框架协议是一份综合性合作协议，为更好地探索经验、先行先试并逐步推进落实，粤港双方提出设立重点合作区，通过推动建设重点合作区，以点带面提升粤港合作水平。协议把深圳前海、深港河套、广州南沙作为重点合作区，把广州、深圳、珠海、佛山、东莞等五市列入落实CEPA重点市，有利于拓宽香港发展的空间，增强香港国际金融、贸易和航运中心优势和辐射能力，提升香港国际竞争力。广东将以重点合作区为载体，借鉴香港的先进经验和科学管理模式，开辟一条既适用内地规范、又与国际接轨的服务业发展新路径，探索和创新体制机制，促进广东进一步深化改革，扩大开放，探索先行先试、科学发展的模式。

资料来源：《全面解读〈粤港合作框架协议〉：粤港合作里程碑和新起点》，南方网2010年4月7日。

新前海——未来“特区中的特区”、大珠三角的“曼哈顿”。深港前海合作区占地总面积约15平方公里，从地理位置来看，不仅位于整个珠三角湾区的核心位置，而且还处在对于构建珠三角国际大都市圈具有至关重要作用的“香港—深圳—广州”核心位置之上，深港机场连接线建成后，前海至香港机场及深圳机场的车程均只用10分钟。按国家战略部署，其功能定位为：深港合作先导区、体制机制创新区、现代服务业集聚区、结构调整引领区，创新金融将是其重点发展的领域之一，按深圳市政府的设想，新前海将是大手笔，如能打造成功，将能引领深圳未来30年的发展。

按照新的规划，前海湾保税港区是前海新区的先期启动区，重点发展现代物流和供应链管理服务业，积极吸引金融、保险、航运、贸易、信息等相关服务业入区；另一个先期启动区是前海商务中心区，将重点发展创新金融、会计、法律服务，金融信息、科技服务，通讯及媒体服务等现代服务业。从功能定位和产业发展方向上看，前海未来将发展位于产业链最高端的一系列产业，其服务范围将是包括香港在内的整个珠三角。如果说“福田中心”是整个深圳市的中心，那么“前海中心”的着眼点将是整个珠三角。用个形象点的比喻，新前海就好比是“特区中的特区”、未来大珠三角的“曼哈顿”，深港前海金融合作区将有望成为国际资本进入中国内地的桥头堡和国内企业走向世界的跳板！

3. 深港合作产生巨大绩效。谭刚博士列举了一组数字：“1979 年，深圳与香港 GDP 的比例是 1∶1852，而到了 2007 年，深圳与香港的 GDP 比例却缩小到了 1∶2.3。不到 30 年的时间，深港合作的巨大绩效远高于‘东亚奇迹’，这在世界上都是罕见的奇迹，这进一步证明了深港合作比‘东亚奇迹’站得更高、走得更快。”深圳学者所作的一项量化研究成果也表明，深港合作每深化 1%，将分别推动两地人均产业增长 0.87% 和 0.31%。[1]

全球第三大都会圈呼之欲出。当年因为“双子城”的构想曾经激动过的两地市民终于在 2007 年 2 月再次欣喜获悉，香港特区行政长官曾荫权首次提出香港要“与深圳建立战略伙伴关系、共同建设世界级都市”的战略设想。2007 年 11 月，一如众人所希望的，深圳接过了香港抛来的“绣球”——将“建设与香港共同发展的国际大都会”正式列入《深圳市城市总体规划（2007—2020）》。

“以纽约、伦敦、东京三大世界级大都市为追赶目标，依托香港服务竞争优势和深圳制造兼服务优势，通过深港合作推进总量扩张、资源整合与功能再造，形成拥有 3000 平方公里、2000 万人口的国际大都市，最终建设成具有全球影响力的世界级都会。”这是学者为深港都会圈所勾勒出的一幅远景画卷。前任深圳市常务副市长刘应力则公开表示，假设按照 GDP 8% 的增长速度，2020 年深港将有望成为全球经济实力第三的大都会圈，仅次于纽约、东京，领先于伦敦。这个过程要多少年呢？著名经济学家樊纲认为：“如果过去近 30 年是两地对构建‘港深都市’共识的形成过程，那么未来的 30 年乃至更长的时间则是目标的实现过程。”

深港合作远超经济考虑。中国社科院区域研究专家徐逢贤分析说：“中央提出深圳、香港建立更加紧密的经济合作城市，是为了使未来深圳、香港发展更有潜力，其近期目标是将深港合作发展打造成为南中国最具核心竞争力的城市。”关于深港合作的直接做法，徐逢贤分析说，按照中央设想部署，深圳、香港经济合作，并联合东

[1] 《深港合作要造纽约级大都会》，《广州日报》，2009 年 9 月 1 日。

莞、惠州组成一个城市圈，其作用首先是让香港、深圳后背更雄厚，腹地范围更广阔。其二，通过重点发展深港惠莞城市圈，加上广佛、珠澳两大城市圈，整个珠三角的辐射力、影响力都将极具加强。未来珠三角才能真正带动泛珠三角七省区。“如果说打造南中国最具核心城市，是深港合作的近期目标，那么，以人民币国际化试点为契机，打造中国经济国际化，则是深港合作的远期目标。”徐逢贤分析说。通过深港合作，首先带动泛珠三角，东盟经济合作区的发展，在一定阶段，其核心必然移到珠三角。其三，国际金融中心香港，作为人民币走向国际化的最佳试点，通过深港合作，将可望在东盟地区实现人民币结算试点，为下一步人民币国际化吸取经验。“只有人民币结算走向世界，中国经济才能从根本上走向世界。”徐逢贤说，“很显然深港合作早已超越一个城市、一个省，乃至一个经济区的发展意义。”但徐逢贤也提醒说，香港与深圳的合作存在政治体制和经济制度的差异，在一国两制的前提下，仍然存在着国际规则和政策等领域的制约，因而，深港合作绝不仅仅是经济举措上的单纯考虑，还可能涉及深圳行政领域、经济规则和制度等多方面的改革。[1]

第二节　工业化发展

一、加工贸易奠定工业化基础

随着改革开放的进一步深入，我国经济发展成绩显著，1992—1996 年我国国内生产总值年均增长 12.1%，1997 年党的十五大提出把加速科技进步放在经济社会发展的关键地位，使经济建设真正转到依靠科技进步和提高劳动者素质的轨道上来，积极推进经济增长方式的根本性转变。同一时期，深圳市经济继续飞速发展，加工贸易由以“来料加工”为主逐步转向以“进料加工”为主。1993 年，深圳市生产总值达到 453.14 亿元，其中第一产业产值 10.86 亿元，占生产总值的 3%；第二产业产值 242.02 亿元，占生产总值的 55%；第三产业产值 181.00 亿元，占生产总值的 42%，基本完成了由农业经济向工业经济的转变。

---

[1] 《深港合作要造纽约级大都会》，《广州日报》，2009 年 9 月 1 日。

在全球经济一体化的进程中，加工贸易[1]是制造业全球分工协作的产物，是当代制造业发展的一种独特形式，也是改革开放之初深圳经济特区借以实现工业化的基本途径。深圳加工贸易起步于“来料加工”，在特区建立初期，抓住香港工业转型、传统加工业向内地转移的历史发展机遇，大力发展来料加工业务，从而开始了特区工业的起步。1985—1992 年，是深圳加工贸易一个高速发展的阶段，特区内形成了以来料加工为主演变为进料加工为主，由原来以国有、乡镇企业为主演变为以外商投资企业为主的加工贸易格局。

1993 年，深圳市政府对发展“来料加工”作出了政策性调整，试图促进“来料加工”企业转型，走向高新技术领域。但在执行中操之过急，随后两年“来料加工”业务出现滑坡。仅 1994 年，全市终止“来料加工”协议就达 1264 项，为新签订协议项目的 123%，工缴费收入减少 4100 万美元，减幅达到 7%，同时造成宝安、龙岗两区空置厂房达 140 万平方米。

1995 年开始，深圳市政府为扭转“来料加工”滑坡局面，出台了《关于加强“来料加工”管理的若干规定》，提出了“稳定、发展、提高”的方针，及时抑制了“来料加工”滑坡的局面，当年新签订项目、工缴费收入及出口产值都开始回升。到 1996 年，“三来一补”引进项目的结构出现了较大变化，进料加工项目无论是从企业数量还是企业规模上，均远远超过来料加工项目。1996 年 7 月，深圳开始执行国务院函 [1995] 109 号文，将“来料加工”及“进料加工”统一为“加工贸易”，并对加工贸易进口料件实行银行保证金台账管理。政府部门也开展大量调研工作，并在市经发局内成立加工贸易处，负责全市加工贸易业务管理工作，保证加工贸易的健康发展。到 1996 年，全市已建立银行台账的加工贸易企业达 1.3 万多家，加工贸易进出口额 320 亿美元，占全市外贸进出口总额的 82%，占全国加工贸易进出口总额的 22%，其中加工贸易出口值 189 亿美元，占全市外贸出口值的 89.1%，实现顺差 58 亿美元。加工贸易已发展成为深圳市外向型工业经济和对外贸易的主体。

袁易明等在 2006 年对深圳“三来一补”经济的兴起和发展作了调研分析并指出，深圳“三来一补”经济的兴起有几个主要的影响因素[2]：第一，香港加工工业转移是深圳“三来一补”经济兴起的主要原因；第二，成本因素是香港制造业大规模

---

[1] 包括“三来一补”、进料加工和内资企业进料加工三种形式。

[2] 袁易明等：《资源约束与产业结构演进》，中国经济出版社 2006 年版，第 154—157 页。

转移的根本原因；第三，深港间的成本差异是香港制造业移入的动力。该研究还指出，简单、有效、自主、灵活是“三来一补”经济在深圳兴起的重要原由。“三来一补”办事简单，效率高，外商管理自主性高，灵活性大，政府干预少，适应了许多中小企业主素质不高，生产技术水平较低和生产快速扩张的需要。这是香港投资者选择“三来一补”经营形式的主要原因。对中方而言，引进“三来一补”中小企业见效快，管理方便且成本低，来自工缴费、厂房租金的收益大而直接。因此，“三来一补”一开始就成为中小型港商和深圳市村镇合作的一种典型模式。从数据中可以发现，在20世纪80年代早期，深圳的“三来一补”项目数量远远超过“三资”项目数量，“三来一补”的平均引资额却又远小于“三资”。“三来一补”经济也就成为深圳经济特区改革开放初期的主要经济支柱。特区创立之初，深圳依靠与港澳毗邻的人缘、地缘优势与成本优势，抓住港澳地区传统产业大转移的机遇，充分利用“三来一补”这种简便易行、经营灵活、外商自主程度高、启动成本低、风险小、见效快的投资形式。在短短几年间，“三来一补”便如雨后春笋般迅速发展起来，遍布各个村镇，很快便成了特区经济的主要支柱，成功推动了深圳外向型经济和其他各项事业的蓬勃发展。

表2－3 宝安、龙岗两区“三来一补”企业工缴费情况表

（单位：万美元）

年份	宝安区				龙岗区				两区统筹上缴合计
	实收工缴费总额	上缴区统筹	上缴镇村统筹	区镇村统筹上缴合计	实收工缴费总额	上缴区统筹	上缴镇村统筹	区镇村统筹上缴合计	
1993	22479	2023	2023	4046	22150	2437	3101	5538	9584
1994	23523	2117	2117	4234	23063	2537	3229	5766	10000
1995	27547	2479	2479	4958	23673	2604	3314	5918	10877
1996	28001	2520	2520	5040	23043	2535	3226	5761	10801
1997	28801	2592	2592	5184	23470	2582	3286	5868	11052
1998	29600	2664	2664	5328	23931	2632	3350	5983	11311
1999	30199	2718	2718	5436	24196	2662	3387	6049	11485
2000	32118	2891	2891	5781	24502	2695	3430	6126	11907
2001	34700	3123	3123	6246	25569	2813	3580	6392	12638
2002	37801	3402	3402	6804	25732	2830	3601	6431	13235

数据来源：根据《深圳市龙岗区统计年鉴2003》、《深圳市宝安区统计年鉴2003》整理。

随着加工贸易的快速发展，深圳工业经济的外向型特征更为明显，外商投资企业成为深圳工业发展的支柱。在20世纪90年代，外商投资企业主要分布于第二产业尤其是工业行业，外资推动了深圳工业规模的快速扩张和工业结构升级。到2002年，深圳共批准外商投资项目2192个，实际利用外资49.02亿美元。跨国公司在深投资不断扩大和深化，通用电气、三星、西门子等18个世界500强跨国公司在深新设立或对已有企业增加投资项目24个，[1]跨国公司在深圳设立的研发中心、技术中心越来越多，深圳已逐渐成为许多跨国公司重要的制造、采购或研发基地。

从事加工贸易的外商投资企业为深圳的区镇村财政收入作出了重要贡献，工缴费统筹上缴成为深圳各区、镇、村政府财政收入的重要来源。深圳市90%以上的“三来一补”企业分布在宝安、龙岗两区，从1993年至2003年，宝安、龙岗两区“三来一补”企业上缴区镇村各级政府的工缴费统筹累计达12.65亿美元。这构成了区镇村财政收入的重要组成部分，为镇村两级的公共设施建设和公共事业的发展提供了重要的财力来源。

到2007年，全市加工贸易累计出口1068.53亿美元，占全市出口总额的63.4%，较上年下降了4.2个百分点，增长16.2%，低于全市出口增幅7.6个百分点，增长相对缓慢。2008年受全球金融危机影响，世界经济和贸易增长速度进一步放缓，国际市场需求明显下降。同时，国际市场能源及原材料等大宗商品价格持续大幅攀升，工业制成品价格涨幅明显落后于大宗商品，作为“世界工厂”的中国成为原材料价格上涨的主要承担者，贸易条件持续恶化。国内层面，汇改以来人民币对美元升值21%，通货膨胀压力仍然明显，信贷紧缩力度加大，加工贸易、企业税收、劳动用工和信贷政策大幅调整，劳动力和环保成本不断提高。劳动合同法、人民币升值、加工贸易政策调整成为珠三角加工贸易企业面临的最主要难题，这三大因素造成企业成本上升。总体幅度达到一至两成。

在多种因素影响下，深圳加工贸易企业近年来面临的国内外环境趋紧，加上营商成本相对较高，加工贸易发展正承受着前所未有的压力，转型升级是加工贸易长期发展的必然要求和最终出路。来料加工作为改革开放初期国内企业开展外贸经济合作的主要方式，在扩大出口、利用外资、增加就业等方面发挥了重要作用，各个层面的现有政策框架均不排斥该业务。在国家加工贸易转型升级的战略部署下，深圳先后出台

[1] 深圳年鉴编辑委员会编：《2003深圳年鉴》，第100—101页。

了《深圳市促进加工贸易转型升级的若干意见》等多项政策措施，设立了来料加工不停产转型专项资助金，对优秀转型企业予以资助。深圳政府部门积极引导加工贸易企业转型升级，以企业为主体，以市场为导向，从产业发展实际出发，为企业提供高效便捷的转型服务；尊重企业自身选择，遵循市场客观规律推动来料加工转型工作。

二、高新技术产业迅速崛起

深圳加工贸易在20世纪90年代获得稳定、快速发展的同时，加工贸易中的高新技术特征也逐步显现，为深圳高新技术产业的发展作出了重要贡献。到90年代初期，深圳市基本完成了从传统的农业经济和初期简单的商贸经济向工业化的转型，建起了首批电子通讯企业和彩电、电子生产基地。高新技术的优势不断呈现，1991年深圳市高新技术产品产值为22.86亿元，占当年限额以上工业总产值的8.1%，并且有逐年上升的趋势。因此，深圳市率先与国际接轨，引入以科技创新引领经济发展的发展模式，适时提出了发展高新技术产业的战略，抢先占领国内高新技术制高点，以高新技术产业来带动产业结构向纵深化发展。同时，深圳市坚持市场化、产业化、社会化方向，拓宽服务业领域，扩大服务业规模，规范服务业市场，提高服务业的比重和水平，积极发展现代服务业，使得金融、物流、旅游、地产等一系列服务产业获得全面发展，实现了城市功能多元化发展，全面提升了城市综合服务功能。

随着引进外资高新技术企业的增长，高新技术产品占加工贸易出口产值的比重也逐年增加，1993年深圳市高新技术产业产值已达77.3亿元。1994年前后，产业发展的政策重心转向高新技术产业，大量“三来一补”加工业外迁至邻近的东莞等地区，深圳历史上第二次大的产业转型升级开始，此次转型使深圳高新技术产业成为深圳第一支柱产业。1995年4月，深圳市第二次党代会提出了以高新技术产业为先导、先进技术为基础、第三产业为支柱的发展战略，正式提出建立“以高新技术产业为先导，以先进工业为基础”的工业体系。1996年9月，深圳市政府决定并报经国务院科技部批准，设立面积为11.5平方公里的深圳高新技术产业园区。2001年7月，深圳市委出台《关于加快发展高新技术产业的决定》，提出建设高新技术产业带，抢占高新技术产业制高点。高新技术产业的迅速崛起和飞速发展，对产业结构调整和优化起到极大促进，加速了产业升级。

1. 营造高新技术产业发展环境。深圳高新技术产业起步于20世纪90年代初期，受计划经济条件下科技管理方法的影响，最初在微观运作中投入了很多精力，却没有达到预期的效果。通过在实践中总结经验，逐步认识到市场经济条件下发展高新技术产业，必须以“宏观调控为主、微观管理为辅”，企业以市场为导向，以产业为龙头，逐步形成自身的发展模式。

政府政策的积极引导和大力扶持推动深圳高新技术产业迅速壮大。1993 年，深圳起草制定了《深圳经济特区民营科技企业管理办法》，鼓励内地科技人员来深圳创办企业，并给予优惠政策。该办法吸引了大批有志之士，深圳市科技人员大幅增长，科技企业的规模不断增大。1995 年，深圳市针对高新技术企业过于分散的布局，提出设立“深圳市高新技术产业园区”，1996 年报经国务院科技部批准成立国家级高新技术产业园区，进而形成了以开发小区为主的高新技术产业布局。1997 年深圳市政府投入开发小区建设资金达 2.5 亿元，一批具有实力的高新技术企业陆续进入高新技术园区，当年高新技术产业园区工业总产值达 90 亿元。1996 年，为推动高新技术上规模、上档次，深圳市制定了《深圳市高新技术产业三个一批战略》，将电子信息、生物工程、新材料确立为高新技术的三大支柱产业，同时确定了 26 家高新技术重点企业和 19 个创名牌产品，并从资源配置、人才引进、政策扶持等方面向进入“三个一批”计划的企业和产品倾斜。

1997 年之后，深圳市率先推出的一系列高新技术产业扶持政策，直接引导和推动深圳高新技术产业在此后数年间发展成为深圳第一支柱产业。1997 年 10 月，深圳推出《深圳市人民政府关于扶持生物工程产业和新材料产业的决定》，以推动该产业加速发展；随后于 1998 年 2 月出台了《深圳市人民政府关于进一步发展高新技术产业的若干规定》(即“22 条”)，在投资担保、人才引进等方面为高新企业提供了足够的优惠政策，直接引发了深圳新一轮的高新技术产业发展热潮，起到及时预防和有效化解亚洲金融危机冲击的作用，保持了深圳高新技术产业快速发展的势头。1999 年 9 月，在《中共中央国务院关于加强技术创新，发展高科技，实现产业化的决定》颁布不久，深圳市政府对《关于进一步扶持高新技术产业发展的若干规定》进行了修订，出台了新的“22 条”。新“22 条”及配套实施办法的修订[1]，在引导和扶持高新技术

---

[1] 1999 年 12 月，深圳市科技局、财政局、国税局、地税局、计划局、经发局等六部门联合发文，对 1998 年 4 月发布的“22 条”实施办法进行了修订，出台了新的实施办法。2000 年 3 月，深圳市人事局、外事办、住宅局、公安局、教育局等五部门也就科技人才引进中的具体政策规定出台了实施办法修订版。

产业发展方面涉及的范围更广、扶持的力度更大、操作性更强。2001年7月，针对世界IT产业发展急剧放缓，以电子信息产业为主体的深圳高新技术产业未来发展将面临越来越多的不确定因素，深圳市及时作出加快发展高新技术产业的决定，出台了《中共深圳市委关于加快发展高新技术产业的决定》。这是继“22条”之后，深圳在发展高新技术产业方面又一个具有里程碑式的重要文件。《决定》重点阐明了新时期发展高新技术产业的指导思想，突出体制创新、技术创新和管理创新；《决定》还从建设高新技术产业带、突出高新技术产业发展重点、完善区域技术创新体系、发展创业资本市场、加强人才队伍建设、培育崇尚创新的社会氛围等六个方面阐述了实现指导思想的方法和路径。

2. 建立产业化市场机制。这一时期深圳市高新技术产业加速发展、产业化进程加快，得益于无形资产评估、股份制和公平竞争等产业化市场机制的建设。首先是无形资产评估机制的建立。鉴于在高新技术产业合作中出现的无形资产纠纷不断出现，深圳市人大制定颁布了全国第一部无形资产评估规章《深圳经济特区无形资产评估管理办法》，为高新技术产业化营造了良好的环境。其次是股份制的完善。高新技术企业的技术主要来自深圳市之外，为了保障科技人员的权益，深圳市开始探索技术入股的新机制，将技术股写进民营科技企业的有关条款，1995年，深圳市制定了地方法规《深圳经济特区技术入股管理办法》和相应的政策。第三是公平竞争机制的改善，随着非国有经济成分在高新技术产业中发挥作用的日益增长，深圳市成功探索了包括在科研立项、科技贷款、入户指标、微利房分配、高科技用地等方面，对外资、民营、私营与国企同等待遇的机制；达到了公平待遇、公平竞争的市场调控机制。

3. 建立完善的融资保障体系。首先是为解决高科技企业贷款难问题的融资贷款体系。从20世纪90年代开始，深圳就组建了多家扶持高新技术发展的投资服务公司和风险基金，专门为其申请贷款提供担保服务，对技术成熟、市场前景好、附加值高的科技项目提供支持。深圳市科技主管部门于1996年组建了深圳市高新技术产业投资服务公司，专门为高科技企业向银行贷款提供担保，1998年市政府决定每年增值1亿元，为深圳市发展高新技术产业形成一个可靠的保障体系，逐步构筑并完善了以政府为龙头、企业为主体、银行为后盾的高科技融资支持体系。其次是风险投资体系。为启动深圳科技风险投资的资本市场，深圳市于1997年9月成立了以市长李子彬为组长的科技风险投资领导小组，于1997年12月建立了风险投资市场的中介组织中科融投资顾问有限公司，这是全国首家按照国际惯例运作的风险投资顾问公司，为深圳市风险投资体系的建立奠定了基础。1998 年 4 月，深圳市委、市政府决定，由市政府出资并发起，在深圳及境外分别创建深圳市高新技术创业投资公司及高新技术产业投资基金，引导社会资金及吸引境外的投资基金投资于深圳市的高新技术产业。

4. 构建科技转化平台。1999 年 10 月，由原外经贸部、科技部、信息产业部、原国家发展计划委员会、中科院和深圳市政府共同主办的中国国际高新技术成果交易会开始举办。第一次高交会就取得了异乎寻常的成功，总成交额达到 64 亿美元，创下了国内单次技术交易会成交额的最高纪录。以高科技、国际化、国家级为基本定位的高交会，成为我国高新技术产业对外开放的重要窗口。

在高新技术发展的过程中，深圳特区政府搭建了一个重要的发展平台，通过制定产业政策、提供法制环境、营造吸引人才的大环境、加大风险投资引导等措施，主要着力于为产业升级创造条件。而深圳高新技术产业发展所需的各种要素都是通过市场方式进行配置，政府行政手段并不直接参与。在政府主导、市场运作的模式下，深圳高新技术产业迅速崛起。1993—2002 年，深圳市高新技术产业发展迅猛，其中高新技术产业产品产值年均增长 47.9%，高新技术产业成为深圳市经济增长最快的部门。1995 年，全市高新技术产品产值上升到 225.82 亿元。1997 年，全市高新技术产品产值达到 474.46 亿元，占工业总产值的比重达到 35%，高新技术产品出口额 308.57 亿元；电子信息产业规模达到 432.18 亿元，占全市高新技术产品产值的 91.1%，占全市工业总产值的 31.07%；生物技术和新材料产业的高新技术产品产值分别为 9.2 亿元和 12.9 亿元。1998 年达 655 亿元，电子信息产业规模达到 602 亿元，已占全市高新技术产品产值 91.9%，占全市工业总产值的 35.6%，成为名副其实的支柱产业；2000 年突破千亿元大关，达 1064.45 亿元，占当年全市工业总产值的 42%。

到 2002 年，全市高新技术产品产值达 1650 亿元，占工业总产值的 35.2%，其中，电子信息产业产品产值达 1551.40 亿元，占到高新技术产业产值的 90.73%，生物工程、新材料约占 10%，高新技术产业成为深圳市经济的第一增长点和特色经济。高新技术产品出口额达 155 亿美元，增长 41%，占全市出口总额的比重达 33%。高新技术企业数量不断增加，企业规模不断扩大，到 2002 年底，深圳市认定高新技术企业 442 家，其中产值超过亿元的企业有 163 家，产值超过 10 亿元的企业有 36 家，超过 50 亿元的有 6 家，超过 100 亿元的有 4 家。金长城微机、鹏博士多媒体教育软件、华为

C&C08 型万门局用交换机、中兴新 ZXJ10 型万门局用交换机、基因工程干扰素、基因工程乙肝疫苗、比亚迪镍氢电池、奥沃伽玛刀、安科核磁共振仪、迈瑞医用监护系列等 19 种产品被列为名牌产品，具有较高的技术水平。

据统计，从 2004 年至 2008 年 5 年间，深圳高新技术产品产值连续跨越 3000 亿—8000 亿元的 5 个千亿元台阶，年均增长 27.8%，产业增加值年均增长 28.0%，高新技术产业在深圳经济社会发展中的第一支柱地位进一步凸显。

在庞大的产业规模和密集的本土创新型企业群的强力支撑与拉动下，深圳现已是领跑全国的高新技术产品基地和 IT 重镇。去年，全市高新技术产品产值实现了创纪录的 8710.95 亿元，超过北京、上海居全国各城市首位。其中，电子信息产业产值达 7839.15 亿元，同比增速 13%，显示 IT 业的绝对优势；软件业总产值为 2317 亿元，同比增长 42%，出口额 86.4 亿美元，增幅达 91%，继续居全国大中城市第一位；集成电路设计产业产值 61 亿元，首次居全国首位。同时，深圳一大批电子信息产品在全国首屈一指，手机、程控交换机、通信基站、彩电、计算机、嵌入式软件等产量位居全国乃至全球前列。

目前，深圳已涌现出一批在国内外具有较强竞争力、较高知名度的龙头骨干企业，华为、中兴通讯、创维、长城科技等企业的工业产值超过 100 亿元，发挥着明显的示范带动和支撑作用。通信设备行业的华为、中兴，计算机制造业的鸿富锦、联想、长城科技，家用视听行业的康佳、创维等，都已成为家喻户晓的龙头和名牌。而研祥、赛格导航、朗科等一批创新型企业，也逐渐成为各细分领域的代表性企业。其中，深圳在三大软件领域具有明显优势：以金蝶、金证为代表的企业信息化，以腾讯、迅雷为代表的互联网服务，以华为、中兴、迈瑞、科陆、同洲、航盛为代表的嵌入式软件。2008 年，深圳 GDP 获得 12.1% 的增长率，以电子信息产业为核心的高新技术成为主要拉动力。

深圳产业发展的特殊路径还与两个现实因素相关：其一是“香港因素”的影响，香港的“三来一补”启动了深圳工业化的进程并直接造就了深圳的外向型经济；另一因素则与广东省重化工业发展滞后，周边地区对深圳发展重化工业所需的配套产业缺乏必要支持有关。因而，现实情况的约束使深圳寻求一个不同于一般规律的发展路径，在结构上跨越重化工优势产业群为主导的阶段而较早进入到以资金、技术密集为主的高新技术产业的快速发展阶段。

这一时期，深圳经济实现跨越式发展，高新技术产业、现代物流业和现代金融业异军突起，成为三大支柱产业，经济继续保持年均20%左右的增长速度，本市生产总值连续实现1000亿元（1994年）、2000亿元（1998年）、3000亿元（2002年）的跨越，累计向中央财政上缴3663亿元，综合经济实力跃居全国大中城市前列。

三、传统产业形成集聚优势

自20世纪90年代初期至21世纪初，深圳高新技术产业发展的同时，传统产业进入高速发展阶段，产业升级和改造提升促成了传统产业集聚优势的形成。

1994年前后，深圳将政策重心转向发展高新技术产业，大量“三来一补”加工业外迁至邻近的东莞等地区。随着高新技术产业的发展壮大，电子信息、机械、光机电一体化、生物医药、新材料等产业迅速崛起。这一时期，深圳传统产业也开始进入高速发展阶段，许多劳动密集型的企业逐渐向劳动密集型和技术密集型并重的发展模式转变，企业规模扩大、效益明显提高。随着产业优势的凸显，深圳市于20世纪90年代中期提出品牌发展战略，特区外传统制造业也在积极提高技术和品牌价值含量。为推动传统产业升级改造，1996年市财政局首次设立“市挖潜改造资金”，引导企业加大技术改造力度。2001年，原深圳市经济发展局出台《用高新技术或先进适用技术改造优势传统产业指导意见》，实施了一批重点改造项目。随着制造业技术改造投入的加大和信息化的不断推动，普及CAD、CAM、CAE和CTMS等电脑软件系统在传统产业产品研发及制造工艺等各个环节的应用，提升其在外观设计、工艺流程、使用功能等方面的科技含量，深圳市先后组建了钟表、家具、服装等五大传统产业的公共技术平台。经过约20年的发展，深圳工业已经形成了服装、家具、钟表、玩具、印刷、工艺礼品、皮革、珠宝等一系列具有鲜明特色、有一定优势的传统产业。深圳市以劳动密集型工业为基础的传统产业，经过先进技术的改造和企业的兼并重组，形成纺织服装、家具、钟表、玩具、珠宝首饰、机械、皮革、印刷等优势传统产业，在深圳工业总产值中占到54.1%的比重，在国际国内具有很强的竞争力，钟表、集装箱、玩具等产量均居世界前列，经过高新技术改造的深圳传统产业成为了常青产业。

在“三来一补”基础上奠定工业化基础，是深圳在工业基础几乎空白的特殊情况下实现工业化的一条特殊的路径。也正是由于这种特殊的工业化基础和背景，20世纪90年代初期深圳工业企业大多规模不大，企业在多年发展之后急需进一步拓展其增长空间，又由于特区内极其有限和分散的土地资源满足不了企业规模不断扩大的需求，企业实现可持续发展的需求使得特区外逐步出现了一些领域传统产业集聚发展的明显趋势。

2003年以后，为推动优势传统产业的集聚化发展，深圳市开始着手建设产业集聚基地，目标是在五年内建成九大产业集聚基地，形成年产值达2000亿元的生产规模，以促进深圳产业的全面优化和升级。目前经深圳市政府批准和认定的产业基地有9个，分别是位于罗湖区的黄金珠宝基地，宝安区的服装基地，龙岗区的家具、现代家电、新型自行车、汽车电子产业基地和光明新区的内衣、模具、钟表基地。总规划面积近7平方公里，其中可开发面积6平方公里左右。

不过，九大产业集聚基地的建设和发展状况与当初设想的颇有不同。据报道[1]，目前这九大产业集聚基地中除黄金珠宝基地和现代家电基地已分别实现年产值205亿余元和10亿余元外，其他产业基地合计年产值仅6亿余元。其中，家具、服装、钟表三个基地自2004年8月挂牌至今年产值仍为“零”，已成空壳；汽车电子产业聚集基地则仍是一片荒芜。

根据2003年10月深圳市政府出台的《关于支持发展产业集聚基地的若干意见》，深圳家具集聚基地要形成150亿元产值规模，服装集聚基地要形成200亿元的产值规模，模具集聚基地要形成100亿元产值规模，钟表集聚基地要形成50亿元产值规模，内衣行业集聚基地要形成100亿元产值规模等等。2009年7月，一位网友在某网站匿名发表评论，质疑深圳产业集聚基地的建设效果，并要求有关部门公布九大产业基地的年产值。2009年6月30日至2009年9月16日，深圳市审计局派出审计调查组对深圳市产业集聚基地建设和运营的绩效情况进行了审计调查，并于2010年初向深圳市人大上报了此次审计的初步结果。审计结果表明，深圳新建的产业集聚基地远远没有达到预想目标。[2]

记者调查分析了制约产业及集聚地建设和发展的四大因素：首先是深圳相关区

---

[1] 冯霖：《深圳四大产业集聚基地成空壳》，载《羊城晚报》2010年4月18日，转引自新民网（http://news.xinmin.cn/rollnews/2010/04/18/4491084.html）。

[2] 《羊城晚报》记者调查发现，九大基地大多连基础设施建设都没有完成。截至2009年6月，黄金珠宝基地、服装基地、家具基地、现代家电基地（甘李工业园）四个基地基础设施建设完成比例最高，但也只有80%；而模具基地、内衣基地的基础设施建设完成比例不到40%；钟表基地、汽车电子、新型自行车基地基础设施建设完成比例不到10%。

政府对产业集聚基地建设大多持消极态度，相关配套投资迟迟没有到位。按照相关规定，珠宝基地罗湖区应安排配套资金 8883 万元；服装基地宝安区应安排配套资金 1.33 亿元；新型自行车基地龙岗区应安排配套资金 3890 万元等等。但深圳市审计局审计发现，截至 2009 年 6 月，珠宝基地罗湖区实际安排配套资金 6270 万元，尚缺 2613 万元；服装基地宝安区实际安排配套资金 1970 万余元，尚缺 1.13 亿余元；而新型自行车基地龙岗区一分钱的配套资金也没有安排。其次是因深圳市大大低估了建设产业集聚地的难度。深圳市审计局一位不愿透露姓名的人士告诉《羊城晚报》记者，内衣、模具、钟表、新型自行车等产业集聚基地的建设牵涉到基本农田及林地占用审批、菜篮子工程用地征地、历史遗留用地征收、蔬菜基地置换、征地拆迁等土地瓶颈问题，推进难度较大，严重影响到产业基地设施建设的进度。违规向企业收取高额地价款也是制约深圳产业基地建设和发展的原因之一。按规定标准为 100 元 / 平方米的土地开发金，有的入驻企业被征收高达 380 元 / 平方米。除此之外，入园企业报建时间长也制约深圳产业集聚地发展。深圳有关部门曾经对 13 家参与基地建设的企业进行过调查发现，这些企业所办理的各项报建手续中最长的竟然需要 30 个月，最短的也要一年，使得不少原先准备入园的企业只好另起炉灶。[1]

第三节　城市化发展

一、深圳的农村城市化

农村城市化是各国城市化进程中的必经之路，也是实现经济结构优化和产业结构升级的重要途径。深圳经济社会的发展伴随着农村城市化的进展，农村城市化为深圳建设国际性现代化城市创造了条件。

(一)深圳农村城市化的两个阶段

深圳特区成立之初是典型的农业经济。深圳特区建立之后开始了大规模的基础设施建设，市中心区大量农田被征用，大批农民脱离农业生产，开始依靠特区改革的优

[1] 冯霖：《深圳四大产业集聚基地成空壳》。

惠政策，积极发展“三来一补”工业。到 1992 年深圳特区内的农村和农民，在经济发展、村政建设、生活环境等方面发生了实质性的巨大变化，主要体现在农村的产业结构和就业结构的变化；村政基础设施大规模建设；社会福利事业和精神文明建设长足发展，这些变化是农村迈向工业化和城市化的过程。[1] 深圳农村工业的发展，使深圳工业化的格局，由单一的城市工业化模式演变为城市工业化与农村工业化二元并存、双轨并进的格局，成为深圳城市化的根本动力。经过 10 年的不断发展，深圳特区农村出现了“职业非农化、经济工业化、管理企业化、收入多元化、生活环境及生活方式居民化”等明显的城市化特征，特区内实施农村城市化的条件和时机已经成熟。[2]

农村城市化是深圳取消农村建制的一项重大措施，分特区内和特区外两次进行。从当时试点的上埗村，到如今特区内每一寸充满生机、欣欣向荣的土地，“农村城市化”共历时十多年。

第一次的特区内城市化从 1992 年 3 月开始，特区内 68 个村委会全部撤销，分设为 100 个居委会。特区农村农业人口（含渔民、蚝民）一次性转为非农业人口；原村办企业转为自主经营、自负盈亏的城市所有制企业，对条件成熟的原村办企业进行股份制改造。1992 年 7 月 16 日，深圳市出台《关于深圳经济特区农村城市化的暂行规定》，根据此规定：针对深圳特区范围内 68 个村委会、沙河华侨农场和所属特区内常住农业户口的农民、渔民和蚝民实施城市化管理。上埗股份合作公司作为全市农村城市化的试点正式挂牌成立。

到 1992 年 12 月，特区内 68 个行政村、17 个自然村和沙河华侨农场，改建为 100 个居委会、66 家城市集体股份公司和 12 家企业公司，4.6 万农民一次性转为城市居民，“农转非”户口达 13851 户，其中福田区撤销 15 个村委会，成立 39 个居委会；南山区撤销 27 个村委会，成立 28 个居委会；罗湖区撤销 26 个村委会，成立 33 个居委会。成功地实现了特区农村城市化的历史性飞跃，开创了我国区域农村城市化的先河。1993 年，深圳在特区外实行撤县建区，将原宝安县改成宝安、龙岗两区，区以下仍然保留原农村体制，下辖镇、街道办事处和村委会。

随着特区经济的迅速发展，特区经济结构已基本实现了由第一产业为主转变为第

---

[1]　冯金灶：《深圳经济特区农村城市化的实践与思考》，《特区理论与实践》1998 年第 5 期。

[2]　《广州日报》2002 年 7 月 9 日。

二、第三产业为主，村镇基础设施建设、精神文明建设、社会福利事业有了长足进步，村民已基本脱离传统农业生产，这为龙岗、宝安两区农村城市化进程打好了坚实的基础。第二次的农村城市化从2003年10月30日开始，先选择宝安区龙华镇、龙岗区龙岗镇做试点，对行政管理体制、经济管理、发展规划、土地资源、市政建设、城市管理、户籍和计划生育、社会保障和劳动就业、学校教育、党的建设与其他事务等进行改进。主要内容包括：撤销现有镇、村建制，设立街道办事处和居委会；村民转为城市居民，集体土地依法转为国家所有。到2004年，全市20个镇、218个村改制工作全面完成，城市化体制初步形成，原镇、村陆续挂牌成为街道办、社区，原农村集体经济组织初步构成现代企业制度框架，全体原住民转换身份成为城市居民。至此，深圳成为全国首个没有农村行政建制的城市。

农村城市化为深圳的加速发展奠定了基础，在深圳的农村城市化进程中，政府推动发挥了重要作用，但是有些问题单纯依靠政府推动在短时间内难以解决。深圳农村城市化中的问题主要表现在观念转变、城市布局和社区管理三方面：（1）观念转变问题。由于生产和生活方式的变化，农村城市化要求由农民向市民转变，但相对落后和封闭的农民意识，使得转换观念缓慢，阻碍了农村城市化的进程。根据深圳龙岗区第三次代表大会上的报告：我们所要求的城市化并不是一般意义上的高楼大厦，而是城市化的观念、城市化的体制、城市化的规划、城市化的管理、城市化的环境、城市化的经济格局、城市化的生活方式和城市化的人口素质。（2）“城中村”的问题。“城中村”耗费了大量的城市土地和市政资源，造成了零乱无序的农民建筑与现代化城市之间的矛盾。“城中村”的社会治安问题、消费问题，流动人口的管理问题都亟须政府加强管理。“城中村”的存在严重影响深圳城市化建设，对国际化城市的进程产生影响。（3）社区管理问题。按照政府的初衷，城市化后原农村地区的社会管理、社会服务工作由新成立的居委会管理，原农村集体资产由新成立的股份合作公司管理和经营，两者各负其责，但实际上股份合作公司承担着大量的社区管理、社区服务等社会事务，既妨碍自身经济职能的实现，又造成社区管理的缺位。

在农村转变为城市、农民转变为居民的城市化进程中，“城中村”是特区发展过程中一个曾起到了重要作用的特殊产物。以福田区为例，福田区的“城中村”占地不到5平方公里，但却接纳了80多万外来人口居住生活，占福田区总人口的60%以上。而且，“城中村”形成了一个较为特殊的社会经济领域，80万外来人口和1万多原村

(股)民80%的消费活动在“城中村”完成，承担着重要的经济社会功能。村民的集体股份合作公司参与城市建设及管理，为维护“城中村”的社会治安秩序、生活和商业活动秩序作出了重要贡献。

(二)深圳的社区股份合作经济

在深圳城市化过程中，社区股份合作制企业是深圳农村城市化的一个创造，也是深圳实行农村城市化、加速推进现代化的产物。股份合作制企业，是我国农村集体经济在市场经济发展过程中进行的体制创新，是“指两个以上劳动者或投资者，按照章程或协议，以资金、实物、技术、土地使用权等作为股份，自愿组织起来，依法从事各种生产经营服务活动，按劳分配和按股分配相结合，并留有公共积累的企业法人或经济实体”[1]。股份合作制企业保持了股份制筹集资金、按股分配和经营管理方面的合理内核，吸收了股东参加劳动、按劳分配和提取等合作制的基本内核，是一种股份制与合作制优点集于一体的新型社会主义集体经济组织形式。

在股份合作制的发展过程中，出现了股份合作的很多具体形式。深圳农村的股份合作制企业集资合作范围，多数以社区为主，就其本质而言，是一种社区股份合作经济。1994年深圳市出台《深圳经济特区股份合作公司条例》之后，深圳社区股份合作制企业就改组为社区股份合作公司。《深圳经济特区股份合作公司条例》第二条规定：“本条例所称股份合作公司是指依照本条例设立的，注册资本由社区集体所有财产折成等额股份并可募集部分股份构成的，股东按照章程规定享受权利和承担义务，公司以其全部资产对公司债务承担责任的企业法人。”

深圳是中国农村股份合作制经济发生和发展较早并形成特色的地区之一。自1984年开始试行股份合作制，股份合作制就在深圳得到了普遍的推广，并成为深圳农村集体经济的主要组织形式。农村股份合作制经济大体经历了三个阶段：(1)探索阶段(1983—1984)，以罗湖区沙头角村和宝安县万丰村为代表，率先发动农民集资兴办股份合作企业，拉开了深圳股份合作制经济发展的序幕。(2)推广阶段(1985—1993)，通过总结推广万丰村、横岗镇保安村、新坡塘自然村等地股份合作制的经验，迅速在全市农村普遍推广股份合作制。1992年特区内实行农村城市化工作时，政府帮助各村条件成熟的村办企业进行股份制改造，新组建了集体所有制的股份合作公司69家。

---

[1] 参见农业部1992年发布的《关于推行和完善乡镇企业股份合作制的通知》。

(3) 规范阶段（1994年以后），1994年4月，深圳市人大颁布了《深圳经济特区股份合作公司条例》，依此《条例》，全市开始对股份合作制企业进行规范和完善，股份合作制逐步走上健康发展的道路。[1]

到2002年底，深圳市股份合作制企业发展到1196家，其中特区内78家，特区外1118家，以行政村为基础的股份合作公司170家，以自然村为基础的股份合作公司948家，覆盖率分别达到78%和89.1%，股东人数20.1万人，占全市农村总人口的94.8%。农民人均纯收入在2002年突破1万元大关，而农民收入的80%来源于农村股份合作制经济，股份收益已成为农民的主要收入形式。[2]

社区股份合作经济的产生源于快速城市化进程中对原有土地集体所有制下的个体承包模式的冲击和突破。在珠三角地区、江苏的苏南地区、山东和浙江省部分农村地区以及北京等大中城市郊区，迅速的农村城市化过程将集体所有的土地大部分转为工业用地，土地集体所有制下的个体承包模式的体制尚未形成，大部分集体土地就被政府征收。集体经济组织用政府支付的补偿金，在政府给集体保留的少量土地上建立了大量物业，最初是通过物业出租获得经济收入，从而对失去土地的原村民进行经济补偿。集体农业经济转变为一种特殊的集体物业经济，物业收入成为原村民新的生活来源。集体物业经济收入的取得不需要通过按“劳”分配形式而是按照“村籍”进行分配。社区型股份合作制由此产生。

社区股份合作公司，既有一些合作制的因素，也有股份制的因素。首先，社区股份合作公司有合作经济某些特点，如承认个人产权、实行一人一票的民主管理、保持一定的封闭性。但是，社区股份合作公司与经典合作制也存在差异：合作社进退自由，而社区股份合作社的成员资格主要取决于是否社区天然成员，并不体现自愿加入，也不允许退股。社区股份合作公司借鉴了股份制的一些做法，但也不完全相同：股份制成员资格开放，而社区股份合作公司股权封闭；股份制股东拥有完备的产权，而社区股份合作公司股东产权残缺；社区股份合作社虽也实行按股分红，但权利与风险不对称，社员一般只分红，不承担风险，具有较多的福利性质。

从公司的特征来看，深圳社区股份合作公司呈现为一种社区行政型的法人团体。社区股份合作社从传统的社区集体经济组织脱胎而来，通过集体财产的折股量化、土

---

[1] 参见苏东斌、钟若愚主编：《曾经沧海——深圳经济体制创新考察》，广东经济出版社2004年版，第324—326页。
[2] 白天主编：《走向现代化——深圳的探索》，海天出版社2004年版，第420页。

地使用权入股和村民的现金入股，把传统的社区改组为一个新的经济共同体，村民成为共同体的股东，全部财产由股份合作制占有并独立经营，具有法人产权的特点。同时股份合作社又具有行政性的特征。股份合作社存在于传统的乡村体系内，它事实上又是作为一级行政组织。社区股份合作社采取党、社、企合一的领导体制，党务、社区管理、经济发展的机构和人员相互重叠，普遍是“几块牌子，一套人马”。由于要服务于整个社区的经济和社会发展，因而其目标远比一般的企业要复杂。

深圳自1984年开始试行股份合作制以来，先后涌现出“万丰模式”、“横岗模式”、“龙岗模式”等典型股份合作制模式。深圳社区股份合作公司主要以“横岗模式”为蓝本。

横岗镇于1988年下半年首先在保安村新坡塘自然村试行股份合作制，并于1989年在各自然村推广这一成功经验。1990年初，全镇9个行政村全部实行了股份合作制，同期在镇一级成立镇股份投资有限公司，自此形成了所谓的三级股份合作制。

1. 自然村股份合作制。(1) 股份及其分配。按集体资产现值清产核资并折成股，全劳力（高中毕业参加社会工作2年，初中毕业5年，小学毕业9年，下同）分配一股，半劳力分配半股，年终（或季度）按股进行分红。凡自然村的常住人员，即农村户口在本村、劳动生产在本村、行政管理在本村的村民均有股东资格。为了拥军优属以及提高教育质量，原户口在本村的现役军人和在读书的大、中专学生也有股东资格。全体村民按人平均，去世者自动失去股份，新生者则自然享有。依据村民人数增减和其他变化，股东及配额原则上每年调整一次。(2) 股东的权利和义务。凡是股东，都按所有权和分配权相统一的原则享有分红的权利，同时参与集体经济的决策和管理。每个村民所获得的股份，均由集体统一掌握，不能提取、转让、抵押和流通。(3) 组织结构。组织机构为股份合作社，实行董事会领导制，董事会一般由3—5人组成，由股东选举产生。股东代表大会是最高权力机构，其代表原则上一户一名。凡重大决策，需经股东代表大会通过。鉴于自然村股份制经济管理水平不高，其干部及管理人员工资方案和年终分红方案，需分别报村民委员会和镇人民政府批准。(4) 利益分配。年终分红要在当年经营总收入中扣除生产费用、干部管理人员工资、村民小组行政办公费、上缴国家税金、贷款利息以及10%的固定资产折旧费和10%的福利基金之后进行。如果当年亏损或上年亏损未弥补，则不得分红。同时按照第二年扩大再生产和公益事业建设的需要，提取一定比例的公积金。在可供分红的全部基金中，按村民股份数平均分配。

2. 行政村股份合作制。（1）股份及其分配。按集体资产现值清产核资并折成股份，部分股份（一般50%以上）留归行政村，余下的分配给自然村，其中自然村获得的份额多少，主要由各自然村常住人口数决定，并两年调整一次。行政村的村民委员会和自然村村民小组为全部股份的股东。在分给自然村的股份中，按一定比例计算作为土地股，自然村被行政村征用的土地按一定标准折成股份。扣除土地股后，依全劳力全股、半劳力半股的原则按常住人口平均分配到自然村。（2）股东的权利和义务。股东享有参与经营管理和凭股份分红的权力。股东按所得股份承担债务。分配给自然村的股份，未经股东大会讨论通过并报镇政府批准，不得分解、提取、转让和抵押。（3）组织机构。组织形式为股份合作联社，实行“股东大会—董事会—经理”制，股东代表大会的代表名额，行政村村委会占3—6名，自然村按所占股份确定。董事会由股东代表大会选举产生，董事会成员原则上行政村村委占3名，每个自然村占1名。（4）利益分配。年终总收入中，扣除各项生产费用、税金、干部及管理人员报酬、行政村行政费用、10%的固定资产折旧费和10%的福利基金后，剩余部分为分红基金，行政村分得的利润主要用于整个行政村的公共福利事业和集体经济再生产投入，而自然村分得的利润不得划入自然村分红基金分给村民，只能用于自然村集体福利和公共积累。

3. 镇级股份合作制。镇级成立的股份制，主要是镇投资有限公司。它是将各行政村和镇级企业投资的集体股作为公司初始资金的来源，同时吸收本镇居民的闲散资金发展第二、第三产业。股份公司集体股份主要用于市场波动较大、不易掌握、周期较长、管理复杂且有一定风险的项目开发，而这些项目主要是为了完善投资环境、提高人民生活质量而进行的。对易管理、易核算、风险较小又便于监督的项目开发，其资金是通过本镇范围内招股集资解决，做到先立项、订草案、广泛征求投资者意见，在坚持入股自愿下进行。对立项集资的开发项目由股份公司统一管理，统一经营，但需独立建账、独立核算、专项分红，从投产之日起按季分红，年终全部兑现，投资一般享有30—40年的股东分红权，股权消失后产业所有权归股份公司。投资者的股份可在本镇范围内转让、继承。

深圳社区股份合作公司一般都设置了一块不可分割的集体股。如罗湖区24家股份合作公司中，集体股比例最高的达到51%，处于绝对控股地位，集体股比例最低也有36%，平均集体股比例为47%（见表2—4）。

表2－4　2001年罗湖区股份合作公司股本结构情况表

序号	企业名称	股本总额（万元）	股本构成（%）		
			集体股	合作股	募集股
1	蔡屋围	20254	36	64	0
2	靖轩	15533	51	49	0
3	英隆	10828	48	46	6
4	湖贝	9802	49	50	1
5	笋岗	9720	45	43	12
6	向西	8039	42	40	18
7	坭岗	7138	51	49	0
8	汝南	6981	51	49	0
9	莲通	6732	51	49	0
10	罗芳	5433	51	49	0
11	布心	4356	51	49	0
12	梧桐山	3999	51	49	0
13	新村	3836	36	35	29
14	坳下	3805	51	49	0
15	塞龙	3649	40	38	22
16	长岭	3435	51	49	0
17	田心	3302	51	49	0
18	田贝	3038	51	49	0
19	莲塘	3030	51	49	0
20	大望	2900	47	30	23
21	水贝	1674	46	44	10
22	西岭	1577	51	49	0
23	新湖	1069	43	41	16
24	渔丰	800	36	34	30
平均	—	—	47	46	7

资料来源：汤锦森、陈应春主编：《股份合作经济理论与实证研究》，中国经济出版社2003年版。

同时，社区政府凭借其政治力量，掌握了社区股份合作公司的集体股，成为企业的主要所有者。这样，镇村干部就一身两任，既是社区政府的代表，又是社区股份合作公司的所有者代表；既是经营者，又是社会管理者。社区股份合作公司作为微观经济组织，讲求是效率目标，而社区政府组织代表的是国家，讲求的是社会政治目标的实现，同时，政府官员本身作为一个自然人，往往还存在较强的追求个人利益最大化的动机。也即在政府利益、企业利益和个人利益之间往往存在着矛盾和抵触。社区股份合作公司的领导在多重目标的约束条件下，必然难免以政代企、产权不明、权责不分、以公谋私，从而影响股份合作公司效率的正常发挥。

社区型股份合作公司，在股权配置和股利分配中坚持公平、福利原则。只要持有本社区的户口，无论年龄大小，都可分到社区股份合作公司的股份，享受股权，股权是“天赋”的（查振祥，1992），是一种户口权，不是通过个人努力得到的。“天赋”股权决定了股权的分配也就只能采取平均主义的原则，一人一份。“天赋”股权使股东在分配上按福利分配份额较大，按劳分配较小，因而产生了不少矛盾，也造成了部分人不思进取，坐享其成的心态和生活方式。

专栏2－3

深圳农村城市化试点　渔农社区“企社分离”

渔农社区位于福田口岸、皇岗口岸的中间地带，总面积0.13平方公里，现有7个住宅小区，高层楼宇18栋，多层楼宇15栋，总人口12064人，其中流动人口9829人。2005年5月22日，渔农社区进行“中国第一爆”，成为深圳首宗旧村整体拆迁重建个案，为城中村改造探索出一种新模式。2009年12月16日，裕亨实业股份公司向福田街道移交社会管理服务事务。“企社分离，功能剥离”，福田再次为深圳农村城市化试点破题。

根据双方签订的备忘录，社区工作站负责社区综合管理事务、安全事务、法制事务、健康事务、人口计生、社会保障与社会事务、文化事务、环境卫生和环境保护、协调事务、政府交办事务等10项工作，开设“一站式”服务窗口。裕亨公司专司经济发展工作。渔农社区和裕亨公司仍分别设立党组织，党组织成员不再交叉任职。每季度举行一次辖区单位联席会议。裕亨公司继续无偿提供现有社区工作站办公场地及水电、物业管理等费用，直至搬迁新址。社区工作经费由区财政统一管理。人员安置按有关政策办理。

17年前，福田区上埗实业股份公司成立，开启了深圳农村城市化进程。

但很多城中村并未彻底城市化，一个显著标志就是社区管理仍沿袭旧体制，集体股份公司既抓经济发展又抓社区管理，不堪重负。渔农社区就是典型。2005年后，经过整体改造，昔日旧村告别农民房变身现代化社区。同时，社区居民结构也发生了根本性变化：总人口12064人，暂住人口9829人；总户数6600户（不含商业户），其中出租屋4900户；原村民187户、375人，只占2.8%。人口的急剧膨胀和大量高素质人群的涌入，造成渔农社区社会管理服务任务重、难度大，原有的集体股份公司管理体制已不能适应新情况。福田区决定在该社区率先试点“企社分离”，进一步完善现代社区管理体制，提升城市化水平。

集体股份公司要求“减负”。目前，在深圳特区内外，一个普遍现象是：集体股份公司既负责企业经营又承担辖区社会管理职能，长期处于政企不分、政事不分状态，虽然近几年政府财政加大了对股份公司承担社会管理服务的投入，但仍然杯水车薪，很多股份公司不堪重负，甚至也没精力发展集体经济，卫生、安全、环境方面的管理服务出现盲点就不足为怪。

以裕亨公司为例，该公司每年在治安、城管、卫生等社会管理事务方面的投入约600万至800万元，区政府每年仅补贴100万元左右。此外，社区工作站和居委会办公用房230平方米，均由裕亨公司无偿提供，而市场价每平方米近3万元。尽管这样，社区服务设施仍尚缺社区图书室、星光老年之家、党员活动室、警务室等，与固本强基社区建设项目标准要求相比尚有250平方米的缺口。

不仅如此，渔农社区工作站和居委会19名工作人员中有11人均是原村民又是股民。裕亨公司视其为公司管理层员工，给予一定补助。比如，居委会成员除享受财政每人每月500元、400元、300元补贴外，股份公司还给予资助，平均每人每月3500元。

“社区人口从几百户发展到现在的6000多户，社会管理服务任务越来越重。裕亨作为福田区最小的集体股份公司，要兼顾近2万人的管理服务工作，显然力不从心。现在，公司把社会管理服务事务移交给政府，恰逢其时。”裕亨股份公司董事长陈礼明感叹“轻松多了”。

企业与社区职能“脱钩”。2009年11月，裕亨公司向福田区政府提出了“企社分离”的申请，引起福田区委区政府主要领导高度重视，并被摆上重要议事日程。时任区委书记李平、区长张青山指出，农村城市化有两个标志，一个是形态上的城市化，一个是神态上的城市化。如今渔农村已变成城市新型社区，居民结构也发生很大变化，集体股份公司既抓经济又抓社区管理服务已不堪重负，社区管理服务体制应进行相应的改革，实现人、财、物的全面脱钩，政府理应承担起社会管理服务职能，让集体股份公司真正安心抓经济促发展，这符合农村城市化发展方向，福田区有责任先行先试。

双方签订的备忘录规定，今后，社区工作站负责社区综合管理事务、安全事务、法制事务、健康事务、人口计生、社会保障与社会事务、文化事务、环境卫生、协调事务、政府交办事务等10项工作，开设“一站式”服务窗口。裕亨公司专司经济发展工作，并积极配合街道和社区工作站做好有关工作。渔农社区和裕亨公司仍分别设立党组织。党组织成员不再交叉任职。社区党支部、社区工作站、社区居委会、管理处、业委会、社区企业等辖区单位，每季度举行一次联席会议，协调处理社区管理服务重要事务。

另外，以2005年编制计，在编人员符合条件的办理退休。在岗不在编的，结合“老人老办法、新人新办法”的原则给予安排。临聘人员由裕亨公司收回，各类协管员由街道调剂安排。金地名津1352平方米公共服务配套房源，应依法无偿移交给社区使用。裕亨公司继续无偿提供现有社区工作站办公场地及水电、物业管理等费用，直至搬迁新址。社区工作经费由区财政统一管理。

转型社区遇到体制障碍。据调查，渔农社区居民结构发生了根本性变化：总人口12064人，暂住人口9829人；总户数6600户（不含商业户），其中出租屋4900户；原村民187户、375人，只占2.8%。福田街道办有关负责人分析，随着福田口岸的开通，渔农社区已成为深圳一个新型窗口社区，很多白领和港人来此置业经商。人口的急剧膨胀，造成社区社会管理服务任务重、难度大。而社区公共服务设施欠缺，开展基层组织活动和服务辖区居民群众及工商企业受到较大影响。福田区民政局在调研报告中则指出，由于多种原因，渔农社区工作站和居委会办公用房、人员工资福利依然由股份公司提供与资助，久而久之，导致股份公司是工作站、居委会上级，依附关系明显。另外，多年来村民保持着宗族宗亲观念，对外来人员管理本村社会事务存在排斥思想，导致社区工作站和居委会人员“新血液”补充难，难以提高服务水平。

让城市化形神兼备。渔农社区开始试点“企社分离”，这不仅是股份公司和社区工作站的职能剥离，实现各司其职，同时也意味着渔农社区的城市化正向“形神兼备”的方向迈进。1992年7月16日，福田区上埗实业股份公司成立，拉开了深圳农村城市化的大幕。农村城市化有两个标志，一个是形态上的城市化，一个是神态上的城市化。目前，很多农城化社区“面子”靓了，但“里子”没变，在基层管理服务体制上仍然沿袭旧模式，由集体股份公司对社区实行管理，这在一定历史时期有其必然性，并且也发挥了一定作用。

但是，这种体制对像渔农村这样已经发生根本性变化的部分农城化社区而言，无论是社区党建还是社区事务管理服务或居民自治等，已出现明显的不适应，甚至引发城市管理出现许多新问题，脏乱差、黄赌毒现象高发，成为深圳这座现代化城市的“内伤”。我们不妨借用一个经济改革概念：“政企分开”。这已成为市场经济公认的有效准则，从产权制度上界定了责任划分和事权事务，避免了政出多门、相互干涉等现象，调动了各方积极性，优化了资源配置，促进了经济发展。回头看，集体股份公司与社区管理服务事务分离，既势在必行，又符合经济规律和城市化发展方向。

从渔农社区这个试点标本看，具有以下特点：一是降低行政成本，避免大的投入，保持现有办公场地规模，适当补偿租金，把脱钩改制与购买补充社区公共服务场所分开处理；二是以稳定为前提，循序渐进，平稳过渡，保持工作的连续性，对现有人员妥善安置，视需要补充力量；三是有利于全面提升社区公共管理服务水平，脱钩后股份公司腾出人力精力专司经营工作，社区工作站按政府规范化要求从事社区事务管理与服务，提升管理品质和服务效能。裕亨公司与渔农社区“企社分离”，在深圳率先完成了从生产大队到农城化社区再到城市社区的转变，此举将在深圳农村城市化历史中记下探路一笔，与当初渔农村改造一样，再一次形成“第一爆”的积极效应和新的影响力。

资料来源：刘伟：《渔农社区首试“企社分离”》，《深圳特区报》2009年12月17日。

二、跨越式发展的城市现代化

经济发展是城市化的主要动力，但是城市规划、城市建设和城市管理这些政府调控也不可缺少，现代化的城市目标对深圳的城市规划、城市建设和城市管理提出了更高的要求。深圳特区经过 30 年快速发展，建成了一个综合性、多功能的现代化经济特区，已逐步形成了以高新技术产业、金融业、现代物流业、文化产业为主的四大支柱产业。深圳已经从昔日的边陲小县，变为一座功能完备、经济发达、环境优美的现代化、国际化大都市。先后获得国家卫生城市、国家园林城市、国家环境保护模范城市、中国优秀旅游城市、国际花园城市等称号，2005 年被评为首批全国文明城市，入选“中国金融城市”。

(一)城市建设与规划走向成熟

城市规划包括城市未来发展远景规划、产业结构规划、城市商业网点规划、城市居住区的规划、城市生态与环境保护规划、城市基础设施规划、文化教育规划等等。[1] 城市规划是城市发展的前提，深圳作为一个新兴的城市，在某种意义上就是城市规划的产物。深圳在城市规划过程中坚持现代化、法治化、民主化和可持续发展的战略。以现代化的城市为参照物进行规划，“新加坡的城市环境”和“香港的城市效率”，是深圳未来追求的城市建设目标。在城市化过程中，把提高生态环境质量作为城市规划的内容之一；把实现经济、社会与人口、资源、环境的协调发展，作为规划的基本目标。

1990 年完成了《深圳城市规划标准与准则》成为深圳规划单位和广大规划设计师在进行规划和管理时必备的工具书。同时，深圳规划部门还编制了《旧城区改造规划》、《福田中心区规划》、《沙头角分区规划》、《特区快速交通规划》、《轻轨交通规划设计》等多个专项规划。1992 年深圳撤销宝安县，建立保安、龙岗两个区，深圳急需修编城市总体规划。1993 年 2 月，市长办公会议审议通过了宝安、龙岗两个新区的总体规划。规划要求宝安区以航空港和立体化交通为枢纽，以精细化工、电子机械为主体，发展商贸、金融、旅游、高科技产业、创汇农业，建设成现代化新城区；龙岗区则以盐田港和大工业基地及优美的的自然海滨环境为依托，建设成国际、国内港口货物疏运集散

---

[1] 卞苏徽等著：《走向现代化的行政改革：深圳政府体制改革创新之路》，国家行政学院出版社 2000 年版，第 127 页。

中心、大工业基地、海滨旅游中心及利用本地环境发展高科技产业。1993 年 2 月 23 日，深圳市建设会议召开，会议确定深圳新的总体规划要把特区建设成自由贸易区、地区性的行政、金融、贸易和商业中心，发展以第三产业和高科技为主的产业结构。

从 1993 年 6 月起到 1996 年末，深圳市城市规划设计研究院负责编写《深圳市城市总体规划（1996—2010)》。2000 年 1 月 24 日获得国务院批准的《深圳市城市总体规划》，勾画了深圳发展的总体布局，成为深圳迈向新世纪的蓝图，提出了“一核、三轴、三圈（层)、三级城市中心、九大组团”的布局结构，为全市的发展建立了长远的、稳定的规划框架。

1998 年 7 月 1 日起，深圳开始实施《深圳市城市规划条例》，完善了以城市总体规划、次区域规划、分区规划、法定图则和详细蓝图为框架的规划体系，实现了规划管理的规范化、法治化。《条例》规定全市总体规划草案在提交规划委员会之前，应公开展示 30 日，征集社会各界和公众的意见；法定图则草案经市规划委员会初审同意后，公开展示 30 日，在展示期间，任何单位和个人都可以书面形式向市规划委员会提出对法定图则草案的意见或建议。

进入 21 世纪，随着深圳城市发展由超常规发展进入常规发展轨道，深圳城市建设与规划发展日益走向成熟。2001 年深圳开始编制《深圳市城市总体规划检讨与对策（2001—2005)》；2003 年深圳出台《深圳市近期建设规划（2003—2005)》。2001 年 3 月中国城市规划设计研究院深圳分院向深圳市规划与国土资源局建议适时开展“深圳 2030 城市发展策略”研究工作，对影响城市发展的具有全局意义、战略意义的重要问题进行前瞻性的研究。[1]《深圳 2030 城市发展策略》提出了深圳建设“可持续发展的全球先锋城市”的发展目标。此后在《深圳市城市总体规划（2007—2020)》中将城市性质界定为“创新型综合经济特区，华南地区重要的中心城市，与香港共同发展的国际大都会”。城市发展总目标为：(1) 充分发挥改革开放与自主创新的优势，担当我国落实科学发展观、构建和谐社会的先锋城市；(2) 实现经济、社会和环境相协调，建设经济发达、社会和谐、资源节约、环境友好、生态宜居、有中国特色的国际城市；(3) 依托华南，立足珠三角，加强深港合作，共同构建世界级都市区。不难看

[1] 香港特区政府组织的《香港 2030——远景规划与策略》于 2000 年全面启动。深圳市提出了“努力建设区域性经济中心城市、高科技城市、园林式花园式的现代化国际城市、社会主义法治城市和现代文明城市……为率先基本实现社会主义现代化，为把深圳建设成为有中国特色社会主义的示范地区而努力奋斗”的城市发展目标。

出，规划建设与管理逐渐超越城市空间设计的层面，而将人文理念与对人的关怀作为核心，注意考虑和满足不同社会阶层的多样化需求。城市总体规划充分体现了从空间布局规划转向公共政策、从传统物质规划转向综合性规划的努力。

(二)城市文明建设

现代化是一个经济、政治和文化全方位发展的过程，而现代化最终要体现在人的现代化上。现代化的中心是人的现代化，城市现代化必须树立以人为本的思想，在注重硬件设施建设的同时，还要注重软实力建设。加强人文精神建设，对区域中心城市来说具有重要意义。鲍宗豪在《深圳特区报》发表文章《现代化城市人文精神不可缺失》认为，加强城市人文精神建设，为构建社会主义和谐社会、提高城市核心竞争力打下坚实的人文基础，这是一个明智的战略选择。一个国家的强弱、一个城市的发展，取决于综合国力和城市综合竞争力，而其中的关键又是民族凝聚力、城市凝聚力。高科技的发展需要人文关怀，创造性人才的教育更需要人文教育。建设现代化城市不能造成人文精神的“缺场”，因为现代化城市本质上都是人文城市。如果说城市经济增长通过科技创新、制度创新还可能实现“跨越式”发展的话，那么现代化城市的人文特色则是不可“缺失”或“跨越”的。现代化城市的人文特色是在该城市长期的历史文化积淀和城市人文精神培育的基础上慢慢形成的。[1]

实施“文化立市”战略，是深圳城市现代化中的重要举措，也是深圳面对新世纪新阶段特区发展的新形势、新任务而作出的重大战略选择。[2] 实施“文化立市”战略以来，深圳积极推动文化产业快速发展，形成了较为完备的产业发展体系，竞争力和整体实力进一步增强，对城市经济的贡献率进一步提高，文化产业已成为深圳第四大支柱产业，深圳已成为国内文化产业发展浪潮中的先锋城市之一。

自文化产业被列入国民经济统计体系以来，深圳文化产业一直保持着快速增长的态势。2007 年文化产业增加值 465.5 亿元，同比增长 18.2%，占 GDP 的比重为 6.88%。2008 年在国际金融危机冲击下，深圳文化产业逆势上扬，保持高速增长，全年增加值 550 亿元，同比增长 15.6%，高于全市经济平均增速 3.5 个百分点，约占全市 GDP

[1] 鲍宗豪：《现代化城市人文精神不可缺失》，载《深圳特区报》2007 年 6 月 11 日。

[2] 它要求把文化发展摆在深圳现代化发展战略全局的突出位置上，使之成为深圳经济社会发展的一个重要战略基础、支撑点和动力源；通过全面提升城市文化发展水平，为落实科学发展观，建设和谐深圳、效益深圳及国际化城市奠定较高的文化“平台”。

比重的7%。[1]深圳文化产业的平均增速略快于北京和上海，高于全国平均水平，与杭州、成都、南京、长沙等文化产业发展较快的城市相比，保持了一定的领先势头。与此同时，文化产业领域不断拓展，创新气氛日益浓厚，文化创意产业逐渐成为产业发展的热点、亮点，文化产业集聚辐射功能显著增强。据不完全统计，2009年全市文化产业经营单位超过1万家，从业人员超过25万人。[2]

专栏2－4

深圳的城市街区自助图书馆

一张二代身份证，100元押金，自助图书馆立即“吐出”5本图书。2010年4月23日是第15个“世界读书日”，深圳市城市街区24小时自助图书馆二期工程正式启动，首批50台新款的自助图书馆将分布至全市各区的交通枢纽、旧城区、工业园区等，满足不同区域的读者需求。据介绍，今年新增加的服务点将达200个。

新增自助图书馆在布点选择上，立足于与社区图书馆形成互补，重点解决交通枢纽、旧城区、工业园区、偏远地区的布点问题，服务基层，方便群众。50个服务点将分布至全市各区，其中罗湖区10个、福田区9个、南山区1个、龙岗区6个、盐田区3个、宝安区15个、坪山新区6个。

读书已成为深圳人的生活方式，全民阅读已成为深圳这座城市一张闪亮的名片。全市推广的自助图书馆，是我市提升城市文化软实力，将文化与科技巧妙结合的成功案例。就统计的数据来看，一期布点的40个自助图书馆使用效果好，图书借阅量大。2009年，自助图书馆的借阅量已达深圳全市各级公共图书馆借阅总量的18.3%。

资料来源：秦小艳：《今年增200台自助图书馆》，《深圳特区报》2010年4月24日。

---

[1] 《上海证券报》2009年5月18日。

[2] 《深圳市文化产业发展基本情况》，深圳文博会新闻中心网（http://www.news-szicif.com/wbh_5/bjzl/200905/t20090513_1091076.htm）。

据报道，深圳在公共图书馆的理论研究和实践探索上走在全国最前列，目前已拥有604家公共图书馆。2003年，深圳在国内率先提出建设“图书馆之城”的文化战略，此后深圳公共图书馆蓬勃发展，到2008年，市、区图书馆从6家发展到9家，街道图书馆由2002年20家增加到2008年的35家，社区图书馆则由2002年的140家增加到2008年的560家，增加近4倍。深圳的人均藏书量、人均购书经费和人均外借书刊文献册次、千人阅览座位等均有大幅提升。截至2008年12月底，深圳拥有各级公共图书馆604家，其中包括3家市级图书馆、6家区级图书馆和595家基层图书馆，初步形成了遍布全城的市、区、街道、社区四级图书馆网络。全市纸质馆藏总量超过1376.9万册，拥有各类电子文献约100万件。

“上个世纪90年代初，深圳图书馆在全国率先成功研发出了图书馆自动化系统ELAS，目前为止，这个系统已在全国几万家图书馆使用。”前任美国国会图书馆亚洲部主任、俄亥俄大学图书馆馆长李华伟博士对深圳的图书馆建设情况十分熟悉。他表示，深圳政府对图书馆事业高度重视，公共图书馆配合深圳社区的具体需要发挥了相当重要的作用。李博士说，深圳提出的许多理念和构想都很新颖、细致，比如“自助图书馆”，即使在美国也运用得相当少，自助图书馆把图书馆服务推到了馆外，是一个不错的设想。[1]

“深圳文献港”是深圳图书馆之城建设迈上的新台阶。据报道，“深圳文献港”由深圳图书馆、深圳大学城图书馆（深圳市科技图书馆）、深圳大学图书馆三大图书馆统一服务平台、并联合深圳市各类型图书馆共同建设而成，是深圳科技、教育、情报及参考咨询的数字文献中心和网络资源平台。“深圳文献港”的文献资源量，不仅是联合建设的图书馆的馆藏资源，而且提供了全国95%的中文出版图书共280万种，大大弥补了深圳市建市短、文献资源有限的不足；其文献资源出自图书馆，时时更新、内容可靠；对超过6亿页、包括280万种图书的全文进行检索，不但告诉读者有什么图书，在哪个馆收藏，还可以试读正文前17页，让读者详细了解图书的内容；提供1.5亿条中外文期刊论文、学位论文、会议论文、专利、标准等题录信息，将多种中外文数据库的资源集成在一起，采用全文检索技术，让读者足不出户就可以发现、了解文献信息。深圳市各图书馆之间通过“深圳文献港”进行文献采购的分工与协调，在学科专业、文献类型等

---

[1] 《深圳图书馆之城建设成专家关注焦点》，深圳新闻网（http://news.sznews.com/content/2009-11/17/content_4191074.htm）。

方面提供更全面的保障，为深圳文化建设、经济建设、自主创新和社会发展提供保障。“深圳文献港”的开放，使深圳读者又有了一个可以查阅资料、阅读图书的渠道。深圳读者只要通过电脑，轻敲键盘，就可以查询图书目录，了解我国中文图书的出版情况以及深圳市各大图书馆的收藏情况。而拥有其中一家图书馆读者证的读者，就可以免费享受“深圳文献港”提供的更多服务，营造出数字化、人性化的图书馆应用环境。[1]

深圳的“文化立市”战略及其成就在全国产生了积极影响。文化部长孙家正评价：“从经济特区到文化立市，反映了深圳25年来走过的一条光辉而正确的道路。”[2] 深圳在新形势下提出实施“文化立市”战略，不仅对深圳本身意义深远，而且作为中国改革开放最早、现在仍蓬勃发展中的特区，深圳的举措和实践必将对全国继续发生深刻影响。有学者还指出：深圳经济特区在加快经济文化发展的进程中，在文化观念、文化发展理念、文化形态、文化体制等方面已客观地具有“文化创新功能”。[3]

三、中国城市化发展道路的思考

(一)城市化与工业化不能“长短腿”

过去30年，为中国经济增长作出巨大贡献的一个因素是以乡镇企业为主的农村工业的发展。农村工业化的发展不仅使1.5亿—2亿农村劳动力开始进入非农产业，收入得以提高，而且使中国的市场得以扩大。但在另一方面，以劳动者离土不离乡为特征的“农村工业化”过程，也导致了中国经济目前存在的一个重要特点，即工业化水平高于城市化水平。到1999年底，将所有农村人口中在乡镇企业中就业和农村从事个体运输、商业、工业、服务业的劳动力全部包含进去，目前我国从事非农产业的劳动力占总就业人口的比重约为53%；而包含外来常住人口在内的城市人口，只占全部人口的32%。也就是说，我国工业化（非农产业化）的比率，高出城市化比率约20个百分点。而发达国家在经济发展过程中历来是城市化水平高于工业化水平；目前国际上多数发展中国家也是如此。比较其他国家，在同等的人均GDP水平上，我们的城市化水平大大低于世界平均水平。

[1]　马璇：《深圳图书馆之城建设迈上新台阶》，《深圳特区报》2009年6月15日。
[2]　杨波、陆云红、杨峥：《文化部长：深圳是个有文化的地方》，《深圳特区报》2005年9月1日。
[3]　胡鹏：《文化发展理念与城市发展战略的综合展现——读〈文化立市论〉有感》，《深圳大学学报》2005年第5期。

专栏 2—5

温家宝《求是》撰文：论发展社会事业和改善民生八问题

4月1日出版的《求是》杂志今年第7期，将发表中共中央政治局常委、国务院总理温家宝的重要文章：《关于发展社会事业和改善民生的几个问题》。

文章指出，党的十六大以来，以胡锦涛同志为总书记的党中央从新世纪新阶段我国经济社会发展面临的新形势新任务新特点出发，提出了科学发展观的重大战略思想和构建社会主义和谐社会的重大战略任务。这是我们党执政理念的丰富和发展，是对社会主义现代化建设规律认识的深化。2003年在抗击非典斗争中，我们得到了许多启示，其中最重要的一条，就是必须统筹经济社会发展，加快解决经济社会发展“一条腿长、一条腿短”的问题。几年来，我们在发展经济的同时，更加重视发展社会事业和改善民生，经济发展与社会发展的协调性明显增强。

文章强调，我们必须深刻认识加快发展社会事业和改善民生的重要意义，始终坚持把发展社会事业和改善民生作为贯彻落实科学发展观的重要任务，作为全面建设小康社会的迫切要求，作为转变经济发展方式、扩大国内需求的重要途径。我们已经初步具备了加快发展社会事业、改善民生的物质基础和条件，必须以更大的决心和力度，推动这方面工作取得新的更大进展。

文章论述了八个问题：一、用科技的力量推动经济发展方式转变；二、面向时代要求谋划教育发展；三、用新的理念推动文化发展繁荣；四、把促进就业放在经济社会发展的优先位置；五、提高城乡居民收入和改革分配制度；六、加快完善中国特色社会保障体系；七、积极稳妥地推进医药卫生体制改革；八、大力推进社会事业领域的改革。

资料来源：《〈求是〉杂志发表温家宝总理重要文章论述发展社会事业和改善民生的重大问题》，人民网（http://politics.people.com.cn/GB/1024/11256684.html），2010年03月30日。

时至今日，我们已经到了加快城市化进程的发展阶段了。在这一新的发展阶段中，城市化进程将在过去农村城市化的基础之上，进一步推进中国的工业化和现代化。城市化是下一步发展的焦点，下一阶段中国以城市化为主要动力的工业化过程，正是更多农民转移到收入较高的非农产业中就业的过程。这种收入提高的过程，也正是有效需求增加和市场扩大的过程。从各方面的分析来看，城市化不仅是我们必须从现在开始大力推进的一项事业，而且是今后相当长一段时期内中国经济增长的一个中心环节，抓住这个中心环节，我们就可以有就业的增长、工业竞争力的提高、国内需求的扩大、教育水平的提高、健康保健、环境保护的改善，使经济进入良性循环。

至于如何推动城市化发展，则是需要深入讨论的问题。在市场经济基础上自然形成的一些城市自然应该成为城市化的重点。已有的特大城市可能本身已难以继续扩大，但以特大城市为核心的“城市带”或“城市群”，仍可能是有意义的。在沿海地区已经形成的一大批小城市的基础上，可以发展出一大批大城市。对于中国这样的人口众多的国家来说，今后50年再出现50—100个200万人口以上的大城市并不算多。[1]

(二)建设现代化国际性大城市的探索

国际化是现代化发展到一定阶段的必然趋势，现代化能够促进国际化的发展，国际化可以升华现代化。尽管现代化是一个普遍趋势，但是每一个城市在迈向现代化的历史进程中却可以有不同的路径选择。城市定位是指城市为了实现最大化收益，根据自身条件、竞争环境、消费需求等及其动态变化、确定自身各方面的发展目标、占据的空间、扮演的角色、竞争的位置。[2] 城市定位可以明确城市竞争力之所在，更好地塑造城市品牌，体现城市的性格与内涵。从1990年深圳市第一次党代会提出建设国际性城市起，国际性就成为深圳城市发展的宏伟目标。1995年深圳市第二次党代会、2000年深圳市第三次党代会以及2003年6月深圳市委工作会议都提出建设国际性城市。国际性城市的定位，对深圳的现代化进程影响深远。

经济全球化是现代世界经济的重要特征，随着各国之间的分工日益深化，产品、要素、资本跨国自由流动，国际外包的不断深化，世界各国、各地区经济上的联系愈来愈密切，相互依存度愈来愈强，经济活动愈来愈具有全球性的现象和过程。[3] 深圳

[1] 《城市化与工业化不能“长短腿”》，《广州日报》2002年6月23日。
[2] 倪鹏飞：《中国城市竞争力报告No2：定位让中国城市共赢》，社会科学文献出版社2004年版。
[3] 吴忠等：《走向现代化：深圳20年探索》，海天出版社2000年版，第151页。

特区成立之初，就不可避免地要成为一个具有经济全球化特质的城市。特区建立以后，世界走进中国；随着改革开放的进程不断推进，中国将走向世界。面临经济全球化的挑战，中国仅有香港显然不够。邓小平曾经不止一次说过，中国要再造几个“香港”，把深圳建成国际化城市，对于带动中国经济走向世界，加快中国改革开放和现代化建设进程具有重要意义。

深圳在中国政治、经济和文化体系中具有特殊意义。在中国，没有任何一座城市像深圳这样被赋予如此神圣的使命。随着中国全方位改革开放格局的形成，深圳的发展也面临着危机，政策优势不断丧失，人才回流现象开始出现，深圳由“一马当先，独领风骚”面临着“万马奔腾，百舸争流”的竞争局面。

1994年发生的关于经济特区“特与不特”的论战，在一定程度上唤醒了深圳的危机意识。论战的焦点是在社会主义市场经济体制改革目标确立后，经济特区是否还应该继续“特”下去，论战的核心是要解决市场经济体制下经济特区的再定位问题。尽管1994年6月江泽民视察深圳时重申：“中央对发展经济特区的决心不变；中央对特区的政策基本不变；经济特区在全国改革开放和现代化建设中的历史地位和作用不变。”“特区还要特。”但同时也强调：“今后特区发展所必需的而又有可能实行的一些灵活政策的优势还得有，但保持特区优势的立足点和重点不应再放在这上面了”，“原来主要靠实行一些优惠政策和灵活措施而形成的特区的一些特色，自然要有所变化”。并勉励经济特区“增创新优势，更上一层楼”。

1995年深圳市第二次党代会提出深圳要进行“第二次创业”，实现从依靠政策优势向增创整体素质的转变，实现从单纯经济优势向综合优势的转变，目标是“再用15年或者更长一点时间进行第二次创业，把深圳建设成为富裕、文明、民主的社会主义现代化的国际性城市，向全世界展示有中国特色社会主义的无限光明前景”。建设国际性现代化城市是深圳在新时期承载的历史使命。

在不同历史阶段，深圳提出了不同的发展定位。1990年，深圳提出建设综合性经济特区和外向型、多功能的国际性城市；1995年，提出建设社会主义现代化国际性城市；2000年，深圳提出建设区域性经济中心城市、高科技城市、世界园林式花园城市、社会主义法治城市和现代文明城市；2005年，深圳提出建设和谐深圳、效益深圳和国际化城市等定位；作为认真落实《珠江三角洲地区改革发展规划纲要》的重大举措，2009 年《深圳市综合配套改革总体方案》又提出了新的要求和目标。[1] 这个新要求和目标是：统筹规划，重点突破，全面推进，争当科学发展的示范区、改革开放的先行区、自主创新的领先区、现代产业的集聚区、粤港澳合作的先导区、法治建设的模范区，强化全国经济中心城市和国家创新型城市地位，加快建设国际化城市和中国特色社会主义示范市。

[1] 肖意：《〈深圳市综合配套改革总体方案〉获国务院批准》，《深圳特区报》2009 年 5 月 27 日。

第三章

创新精神的形成

★在中国从计划到市场的转型进程中，实行改革开放是最大的制度创新。是改革开放带来人的解放，市场化的体制机制创新激发人的动力和创造力，从而真正解放生产力。

★“敢闯”“敢冒”的创新精神是对深圳精神的最初理解。在改革开放的历史进程中，深圳敢为天下先，敢想敢为，敢于探索前人没有干过的事情。深圳精神的时代内容，应将以人为本的理念与特区创新意识相融合，加强城市人文精神建设，赋予深圳精神新的时代内容。

★开拓创新是深圳精神的首要含义，敢为人先在当前意味着继续先行先试，率先发展，科学发展。它具有鲜明的现实针对性。

第一节　敢闯敢冒的创新精神

深圳是一座移民城市，具有鼓励创新、宽容失败、脚踏实地、追求卓越的移民文化，形成了深圳最突出的特点——“敢闯”“敢冒”的特区创新精神。1979 年，招商局在蛇口建立了中国第一个对外开放工业区——蛇口工业区，提出了“时间就是金钱，效率就是生命”等创业创新理念。蛇口工业区的开发建设，在深圳经济特区历史上写下了浓墨重彩的一笔。蛇口工业区和招商局不仅在经济上，而且在改革开放、体制创新、城市建设等方面都为深圳经济特区发展作出了重大的历史性贡献。经过 30 年的发展，蛇口已从昔日偏僻荒芜的小渔村发展成为占地面积约 20 平方公里，就业人口约 25 万，年生产总值约 500 亿元的国际化滨海城区。

20 世纪 80 年代，从深圳发端的“时间就是金钱，效率就是生命”，“空谈误国，实干兴邦”，“崇尚创新、宽容失败”等理念激荡全国，成为时代强音。1990 年以后，深圳又提炼出“开拓创新、诚信守法、务实高效、团结奉献”的深圳精神，成为影响深圳的主导价值。2006 年，深圳梳理自身发展脉络，提出全面加强城市人文精神建设，将人文素质的提高作为城市高端化的突破口，致力于人的全面发展，将以人为本的理念与经济特区的创新意识、市场观念、国际视野、移民品格等融合提炼，作为新的城市人文精神，赋予“深圳精神”新的时代内容。

一、“敢”字当头推进各项改革

在改革开放的历史进程中，深圳敢为天下先，敢想敢为，敢于探索前人没有干过的事情。在深圳特区创办和建设过程中，改革就是突破，就是解放生产力，革除所有阻碍生产力发展的旧条条、旧框框、旧体制。开拓创新就是深圳精神的首要含义，敢为人先在当前意味着继续先行先试，率先发展，科学发展。

(一)国有土地使用权拍卖

以拍卖国有土地使用权为例。1987 年 12 月 1 日，深圳市政府第一次以公开拍卖的方式，将一处位于罗湖区布心路翠竹新村面积 8588 平方米用于兴建住宅的用地进行拍卖。市政府在深圳特区报刊登广告后，有 61 家注册企业领取了有关竞投文件，最后有 44 家企业（其中有 12 家为涉外企业）参加竞拍。最后由深圳特区房地产公司

专栏 3－1

中国第一宗土地公开拍卖

1987 年 12 月 1 日，轰动全中国的第一宗土地公开拍卖在中共高官、17 个市的市长和中外媒体的聚焦下正式开始。这是中国首次以公开拍卖的方式有偿转让国有土地使用权。

这块编号 H409-4 的地块紧靠风景秀丽的深圳水库，面积 8588 平方米，规划为住宅用地，使用年限 50 年。深圳市政府事先在报纸上刊登了《土地竞投公告》。拍卖前 3 天，已有 44 家企业领取了正式编号参加竞投，其中外资企业 9 家。最后由深圳经济特区房地产公司竞价 525 万元，地价 611 多元 / 平方米成交。整个拍卖过程持续了 17 分钟。不到一年的时间，深圳经济特区房地产在这块地上盖起了东晓花园，一共 154 套住宅一小时内售完。"当时出售的房价是每平方米 1600 元，远远低于当时的市价。"骆锦星说。尽管如此低价，公司还是净挣了将近 400 万元。

1987 年出让的三块土地加起来，政府得到了 2336.88 万元的土地费，等于特区内 1985、1986 两年全部的土地费用收入。深圳的做法立刻招致了种种批评。有报纸公开刊登《旧中国租界的由来》，影射特区的"土地出租"就是"租界"。有人公开吹风："深圳发生了惊天卖国案。"骆锦星说："邓小平来深圳视察的时候，登上了罗湖小区国际商业大厦的楼顶，彭真等中央领导都来看了，并且都对这种方式表示了认可。"有了中共领导的认可，深圳的试验步伐也加快了。1982 年，深圳官方开始悄然进行土地资本化探索，按城市土地等级不同收取不同标准的使用费。这使得内资企业独立房地产开发成为可能。1982 年，深房向银行贷款 30 万人民币，独资兴建了深圳第一个高级别墅——怡景花园。

资料来源：《解密：1987 年深圳中国第一宗土地公开拍卖》，网易历史频道（http://news.163.com/08/0314/20/4719IQLE00011246.html），2008 年 03 月 14 日。

以525万元应价投得。这件事对内对外影响很大，有的拥护，有的反对。

在众说纷纭面前，深圳坚持敢为天下先，也没有展开争论，继续探索试验。从1987年开始，特区坚持对土地实行有偿使用。到1988年底，两年时间内，采用协商议价、公开招标和公开拍卖等方式，共出让土地178处，517.5万平方米，地价收入人民币3721万元，美元1288万元。市政府用这笔钱设立土地开发基金，将土地有偿所得用于城市建设和土地开发，使城市建设步伐大大加快。后来，这项改革，逐步在全省和全国一些城市推广。

包括国有土地使用权"第一拍"在内的深圳系列土地制度变革，产生了更为深远的影响。1987年广东省人大常委会通过了《深圳经济特区土地管理条例》，规定土地使用权可以有偿出让、转让。其后，全国许多城市纷纷参照深圳的做法，实行了国有土地有偿转让。到2007年3月16日颁布的《物权法》则明确规定："工业、商业、旅游、娱乐和商品住宅等经营性用地以及同一土地有两个以上意向用地者的，应当采取招标、拍卖等公开竞价的方式出让。"

深圳作为土地使用权制度、住房制度等一系列地产制度改革的策源地，造就并见证了中海、万科、招商、金地、华侨城等著名的地产品牌的起飞。事实上，1988年11月18日深圳市第二次土地使用权拍卖会上，当时在业界尚默默无闻的万科以2000万的天价成为该次拍卖的最大赢家，不仅一夜成名，还奠定了万科走市场化房地产开发之路的基础。除了万科，还有在深圳精耕细作20多年的招商地产，以及华侨城集团等自深圳起步，并成为飞向全国的地产集团。[1]

(二)价格改革先行先试

1982年，深圳人口由4万激增到34万，吃饭成了首先要解决的问题。由此，深圳率先取消票证、解除户口约束，跳出计划体制下的价格约束。《南方都市报》记者的报道生动描述了深圳率先取消票证的过程。[2]

1. 率先取消票证。在改革开放之初，粮票堪称疯狂。居民迁徙必须考虑它。当年城镇居民迁徙户口时，有一个特殊的关系叫做"粮食关系"。对于拥有城镇户口的居民来说，"粮食关系"与城镇户口同等重要。倘若居民想到另外一个城市工作，除须办理

---

[1] 卢轶、葛铿：《深圳敲响中国土地"第一拍"》，《南方日报》2009年9月7日。

[2] 康殷：《1982年先解决造梦者的吃饭穿衣问题》，《南方都市报》2010年3月11日。

户口转移手续外，还必须办理“粮食关系”的转移。没有粮食关系，等同于没法吃饭。

1982年，特区迎来2万基建工程兵，收留下来自全国各地的建设者和创业者。但基于粮票制度下的粮食管制，让建设者们连口粮都成为问题，又何谈造梦。深圳则再次发挥梦想的创造力，取消粮票，放开物价，物资不足就去广交会采购，一切法子变着花样实施。

在深圳特区初创的那个岁月，国内无数人带着梦想前赴后继地来到这片南方边陲的土地。深圳的人口从原来的小小宝安县4万一下激增了数倍。1982年7月19日，全国公布人口普查结果：“全国有9.5亿人申报，深圳有34万多人登记。”事实上，当年深圳人口远远不止34万。在深圳市区，即原宝安县政府所在地深圳镇这个地方，只有三四万人口。随着大量的建筑工人、打工者、求职者涌入深圳，单在1981年、1982年的时候，就有五六十万人在深圳市生活，而且每日每时都在增长。

没有户口就没有粮票，没有粮票就没有口粮。对于1982年深圳五六十万的流动人口，国家调拨的粮食指标只有几万人的。无计可施的深圳决定提高粮食价格，从外省和国外高价收粮运赴深圳。议价粮价格虽然高，但质量好，拿着粮票购粮的人就少起来，有的人就通知外地家里不要再寄粮票了，粮票逐步退出了市场。同样，肉票也通过价格并轨逐步取消。到20世纪80年代初，深圳就取消了粮票和肉票。而1992年，全国才正式发文取消粮票和肉票。

2. 开放物价，实现市场调节价格。随行就市，价格浮动，现在看来是如此正常的商业模式，但在1982年的深圳，放开价格，由市场主导确是政策的禁忌，不容打破的铁板一块。但在深圳，1982年，为价格松绑已经是必然之举，邓小平搁下的一句特区应该“特事特办”，为当年深圳的主政者带来了价格松绑的勇气。

1982年，吃菜的事由当年的市委副秘书长、财贸办主任李定管。国家定价1斤青菜5分钱。深圳的农民种了菜，也到香港卖高价，不愿在当地卖。深圳就向汕头求援，调来5000名菜农，结果两个月后，人全跑光了。菜农说，种菜不如捞虾，捞虾不如拉沙。又到广州调来5000名菜农，还是没留住人。李定提出菜农种菜亏本，肯定不干，就提出是否调高一下菜价。1斤青菜先涨到4毛多钱，已经翻了几番，各方面的意见大，但没几天就涨到1块多钱。市里再也扛不住了，专门召开会议研究这个问题，涨价措施可能会被取消。但就是在开会的时候，传来了消息，市场上的菜价下降了，降到了8毛多。原因很简单：由于深圳的菜价放开了，广州、东莞、惠州的菜都运来了，菜多了，价格自然就降了。1982年至1983年，深圳基本放开物价，闯过了价格改革这一关。以农产品价格作为突破口，有计划地放开物价，冲破计划经济的价格体系，成为全国最早放开菜价、肉价、粮价的城市。[1]

(三)组建外汇调剂中心

港币事实上在深圳市场的自由流通，催生了全国第一家外汇调剂中心。深圳是一个外商云集的地区，利用外资和对外贸易规模都在不断扩大，外汇来源渠道较多。为了加速外汇的周转和流通，建立灵活的资金融通关系，在 1985 年开办了全国第一个外汇调剂中心，开拓外汇调剂市场，以合法的手段调剂外汇资金，沟通人民币资金和外汇资金的联系。调剂中心开办之初，在客户资格、调剂价格和交易方式上都有所限制，外汇调剂只限于在特区的国有和集体企业事业单位之间进行，调剂货币只限于美元。经过一段时间的运行，从 1986 年 4 月开始，外汇调剂中心在业务上进一步放开，调剂对象扩大到外商投资企业，价格也适当放开，买卖双方可直接见面成交。至年底，又进一步放宽政策，调剂中心只管外汇的来源和用途，价格完全放开，买卖双方可以自由议价，调剂对象扩大到所有企事业单位，交易的货币由单一的美元转为多种外币，包括日元、马克、法郎、英镑、港币等，交易方式更为灵活。从 1985 年至 1996 年，由外汇调剂中心调剂的外汇累计达 100 多亿美元。

这个中心的设计，属于特区金融管理中的一项重要改革，益处不少。经过多年的运作，对调剂外币余缺，搞活外汇资金，鼓励企业创汇，以及抑制外币黑市买卖，起到了积极作用，许多企业通过外汇买卖，避免了汇率损失。但是，这项敢为天下先的改革举措，在当时也引起了国内的震动，被人说成是“违反了国家的外汇管理规定”，是“不正当的越轨行为”，是“借开放进行投机”。为什么有人会这样看呢？很显然，社会上还有一些人头脑里条条框框观念不少，不是“敢”字当头，而是“怕”字当先，或者说，还不理解什么是市场经济手段。在改革大潮面前，他们只会抓住改革中的某些不足发议论，而不能跟上时代当好改革的促进派。这种现象，可以说明，各项改革的发展不是一帆风顺的，必然会碰到阻力，只有付出艰难的努力，排除各种阻力和干扰，才能使改革获得成功。[2]

---

[1]　康殷：《1982 年先解决造梦者的吃饭穿衣问题》，《南方都市报》2010 年 3 月 11 日。

[2]　李醉吾：《深圳经济特区体制改革的回顾》，《深圳文史》（第 2 辑），2004 年。

二、深圳金融业的创新与发展

不断创新同样也是深圳金融业快速发展的内在原动力。融资中心的建立、外汇调剂市场的开设、离岸金融市场的试点、证券市场的开办等，为深圳积聚了大量的资金。从微观层面看，金融创新极大地提升了深圳金融机构的竞争力，招商银行的“一卡通”除了为招行带来可观收益外，还极大提升了招商银行的形象。深圳金融业的发展历程表明，深圳金融发展史又是一部恢弘的金融创新史。

专栏3－2

创新：深圳金融发展的灵魂

历经25个春秋，深圳金融“在一张白纸上，画出了最新最美的图画”，在特区发展史上留下了诸多值得骄傲的印迹。

伴随着深圳特区的发展壮大，金融业从无到有，从小到大，基本建成以银行、证券、保险业为主体，其他多种类型金融机构并存，结构比较合理、功能比较完备的现代金融体系，综合实力和竞争力位居全国前列，已初步成为具有全国影响的区域性金融中心。

深圳金融能有今天的辉煌，得益于金融业始终保持着勇于创新、善于创新的精神境界。然而，居安思危，深圳金融业目前面临着比较严峻的形势：在金融业务总量和金融拓展能力上，与北京、上海等兄弟城市比，竞争优势有所弱化。金融产业的内部机构不够合理，融资来源仍以间接融资为主，部分金融机构内控机制还不健全，金融业发展还处于传统的规模扩张阶段，市场机制在金融资源配置中的基础性作用还发挥得不够充分等等。

深圳金融业要保持现有的优势和竞争力，就必须不断深化改革，锐意创新。以此为共识，深圳市第四次党代会和市四届人大一次会议提出，要继续把金融业作为全市四大支柱产业之一，进一步加大支持力度，促进金融业做大做强，加快发展；要把金融创新作为构建区域创新体系的重要环节、作为建设自主创新型城市的重要内容，积极支持金融创新，大力推进同业合作，整合资源，形成“大金融”的发展格局，加快建设金融创新示范区、金融服务优质区、金融运行安全区，进一步巩固和强化区域性金融中心城市的地位。

资料来源：《创新：深圳金融发展的灵魂》，《深圳特区报》2005 年 9 月 22 日。

《深圳特区报》就深圳金融业 30 年发展历程进行了特别报道。[1] 深圳金融 30 年来的发展史，是中国金融改革开放的精彩缩影，是金融改革开放的丰硕成果，同时也是深圳经济发展的有力见证。30 年里，深圳金融发扬敢闯敢试的创业精神、先行先试的创新精神，担当了全国金融改革开放的“排头兵”和“试验田”角色，为我国金融业发展注入了源源不断的生机和活力。

1979 年 3 月，由原宝安县改制而来的深圳市仅有 7 个银行网点、117 家农村信用社 1 亿多元的存款。从这样薄弱的金融基础起步，到 1984 年底，全市金融网点共有 240 多个，存款总量达到 43 亿元。1984 年 7 月，中国人民银行深圳经济特区分行正式成立，该行肩负着推动辖内金融业发展、促进深圳经济建设的重任，深圳金融开启了一个长达十几年的高速发展时期。在这十几年里，深圳金融借改革开放东风，开疆拓土，创造了上百个全国第一，形成了深圳金融独特的创新史，被誉为“金色的辉煌”。1997 年是深圳金融发展的分水岭和重要转折点。经过近 5 年的积极转型和深刻调整，深圳金融更加注重速度与效益的统一，更加讲究规模与结构的统一，更加突出稳健发展与风险防范的统一。2003 年至今，深圳金融步入了科学的、稳健的、崭新的历史发展阶段，立足深圳，联通港澳，面向全国，走向世界，改革创新再次提速。目前，深圳已初步建立起符合社会主义市场经济要求的金融宏观调控体系、金融监管体系、金融组织体系和金融市场体系，金融业的综合实力和整体竞争力位居全国大中城市前列。

30 年里，深圳金融强有力地支持了深圳经济特区的建设和发展，为基本建设提供了 70% 的资金，为企业生产提供了 80% 的流动资金，为居民大宗消费提供了 60% 的资金，为本地企业在资本市场筹集了 2640 亿元资金，为深圳经济建设提供了 60 万亿元的保险保障。同时，作为深圳经济的支柱产业，金融业对经济增长的直接贡献也

[1] 李焱：《中国金融改革开放的“排头兵”》，《深圳特区报》2008 年 8 月 6 日。

越来越大，2007 年深圳金融业创造的增加值占全市总产值的比例达到 13%，仅次于上海，在全国排名第二。30 年时间里，深圳金融完成了从启动到助跑，再到腾飞的巨大转变。回顾这段历史，在保持飞速发展的同时，深圳金融从来就没有忽视效益和质量，特别是党的十六大以来，深圳金融不仅经历了稳健的发展历程，更经历了发展模式的转变和发展理念的升华。

从分散经营到协调发展。改革开放之初，深圳金融条块分割，金融各行业在各自的“一亩三分地”里劳作。进入新世纪，深圳金融提出“金融是一家，稳定是大局，科学发展是硬道理”的指导思想，在分业经营、分业管理的体制下，深圳加大了金融监管的协调合作力度，建立起了金融监管协调机制、金融稳定协调机制、反洗钱协调机制等，实现了定期沟通、信息共享、政策协调，形成了“大金融”、“大市场”、“大监测”的金融管理和发展格局，开辟了金融各行业科学发展、协调发展、安全发展的道路。

从追求速度到崇尚效益。从 1979 年到 2007 年，深圳金融机构存贷款余额年均增速分别达 46% 和 47%，保费收入年均增长超过 50%；从 1987 年全国第一家证券公司在深圳开业开始，深圳证券公司的资产规模年均增长 54.9%。近 30 年时间里深圳金融业的增速超过了同期深圳经济增长速度，创造了奇迹。但在深圳金融规模快速增长的前期，深圳金融效益并没有显著提高，1979—2000 年，深圳金融资产收益率平均仅为 1% 左右。进入新世纪，深圳金融机构盈利能力显著增强。2003 年以来深圳金融业实现利润连续攀升，2007 年深圳金融业共实现税前利润达到 759 亿元，创历史最高水平；金融资产收益率达到 3%，金融效益得到大幅提高。

从量的扩张到质的提高。改革开放 30 年里，深圳金融总量不断扩大，2007 年存款总量是 1979 年的 1.26 万倍，贷款总量是 1979 年的 1.35 万倍，保费收入是改革开放之初的 6 万多倍。更重要的是，深圳金融通过宏观调控、金融监管、自我约束、行业自律、社会监督等多种手段，构建了全方位、立体式的深圳金融安全网。到 2007 年底，深圳银行机构不良贷款率已降到 3.87%，证券公司综合治理全面完成，保险市场秩序明显好转，金融机构合法合规经营蔚然成风。

从外引内联到对外辐射。在机构方面，截至 2007 年底，全市共有银行、证券、保险等各类金融机构 160 多家，营业网点 1900 多个。目前总部设在深圳的国内金融机构包括 4 家银行、16 家证券公司、16 家基金公司、11 家保险公司；总部不在深圳的国内金融机构也基本都在深圳设立了分支机构。从深圳 1981 年引进第一家外资金融机构，目前在深圳的外资金融机构共有 28 家，其中地区总部 4 家，分支机构 24 家。

同时，截至2007年底深圳金融机构在全国40多个大中城市分设了780个营业网点；以招商银行在纽约设立分行为标志，深圳金融机构目前已在美国以及香港地区等设立了3家分支机构或代表处。在资金方面，目前深圳银行贷款总量中20%投向珠三角地区以及内地城市；货币市场上，深圳金融机构已经成为资金的净拆出方；资本市场上，大量来自全国各地的企业在深圳筹集资金。

从一枝独秀到百花齐放。一是机构种类多样化。改革开放之初，深圳的金融机构仅有办理简单业务的银行和信用社网点。现在，深圳的金融组织体系涵盖了银行、证券、保险、基金、期货、租赁、信托、财务以及金融配套服务机构在内的各类金融机构。二是股权结构多样化。改革开放之初，深圳的金融机构基本都是国有或集体所有，产权结构单一。随着改革开放的不断深入，深圳金融机构的所有制结构逐步走向多元化，目前，深圳已经形成了涵盖国有、股份制、外资参股等多种所有制形式并存、门类齐全的市场组织体系。三是业务品种多样化。过去深圳银行的资产业务主要以贷款业务为主，贷款占资产运用的比例往往达到70%，而负债业务也几乎全是存款。现在，深圳银行的资产运用不断多样化，贷款在资产运用中比例不断降低，2007年为40%。证券业务从最早品种单一、不成体系起步，现在已经发展到包含了股票、债券、基金、期货、衍生金融工具等多个品种在内的比较完整的业务架构。保险业务从过去单一的财险到现在财险、寿险同步；保险资金运用渠道也从过去以银行存款为主，到可以投资股票、债券等。

从手工操作到电子化、信息化。早期的深圳金融电子化几乎是一片空白，银行柜台业务、同城票据清分与结算，大多是手工进行。进入新世纪，深圳金融业紧紧依靠科技创新和支付手段创新，加快了电子化、信息化的步伐。目前，金融电子化水平已达到80%，不仅柜台业务已基本实现了电子化，还出现了电话银行、自助银行、网上银行、手机证券、集中交易、电子理赔等一系列利用现代信息技术的金融服务手段。先进的金融技术推动了深圳支付结算体系的发展。目前，深圳已经建成以中国现代化支付系统为核心，以商业银行行内汇兑系统为基础，同城支付结算系统、同城票据交换系统、外币实时支付系统、证券交易和清算体系为重要组织部分的多层次、多币种支付清算网络体系。此外，深圳银行卡产业大发展，极大地丰富了现代支付结算手段。截至2007年底，全市17家发卡银行发行银行卡总量超过7500万张，直联POS终端39722台，入网ATM机7049台。2007年，银行卡消费交易金额1200多亿元，占全年社会消费品零售总额的40%，在全国大中城市中名列前茅。

从根本上说，深圳金融的跨越式发展得益于改革开放政策的指引，得益于深圳良好的市场经济环境，得益于全社会对金融工作的理解、重视和支持。特别是近年来，深圳金融在改革开放政策的指引下，积极探索，大胆试验，以改革创新、深港合作、金融生态为着力点，求真务实，开拓进取，走出了一条独具特色的发展道路。

改革创新是持久动力。以深圳金融业在改革开放之初的基础，按常规发展，在短短 30 年内不可能形成现在的局面。是改革创新的力量，对金融业内部进行创造性的变革，重新组合金融要素，形成新的金融业务、金融工具、金融技术、金融组织形式和金融管理办法，推动深圳金融创造了金色辉煌。如果说最初深圳金融的改革创新是政策扶持、环境所迫，在经过长期持续的改革创新之后，改革创新已成为深圳金融发展的灵魂。现在，深圳金融已经形成了“敢于探索，勇于创新，宽容失败，追求成功，开放包容，崇尚竞争，富于激情，力戒浮躁”的创新文化。在深圳金融改革创新过程中，市场竞争、行政激励、行业协作发挥了重要作用。可以说，30 年深圳金融发展的一条最鲜明的主线就是改革创新。改革创新是深圳金融业的灵魂，是深圳金融业稳健发展的强大动力，是深圳金融业持续增长的不竭源泉。

深港合作是重要突破口。深圳金融发展史自始至终就是一部与香港金融合作不断深化的历史。30 年来，深港金融合作已从过去局部的、微观的业务技术层面交流与合作，逐步上升并拓宽至运行机制的衔接、金融市场的对接和资金流动的融合等深层次合作。深港金融合作已经成为推动深圳金融走向国际化，获得更广阔发展空间的必由之路。目前，深港两地政府和监管机构就金融合作的沟通交流不断加强，政策的协调配合不断深化，双方的业务合作也不断拓宽。2004 年香港人民币业务正式开办，目前共有 42 家香港银行办理个人人民币业务，2008 年 5 月底香港人民币存款余额达 708 亿元。2007 年，香港人民币债券业务开展，三家内地金融机构在香港发行 100 亿元人民币债券，人民币走向国际化迈出了坚实的一步。深港在资本、保险、黄金等方面的业务合作也不断深化。机构合作纵深展开。CEPA 协议实施后，深港金融机构合作进入了新阶段。截至 2007 年底，在深圳的港资金融机构共有 16 家，营业网点 37 个，资产规模 720 亿元人民币。港资金融机构已成为深圳金融体系的重要组成部分。在引进来的同时，深圳金融业借助香港桥头堡的战略位置，积极走向国际金融市场，一些深圳金融机构在香港设立了分支机构。[1]

[1] 李焱：《中国金融改革开放的“排头兵”》，《深圳特区报》2008 年 8 月 6 日。

专栏 3－3

深圳金融业改革创新大事记

1982 年，新中国第一家外资银行——南洋商业银行深圳分行和第一家外资保险公司——香港民安保险公司深圳分公司在深圳设立。

1985 年，深圳获准试办全国第一家证券公司，并成立全国首家外汇调剂中心。同年，深圳银行业在全国率先开办了第一笔楼宇按揭业务。

1987 年，深圳发展银行公开发行我国第一只金融股票。同年，我国第一家由企业投资的股份制银行——招商银行成立。

1988 年，我国第一家股份制保险公司——中国平安保险公司设立。同年，深圳发行了全国第一张 ATM 卡。

1990 年，深圳证券交易所开始运行，成为新中国最早投入运作的证券交易所。

1994 年，国家外汇管理体制进一步改革，深圳实行独特的结售汇制度。

1996 年，深圳农村信用联社成为全国第一家按照股份制商业银行模式运作的农联社，并于三年后在全国农联社系统率先获准开办外汇业务。

1997 年，深港澳 ATM 网络实现单向联网，深港金融合作迈出新步伐。

1998 年，深圳在全国率先运行了具有世界先进水平的实时全额支付系统，实现了资金清算的实时到账。

1999 年，深圳信贷管理方式顺利实现了由直接调控向间接调控的转变。

2000 年，深圳全面启动建设金融安全区工作，实施了风险性与合规性的统一监管制度。

2001 年，深圳获准对外商投资企业外汇资本金结汇管理及国内外汇贷款管理方式进行改革试点。

2002 年，在全国率先建设外币实时支付系统，并与香港即时支付系统成功对接。

2003 年，深圳市政府在全国率先出台《深圳市支持金融业发展若干规定》。

2004 年，香港银行人民币业务正式开办，人民币走向国际化迈出重要一步，中国人民银行深圳市中心支行为香港人民币业务提供清算安排，深港金融合作实现重大突破。同年，深圳证券交易所启动中小企业板，多层次资本市场建设迈出新步伐。

2005 年，深圳市被评为中国金融生态一级城市。同年，深圳黄金夜市正式开办，实现了国内黄金市场与国际黄金市场全天候对接。

2006 年，深圳市政府发布 1 号文件《关于加快深圳金融业改革创新发展的若干意见》。同年，深圳在全国率先运行支票影像系统；深圳成为全国首个保险创新发展试验区。

2007 年，深圳金融产业四大基地相继动工，标志着深圳金融基础设施建设步入新里程。同年，深圳市 20 家中小企业在全国率先捆绑发行债券，开创了企业直接融资新模式。

资料来源：李焱：《中国金融改革开放的“排头兵”》，《深圳特区报》2008 年 8 月 6 日。

根据媒体报道，2009 年底深圳金融业资产总量 3.3 万亿元，金融机构逾 200 家。仅占全市人口总数 1% 的金融从业人员，却创造了全市 13.9% 的 GDP 和 18% 的税收，充分体现出高端服务业对深圳经济的支撑作用。[1]

深圳金融业自 2004 年以来发展明显提速。金融总量稳步扩大，金融业发展的质量和效益不断提高。2009 年全市金融业实现增加值 1148 亿元，占 GDP 的比重达到了 13.9%，较 2004 年底分别增长了 3.47 倍和 6.4 个百分点。连续五年来，金融业在 GDP 中的占比平均每年都有 1 到 2 个百分点的提升，这在国内大中城市中并不多见。2009 年金融业实现税前利润 669.69 亿元，与 2004 年相比增长了 10.35 倍。金融业资产总量由 2004 年底的 1.1 万亿元增长到 2009 年底的 3.3 万亿元。深圳作为金融中心城市的集聚和辐射能力进一步增强。2004 年末，深圳共有各类金融机构 138 家，现已增至 208 家，其中法人机构 74 家，机构数量稳居国内大中城市第三位。深圳已初步建立起以银行、证券、保险机构为主体，其他金融机构并存，结构比较合理、功能比较完善的现代金融组织体系，其强大的资金实力增强了深圳金融市场的集成作用。至 2009 年底，全市银行本外币存、贷款余额分别比 2004 年增长 126.2% 和 125.8%，在 14783.39 亿元的贷款中有三分之一投放到深圳以外的市场，资金辐射范围逐年扩大。

---

[1]　李焱、谭建伟：《深圳金融机构逾 200 家　稳居全国第三》，《深圳特区报》2010 年 4 月 17 日。

金融业为实体经济发展提供了强有力的支持。2009年深圳资本市场为本地企业提供直接融资336.36亿元，比上年增长37.02%；保险市场累计实现保费收入271.59亿元，较2004年增长了1.96倍；全年累计提供各类风险保障12万亿元，支付赔款和给付80.4亿元，同比增长18.4%。目前，深圳证券交易所已经形成了包括主板、中小板、创业板、股份代办转让系统在内的多层次资本市场体系。

第二节 初步形成的创新基础

一、奠定国家创新型城市的建设基础

20世纪90年代以来，深圳市高新技术产业保持了快速发展的态势，增长方式实现了由要素驱动、投资驱动向创新驱动的升级，自主创新已经成为深圳的城市名片。创新产业规模不断扩大。作为世界级的高新技术产业基地，深圳市高新技术产品产值高速增长，全市高新技术产品产值继2006年跨越6000亿大关后，2007年一举跨越7000亿大关，达到7598.76亿元，产业规模近年来连续位居全国大中城市之首；全球近三分之一的通讯终端由深圳生产制造，深圳的镍镉、镍氢、锂离子电池在世界充电电池行业中处于领先地位。

深圳市科技信息局2009年6月发布的《2008年深圳市高新技术产业统计公报》显示：2008年深圳高新技术产品产值为8714.26亿元（现价，下同），占全市规模以上工业总产值的比重达到54.9%，高新技术产品销售收入8509.01亿元，产销率达到97.6%；高新技术产品出口值794亿美元，占全市出口总值的44.2%；高新技术产品增加值2526.18亿元，占全市本地生产总值的32.4%。高新技术产品净利润479.75亿元，缴税总额301.22亿元。

高新技术研发投入平稳增长。全市从事研发生产高新技术产品的企业有3548家，共研发生产高新技术产品8053种。高新技术产品研究、开发的经费260.39亿元，占全市本地生产总值的比率为3.3%。高新技术产业由引进技术加工制造为主转向自主开发为主。全市具有自主知识产权的高新技术产品产值达到5148.17亿元，占全市高新技术产品产值的59.1%。

高新技术支柱产业发展稳定。全市电子信息产业中的高新技术产品产值达到

7839.15 亿元，占全市高新技术产品产值的比重为 90.0%，占全市规模以上工业总产值的比重达到 49.4%。新材料新能源产业中的高新技术产品产值为 420.45 亿元，占全市高新技术产品产值的 4.8%。生物医药业中的高新技术产品产值为 66.10 亿元，占全市高新技术产品产值的 0.8%。光机电产业中的高新技术产品产值为 346.23 亿元，占全市高新技术产品产值的 4.0%。

全市高新技术企业继续增加。截至 2008 年底，全市共有市级高新技术企业 3086 家，国家级高新技术企业 395 家。已认定的高新技术企业开发、生产高新技术产品 8032 种，实现产品产值 8333.64 亿元，占全部高新技术产品产值的 95.6%。全市高新技术企业中高新技术产品产值过亿元的企业 620 家，其中超 10 亿元的企业有 84 家，超 20 亿元的有 48 家，超 50 亿元的有 20 家，超 100 亿元的有 8 家，超 200 亿元的企业有 6 家，超 300 亿元的有 4 家，超 1000 亿元的有 2 家。[1]

2008 年 9 月深圳市人民政府发布的《深圳国家创新型城市总体规划（2008—2015)》指出：深圳率先建成国家创新型城市已具备良好的建设基础。主要表现在：[2]

1. 战略地位。深圳作为全国改革开放“窗口”和综合配套改革试验区，始终坚持把创新作为发展的生命线和灵魂，已成为国家高技术产业基地和知识产权示范城市，是推动创新型国家建设的重要力量。2007 年，全市高新技术产品产值 7598.8 亿元，高新技术产业增加值占生产总值的 32.5%，稳居全国大中城市首位。拥有深圳证券交易所，集聚了招商银行、平安保险等一批创新型金融龙头企业，基金总规模和创投总资本分别约占全国的 36% 和 40%，已成为全国重要的区域性金融中心。

2. 经济实力。建市 28 年以来，深圳经济持续快速发展，全市生产总值年均增长 26.9%。2007 年，经济总量达到 6765.4 亿元，位居全国大中城市第四；三大产业结构为 0.1 : 50.9 : 49.0，呈现第二、第三产业协调发展的良好态势，高新技术、金融、物流和文化产业增加值占 GDP 的 60%，四大支柱产业体系初步形成；每平方公里土地产出 GDP 达到 3.5 亿元，人均 GDP 达到 10628 美元，率先突破 1 万美元；地方财政一般预算收入 658.1 亿元，位居全国大中城市第三。

3. 创新能力。初步形成了以企业为主体的自主创新体系，90% 以上的研发机构、研发人员、研发资金、发明专利来源于企业，华为、中兴、腾讯等一批创新型领军企

[1] 数据引自深圳市科技信息局发布的《2008 年深圳市高新技术产业统计公报》（2009 年 6 月）。

[2] 引自深圳市人民政府发布的《深圳国家创新型城市总体规划（2008—2015)》（2008 年 9 月 21 日）。

业迅速崛起。国内外著名大学和研究机构相继落户深圳。2007 年，全社会研发投入占 GDP 的比重达到 3.3%，高于全国平均水平 1.8 个百分点；发明专利和 PCT（《专利合作条约》）专利申请量分别为 19198 件和 2170 件，均居全国大中城市首位。

4. 创新环境。鼓励创新、宽容失败的创新文化氛围浓厚，全社会创新动力、创新活力、创新潜力得到激发和挖掘。市场在创新资源配置中的基础性作用得到充分发挥，创新成果产业化水平居于国内领先地位。知识产权保护和标准化战略有效实施，创新要素市场不断完善，创新服务体系逐步健全。先后出台《深圳经济特区改革创新促进条例》、《深圳经济特区科技创新促进条例》、《中共深圳市委深圳市人民政府关于实施自主创新战略建设国家创新型城市的决定》（深发［2006］1 号）等重要法规和文件，在产业引导、资金扶持、短板弥补等领域不断加强政策创新力度，创新政策环境日益完善。[1]

5. 区位优势。毗邻香港是深圳创新发展得天独厚的区位优势，连接香港的全国最大陆路口岸和便捷的通关为深圳参与国际分工、拓展国际市场、形成国际化产业基地创造了有利条件。香港国际金融中心与深圳区域金融中心相互呼应，集聚了国内外金融资源，构建了特有的深港创新金融服务体系。香港国际化高水平大学汇聚了一批创新人才和创新成果，与深圳科研教育机构和创新型产业互利合作、互动发展，促使深圳成为全国创新条件优、创新能力强的重要区域。

二、高科技企业实力不断增强

根据媒体报道，深圳高新技术产业一路高歌猛进，高新技术产品产值由 2004 年的 3266.52 亿元飙升至 2009 年的 8507.81 亿元，5 年间增长了 1.6 倍。

深圳高新技术产业快速发展的坚实基础是有一大批行业巨头。最近，全球通信设备巨头发布 2009 年业绩报告，华为以 1491 亿元的销售收入跃居全球第二，华为仅用 20 年时间就超越了诺基亚、西门子、阿尔卡特、朗讯等国际老牌巨头，创造了令

---

[1] 从 1998 年颁布的《关于进一步扶持高新技术产业发展的若干规定》(新“22 条”)，到 2004 年出台的“1 号文件”《关于完善区域创新体系，推动高新技术产业持续快速发展的决定》及相关配套政策规定，再到 2006 年出台的“1 号文件”《中共深圳市委、深圳市人民政府关于实施自主创新战略建设国家创新型城市的决定》与有关部门出台的 20 个配套政策，以及《深圳市知识产权战略纲要（2006—2010 年）》、《深圳经济特区加强知识产权保护工作若干规定》的颁布，共同构成深圳自主创新的政策体系框架。

业界瞩目的奇迹。在深圳，像华为这样靠创新而赢得市场的企业不在少数，中兴、腾讯、迈瑞、创维等行业领头羊鱼贯而出。

表3－1　2004—2009年深圳高新技术产业发展部分指标

指标	2004年	2009年
深圳高新产品产值（亿元）	3266.52	8507.81
PCT国际专利申请（件）	331	3800
专利申请量（万件）	1.5	4
2009年软件业务收入（亿元）	1190.64	占全省比重68.8%

资料来源：杨柳纯：《深圳高新产业5年增1.6倍》，《深圳特区报》2010年4月15日。

专栏3－4

深圳年产值超亿元高新技术企业达621家

深圳市科技和信息局的统计数据显示，2008年深圳市高新技术产品产值达8710.95亿元，比2007年增长14.6%，全市年产值超亿元的高新技术企业达621家。

据统计，2008年，深圳市高新技术产品产值达8710.95亿元，其中，具有自主知识产权的高新产值占全部高新技术产品产值的比重为59.1%。从行业分析，电子信息产业产值达7839.15亿元，同比增长近13%，显示出IT产业的优势。

据介绍，深圳市目前拥有高新技术企业3086家，其中年产值过亿元的企业已达621家，年产值超10亿元的企业有85家，年产值超1000亿元的有2家。

资料来源：《经济参考报》2009年4月8日。

深圳高科技企业创新集聚效应日趋突出。在国家相关部委支持下，深圳通过前瞻规划、集聚发展、产业引导、政策扶持等路径，已建立起多个国家或区域级的产业化集聚基地，如深圳高新技术产业园、虚拟大学园、大学城、国家火炬计划软件产业基地、生物工程产业化基地、深港产学研基地、国家集成电路设计产业化基地和国家半导体照明工程产业化基地等，成为创新型企业、创新型人才和创新成果高度密集的区域，知识集聚效应突出。上述基地吸引了包括 IBM、朗讯、日立、飞利浦、杜邦、惠普、爱普生等跨国科技巨头在内的技术产业化项目入驻；深圳虚拟大学园汇集了国内近 40 所科技实力排名前列的名校，各大学已在深圳创办企业 100 多家，完成成果产业化项目 100 多个。2008 年，深圳市高新技术产业园区中企业的高新技术产品产值达到 2134.07 亿元，比上年增长 17.5%，占全市高新技术产品产值的比重为 24.5%。

深圳高新技术产业一直瞄准国际最高端，自主创新能力强、科技含量高。作为创新能力重要指标的专利，2004 年深圳专利申请量不到 1.5 万件，全市 PCT 国际专利申请仅 331 件；2009 年则分别突破 4 万件和 3800 件。全市 PCT 国际专利申请量占全国总量的 47.5%，连续 6 年位居全国第一。更令人自豪的是，去年，深圳本土企业具有自主知识产权高新技术产品产值占全市高新技术产品产值的 39.3%。

在深圳高新技术产业持续增长的进程中，一些新兴产业增长速度较快。2009 年，深圳市软件业务收入 1190.64 亿元，在全国排名第二，占全省比重达到 68.8%，同比增长 25.2%。其中，出口 95 亿美元，居全国各大城市之首，占全省比重 91.1%。同时，生物技术及医药、环保等行业继续保持高速增长，分别实现高新技术产品产值 80.05 亿元和 56.87 亿元，同比增长 35.18% 和 42.45%，远高于全市工业及高新技术产业的增速。

表3－2　深圳市民营领军标杆企业（5家）

1.华为技术有限公司
2.中兴通讯股份有限公司
3.深圳创维－RGB电子有限公司
4.比亚迪股份有限公司
5.新一佳超市有限公司

民营科技企业实力不断增强。为进一步激发深圳民营企业的创新活力，促进一批自主创新能力强、行业优势明显的民营企业做大做强，带动广大民营及中小企业发展，2007 年 8 月，深圳市政府决定认定华为技术有限公司等 5 家企业为“深圳市民营

领军标杆企业”，认定深圳市大族激光科技股份有限公司等106家企业为“深圳市民营领军骨干企业”。

2004年，深圳市借鉴国外经验，设立了“深圳市市长质量奖”。6年来，市长质量奖坚持以政府制度创新带动企业自主创新、以世界级标准缔造国际化企业、用现代

表3－3　深圳市民营领军骨干企业

一、电子信息产业（40家）		二、重点新兴产业（15家）
（一）通信设备制造行业（12家）	（三）电子元器件制造行业（7家）	（一）医药制造行业（3家）
1.深圳国人通信有限公司	21.深圳市拓邦电子科技股份有限公司	41.深圳海王集团股份有限公司
2.深圳市金立通信设备有限公司	22.深圳市得润电子股份有限公司	42.健康元药业集团股份有限公司
3.深圳市好易通科技有限公司	23.深圳丹邦科技有限公司	43.深圳市海普瑞药业有限公司
4.深圳市高新奇科技股份有限公司	24.深圳市东阳光实业发展有限公司	
5.冠日通讯科技（深圳）有限公司	25.深圳市和而泰电子科技有限公司	（二）新材料行业（3家）
6.深圳市宝安高科电子有限公司	26.深圳市兴森快捷电路科技股份有限公司	44.深圳市嘉达化工有限公司
7.深圳市台均实业有限公司		45.深圳市沃尔核材股份有限公司
8.深圳瑞斯康达科技发展有限公司	27.深圳市宇阳科技发展有限公司	46.深圳市安托山投资发展有限公司
9.深圳市通则网络通信有限公司		
10.深圳市远望谷信息技术股份有限公司	（四）视听设备制造行业（6家）	（三）节能与环保行业（6家）
	28.深圳市同洲电子股份有限公司	47.深圳市比克电池有限公司
11.深圳市科盛通信技术有限公司	29.深圳市三诺电子有限公司	48.深圳市雄韬电源科技有限公司
12.深圳市科通国际电子有限公司	30.深圳市实益达科技股份有限公司	49.深圳市芭田生态工程股份有限公司
	31.深圳市宝安奋达实业有限公司	50.深圳市东江环保股份有限公司
（二）计算机制造行业（8家）	32.深圳雅图数字视频技术有限公司	51.深圳市拓日新能源科技股份有限公司
13.深圳市神舟电脑有限公司	33.深圳市中科诺数码科技有限公司	52.深圳新大陆水务集团有限公司
14.深圳市朗科科技有限公司		
15.深圳市研祥智能科技股份有限公司	（五）软件行业（4家）	（四）精细化工行业（3家）
	34.金蝶软件（中国）有限公司	53.深圳市海川实业股份有限公司
16.深圳市易方数码科技有限公司	35.深圳市金证科技股份有限公司	54.深圳市彩虹精细化工股份有限公司
17.深圳市共进电子有限公司	36.深圳达实智能股份有限公司	55.深圳广田集团有限公司
18.深圳市康冠电脑技术有限公司	37.深圳市赛格导航科技股份有限公司	
19.深圳天源迪科信息技术股份有限公司		
	（六）家用电器制造行业（3家）	
20.深圳市宝德科技股份有限公司	38.深圳市联创实业有限公司	
	39.深圳晶石电器制造有限公司	
	40.深圳市精锐实业有限公司	

（续表）

三、先进装备制造业（15家）	四、优势传统产业（20家）	五、服务业（16家）
（一）通用及专用设备制造行业（5家）	（一）机械行业（4家）	（一）批发零售业（5家）
56.深圳市大族激光科技股份有限公司	71.方大集团股份有限公司	91.人人乐连锁商业（集团）有限公司
57.深圳市元征科技股份有限公司	72.深圳市红门机电设备有限公司	
58.深圳奥特迅电力设备股份有限公司	73.金龙羽集团有限公司	92.深圳市鹏峰汽车有限公司
59.深圳市华力特电气有限公司	74.深圳市兴日生实业有限公司	93.深圳市中汽南方投资集团有限公司
60.深圳市艾雷斯科技有限公司		
	（二）皮革与纺织服装行业（4家）	94.深圳市爱施德实业有限公司
（二）医疗仪器设备及器械制造行业（1家）	75.深圳市富安娜家居用品股份有限公司	95.深圳茂业商厦有限公司
61.深圳迈瑞生物医疗电子股份有限公司	76.深圳市龙浩鞋业连锁有限公司	（二）餐饮住宿行业（1家）
	77.深圳影儿时尚集团有限公司	96.深圳面点王饮食连锁有限公司
	78.深圳市耀群实业有限公司	
（三）汽车及自行车制造行业（3家）		（三）物流行业（8家）
62.深圳市航盛电子股份有限公司	（三）钟表与眼镜制造行业（2家）	97.深圳航空有限责任公司
63.深圳市特尔佳科技股份有限公司	79.深圳市标诚眼镜有限公司	98.深圳市怡亚通供应链股份有限公司
	80.深圳市霸王实业集团有限公司	
64.深圳市喜德盛自行车有限公司		99.深圳市飞马国际供应链股份有限公司
	（四）家具制造行业（2家）	
（四）自动化仪器仪表制造行业（6家）	81.深圳市大富豪实业发展有限公司	100.深圳市腾邦物流股份有限公司
65.深圳市科陆电子科技股份有限公司	82.深圳左右家私有限公司	101.深圳市越海全球物流有限公司
66.深圳市证通电子股份有限公司		102.深圳市万港物流发展有限公司
67.深圳市新三思材料检测有限公司	（五）印刷包装行业（3家）	103.顺丰速运（集团）有限公司
68.深圳市宇顺电子股份有限公司	83.深圳劲嘉彩印集团股份有限公司	104.深圳市亦禾供应链管理有限公司
69.深圳市蓝思科技有限公司	84.深圳市美盈森环保包装技术有限公司	
70.深圳市思达仪表有限公司	85.深圳雅昌彩色印刷有限公司	
		（四）其他高端服务行业（2家）
	（六）工艺礼品及黄金珠宝首饰行业（5家）（黄金珠宝4家，工艺礼品1家）	105.深圳市腾讯计算机系统有限公司
	86.深圳市粤豪珠宝有限公司	106.深圳中科智担保投资有限公司
	87.深圳市宝福珠宝首饰有限公司	
	88.深圳市吉盟首饰有限公司	
	89.深圳市百泰珠宝首饰有限公司	
	90.深圳市永丰源实业有限公司	

管理文明引导企业发展方向，有效发挥了对全市管理创新的“导航仪”作用，已成为深圳自主创新制度体系的重要一环和企业管理升级的公共服务平台，为深圳建设国家

创新型城市、转变经济发展方式作出了积极贡献。[1]

6年来先后有华为技术、中兴通讯、招商银行、圣廷苑酒店、康佳集团、创维电子、天虹商场、深圳航空、金蝶软件、信义玻璃、深圳高速、南海油脂等12家企业荣获市长质量奖，树立起12座质量管理“标杆”。市长质量奖催生了2个“世界名牌产品”和7个“中国名牌产品”，成为“深圳质量”的代表，在国内外激烈的市场竞争中赢得了广泛声誉。作为一个群体，获奖企业在国际化、经营转型、管理集成、技术创新、人才战略等多方面持续突进，经营管理达到国际水平，各项绩效指标显示出卓越的成长性，充分体现了“卓越企业”的内涵，其经验对广大企业产生了强烈的辐射引领作用。2009年获奖的两家企业中，深圳高速形成具有自身特色的卓越绩效体系，目前公司所辖公路资产规模增长速度居行业第一；南海油脂“金龙鱼”品牌连续10年保持市场占有率第一，2008年产值首破100亿元，成为国内油脂行业中最具规模和产品多元化优势的企业。可以说，市长质量奖的推行，有效拓展了企业在全球化背景下的战略管理思维，使深圳继技术创新之后，积极推进管理创新，增强了企业在深圳创业发展的能力。

三、深圳迈向创新型城市

人民网的报道刻画了深圳迈向创新型城市的历程和蓝图。[2]

深圳自主创新经历了两个重要“拐点”。第一个出现在特区产业结构发生重大调整的20世纪90年代初期。1993年，深圳市委、市政府认识到依靠贸易和来料加工这种模式难以承接产业转移和升级，提出抓住国际电子信息技术产业兴起的机遇、大力发展高新技术产业的战略。1995年，深圳市委、市政府作出《关于推动科学技术进步的决定》，提出“科教兴市”，把高新技术产业作为第一支柱产业，使深圳成为“孔雀东南飞”现象的主要受益者。第二个“拐点”出现在引进外资面临困境的21世纪初。2001年，深圳作出《关于加快发展高新技术产业的决定》，把政策资源向自主创新活

---

[1] 深圳市代市长王荣：《在深圳市卓越绩效推进暨2009年度市长质量奖颁奖大会上的致辞》（2010年1月15日），深圳政府在线（http://www.sz.gov.cn/gsj/scjgj/xxgk/ztlm/szzl/jxjd_1/201004/t20100416_1503821.htm）。

[2] 以下资料引自《深圳向创新型城市迈进》，人民网2007年11月19日（http://ccdv.people.com.cn/GB/107121/109224/6548806.html）。

动倾斜，充分发挥改革开放先行一步形成的体制机制优势，吸引更多创新资源进入深圳。2004 年，深圳市委、市政府作出《关于完善区域创新体系推动高新技术产业持续快速发展的决定》，首次系统提出了建设区域创新体系的基本要求和目标。

在推动科技创新的实践中，深圳市委、市政府高屋建瓴，循序渐进地完成了区域自主创新体系布局，先后规划建设了 11.5 平方公里的高新技术产业园区、150 平方公里的高新技术产业带，240 多家创新企业孵化器，解决了产业集群的发展空间问题，创建了中科院深圳先进技术研究院、虚拟大学园、大学城等一批大学科研创新系统，成功举办了 8 届具有国际影响力的高交会以及首届科博会，弥补了基础研究缺乏、技术源不足的“短板”。如今，通过建设区域科技创新体系，深圳逐步构建起自主创新和高新技术产业发展的绿洲，成功实现了经济发展的三大转变：一是工业发展从依靠“三来一补”向以高新技术产业为主导的转变；二是高新技术产业发展从依赖外资向自主创新为主导的转变，从此有了发展的主动权；三是经济增长方式从资源消耗型向质量效益型转变。

为了突破土地、资源、环境、人口“四个难以为继”的硬约束，深圳认准建设区域科技创新体系是转变发展模式的唯一选择，于 2006 年初发布了《关于实施自主创新战略建设国家创新型城市的决定》，提出选择自主创新作为未来城市发展的主导战略，塑造自主创新的城市之魂，建设国家创新型城市。

深圳推动区域创新体系建设的经验，得到了党中央、国务院的重视和肯定。2005 年 9 月 13 日，温家宝总理在经济特区工作座谈会上，对深圳走自主创新的道路给予了充分肯定，明确提出“将深圳建设成为国内重要的高新技术产业基地和国家创新型城市”。2006 年，中央各大媒体 3 次集中报道深圳自主创新做法及经验，将深圳称为我国“建设创新型国家进程中的一面旗帜”。在 2006 年的全国科学技术大会上，深圳市作了《把自主创新战略作为城市发展的主导战略》的发言，体现了党中央、国务院对深圳走自主创新道路的充分肯定。深圳建设区域创新体系的工作，也得到广东省委、省政府的关心、重视和支持。

深圳市委、市政府明确提出建设国家创新型城市的主要任务必须着眼未来，扬长补短，通过增强创新源，完善创新链，优化创新体制机制，激发全社会创新激情，实现从“深圳制造”向“深圳创造”转变，从引进技术为主向原始创新、集成创新、引进消化吸收再创新相结合转变，从以优惠政策为主向以营造全社会创新的体制环境和创新文化为主转变，努力造就一大批高水平的创新型人才，培养一大批高层次的创新型企业家，打造一大批在海内外有影响的创新型企业，创造一大批拥有自主知识产权的名牌产品，构建具有较强自主创新能力的产业体系。

一张更加美好的蓝图已展现在人们面前：到2010年，深圳高新技术产品产值力争达到1万亿元，其中具有自主知识产权的高新技术产品产值6000亿元，全社会研发投入占全市GDP 3.5%以上；到2015年，深圳要发展成为具有强大创新动力和雄厚创新实力的城市，在若干战略高技术领域，成为我国主要的技术研发中心、创新企业孵化中心、有自主知识产权的高新技术产品制造中心，成为在建设创新型国家中发挥重要作用的城市。[1]

专栏3－5

深圳的创新精神

关于“深圳精神”，苏东斌教授提出以下三点看法：

第一，对于“深圳精神”的内涵与外延。

作为一个城市的“精神”，必须具有两大特征。其一，它是一种稳定的历史存在；其二，它有一个鲜明的个性。前者从纵向区别了“已经发生的”和“希望发生的”（正如我“住在一个什么样的城市”和我“希望住在一个什么样的城市”完全不是一回事），后者从横向区别了“此地”与“异地”（如“深圳精神”不能等同于“广州精神”与“上海精神”）。所以，“深圳精神”不应被概括为一切美好东西的总汇。

第二，对于“深圳精神”的具体内容。

邓小平在南方重要讲话中，就鲜明、简洁、准确地判断说：“深圳的重要经验就是敢闯。没有一点‘闯’的精神，没有一点‘冒’的精神，没有一股气呀、劲呀，就杀不出一条好路，走不出一条新路，就干不出新的事业。”（《邓小平文选》第3卷第372页）

这个“敢闯”精神，对内就是敢于闯过计划经济体制的这一关，走向了

[1] 《深圳向创新型城市迈进》，人民网2007年11月19日（http://ccdv.people.com.cn/GB/107121/109224/6548806.html）。

市场经济的新体制；对外就是敢于闯过封闭经济这一关，走进了世界经济的一体化。尽管在个别事情上，在一定时期内，可能闯出一点“问题”来，但总体上看，这种“敢闯”精神在客观上符合了邓小平理论中的“三个有利于”的判断标准，在主观上体现着江泽民“三个代表”思想的性质要求。显然，当时的其他地区并未能够做到这一点。

在这里，可以有两个结论，第一，这个“敢闯”精神用今天的话语来讲也就是“创新”精神。第二，今天重提“深圳精神”的宗旨要义，也就是要克服、遏止相当一部分人丧失了与“敢闯”、“创新”精神相违背“保守主义”的思维方式、“享乐主义”的生活状态、“超内地化”的工作作风。可见，这一次，绝不是一般性的提倡，而是具有鲜明现实针对性。

第三，对于“深圳精神”的发展。

更何况，第一，“创新”无法垄断。北京、上海、广州也从未声明过“拒绝创新”。第二，“创新”不能演进为“地区至上主义”。可以把深圳的城市意义发展为“创新”，不能把“创新”的精神含义统归为“深圳”。我所说的深圳不能永远做“经验批发商”，就是这个意思。所以，我非常欣赏与赞同市委关于深圳应当增强忧患意识的说法。

要想使这种“深圳精神”既不是在历史上的消失，也不是在现实的中断，它能够实现“可持续发展”，就绝不是靠猛力灌输与强烈说教所能奏效的，而还是一种市场经济的需求。显然，要能够去适应并承受外在的市场竞争与压力，必须有坚强的内在的道德上支撑。今天我们所要培育的诚信的这种人文品格也就是它的一项重要内容。

资料引自：苏东斌：《关于“深圳精神”的三点看法》，《建议活页》（1996—2007），第129—130页。

第二篇

中国经济特区的基本经验

30 年经济特区发展史，并不是一场自下而上的自发改革过程。它首先来自邓小平的改革理论，来自中央的英明决策。办特区最大的风险还是由中央来承担的。邓小平 1984 年的题词也是“深圳的经验与实践证明，我们建立经济特区的政策是正确的”。

但是，中央授权只是一个前提和必要条件。更为重要的是，在特区改革开放的过程中，这些特殊经济区域的经济主体——人以及人的创新精神——发挥着重要的作用。邓小平多次总结“深圳的重要经验就是敢闯”，“敢闯”“敢冒”的创新精神就是深圳精神的重要内涵。

概括起来，中国经济特区的基本经验有两条：其一，从现实状态来分析，是选择、引进并坚持了改革的市场经济取向。其二，从深层动力来总结，就是尊重与拓展对人的解放。对人的解放不仅在于政治，更在于经济，其根本内容就是对个人的产权的确认。以自由看待发展，以发展去拓展自由就是中国经济特区以及中国社会 30 年巨大进步的深层奥秘所在。

第四章

全面开放

★ 中国的对外开放始于经济特区的设立。改革开放加快了当代中国从传统社会向现代社会的整体转型，经济体制由此发生了根本性的变化。

★ 对外开放在最初仅仅意味着扩大对外贸易、引进技术设备等意思，到后来才被概括为“改革开放”。而随着改革开放的进一步深化，开放的含义也进一步明确并得到扩展，全面开放的实质是制度创新和体制借鉴。

★ 深圳经济特区的改革开放起源于毗邻香港的地缘优势，深港合作自然成为深圳经济特区改革开放的重要内容。从相当的意义上讲“把香港请进来”，既符合改革开放的根本方向，又能寻找到构建现代城市的简捷路径。

★ 全面开放的含义，一方面是邓小平所说的“改革开放要贯穿整个发展过程”，另一方面，政策性开放要走向制度性开放。经济特区在未来继续先行先试的意义，重要的是走向制度性的全面开放。

对外开放，最早是作为发展经济的一项政策措施提出和实行的。党的十一届三中全会确定的方针政策，最初一般都表述为“对内搞活经济、对外实行开放”。随着改革、开放、搞活经济等一系列实践活动的全面展开，到党的十三大前后，党的十一届三中全会所确定的方针政策逐步被明确地概括为改革开放。[1] 开放的内容，最初仅仅是指扩大对外贸易、引进技术设备等，在中国 30 多年改革开放进程中，开放的内涵日益丰富，逐步扩展为多层次、宽领域的全方位对外开放；开放的政策不仅限于经济领域，而且扩大到经济、科技、文化等各个领域的对外交流与合作。其中，以深圳为典型的中国经济特区的创立、建设和发展，是整个中国对外开放进程中最值得一提、也最具标志性的一部分。

第一节　率先开放的制度安排

1978 年 12 月，党的十一届三中全会召开。全会指出，要在自力更生的基础上积极发展同世界各国平等互利的经济合作，努力采用世界先进技术和先进设备。这实际上提出了实行对外开放的方针。三中全会以后，中国在对外开放方面迈出了两大步：一是 1979 年 7 月，党中央和国务院根据广东、福建两省靠近港澳、华侨众多的有利条件，决定对两省的对外经济活动实行特殊的优惠措施；二是决定在广东的深圳、珠海、汕头和福建的厦门设置经济特区，采取来料加工装配、补偿贸易、合资经营、合作经营，以及外商独资经营等多种形式，吸引外资。1980 年 8 月，全国人大常委会批准了《广东省经济特区条例》。此后，这些经济特区相继兴建。对外开放开始发生历史性转折，从此进入了一个新的发展时期。

1982 年 9 月，党的十二大召开。会议制定了全面开创社会主义现代化建设新局面的纲领。会议指出：“实行对外开放，按照平等互利的原则，扩大对外经济技术交流，是我国坚定不移的战略方针。我们要促进国内产品进入国际市场，大力扩展对外贸易。要尽可能地多利用一些可以利用的外国资金进行建设……要积极引进一些适合我国情况的先进技术，特别是有助于企业技术改造的先进技术，努力加以消化和发展，以促进我国的生产建设事业。”

---

[1]　中共中央党史研究室第三研究部编：《中国沿海城市的对外开放》(前言)，中共党史出版社 2007 年版，第 2—3 页。

十二大以后，中国在对外开放方面又一连迈出几大步。1983 年 4 月，党中央和国务院决定对海南岛实行经济特区的政策，以加速海南岛的开发。1988 年 4 月建立海南省，并作为经济特区。1984 年 4 月，进一步开放北自大连、天津，南至上海、广州的 14 个沿海港口城市。这是扩大对外开放的一个重大步骤。1984 年 10 月，中国共产党召开了十二届三中全会，通过了《关于经济体制改革的决定》，提出要积极发展多种经济形式，进一步扩大对外的和国内的经济技术交流，要充分利用国内和国外两种资源，开拓国内和国外两个市场，学会组织国内建设和发展对外经济关系两套本领。1985 年 2 月，决定把长江三角洲、珠江三角洲和闽南厦门、泉州、漳州三角地区以及山东半岛、辽东半岛、环渤海地带开辟为沿海经济开放区。这是扩大对外开放的又一重大步骤，中国由此形成一个“经济特区—沿海开放城市—沿海经济开放区—内地”的多层次、有重点、点面结合的对外开放格局，在沿海形成了包括 2 个直辖市、25 个省辖市、67 个县，约 1.5 亿人口的对外开放前沿地带。

1987 年 10 月，党的十三大召开。大会的中心任务是加快和深化改革。关于对外开放工作，十三大指出，要进一步扩大对外开放的广度和深度，不断发展对外经济技术交流与合作。必须以更加勇敢的姿态进入世界经济舞台，正确选择进出口战略和利用外资战略，进一步扩展同世界各国包括发达国家和发展中国家的经济技术合作与贸易交流，坚决有步骤地改革外贸体制；必须继续巩固和发展已初步形成的“经济特区—沿海开放城市—沿海经济开放区—内地”这样一个逐步推进的开放格局。十三大以后，实施了沿海地区经济发展战略，大力发展外向型经济，主要措施是在沿海地区注重发展劳动密集型产业，要求沿海加工工业坚持“两头在外”、大进大出。中国对外开放的步伐显著加快。特别是 1990 年，中央决定以更加优惠的政策开放开发上海浦东，再一次表明了中国对外开放的决心和信心。

30 年来，从在沿海建立经济特区到向内陆渐进式开放，基本形成全方位、多层次、有重点、多渠道、宽领域的对外开放格局。开放领域由初期的一般加工业和餐饮服务业拓展到基础工业、基础设施和一些服务贸易业，从劳动密集型产业扩展到资金密集型和技术密集型产业。对外经济技术交流与合作，从中小企业发展到大企业、大财团和跨国公司。外商直接投资、借用外债等多种方式被广泛采用。由此中国迅速摆脱了原来封闭半封闭的状态，与世界经济的联系日益密切，对外贸易和经济技术交流与合作的迅速发展，给国民经济注入了新的巨大活力，使中国经济成为世界经济的重要组成部分，成为世界经济中不可忽视的力量。

专栏4－1

内地经济特区推动香港经济成功转型

中国改革开放20年，对香港最大的影响，就是由经济特区带动的珠江三角洲乃至整个中国内地，乘上了经济高速发展的快车，直接推动了香港经济成功地进行第二次转型：观塘、屯门、荃湾等地的工厂一家接一家消失——搬往深圳、东莞、中山等地，并不断向内地省份延伸，香港本土的制造业工人由近百万减至约30万；香港的基建和服务业急剧膨胀，经济总量显著增加，最终使香港发展成为国际贸易、航运、金融、电讯和信息中心。而香港市民对内地的观念也发生了巨大转变，两地居民的交流大为增进。

转口贸易猛增58倍。虽然香港的工厂一家家地减少，但每天来往皇岗、文锦渡、沙头角的货柜车数量不断增加。制造业北移、内地改革开放令香港经济高速增长，与世界各地的贸易快速发展，转口贸易和运输业首先受惠。据香港特区政府统计处提供的资料显示，从1979年至1999年这20年间，香港转口贸易总额从200亿港元增至11784亿港元，增长了58倍。

在60年代至70年代，香港对内地的转口额占香港转口总额的比重很低，大多数年份均不超过5%，最高的年份也只占10%。但自1980年起，香港对内地的转口急剧增加，内地取代日本跃居为香港最大的转口市场。与此同时，内地也是香港最大的转口商品来源地，内地产品经香港转口在80年代增加了32倍，90年代头7年增加了2.6倍。

转口贸易强劲增长，也促使香港的货运业务急剧膨胀，特别是货柜运输业从1980年起至今没有出现过负增长，而且在1987年首次压倒荷兰鹿特丹而跃登世界第一位。此后近10年内除在1990年和1991年以微弱之势输给新加坡之外，其余年份均保持全球首位。

香港经济学者、政府有关部门负责人和企业家普遍认为，正是由于内地开放，香港厂商北移既摆脱了本地劳动力短缺和高地价、高薪酬、高通胀的困局，也使生产规模大为扩展。据统计，香港制造业90%的生产线已迁移到内地，仅在珠江三角洲一带就有3万多家独资或合资企业和8万多家来料加工厂，采用了内地劳动力400多万人。香港厂商仅薪酬开支一项，每年就可节省2000亿港元。

"中国概念"捧红港股。在香港厂商大量北移的同时，内地在香港的投资也不断增加。目前在港中资企业近2000家，不少是各行业的活跃投资者，对香港经济转型及保持繁荣发挥了很大的促进作用。1993年开始，内地大型国有企业来港上市，改善了港股结构，壮大了港股规模。据统计，目前在香港交易所主板上市的内地大型国企已达46家，中资在港注册并直接上市或通过"买壳"上市的红筹企业也达45家，加上近期在创业板上市的公司，总数已超过100家。1997年年底上市的中国移动，股价从12、13港元反复上升至目前的60多港元，市值增至8700多亿港元，超越汇丰控股而成为香港最大的上市公司。

事实上，港股因为多了"中国概念"题材，自90年代中期以来不断吸引外资大举涌入，恒生指数屡创新高。港股于1997年晋身为全球第6大股市。今年5月底，港股市值近42500多亿港元，仍在全球股市排第11位。香港联交所主席利汉钊指出："香港证券市场的未来发展很大程度上仍然取决于能否把我们业务中涉及中国内地的环节壮大发展。"

资料来源：商坝、郑砾：《内地经济特区推动香港经济成功转型》，《人民日报·华南新闻》2000年8月28日。

邓小平创办经济特区的战略思想，内容很丰富，涉及系列重大问题。迟福林（2008）总结道：其中最具根本性意义的有三条：（1）经济特区在对外开放中要起到前沿、窗口的作用。经济特区率先走向国际市场，与国际经济接轨，对我国的对外开放起到了重大的推动作用。邓小平特别强调，经济特区总的指导思想是要放，不是收。他鼓励经济特区在对外开放方面，要大胆地干，大胆地闯。经济特区能否发展，首先要看能否在对外开放中有所作为，有新的贡献。（2）在实行"一国两制"、祖国和平统一进程中发挥特殊作用。我国的经济特区主要选择在沿海地区，这同我国有港、澳、台的特殊国情密不可分。邓小平寄希望于经济特区的建立发展能够为实现"一国两制"、祖国和平统一作出特殊贡献。例如，邓小平几次谈到海南岛时，都谈到了台湾的情况。正是由此，邓小平提出，海南岛好好发展起来，是一件很了不起的事情。经济特区的"了不起"，就是因为它在港、澳、台的联系与合作中能够扮演重要角色，发挥特殊作用。香港回归祖国，成功地实行"一国两制"，经济特区起到了重要的促进作用。今后一个时期，经济特区的重要作用，就是要为促进香港的繁荣稳定，为用“一国两制”原则实现祖国和平统一继续发挥特殊作用。(3) 在改革方面经济特区要敢闯、敢试，真正起到先行试验的作用。邓小平从一开始，就鼓励经济特区在改革中要敢于“杀出一条血路”，在改革中要“敢冒”“敢闯”，并对经济特区的改革试验给予坚决支持。目前，我国的改革正处在攻坚阶段，某些重大改革问题仍然需要经济特区先行试验。按照邓小平“敢冒”“敢闯”的要求，经济特区的改革应迈开更大步子。[1]

经济特区主要选择在沿海地区，这同我国有港、澳、台的特殊国情密不可分。邓小平寄希望于经济特区的建立发展能够为实现“一国两制”、祖国和平统一作出特殊贡献。经济特区除了为中国的改革开放探索经验之外，另外一个重要作用就是要为促进香港的繁荣稳定，为用“一国两制”原则实现祖国和平统一继续发挥特殊作用。

经济特区处在中国对外开放战略格局中的前哨阵地，成为中国改革开放的窗口和试验场。特区的设立为国内的进一步改革和开放、扩大对外经济交流起到了极为重要的作用。经济特区实行的特殊经济政策和管理体制有如下几方面：一是建设资金以引进外资为主，所有制结构为多种形式共存，产业结构以工业为主，产品以出口外销为主。二是特区的经济活动，在国家宏观指导下以市场调节为主。三是管理体制有更大的自主权，在投资项目审批、外贸、企业经营等方面都给予优惠待遇。四是对来特区投资的外商，在税收、土地使用、出入境等方面实行优惠政策和灵活措施。

第二节　经济国际化和城市国际化

一、深圳经济国际化发展现状

深圳是我国最早设立的经济特区之一，改革开放以来，深圳顺应经济全球化趋势，持续扩大对外开放，不断融入国际经济，以开放促改革、促发展，已形成高度外向型的经济发展格局，经济国际化程度在国内处于领先优势，深圳已经初步具备国际化城市的综合基础。

---

[1]　迟福林：《对经济特区扩大对外开放的再认识——纪念党的十一届三中全会 20 周年》，引自人民网理论频道 2008 年 4 月 10 日。

2008 年 3 月，由中国社会科学院倪鹏飞博士牵头，“两岸四地”城市竞争力专家共同携手，国内著名高校、国家权威统计部门和地方科研院所近百名专家历时大半年时间联合完成的《2008 年中国城市竞争力蓝皮书：中国城市竞争力报告》在北京发布。该报告显示，在中国城市综合竞争力排行榜中，深圳排名第二位，仅次于香港。而在企业、科技、人才等方面的竞争力也在全国处于领先地位。这充分说明了深圳的现代化走在了全国的前列。与国内城市（不含港澳）相比，深圳是中国国际化程度最高的城市之一，外向型经济发展的多项指标处于国内领先地位。

表4－1　2007年度中国城市竞争力排名：综合及部分单项前十名城市

排序	综合	规模	质量	产业	企业	公共部门	商务环境	人才	科技	生活环境
1	香港	上海	香港	上海	佛山	北京	香港	香港	北京	香港
2	深圳	香港	澳门	香港	上海	香港	上海	上海	上海	深圳
3	上海	北京	高雄	杭州	深圳	上海	深圳	北京	台北	北京
4	北京	深圳	台北	北京	香港	深圳	东莞	深圳	深圳	上海
5	台北	广州	新竹	重庆	东莞	威海	天津	澳门	香港	广州
6	广州	天津	台中	澳门	宁波	澳门	澳门	杭州	高雄	东莞
7	高雄	台北	台南	深圳	杭州	青岛	珠海	无锡	台中	澳门
8	苏州	佛山	基隆	广州	南京	南通	威海	武汉	天津	厦门
9	杭州	杭州	深圳	厦门	苏州	宁波	宁波	南京	基隆	杭州
10	天津	东莞	东莞	苏州	中山	杭州	广州	大连	西安	哈尔滨

2009 年 8 月，在海关总署公布的“2008—2009：中国城市外贸竞争力 100 强”城市名单中，深圳居于首位，排在前 5 位的城市分别为深圳、上海、苏州、东莞和宁波。“2008—2009：中国城市外贸竞争力 100 强”由《中国海关杂志》排定，数据主要来源是海关总署提供的 2008 年中国外贸数据。该评价体系由城市外贸水平竞争力、结构竞争力、效益竞争力、发展竞争力和潜力竞争力等 5 个二级指标、24 个三级指标组合而成。数据直接来源于海关内部统计资料。据了解，在金融危机冲击之下，传统外贸增长引擎珠三角遭受重创，长三角也遍体鳞伤。2008 年第 4 季度，长三角、珠三角地区的进出口值分别为 2106 亿美元和 1660 亿美元，同比分别下降 4.4% 和 6.5%，均远高于 1.6% 的全国同期下降水平。但是，中国城市外贸的基本面并未发生改变，长三角和珠三角经济带仍占据中国城市外贸竞争力 100 强近四成席位，其上榜城市的平均进出口规模同比大幅增长 17.4%，在全国外贸进出口总值中所占比例仍

高达93.3%，其引领中国外贸发展的地位依然不改。

专栏4－2

中国的经济特区之路

在加入世界贸易组织之后，被称作中国的自由和改革“试验田”的中国经济开发区将何去何从？权威人士相信，经济特区将对自己重新进行定位，在加入国际竞争中发挥领导作用，努力推动这个国家的经济实力到一个更高的层次。

尽管世界贸易组织法律规定的“国家对待原则”将迫使中国政府逐步废除给予经济特区的优惠政策，经济专家们认为，依靠它们在过去的十几年里积累的全面的实力，这些以前的先行者仍能和其他地区一起发展，使中国在未来的十到二十年里成为全球的制造业中心。从1984年到2000年，中国国务院批准的经济开发区大约有43个。作为最先打破计划经济枷锁的这些“特别区域”，一方面是不断创新的管理系统，另一方面是国家通过的优先政策，使它们成为这个国家经济增长和持续繁荣的支柱。目前，许多经济特区实现了高新科技的突破，对工业结构进行了更快的升级。

经济专家指出，经济特区正在重塑自我，使自己成为这个国家当前经济结构调整的先行者。“现在，发达国家正开始把它们的高科技和知识密集型制造产业转移到成本更低的发展中国家来。不论是在中国还是在全球范围内，经济发展区成为了工业转移最热的地方。”中国的一位经济学家张燕生说。据报道，许多跨国企业一直以来都在中国的经济特区里建立自己的公司。

最早接触市场经济和最先遵循国际惯例的实践，这些经济区不但为有相对其他地方更好的管理体系，还以有更成熟的技术设备而自豪。一位分析家相信，把它们作为加入世界经济竞争的先锋将给中国带来有价值的经验，从总体上说可以将增强加入世界贸易组织后中国在全世界的竞争力。随着相对的比较优势从政策优惠转向特区自身创造的全面商业环境，中国经济特区的未来关键取决于它们能否在遵守国际惯例，建立现代的第三产业和实现第三产业和第二产业之间的相互促进这三个重要的问题上有所作为。在未来五年里，大多数经济特区将把如微电子和生物工程这样的高新技术产业放在优先发展的位置。据报道，它们将会把注意力更多地放在管理创新和技术创新上。

资料来源：《中国的经济特区之路》，《亚洲时报》2001 年 9 月 1 日。

报告显示，在外贸规模超过千亿美元的城市中，深圳、上海、苏州、东莞夺得综合竞争力前 4 席，北京稳定在第 8 位，这些城市成为中国外贸旗舰的领航标。此外，19 座副省级以上的城市占据了外贸综合竞争力前 30 强的一半席位，以及前 10 强的 7 个席位。其余省会城市中，仅中部地区的合肥、郑州跻身外贸综合竞争力前 30 位。在综合竞争力百强榜上，长三角、珠三角、环渤海、海西经济区的区位优势明显，上榜城市分别有 23 座、11 座、10 座和 6 座。中部地区有 18 座城市上榜，东北、西南和西北地区的城市数量相对较少，分别为 9 座、9 座和 5 座。[1]

二、深港合作和区域合作

在经济全球化加速发展的今天，不同国家和区域间的联系不断增强，区域合作方兴未艾。以区域合作来提升国际竞争力已经成为主流趋势。香港作为中国目前综合实力、经济结构、法律制度最好的城市，其国际化功能、法制环境、经济腹地和区位优势已步入世界先进城市行列。深圳毗邻香港，是中国改革开放的先锋城市，拥有香港缺乏的产业基础和创新能力，与香港经济优势互补，加上周边其他城市劳动力来源充沛，土地资源丰富，营商成本较低，可以作为深港大都会的广阔腹地。

深圳经济国际化的一个重要领域是日趋加强的深港创新合作。为促进优势互补，发挥自主创新叠加效应，联合提升国际竞争力，打造世界级大都会，在 CEPA、深港“1+8”协议及深圳市政府的推动下，深港创新合作近年来迈入新的历史时期，深港创新圈建设工作提速，共同为两地的创新合作营造了前所未有的机遇。

[1] 《海关总署公布城市外贸竞争力百强榜深圳居首》，《深圳特区报》2009 年 8 月 30 日。

表4－2　深港创新的整体优势比较

香港	深圳
1.创新人才优势——高等教育普及，国际人才互动； 2.技术创新优势——应用技术的基础研究，跟踪最新技术及产品发展趋势，丰富的科技情报和产品信息； 3.管理创新优势——国际的视野，管理理念和体系； 4.市场创新优势——了解国际市场信息，广泛的国际渠道，与国际标准、体系接轨，东西文化共融； 5.资金优势——风险投资、资本市场发达，融资体系完善。	1.产品创新优势——制造业发达，众多高科技企业从事自主创新活动，开发新产品； 2.创新机制优势——政府鼓励创新，创新服务体系较完善； 3.创新文化优势——鼓励新创意，强烈的持续进修和自我增值的意识。

深港双方力争把两地打造成为创新资源最集中、创新活动最活跃的创新圈。深港两地政府草拟了《"深港创新圈"合作协议》并上报国家有关部门审批，旨在加强两地创新人才、设备、项目信息资源的交流与共享，鼓励相关科研机构积极开展科技管理及研究人员互派学习活动，以及鼓励两地科技园区和中介服务机构的合作，加强在设计、知识产权管理和保护等方面的交流与合作等，这已成为我国区域创新体系建设的一个新的尝试和突破。深圳已成香港转化科研成果首选地。深圳协助香港六大研发中心在深进行企业考察和推介等系列活动，双方共建深港生产力基地、深港传染病研究中心和港深药物研发检定中心。深港科技创新圈的推进，将加强深港产业合作，创造深港产业分工合作新模式，以深港两地所聚集的高校、科研机构、高新技术企业为依托，形成一个跨城市、一体化的区域创新体系和产业聚集带。

深港合作的意义也不仅止于深圳和香港这两地之间。深圳具备良好的区位优势，可以在华南地区实施经济国际化战略的进程中起到"中继"作用，成为区域经济合作的桥头堡。一方面深圳可以成为在港注册的国际企业试水内地市场的试验场，以深圳为起点或总部开拓国内市场；另一方面深圳也可以成为泛珠三角地区企业试水香港地区和国际市场的观察哨。深圳要加快培育以深港为基地、融入国际产业链的"产业总部"，探索互动型总部经济发展模式，鼓励香港企业在深圳设立国内总部，深圳企业在香港设立国际或者亚太总部，共同形成"深港总部经济圈"。把发展总部经济与发展支柱产业、产业结构调整相结合，充分发挥深圳高新技术、现代金融、现代物流和文化产业发展优势，吸引、扶持和培育一批四大支柱产业的总部企业落户深圳，形成具有比较优势和核心竞争力的产业集群。

在此基础上加强与周边地区的经济协作。进一步完善与内地区域经济合作的机制，实现区域经济合作工作的规范化和管理常态化，与内地开展全方位、多层次、宽领域的经济合作，形成以产业定向转移为带动、以拓展国内市场为方向，在周边地区乃至全国范围内形成互惠互利、联动发展的格局。这也要求在区域经济合作的层面上建立产业转移合作机制，既要建立区域合作的政府层面的定期商谈制度，推动省政府认定的产业转移园区、深圳与湖南、江西合作建设的产业园区取得实质性进展；同时也要建立区域间协会及中介机构和企业沟通的服务平台，引导企业将非核心生产环节配套到土地资源丰富的周边地区，鼓励深圳企业通过外包、外购与委托加工等方式，将一些产品的零部件配套部分逐渐向产业转移合作园转移，与对口地区企业实现合作对接。

2010 年 4 月，《粤港合作框架协议》在京签订，这是中国内地省份与香港特区之间签署的首份综合性合作协议。粤港合作框架签订，意味着双方经济合作层次的深化，必将促使广东加大改革创新力度，加速形成有利于经济发展方式转变的新的体制机制。未来粤港更紧密的合作，对深港合作也将起到重要推进作用，有利于深圳加快转变经济发展方式、迈向服务经济新时代。未来深港合作要以产业合作为基础，进一步加快各种要素的双向流动，全面拓展两地在经济发展、城市规划、市政建设、文化教育、医疗卫生、环境保护、城市治理等领域的协同合作。

三、经济国际化的要求

实施经济国际化战略意味着“国际竞争国内化、国内市场国际化”。随着 WTO 后过渡期结束，中国全面融入世界经济体系，意味着国际资本更加深入地参与国内竞争，国内企业也更加深入地加入国际竞争，因此政府在对内、对外的经济管理活动中必须遵守国际规则，经济管理体制必须适应经济国际化新形势的需要，推动经济管理体制与国际惯例接轨。

1. 经济管理的政策法规应符合 WTO 的有关要求。深圳市出台的政策法规应遵守最惠国待遇原则（简称 MFN）和国民待遇原则（national treatment），应保证各成员享有平等的竞争机会，确保不采取非公平贸易手段发展对外贸易，特别是不能以倾销和补贴的方式销售本国产品，同时要保证贸易政策法规的透明度，为国际生产要素的流动提供稳定、透明、公平的制度环境和政策保障。

2. 经济管理的政府机构体系应借鉴先进城市经验。政府机构是实施经济管理的载体，高效、廉价、廉洁的政府机构体系有利于推进经济国际化。机构设置应当借鉴发达市场经济国家政府组织模式特别是新加坡的经验，机构设置应当逐步走上法治化、制度化、稳定化轨道；机构设置应当有利于提高政府运行效率；机构设置应当有利于权力监督、权力制约和遏制腐败。建议借鉴新加坡经验，探索推动大部门制改革，整合涉及对外开放、产业发展、区域合作的相关部门职能，制定相关战略规划，推动重点合作事项，提出对外开放改革措施。在尽可能减少部门职能重叠、交叉的同时，建立起部门之间协调、联动的制度保障。

3. 经济管理的方式应符合国际通行做法。推进经济国际化要加快政府职能转变。政府管理经济的职能不仅要与经营职能完全分离，而且管理机构本身要具有独立的、中立的地位，政府经济管理的服务水平达到先进城市的标准。国际通行做法是，政府经济管理主要是调控、指导、监督、服务。在宏观上进行调整，在计划上提供指导，在行为上进行监督，在资讯、环境、硬件、软件等方面提供服务。深圳要真正做到由无限政府变成有限政府，由直接管理走向间接管理，由微观控制走向宏观调控，由单一的行政手段走向经济、法律、行政手段的综合运用。为提升政府服务水平和改进经济管理方式提出如下建议：一是市政府加快建设国际化的经贸服务网络。在已有的驻北美、驻欧洲、驻日韩和驻澳洲经贸代表处的基础上，有计划、有步骤地加快市政府驻海外经贸代表机构的布点，特别是优先在我市企业投资较多的新兴市场国家的布点，争取尽快形成比较完善的政府境外支持服务网络，为深圳“走出去”、“引进来”工作和全面对外经贸合作提供贴身政府服务。二是建设国际化的中介服务体系。适应经济社会对外开放步伐，逐步将社会服务职能通过市场化、社会化的中介体系，从政府职能中分离出去。吸引国际知名中介服务机构，建立和完善与国际接轨的技术咨询中介体系，法律服务中介体系，现代物流中介体系，包括会计、税务、审计、评估等在内的经济鉴证类中介体系，以及包括投资、证券、理财等在内的金融资本中介体系等，为企业“走出去”和开展国际化经营提供社会化、专业化服务。此外，可以借鉴新加坡和中国香港、澳门、上海、广东等地做法，尝试在市贸工局下设二级局——投资贸易促进局，在机构设置和人员组成上参照国际惯例，使招商队伍更加国际化、专业化、精细化。

4. 经济国际化应重视维护经济安全。世界各国都对经济国际化中伴随的贸易摩擦与经济安全高度重视，作为政府经济管理的重要领域。适应深圳对外贸易快速增长和对外开放持续深化的新形势，深圳市应进一步健全主要出口商品预警机制，不断完善应对工作体系和机制；加强应对反倾销、技术性贸易壁垒等知识的培训与宣传，做好反倾销等案件应诉的组织指导和服务工作，不断提高应对各类国际贸易摩擦的能力，提高运用世贸规则保护自己的能力；建立规范的协助解决各类国际贸易纠纷的制度措施，引导行业协会切实履行服务、行业管理等职能，指导、协助企业妥善处理各类国际贸易摩擦，及时敦促纠正深圳企业违反国际通行规则的贸易行为，维护经营秩序；密切跟踪实施贸易救济措施给深圳产业带来的影响，抓紧建立产业安全监测预警系统，切实维护企业的合法利益，维护产业和经济安全。对经济国际化进程中外资并购民族企业的行为应密切关注、深入研究并出台相关地方法规和政府规章予以规范。[1]

第三节　走向全面开放

全面开放的含义至少有两方面：一方面是邓小平所说的“改革开放要贯穿整个发展过程”；另一方面是政策性开放要走向制度性开放。经济特区在未来的先行先试，是走向制度性的全面开放。从相当的意义上讲“把香港请进来”，既符合改革开放的根本方向，又能寻找到构建现代城市的简捷路径。

一、多层次、点面结合的对外开放格局的形成

所谓全方位开放，就是不论对资本主义国家还是对社会主义国家，对发达国家还是对发展中国家都实行开放政策；不仅在经济建设方面，而且在精神文明建设方面也坚持对外开放。所谓多层次，就是根据各地区的实际和特点，通过经济特区、经济技术开发区、沿海经济开放区、开放沿边和沿江地区以及内陆省区等不同开放程度的各种形式，形成全国范围内的开放。所谓多形式、宽领域，是指通过举办外资经济、对外经济贸易、引进先进技术、吸引外资、发展国际劳务合作、国际旅游业、跨国经营等各种方式，使开放领域在地区上由沿海拓展到内地，在产业上由农业、加工工业向

---

[1] 关于经济国际化的要求，参考并部分引用了深圳市贸易工业局完成的《深圳进一步完善实施经济国际化战略研究》（2008 年 6 月）的内容，该研究报告主笔人为张立仁、刘胜、钟若愚。

专栏 4－3

改革开放要贯穿整个发展过程

邓小平说："要发展生产力，就要实行改革和开放政策，不改革不行，不开放不行……改革开放要贯穿整个发展过程。"1992 年，邓小平在南方谈话中指出："特别要注意，根本的一条是改革开放不能丢，坚持改革开放才能抓住时机上台阶，坚持改革开放是决定中国命运的一招。"还语重心长地嘱咐："只要这个领导集体是团结的、坚持改革开放的，即使是平平稳稳地发展几十年，中国也会发生根本的变化。"

资料来源：《邓小平文选》第 3 卷，人民出版社 1993 年版，第 301 页。

基础产业、基础设施和金融、保险、商业等领域延伸，促进对外经济的加速发展，从而使国内经济面向世界，参与国际竞争，与世界经济接轨。

改革开放 30 年的历程证明，设立经济特区是一项非常英明和具有历史远见的政策，它为我国全面改革开放，探索具有中国特色的社会主义道路打下了基础。1984 年 1 月 24 日至 2 月 15 日，在王震、杨尚昆的陪同下，邓小平视察深圳、珠海、厦门三个经济特区和上海宝山钢铁总厂，先后题词肯定了建立经济特区的政策和特区建设的成就。邓小平视察回京后，立即找几位中央负责同志谈话，商讨进一步办好经济特区和增加对外开放城市的问题。他说，我们建立经济特区，实行开放政策，有个指导思想要明确，就是不是收，而是放。深圳的蛇口工业区更快，原因是给了他们一点权力，五百万美元以下的开支可以自己做主。他说，特区是个窗口，是技术的窗口，管理的窗口，知识的窗口，也是对外政策的窗口。[1]

1988 年 4 月 13 日，七届人大一次会议通过海南建省和建立海南经济特区的议案。1990 年 4 月，党中央、国务院又作出了开发、开放浦东的战略决策，同时，中央也宣布 90 年代中国改革开放的重点就是浦东的开放开发。沿海地区形成了包括 2 亿人口的

[1] 他认为厦门特区地方划得太小，要把整个厦门岛搞成特区。这样就能吸收大批华侨资金、港台资金，许多外国人也会来投资，而且可以把周围地区带动起来，使整个福建省的经济活跃起来。他还提出，可以考虑再开放几个港口城市，这些地区不叫特区，但可以实行特区的某些政策，还要开发海南岛。

对外开放前沿地带，并进而形成了经济特区—沿海开放城市—沿海经济开放区—内地这样一个多层次、有重点、点面结合的对外开放格局。经济特区的兴起不仅是地缘政治的需要，更是国家区域经济发展战略的体现。随着中国对外开放以经济特区、沿海开放、沿江开放、沿边开放等形式渐次推进，中国区域经济发展的新版图日渐清晰。[1]

二、从政策性开放走向制度性开放

(一)外向型经济走向开放型经济

外向型经济是“两头在外”的一种经济运行方式，特指原料进口、产品经过加工后再出口的经营方式。在我国由封闭经济逐步走向开放经济发展的过程中，同时也演绎着由经济内向发展向经济外向发展转变的独特发展过程。中国外向型的经济改革开放带来了中国经济社会的快速发展，外向型经济起到了巨大的作用。改革开放初期通过设立经济特区、开发开放沿海城市，最初的主要目的是学习外商市场经营经验，重在利用外资、发展外贸、增加供给解决短缺经济问题，从而带动经济增长。此后浦东新区的开发开放也是中国外向型经济发展战略的重要步骤。

但今天外向型经济的对外开放战略日益呈现出一些内在的缺陷：以沿海地区为主的高度倾斜的对外开放，经济的整体开放度不高，开放的目标过度集中；国内区际间差异扩大；联动开放效应低下；开放循环链条中断。外向型经济发展战略必将被开放度更高的内外融合的开放型经济所取代。

开放型经济是指开放度较高的经济体系、运行机制和法律制度，开放型经济体现为政府基本按照市场经济的机制和规则进行管理活动，具有经济制度的性质，比外向型经济具有更宽广的内涵和开放度。发展开放型经济的核心，就是要参与国际竞争和国际经济合作，最大限度地吸收人类社会创造的一切有利于我国现代化建设的文明成果。

党的十七大提出新时期改革的目标是建立充满活力、富有效率、更加开放、有利于科学发展的体制机制，更加开放成为我们社会主义市场经济的必然方向。同时，进一步明确了对外开放的战略方向：拓展对外开放的广度和深度，提高开放型经济水平；建设内外联动、互利共赢、安全高效的开放型经济体系；形成经济全球化条件下

---

[1]　本书第十一章继续就经济特区发展的道路探索来说明中国区域经济发展的新版图。

专栏 4－4

广东新跃升——从外向型经济到开放型经济

中共中央政策研究室经济局副局长白津夫教授用比较通俗的说法解释了开放型经济体系与以往所说的外向型经济的差别：外向型经济以引进外资为特点，开放型经济体系以内外融合为特征。从外向型经济发展到开放型经济，表明我国对外开放进入新阶段，也表明广东发展跃上一个新台阶。

党的十七大明确指出，要拓展对外开放广度和深度，提高开放型经济水平，完善开放型经济体系。广东是通过开放发展起来的，开放是广东的最大优势，未来发展必须始终做好开放这篇大文章。因此，广东未来发展战略必须紧紧围绕扩大开放这个主题，以完善开放型经济体系来统领发展全局。

广东要建立完善以内外联动、互利共赢、安全高效为内涵的开放经济体系，更加紧密地把广东经济发展与世界经济体系联系在一起，在更广领域配置资源、组织市场，全面提升广东经济发展的国际化水平，把粤港澳打造成为世界性的经济增长中心。对于如何完善广东开放型经济体系，白津夫认为要分“两步走”。第一步要以推动跨境整合资源为重点，全面推进区域一体化进程，深化粤港澳合作；第二步，在第一步基础上，建成若干国际性的发展中心，比如国际金融商务中心、国际航运服务中心、产业创新中心。“通过两步走，促进深港建成世界级国际大都市，建成世界性的粤港澳都市圈，成为具有国际竞争力的增长中心，2012 年粤港澳成长为新的国际增长中心，不是空想。”对于如何加快转变经济发展方式，白津夫着重提出，要促进由加工制造向创新创造转变，以产业结构升级为重点，加快发展先进制造业，促进加工贸易转型升级。只是加快产业转移和转变经济发展方式还不够，广东还应该加快推动经济转型。“一是促进从‘工业型经济’向‘服务型经济’转型。二是促进‘管理型经济’向‘创业型经济’转变。三是促进‘工业文明’向‘生态文明’转变。”

资料来源：《广东新跃升——从外向型经济到开放型经济》，《南方日报》2008 年 9 月 17 日。

我国参与国际经济合作与竞争的新优势。这实际上意味着，迈向更加成熟的开放型经济必然成为未来对外开放的目标，也是创新对外经济体系的目标。从国际经济看，成熟的市场经济都是开放型经济。在经济全球化背景下，要想实现可持续发展，必须充分发挥市场在资源配置中的基础性作用，有效利用国际国内两种资源、两个市场，积极参与国际分工，才能实现全球范围内的资源优化配置。因而，迈向更成熟的开放型经济是建设社会主义市场经济的内在要求和必然选择。

(二)政策性开放走向制度性开放

在走向开放型经济的历程中，对外开放的经济体制也经历了从政策性开放迈向制度性开放的渐进性过程。最初启动开放进程所采用的特殊政策体系虽然不具有严格的“制度性”意义，而是针对特定地区和对象的差别待遇和优惠措施，但它也是广义上的开放经济体制在初期的一种必要的表现形式。不过在快速推动对外开放发展以及通过内生的力量推动与此相应的一系列体制改革之后，中国逐渐向构建契合现代市场经济运行机制的、完善的开放经济体制的方向迈进，开放经济体制由此也逐渐开始具有了真正的“制度性”内涵。这一严格意义上的“制度性”开放经济体制的最终建成和完善，正是中国今后的主要任务和目标。

早期通过特殊政策启动对外开放和相应的体制改革，经济特区的创办和发展便是这一方式的典型。在特区经验成功之后，中央延续这一“给予特殊政策启动开放”的思路与模式，将对外开放拓展到更多的地区和领域，如沿海开放城市、经济技术开发区和沿海经济开放区等等。在实行特殊政策启动开放的同时，国内体制也进行了一些相应的改革和变化，从而逐步建立起了较为完善的吸收利用外资、发展外贸的经营管理体制。

邓小平 1992 年发表的南方重要讲话，开创了对外开放扩大深化的新局面，更多的地区获得了原先赋予特区等地的政策优惠，这同时也意味着地区之间在享有中央特殊政策上的差距开始逐步缩小。原先中央给予地区特殊政策的模式，在激发开放发展活力的同时，也造成了地区间开放发展水平的巨大差异。国家给予特殊政策推动开放的模式逐渐开始转变为各地方政府之间通过在寻租、体制创新和优惠力度方面的竞争促进开放的模式。

2001 年中国加入 WTO 标志着对外开放开始从政策性开放逐渐转变为制度性开放，真正开始构建具有“制度性”深刻内涵的开放经济体制。中国对 WTO 作出了包括市场准入、降低关税、贸易规则、政府制度等方面的一系列承诺，实质上就是按照现代市场经济的要求建设开放型市场的承诺，加入WTO意味着中国最终建立一个以公平、透明、法制清晰、规范为根本特征的开放市场经济体制的承诺。在这一外在制度改革压力下，中国对大量法规制度进行了修改调整，逐步完善了立法的透明度和行政公共参与制度，完善了“开放经济体制”的“制度性”内涵。[1]

从历史的回顾不难看出，中国对外开放思想和对外开放政策经历了巨大转变和发展，由政策推动开放逐步过渡到与WTO规则接轨的制度开放，未来将以优良的制度环境将对外开放推向新的阶段。1978年开始的中国对外开放主要是通过一系列开放型政策来促进对外开放的渐进性推进，所以这种开放被称为“政策性开放”。[2] 这种模式的实行，是由国家政策的特殊功能决定的，政府是对外开放的直接组织者与推动者。这种政策性开放的实践，在空间布局上也呈现出明显的地缘特征，以及由沿海向内地梯度转移的区域经济带动发展和辐射发展的特征。在这个过程中，邓小平关于“一部分地区有条件先发展起来，一部分地区发展慢点，最终达到共同富裕”的创新思想，直接加快了政策性对外开放的步伐。

加入WTO则是中国对外开放走向制度性开放的一个重要契机。党的十七大报告指出：“应优化开放结构，提高开放质量，完善内外联动、互利共赢、安全高效的开放型经济体系，形成经济全球化下参与国际经济合作和竞争新优势。”这对我国今后开放经济体制的建设提出了新的战略目标：新时期的开放经济体制必须契合提高开放经济质量和结构水平的战略目标，从原先单纯强调增长向强调以结构均衡为特征的发展目标转变；新时期应建立一个有利于中国充分参与全球经济竞争合作、并有助于提高竞争优势的稳定而良性的开放经济体制；新时期中国应建立通过构建平等和透明的竞争环境，促进开放过程中国内要素的共同发展，从而推动内外经济平衡发展的一个高效的开放经济体制。[3]

从政策性开放向制度性开放的转变，关键在于进行积极而有效的制度环境建设。从提供优惠政策转向环境及制度建设，从利用优惠政策促进开放转变为通过建立良好的社会软环境，如基础设施、交通通讯、教育水平、人力资本、行政效率、法制规范

[1] 以上对政策性开放到制度性开放的阶段性和历史进程参考郑凯捷：《从政策性开放到制度性开放的历史进程》，《世界经济研究》2008年第5期。

[2] 梁小萌：《从政策开放到规则开放——加入WTO后中国对外开放模式的转变》，《探求》2001年第6期。

[3] 参见郑凯捷：《从政策性开放到制度性开放的历史进程》，《世界经济研究》2008年第5期；参见唐任伍、马骥：《中国经济改革30年：对外开放卷（1978—2008）》，重庆大学出版社2008年版，第7—15页。

等来促进外向型经济的发展。现阶段的全球化竞争主要在于良好的制度和法制环境，因此要形成国际竞争与合作的新优势，就必须建立一个公平、透明而良好的法制和制度环境。在中国进一步走向全面开放的进程中，一些重要区域和中心城市将继续成为国际化和全面开放的先导。珠三角、长三角地区在制造业领域已成为实施开放带动战略的成功典范，未来由于中国的体制转型和全面开放还将贯穿整个发展过程，充分发挥重要区域和中心城市在经济国际化和全面开放中的示范作用仍具有非常重要的战略意义。

第五章

人的发展

★市场经济对人的解放在于赋予人选择的权利，不仅有人的劳动权利，也包括受教育的机会。市场经济中人不仅作为经济活动的主体，也是经济发展的受益者，人力资本亦随之成长。

★人是选择经济的主体，主体的选择经济也就是客体的市场经济。市场经济的魅力就在于，认可基于人的差异基础上不同个体的独特意义，并给予其各自发展的空间与机会，由此才使得个人价值实现方式日益显示出选择带来的丰富性。

★“深圳速度”的原意，最开始是用来形容当年创办、当年招生的深圳大学的建设。创办初期的深圳大学，如记者所说，是“神话般的奇迹”。

★要高度关注市场经济中的劳动者价值。外地来深建设者的贡献被统计数字大大低估，仅最近10年，就有约6600万非深户籍劳动者在深圳工作过。正是庞大的外地来深建设者为深圳发展作出了巨大贡献。

第一节　人是目的

人是目的。在康德一生研究的“人是什么”这一永恒的主题中，曾得出了历来人们所反复引证的那段语录，即：“在目的国度中，人就是目的本身。没有人（甚至于神），可以把他单单用作手段，他自己总永远是个目的。”这样“人是目的”这个重要结论也就成了一句名言。[1]

康德如此，马克思更是鲜明地把“人”写在旗帜上。关于人的全面发展的经典阐释贯穿于《1844年经济学哲学手稿》、《德意志意识形态》、《经济学手稿（1857—1858年）》以及《资本论》等著作中。从1843年到1890年，马克思、恩格斯先后提出一系列关于人的全面发展的观点：在《1844年经济学哲学手稿》中，马克思指出：“一个种的全部特性、种的类特性就在于生命活动的性质，而人的类特性就是自由的自觉的活动。”“人以一种全面的方式，也就是说，作为一个完整的人，占有自己的全面的本质。”[2] 在1846年《德意志意识形态》中指出：“个人的全面发展，只有到了外部世界对个人才能的实际发展所起的推动作用为个人本身所驾驭的时候，才不再是理想、职责等等，这也正是共产主义者所向往的。”[3] 在1848年的《共产党宣言》中指出：“代替那存在着阶级和阶级对立的资产阶级旧社会的，将是这样一个联合体，在那里，每个人的自由发展是一切人的自由发展的条件。”[4] 在《经济学手稿（1857—1858年）》中，马克思指出：“建立在个人全面发展和他们共同的社会生产能力成为他们的社会财富这一基础上的自由个性，是第三个阶段。”[5]

在《资本论》中马克思进一步从自由的视角对人的全面发展作出了经典阐释[6]：“自由王国只是在由必需和外在目的规定要做的劳动终止的地方才开始；因而按照事物的本性来说，它存在于真正物质生产领域的彼岸。像野蛮人为了满足自己的需要，为了维持和再生产自己的生命，必须与自然进行斗争一样，文明人也必须这样做；而且

---

[1] 苏东斌、钟若愚：《我讲〈国富论〉》，中国经济出版社2007年版，第5页。

[2] 《马克思恩格斯全集》第42卷，人民出版社1979年版，第96、123页。

[3] 《马克思恩格斯全集》第3卷，人民出版社1960年版，第330页。

[4] 《马克思恩格斯选集》第1卷，人民出版社1995年版，第294页。

[5] 《马克思恩格斯全集》第46卷（上），人民出版社1979年版，第104页。

[6] 这些思想主要体现在由恩格斯根据马克思写于1864—1865年的手稿整理而成的《资本论》第3卷中。此后，马克思没有再回到这一问题上来。这意味着，此时的观点代表了马克思关于人的全面发展思想的成熟表达。参见王南湜：《马克思的自由观及其当代意义》，《现代哲学》2004年第2期，第6页。

在一切社会形态中，在一切可能的生产方式中，他都必须这样做。这个自然必然性的王国会随着人的发展而扩大，因为需要会扩大；但是，满足这种需要的生产力同时也会扩大。这个领域内的自由只能是：社会化的人，联合起来的生产者，将合理地调节他们和自然之间的物质变换，把它置于他们的共同控制之下，而不让它作为盲目的力量来统治自己；靠消耗最小的力量，在最无愧于和最适合他们的人类本性的条件下来进行这种物质变换。但是不管怎样，这个领域始终是一个必然王国。在这个必然王国的彼岸，作为目的本身的人类能力的发展，真正的自由王国，就开始了。但是，这个自由王国只有建立在必然王国的基础上，才能繁荣起来。工作日的缩短是根本条件。”[1]

马克思指出：“人的本质是人的真正的社会联系，所以人在积极实现自己本质的过程中创造、生产人的社会联系、社会本质，而社会本质不是一种同单个人相对立的抽象的一般的力量，而是每一个单个人的本质，是他自己的活动，他自己的生活，他自己的享受，他自己的财富。因此，上面提到的真正的社会联系并不是反思产生的，它是由于有了个人的需要和利己主义才出现的，也就是个人在积极实现其存在时的直接产物。”[2]

苏东斌教授在《历史的天空》一文中直接阐述了中国经济特区对自由和发展的表达：“人才是发展的目的，以自由看待发展，以发展去拓展自由就是中国经济特区以及中国社会近30年巨大进步的深层奥秘所在。”[3]

我以为，中国经济特区30年辉煌成就说明了中国特色的发展道路的正确性。但是，我们必须同时看到，这条道路在本质上所体现的仍然是符合国际社会的普遍价值，符合市场经济的基本原则，而这一切又都是对人类社会发展的一般规律性的发现与揭示。

我关注2009年诺贝尔经济学奖获得者威廉姆森这位新制度经济学的代表人物的著名观点：一个经济体的表现不仅仅是价格，不仅仅是政策，基本的经济制度是非常非常重要。对于纯竞争的“有效市场”的经典假说，实际上洋溢着对经济和谐的渴求。我认为，关于制度的核心内容，说到底，就是对自由的程度的不同表达。如深圳经济特区，这个几乎95%以上的移民城市构成了生产力最基本

[1] 《马克思恩格斯全集》第25卷，人民出版社1974年版，第926—927页。
[2] 《马克思恩格斯全集》第42卷，第24页。
[3] 苏东斌：《历史的天空：读〈中国经济特区史论〉》，《学习时报》2009年11月16日。

的要素——人的自由流动；大力引进香港以及海外资金构成了生产力最强大的要素——资本的自由流动。从20世纪90年代兴起的农民工进城，从特殊的意义上看，正是在共产党领导下伟大的农民起义，矛头直指束缚他们人身自由的二元结构，其意义也首先在于人的解放，人的自由。"以自由看待发展"，是印度裔诺贝尔经济学奖获得者阿玛蒂亚·森在20世纪末提出的一种新的发展观念：自由不仅是发展的首要目的，而且也是促进发展的首要条件。在这里，发展的标准不仅主要不是以GDP指标，而是以自由的程度看待发展的水平，更主要的还是把发展过程视为拓展自由的过程。我想，这正是符合了以人为本的核心价值理念。从这个意义上讲，中国经济特区在实际上就享有了较多的自由空间。

可以说，有一分自由，就能释放五分潜力，就能形成十分发展。有了自由，也就有了财富。邓小平讲"让一部分地区先富起来"，田纪云说"中国人民一旦得到了追求财富的自由，将表现出伟大的创造力"。中国经济特区一反"要使资本主义绝种、小生产也绝种"的传统法则，对于股票证券，对于土地经营，对于深度资本市场，按着邓小平"坚决地试"的指令，坚定不移地开展起来。于是，才有了波澜壮阔的一系列"财产性收入"的历史性突破。

可见，以自由看待发展，以发展去拓展自由就是中国经济特区以及中国社会30年巨大进步的深层奥秘所在。

第二节 市场经济中的人

1978年开始的中国改革开放，作为一场"渐进革命"从根本上改变了国家经济体制的主要特征，使其朝着市场经济的方向发展。王辉《渐进革命：震荡世界的中国改革之路》一书中对这种渐进式改革的成功给出了一种解释，他认为渐进革命之所以成功，与市场体制下的人力资本有关，改革以来全社会的大学习、人力资产的转化和持续升值，可以部分解释中国经济的持续高速发展。[1]

---

[1] 王辉：《渐进革命：震荡世界的中国改革之路》，中国计划出版社2008年版。

一、人力资本的特点

人力资本具有创造性（非机械性）、人力资本创造力的本体性（非整体性）和创造力的无限性（非可计量性）构成了人力资本的三大特点。赫胥黎曾说："人和人的差距，有时比人和猿人差距还要大。"这就是说，人力资本尤其是优秀的杰出的人才，具有绝对意义上的不可替代性。一般来说，各级政府可以用关税来保护本国的产品，来控制一般生产要素的流动，但唯一无法控制的就是人才流动。从人力资本这三个特点来看，吸引和保护人才，尤其是特殊人才的根本途径就是积极参与争夺人才的国际竞争。

人力资本的三大特点导致了人力资本具有两大经济要求：(1) 人力资本的产权要求。人力资本的自有性必然首先导致排他性的产权要求。这就是说，人力资本的首要经济要求是承认其产权。(2) 人力资本的报酬要求。人力资本的产权要求是保证其使用过程中的排他性，其结果必然追求功利性收益（当然在特殊情况下，也还追求利他的超功利性）。但是，这种功利性有着极为鲜明的特征，从宏观上，人力资本具有创造无限性（若从反面去体验，就是人力资本所有者可搭便车，可逆向选择，所以它不可能一次性被定价）；从客观上讲，人力资本又具有监督的有限性（任何直接契约都不完善，都难以事先直接定价，都具有相当的盲目与不准确性），所以，要提高人力资本开发与使用经济效率的唯一有效途径就是满足人力资本的报酬要求，即实行充分的激励制度。这种报酬要求其经济含量就是人力资本的全部价值实现，而这种实现并不总是简单理解为维持劳动力的再生产需要，而大部分则是对人力资本的生产消耗的补偿。[1]

二、市场经济与人的发展

计划体制最大的一个问题是对人的忽视和束缚，创新不可能在计划下发生。市场经济对人的解放在于赋予人选择的权利，不仅有人的劳动权利，也包括受教育的机会。

哈耶克在其《通往奴役之路》一书中坦率地承认，经济研究只不过是一种手段，他从事经济研究的目的是要维护自由这一社会的基本价值；并通过这种研究告诉世人，自由作为一种目的本身的价值所在。他之所以反对计划经济，其理由是，计划经济将使"个人一切听命于管理经济体系的当局"，"使个人完全屈服于国家的专制之

[1]　苏东斌：《中国经济特区发展中的理论问题》，《深圳大学学报》2001 年第 3 期。

下，没有选择的余地”，因而，计划经济使个人自由丧失，是“通往奴役的道路”。而他之所以维护私有财产制度，是“因为生产资料掌握在许多独立行动的人的手里，才没有人有控制我们的全权，我们才能够以个人身份来决定我们要做的事情。如果所有的生产资料都落到一个人手里，不管它在名义上是属于整个‘社会’，或是居于独裁者，谁有这个管理权，谁就有权管制我们”。因此，私有制的最大好处是它保证了个人自由。甚至对无产者，因其在私有制下有选择雇主的权利，它也是无产阶级个人自由的最重要保证。[1]

苏东斌（2001）提出，人是选择经济的主体。

制度极为重要，而制度则是由人来选择的，人对制度的选择又是双方或多方交易的结果。[2]“选择经济”是相对应于非选择的“统制经济”而言的。它既与浓重的意识形态上的“主义经济”无关，又与现实的生产力发展的“水平经济”无关，它仅仅具有具体的体制上的象征，而不包含某类基本经济制度上的特点；由于个人选择的经济准绳只能是广义的等价交换，所以，主体的选择经济也就是客体的市场经济；“统制经济”不仅会导致贫穷，而且必然伴随着管制，“选择经济”不仅会带来财富，而且一定会增进自由。

进一步来看，市场经济为人的全面发展提供了环境可能。人类社会发展的过程就是由人的依赖性到人的独立性、进而实现其自由性的过程，也是人的主体地位逐渐凸显日益确立的过程。人的全面发展就是人在现实的社会实践过程中以劳动能力发展为基础，在对社会关系不断改善与优化的前提下，在越来越大的程度上实现着自身的自由。

究其原因，市场机制是一种利益机制，它以经济利益为驱动力，从而加快了人对自然改造与利用的节奏、扩展着人对自然改造与作用的范围、深化着人对自然改造与作用的层次。市场机制使个人通过融入社会劳动关系之中充分体验人生意义，这有助于实现生命个体的自我价值肯定。这表达了人的生命活动的自由性。市场经济就是利益经济。“只要分配为纯粹经济的考虑所支配，它就将由生产的利益来调节。”[3]市场经济的魅力就在于，认可基于人的差异基础上不同个体的独特意义，并给予其各自发展的空间与机会，由此才使得个人价值实现方式日益显示出选择带来的丰富性。

[1]　卢周来：《讲道德的经济学家》，《穷人经济学》，上海文艺出版社 2002 年版，第 262—264 页。

[2]　苏东斌：《选择经济》，人民出版社 2001 年版。

[3]　《马克思恩格斯全集》第 20 卷，人民出版社 1971 年版，第 218 页。

第三节　经济特区与人的发展

一、特区建设与深圳速度

经济特区的早期建设，正因为从计划的束缚下解放出来，大大激发了人的创造力，创造了深圳速度。

1. 基建工程兵建设深圳。1979 年底，解放军基建工程兵部队组建部队，南下深圳支援特区建设。1982 年 2 月，国务院、中央军委决定撤销基建工程兵，所属部队大部分归口改编为地方施工企业。1982 年 7 月，国务院、中央军委又决定调派基建工程兵部队 2 万人开赴深圳。[1]1983 年 9 月，在深 2 万名基建工程兵集体转业，迅速改编为城市市属施工企业。基建工程兵先后承建了深圳市政府办公大楼、电子大夏、友谊商场、泮溪酒家、南头直升机场、火车站东广场等工程，在深圳铺路、架桥、清淤、排洪、建楼等做了大量艰苦繁重的工作，为特区初期建设作出了巨大贡献。在基建工程兵手中，诞生了一批明星企业，出现了深振业、深天地、深长城、深天健、深物业等多家公众上市公司。深圳市建设集团总公司从总资产 5000 万元人民币发展成资产数百亿元的大集团公司。

2 万基建工程兵便是创造“深圳速度”和“深圳精神”的拓荒牛之一。根据《解放军画报》的报道[2]，30 年前 2 万基建工程兵开进深圳时，在寂寞的梧桐山下，绵延的深圳湾畔，挖土坑架锅，捡柴草生火，打响了深圳特区拓荒的第一炮，奏响了改革开放新时代的最强音。他们创造出“三天一层楼”的“深圳速度”，“时间就是金钱，效率就是生命”和“杀出一条血路”的“深圳精神”。30 年，仅仅 30 年，深圳发生了天翻地覆的变化：从荆棘丛生到繁花似锦，从贫穷落后到繁荣富强，从萧条闭塞到百业腾飞，从无人知晓到世人瞩目。短短的 30 年，深圳实现了一个伟大的创举！当人们提起深圳的建设事业，就不能不提起两万基建工程兵的南下创业史；当人们提起深圳今天的辉煌成就，就不能不回想起两万基建工程兵的拓荒牛精神。可以这么说，两万基建工程兵的创业历程，就是深圳发展的一个缩影。

---

[1]　为了支援特区建设，1982 年 7 月国务院、中央军委下文，决定调集中国人民解放军基建工程兵 2 万人到深圳执行基建任务。基建队伍拥有各类专业技术干部 1088 人，固定资产原值 6000 万元，流动资金近 1 亿元。

[2]　黄彩虹：《深圳奇迹：中国军人的见证》，《解放军画报》2008 年第 9 期。

30 年前，2 万基建工程兵戏剧性地成为深圳早期的拓荒者。30 年来，虽然尝尽酸甜苦辣，但他们在深圳这个世人瞩目的舞台上演绎了成功与辉煌。这 30 年，对于人类历史长河来说，只是一条小溪；这 30 年，对于深圳特区来说，只是历史的一个开端；这 30 年，对于 2 万基建工程兵来说，却是他们一生中最宝贵的年华。正是他们将自己的青春和热血，无怨无悔地奉献给了这片曾经是那么贫瘠的土地，壮怀激烈地掀开了深圳特区的建设史。

奇迹在他们手中诞生，热血在他们心中激荡！这支英雄的部队，以近乎完美的创业精神，先后建起了深圳第一幢超高层建筑——深圳电子大厦，15 个月内奇迹般地树立起了我国建筑史上的一座里程碑，不但开创了我国自主设计、自主施工超高层建筑的先河，而且打破了国外认为我国无法自主打造高层建筑的偏见！深圳第一幢高档酒楼——泮溪酒家，使深圳人民终于有了可以以自己的礼仪来接待来自国内外贵宾的“形象”酒楼；深圳第一座大型商场——友谊商场，不但筑起了深圳与香港及内地的第一个经贸交易基地，而且极大地改善了深圳人民的生活；参与建设了罗湖第一幢高层建筑——国贸大厦，只用 10 个月时间就使 50 层的国贸大厦地面主楼工程封顶，创造了三天一层楼的我国建筑史上的新纪录。从此，“深圳速度”作为深圳快速发展的口号传遍全国……[1]

2. 罗湖开发。特区建设初期，重点抓了罗湖、上埗 24 平方公里城区和福田新市区 30 平方公里的道路、供水、供电、电讯、排污、排洪、供气和平整土地等“七通一平”基建工作。罗湖区靠近口岸，接近铁路，从香港进入内地，首先进入和看到的是罗湖区，首先开发罗湖区具有象征性意义。所以深圳市委决定利用 3000 万元银行贷款和部分市政府财政投入先期进行罗湖商业服务区的基础设施建设。罗湖商业服务区当时占地 2 平方公里，先从 0.8 平方公里范围着手进行土地开发，用不到一年时间就把罗湖山搬掉了，把原来地势低洼的罗湖小区垫高 1.07 米（东起东门路，西至建设路、北到深南路），实现“五通一平”：道路、供电、供水、电话、排污、土地平整。后来改为“七通一平”：道路、供水、供电、电话、排洪、排污、煤气、土地平整。罗湖商业服务区的开发，主要提供给外商兴建金融、商业、旅游、住宅等服务设施，同时向外商收取土地使用费。

3. 深圳大学与“深圳速度”。其实“深圳速度”的原意，是指深圳大学当年创办、

[1] 黄彩虹：《深圳奇迹：中国军人的见证》，《解放军画报》2008 年第 9 期。

当年招生。请看《南方都市报》记者的报道[1]：

1984 年 1 月 24 日，新生的深圳特区“盼”来了改革开放的总设计师邓小平。在陪同邓小平到蛇口视察途中，时任深圳市委书记、市长梁湘指着南山后海湾一片空地对他说：“我们将在这里建深圳大学，今年秋就在这里上课。”邓小平当时没有多加评论。但到了北京，他跟人说，深圳要用几个月的时间建一座大学，这就是“深圳速度”。深圳大学首任党委书记、第二任校长罗征启说：“所以，深圳速度的提法，最开始是用来形容深大建设的。”

创办深圳大学的想法，是 1983 年初由深圳提出来的。当年 5 月国务院正式批准，6—7 月就筹备招生。1983 年 9 月 27 日深圳大学正式成立并开学上课，这就是李通波在《南方日报》上所报道的那则新闻（参见专栏 5－1）。到了深圳后，罗征启被这里一派热火朝天的氛围所感动。他到即将建起深大校园的那片空地去，梁湘跟他们说：“这里有一平方公里的土地，交给你们了，你们好好规划一下，看看要多少钱。我们还很穷，请尽量节省，注意实事求是，我们决心贷款来搞教育。这个决心下定了，卖掉裤子也要把大学建起来！我们拿出钱，拨出地，请你们给我们生产人才，人才！”[2]

创办初期的深圳大学，和创办初期的深圳特区一样，到处都是“特事特办”、敢为天下先的改革创新气氛。罗征启在深大也大刀阔斧进行改革创新。据说，当时深大的图书馆全部开架，开放到晚上 12 点，全年 365 天开放。当时学校的饭堂服务、清洁卫生、保卫巡逻、秘书管理，几乎都有学生参加，甚至全部是学生。此外，深大还取消了毕业生包分配的制度，学校成立“学生智囊团”，直接参与学校高层决策，对老师授课质量进行评分，而最具爆炸性的改革，莫过于深大在 1984 年 11 月 19 日成立的由学生管理的“深大实验银行”，1985 年 1 月，深大又开设全国第一个“学生法庭”，对违纪违规同学的处理进行“裁决”。

对于深圳能不能再“特”、“深圳速度”能否再现、深大和南科大改革创新能否成功等一系列问题，罗征启都持较为悲观的态度。在他看来，现在的改革，无论是社会上的还是学校里的，都面临着太多利益集团的阻力，加上官员的魄力不够，大家考虑

---

[1] 摘要：正如《伤仲永》的故事一样，一个人如果年少成名，成年后却泯然众人，那一定会遭人质疑、批评，至少是引人叹息。对于今日之深大，赞誉者有之、批评者有之，但对深大历史的评价却“高度统一”——她那几个月就崛起一座校园的神奇速度、那曾经大师云集、敢为天下先的气魄，至今让人感慨。

[2] 王莹、庄树雄：《用深圳速度建深圳大学》，《南方都市报》2010 年 4 月 5 日。

的更多的是自己的"官位"，而不是为了改革事业敢于冲锋陷阵。"以前我们大学偷偷做了很多改革，因为各种政策条框的约束，没法获批。但其实有些省里和市里的领导是知道的，还有领导直接拍胸口说，没问题，尽管做，有问题我来承担责任。你说现在上哪找这样的领导？"[1]

专栏 5－1

深圳大学首次开学典礼

新闻还原：深圳大学昨天隆重举行开学典礼
该校六个专业今秋招生二百一十八人

本报讯（记者李通波、杨兴锋）深圳大学成立暨一九八三年开学典礼大会，昨天上午在深圳戏院隆重举行。

深圳大学是经国务院和省人民政府批准，为适应深圳经济特区发展需要而创办的一所多学科性新型综合大学。学校从筹备到成立，仅用了五个月的时间，目前已拥有教师四十名，其中讲师二十五人，副教授三人，还设有图书馆、电教中心、语音室和条件比较优越的校舍等。今年秋季该校的工业经济管理、商业经济管理、金融、英语、法律、建筑学六个专业在本省和港澳地区招收了第一批学生，共二百一十八人。大会由深圳大学党委书记、第一副校长罗征启主持。深圳大学校长张维教授致开幕词。他表示，有各级领导的重视，有来自四面八方的支持，深圳大学一定能健康地、迅速地成长。梁湘同志在讲话中说，要实现办好经济特区的目标，关键在于科学、技术和教育要能上去。我们决心在抓好经济建设的同时，把文化教育作为一项战略重点任务抓紧抓好。

资料来源：《南方日报》1983 年 9 月 28 日。

[1] 王莹、庄树雄：《用深圳速度建深圳大学》，《南方都市报》2010 年 4 月 5 日。

《深圳商报》的记者也有文章对当年深圳大学的创办做了生动的描述。[1]1983 年 1 月 14 日晚，深圳市委常委开会专门讨论筹办深圳大学的问题，会议听取了省高教局调查组的汇报，经讨论后作出决定：迅速筹办深圳大学，办校方针对特区建设服务，暂设 16 个专业，学校规模为在校生 4000 人，深大校址用地 1500 亩，在新校未建好前，暂用宝安县委县政府在特区内的机关大院作校舍，保证深大当年 9 月开学。1983 年 1 月 22 日，深圳市委、市政府关于创办深圳大学的报告送呈广东省委、省政府。几天之内，时任广东省委书记的任仲夷、省长刘田夫即批示同意，1 月 26 日，省政府将创办深大的报告转报国务院审批。3 月 8 日，省政府正式批复：同意筹建深圳大学，当年招生，主要面向全省并兼顾全国；成立深大筹备委员会。5 月 10 日，国家教育部发文通知，国务院批准设立深圳大学，深圳经济特区第一所大学正式成立。当时，深大没有校舍，市政府将当时的宝安县政府大院拨给深大使用，并将在建的深圳电视大学教学楼借给深圳大学上课。从 1 月决定筹办，到 9 月 27 日深大开学、第一批 210 名本科生到校上课，仅 8 个月时间，速度之快恐怕在中外大学的历史上绝无仅有。

1984 年 9 月，当深大首期工程如期落成之后，1985 年的《深圳经济特区年鉴》便称该工程“刷新了特区建设的纪录”，被列入了 1984 年深圳市的十大新闻。把深大建设当作新闻的还有香港的媒体。1984 年 10 月曾有香港《明报》记者在深大采访后发表了《深圳大学之行——神话般的奇迹》的文章。文中说：“我实在万分吃惊，望着这批建造得美轮美奂、实用舒适的校舍，我想不透现代化设备不足的深圳，为何能如此神速地在数月间把大批工程完成？”[2]

二、外地来深建设者

对于外地来深建设者[3]的人数，从来没有统一的、权威的统计数据，既不能说明现有非户籍劳动者的人数，更不能说清 30 年或 10 年来在深圳工作过的累计人数。[4]

根据《深圳市劳动和社会保障志》的记载，早期深圳的外来劳动力约有 3 万人

[1]　陈美寿：《深圳大学：用“深圳速度”办起来的大学》，《深圳商报》2005 年 7 月 29 日。

[2]　同上。

[3]　外地来深的建设者总被称为“外来劳务工”或农民工，这其实是个非常不严谨、经不起推敲的称呼。不过本书就不对此进行评论，而主要用深圳外来建设者这个同样不很严谨的词加以表述。

[4]　从人口普查获得的数据，也仅能对个别年份的劳动人口真实状况作出相对合理的估计。

（1981年10月）[1]。深圳建市前，由于地处边防以及受当时意识形成的影响，对外地人员进入控制很严。当时能够进入深圳务工的外来人员，仅限于两类：一是本市农村人员，在完成社队分配的生产任务的前提下，经社队同意并办理边防证，可利用农闲时间进入市区从事工副业生产或打短期临工；二是本省一些县份的人民公社、生产队，与本地单位签订生产建设合约，由各县社队企业管理或公社管委会统一组织派遣并提供担保的生产人员，进入深圳的单位进行有限期的生产劳动。禁止外地人员包括施工队自行进入深圳寻工、务工。1979年，深圳仅有外来劳动力1000多人。1981年1月7日，深圳市革命委员会发出《关于外来人员的政策处理及管理意见》，对外来人员去留作了详细的规定，其中，规定对没有合法边防证件者应予清理。同年10月进一步规定，各地派来深圳参加生产建设的人员，必须以县或地区为单位统一组织送来，当年全市外来劳动力约3万人。

1982年后，大量外资投向深圳。企业总数迅速增加到325家，本地劳动力远远无法满足需求，外来劳动力开始从内地向特区大规模流动，深圳对外来劳动力来深务工的管理政策也从原来的严控转变为基本放开甚至鼓励，虽然规定要求招用外来劳动力的单位必须首先向劳动部门提出申请并经过审批，但在实际执行中审批尺度已十分宽松。1986年后，深圳经济特区社会经济进入高速发展期，深圳的外来劳动力继续大幅度增加。1995年，深圳市外来劳动力的构成中，既有原来的干部、固定工以及农民，又有高职称、高学历人员、技术工人和普通劳动力。外来劳动力来源，主要集中于长江以南的省份，省内比例最高，其次分别是四川、湖南、江西、湖北。外来劳动力中一直以女性为多，1995年后，男性的比例逐年上升，性别结构逐渐趋于平衡。

深圳的人口随着不同的经济发展阶段对劳动力需求的增加而不断迅猛增加。在20世纪80年代，深圳第二产业尤其是“三来一补”工业迅猛发展，吸纳了全国各地大量的从业者，人口急剧增加，全市常住人口从1979年的31.41万人增加到1989年的191.60万人。进入20世纪90年代以来，随着经济结构的调整及有关人口政策的实施，人口总量增速降低。这一时期人口年均增长率为7.9%。据市统计局统计，2008年底，全市常住人口876.83万人，其中户籍人口228.07万人，占常住人口比重26.0%；非户籍人口648.76万人，占比重74.0%。

---

[1] 《深圳市劳动和社会保障志》，海天出版社2005年版，第132—134页。

表5－1　深圳市外来劳动力历年登记情况统计表（1984—2004）

年份	数量（万人）	净增长数（万人）
1984	23.50	—
1985	36.20	12.70
1986	35.70	−0.50
1987	51.90	16.20
1988	80.30	28.40
1989	101.80	21.50
1990	107.60	5.80
1991	126.78	19.18
1992	163.50	36.72
1993	181.32	17.82
1994	205.83	24.51
1995	179.47	−26.36
1996	173.00	−6.47
1997	221.64	48.64
1998	231.65	10.01
1999	255.33	23.68
2000	302.34	47.01
2001	343.45	41.11
2002	368.79	25.34
2003	410.68	41.89
2004	419.47	8.79

资料来源：《深圳市劳动和社会保障志》，海天出版社 2005 年版。

深圳外来劳务工除少数户籍人口和绝大部分暂住人口外，还有相当一部分的临时流动劳务人员。譬如，建筑业的包工队雇工、个体工商业和私人餐饮业的临时工、家政服务业的保姆和钟点工等等。临时流动的外来劳务工在深圳人口统计中是一个盲点，没有统计也无法统计，但通常维持一个常数——大约上百万之巨。由此推断目前深圳市外来劳务工总数大约在 500 万—600 万之间。[1]

表 5－1 中的统计数字显然不能反映深圳外来劳动力的真实情况。2004 年外来劳动力数量 419.47 万，这一登记数字与实际情况相比显然偏低。根据深圳新闻网报道，

---

[1] 陈维真、凌冲：《关注城市外来劳动工的问题——来自深圳外来劳务工发展状况的调查报告》，《中国青年政治学院学报》2004 年第 4 期。

专栏 5-2

深圳市工伤保险参保人数回升

深圳新闻网讯：昨天，记者从 2008 年度市工伤预防表彰大会上获悉，深圳市已将建筑工工伤保险费列入工程造价，农民工个人不缴纳工伤保险费，此举将大大减轻企业负担。昨天，市劳动和社会保障局及市安全生产监督管理局联合举行表彰大会，深圳市 560 家单位因为工伤预防工作出色获表彰。截至 2009 年 6 月底，深圳市参加工伤保险的企业已达 20.2 万家，工伤保险参保人数达到 773 万，比 2008 年底增加约 15.5 万，其中 89% 以上是外来劳务工，基本上实现全覆盖的目标。市社保局有关负责人告诉记者，2008 年 6 月，是深圳市工伤保险参保人数的高峰期，达 820 多万人，年底受金融危机的影响，参保人数一度下降。为减轻企业的负担，该局在进行工伤保险浮动费率调整的基础上，提出对全市企业交纳的工伤保险费进行减半征收，半年为企业减负 2.8 个亿。

目前深圳市工伤高危行业仍是建筑、机械制造等行业。为促进这些行业为员工购买工伤保险，同时也减轻企业负担，深圳市制定了《深圳市建筑施工企业农民工参加工伤保险试行办法》（以下简称《试行办法》）并于上半年开始生效。据悉，过去建筑施工单位按月按照员工工资总额的 1.5% 缴纳工伤保险，《试行办法》出台后，建筑企业只需按工程总造价 0.6‰。的比例为所有员工一次性缴纳工伤保险费用，农民工个人不缴纳工伤保险费。在施工期间若出现人员流动情况，企业也无需再额外缴费。与老办法相比，新办法为企业节省了约四分之一的保费。但到目前，深圳市仍未有建筑施工企业申请执行该办法。对此，该负责人号召企业积极参保。

资料来源： 深圳新闻网，http://news.sznews.com/content/2009-07/31/content_3945864.htm。

截至 2009 年 6 月，深圳市工伤保险参保人数达 773 万，甚至 89% 以上是外来劳务工。而 2006 年 9 月，深圳市工伤参保人数已超 700 万，达到 717 万人，占全国工伤保险参保人数7.9%强，居全国各城市首位。[1]

深圳大学中国经济特区研究中心开展的一项深圳农民工状况调研[2]比较详细地反映了农民工在深圳的多方面情况，部分数据资料结论引用如下。

从农民工居深时间与居住状况看，居住一年以上的农民工占71.19%。在回答了居住深圳时间的问卷中（参见表5—2），居住时间1—2年的最多，占了30.57%，其次是居住3—5年者占21.41%，5年以上者占19.20%，半年以上1年以内者占16.83%。另外还有半年以下者占11.98%，按照人口统计的传统口径，这部分不属于常住人口。

表5－2　2007年深圳市各区域农民工的居深时间结构

（单位：%）

居深时间 / 区	一个月以下	1个月以上半年以下	半年以上1年以下	1—2年	3—5年	5年以上	合计
福田	1.703	13.63	18.98	27.25	21.65	16.79	100
罗湖	1.202	6.212	13.03	24.05	23.85	31.66	100
南山	1.153	10.05	12.03	16.14	19.6	41.02	100
盐田	1.299	2.597	6.494	27.27	27.27	35.06	100
宝安	2.329	10.27	17.33	32.21	22.12	15.74	100
龙岗	0.951	10.46	18.14	33.87	17.41	19.17	100
(空白)	1.575	9.449	17.85	32.28	24.41	14.44	100
总计	1.883	10.1	16.83	30.57	21.41	19.2	100

说明：（空白）是指调研中未注的所属区域的问卷。

特区内有31.56%的农民工居住超过5年，罗湖、盐田半年及以下者最少。从各区域农民工居住深圳的时间长短看（参见图5—1），在回答了居住深圳时间的问卷中，特区内的农民工居住时间在5年以上的最多，占31.56%，特别是南山区，达41.02%，而特区外的农民工居住时间在5年以上的仅16.46%。居住在罗湖区与盐田区半年及以下的农民工最少。

有52.5%住在单位提供的住房中，38.2%的自己租房子住。从农民工居住深圳的住处角度看（参见表5—3），调查样本中未回答居住住处的比例为2.16%，在回答了

---

[1]　新华社记者彭勇的报道：《深圳市工伤保险参保人数突破700万居各城市首位》，载中央政府门户网站http://www.gov.cn（2006年9月6日）。

[2]　深圳市委、市政府重大调研课题《深圳农民工基本情况调研与分析》课题组2007年7—8月专门对全市六区非深圳户籍劳动人口的就业情况进行调研，调研有效问卷1.6万余份。该报告的主要撰写人为高兴民、钟若愚、杨光辉等。

居住住处的问卷中，自己租房子的占了最大比重，达 38.19%，其次是单位有偿提供的住房占 30.37% 和单位无偿提供住房的占 22.15%。另外，有 1.92% 的居住在工地现场，还有 4.09% 的农民工居住在自己购买的房子中。

图5－1 2007年深圳市特区内外农民工的居深时间结构

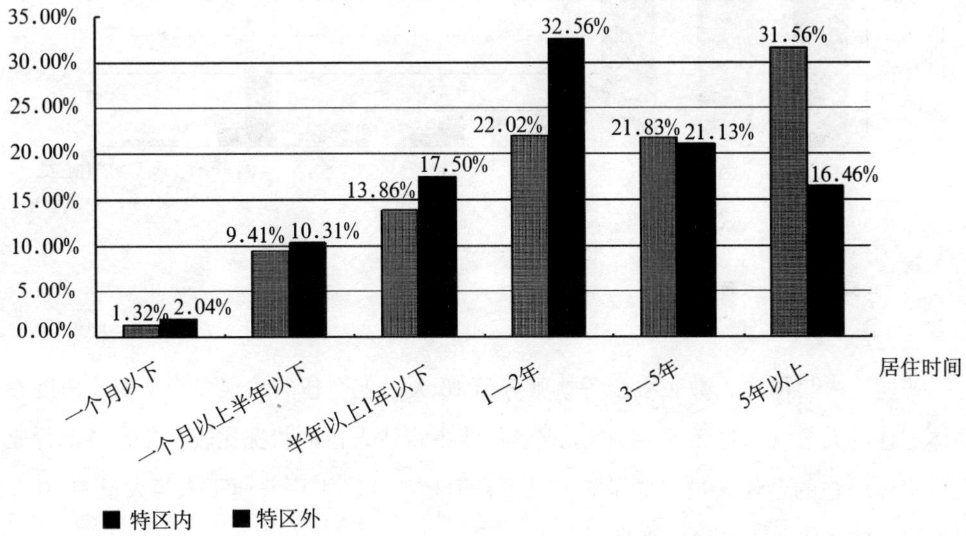

表5－3 2007年深圳市各区域农民工的居住住处分布

（单位：%）

居住住处 / 区	自己租住	单位有偿提供的	单位无偿提供的	工地现场	亲友、同乡提供的	旅店	自己购	其他	合计
宝安（%）	39.09	32.77	21.31	2.01	1.76	0.1	2.249	0.70	100
福田（%）	27.54	29.47	30.92	0.48	2.66	0.24	7.488	1.21	100
龙岗（%）	38.97	26.89	25.79	1.25	1.68	0.07	2.93	2.42	100
罗湖（%）	30.78	23.14	20.12	6.24	3.02	0.4	15.29	1.01	100
南山（%）	39.34	22.95	20.82	1.15	1.8	2.3	10.66	0.98	100
盐田（%）	63.16	27.63	3.947	0	3.95	0	1.316	0	100
(空白)(%)	37.73	33.51	19.26	0.53	3.17	0	4.749	1.06	100
总计（%）	38.19	30.37	22.15	1.92	1.95	0.27	4.092	1.05	100

特区内有 10.83% 的住在自己的房子中。从各区域农民工居住深圳的住处角度看(参见图 5—2)，在回答了居住住处的问卷中，特区外的农民工居住在自己租的房子中的比例高于特区内，而特区内的农民工中有 10.83% 居住在自己购买的房子中。

图5－2　2007年深圳市特区内外农民工的居住住处分布

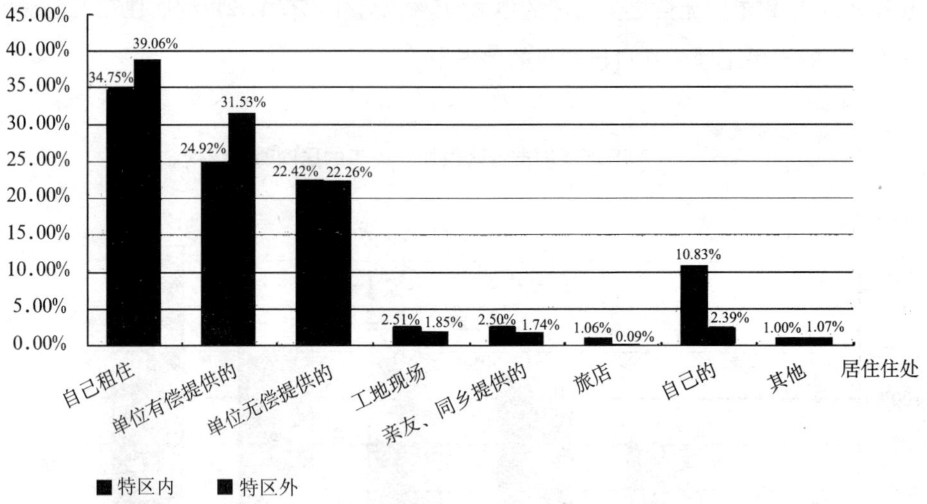

普通工人集体户人数较多，餐饮服务员10人以上合住的也很多。从职业角度看集体居住的人数（参见表5—4），发现各行业中合住人口的状况比较分化，各个行业人员集体居住的合住人员主要是6人以下，但是餐饮、工厂普通工人等人员中10人以上的集体居住方式也比较普遍。

表5－4　深圳市2007年农民工合住人数与职业的相关关系

职业	1—3人	4—6人	7—9人	10—12人	13—15人	16人以上
负责人（%）	73.75	15.00	6.25	5.00	0	0
专业技术（%）	56.25	33.33	6.25	3.13	0	1.04
文员（%）	51.46	39.18	5.85	2.92	0.58	0
餐饮服务　（%）	40.74	22.22	11.11	22.22	3.70	0
商业零售（%）	61.40	28.07	8.77	1.75	0	0
交通运输（%）	85.71	7.14	7.14	0.00	0	0
普通工人（%）	35.77	20.57	26.51	16.34	0.23	0.57
保安（%）	8.47	71.19	3.39	8.47	5.08	3.39

数据也可反映出来深建设者的平均流动特征。居深半年以下（1个月以上）占10.1%，半年以上1年以下16.8%，1—2年占30.57%，3—5年占21.41%（参见表5—2）。根据这样的居住时间特征，结合历年实际管理人口存量和户籍人口综述来推断，可以

粗略得出这样的估算结论[1]：2000 年以来的最近 10 年间，共有约 6600 万非深圳户籍劳动者来深工作，其中 2900 万人约在深圳居住半年以内，1600 万人在深居住半年至一年，约 1470 万人在深居住 1—2 年。正是庞大的外来建设者群体为深圳发展作出了巨大贡献。

三、特区的人口以及人的发展

(一)特区的人口总量及结构

深圳经历了 30 年持续快速增长后，经济总量和人口总量均快速提升，2008 年，深圳市常住人口 876.83 万人，实际管理人口应为 1200 万人以上，深圳已成为全国人口密度最高的城市之一（参见表 5—5）。深圳按实际管理人口、可建设用地计算的人口密度在 2007 年已达 6478 人 / 平方公里，与中国香港和新加坡相当，甚至超过了东京。

表5－5　国内外部分大城市人口密度比较

城市	香港	新加坡	东京	首尔	芝加哥	北京	上海	广州	深圳
人口总量(万人)	696.31	458.86	1254	1035.22	871.1	1538	1778	1043	846
GDP总量(亿美元)	2068.04	1613.49	11900	2180	6571	1154.61	1318.65	655.17	728.04
城市面积(平方公里)	1104.3	707.1	2187	605.33	5498.1	12188	6543	3843	1952
人口密度(人/平方公里)	6410	6489	5733.8	17108	4816	1261.89	1971.79	1606.25	4334.02
人口经济密度(人/万美元)	2.97	3.52	9.49	2.17	7.54	0.75	0.74	0.63	0.86

说明：新加坡和香港地区为 2007 年数据，GDP 统计为当期价格。北京、上海、广州、深圳为 2006 年数据，GDP 为当期水平，汇率为：100 美元 =780.87 元人民币。国内城市为常住人口。东京、首尔、芝加哥均为 2007 年数据。计算人口密度时面积按照市区面积计算。

人口增长过快，人口总量仍存在膨胀势头。根据 2000 年第五次人口普查和 2005

[1] 假定考察期内劳动人口平均流动特征不发生大的变化，劳动力人口占实际管理总人口的比例在 78.5%—77.5% 之间变动。

年全国1%人口抽样调查等资料推算，2000年至2006年间，深圳外来人口净迁入规模达到年平均10.53%的增长速度[1]，人口增长过快。《深圳市调整优化产业结构加强人口调控研究》课题组对深圳历年实际管理人口规模进行的推算显示，自2000年以来，深圳实际管理人口年平均增长速度为6.92%，与常住人口口径的年平均增长速度2.98%相比存在较大差异，深圳人口总量仍存在明显的膨胀趋势。

表5－6　深圳历年人口规模及其结构状况测算（1995—2007）

年份	年底常住人口（万人）		实际管理人口（万人）
		其中户籍人口	
1995	449.15	99.16	539
1996	482.89	103.38	582
1997	527.75	109.46	629
1998	580.33	114.6	679
1999	632.56	119.85	733
2000	701.24	124.95	792
2001	724.57	132.04	863
2002	746.62	139.45	941
2003	778.27	150.93	1025
2004	800.8	165.13	1118
2005	827.75	181.93	1218
2006	846.43	196.83	1248
2007	861.55	212.38	1265

资料来源：根据深圳统计年鉴（2007）和普查、抽样调查及出租屋管理数据等资料整理、推算。引自深圳市发展和改革局和深圳大学中国经济特区研究中心课题组《深圳市调整优化产业结构加强人口调控研究》研究报告，2009年。

非户籍劳动人口流动特征非常明显。根据调研数据（参见表5—2），2007年深圳非户籍劳动者中，居深时间在2年以下的占59.4%，3年以下占80.8%，在深工作10年以上的仅占4.56%。居深时间较短说明深圳市非户籍劳动人口流动特征非常明显。从劳动者职业类别来看，从事办事员、文员和工厂普通工人、保安物业管理等职业的

[1]　按统计局资料，2000年到2006年非户籍人口净迁入以年平均2%速度增长，但从实际管理人口数据来看，外来人口增长速度远高于这一数值。根据2000年11月1日的人口普查资料，除常住人口为700.84万外，尚有90多万居住不足半年的非常住人口，因而2000年底深圳实际管理人口在792万以上，按2005年1%抽样调查人口数据，深圳2005年底实际管理人口达到1218万人。

普通劳动者中超过40%的来深工作时间仅为1—3年。普通劳动者平均来深时间不长充分说明深圳普通职业劳动者就业极不稳定、流动性高。

(二)人的发展

人的发展本是全方位的综合考量，这里仅从非深圳户籍劳动者在深养老、深圳社会保障体系覆盖农民工等问题略作说明。

专栏5—3

“我在深圳也能领退休金了”

记者采访了非深户退休老人陈圣昆，老人用自己的亲身经历解读了国家养老保险新政对参保人的真正意义。“现在深圳每个月发给我的退休金有815元，想想还真是挺高兴的，虽然没有深圳户口，但和有户口的人一样也能在深圳领上退休金。”

陈圣昆从湖北武汉来深圳打工快20年了，去年10月正式退休。“来深圳时，我已经42岁了。1991年，深圳蛇口龙电股份有限公司到武汉去招钳工，那时我当钳工已经20多年，也算是个老师傅了，就这样，我填了招工表，跟着公司来到了深圳。”当时深圳挺缺技术工人，陈圣昆的钳工技术不错，公司很看重，还破格按工程师级别给他待遇，并且签了长期合同，陈圣昆说：“公司老总还承诺，要我好好干，公司会帮我买社保，以后退休就有保障。以前在内地工作这么多年，单位没给我买过保险。公司老总这么承诺后，我就很留意深圳社保的一些信息了。”

1994年6月，公司统一给每一位员工买了社保，陈圣昆记得很清楚，当时自己每个月也就掏几十元钱。2001年，深圳重新修订了《深圳经济特区企业员工社会养老保险条例》，规定今后，在特区内工作的外来工只要参加养老保险，并且缴费满15年，达到退休年龄的，便可以像户籍工一样享受按月领取养老金的待遇。知道这个消息后，陈圣昆还特意去找了公司领导，希望给自己多交一些钱，多交的钱我愿意自己出。“我一直很看重社保这个事，还动员身边的朋友去买社保。有些外来工觉得钱还是拿在自己手上好，或者想退保，但我劝他们大家一定要相信政府，而且这养老保险的钱迟早也是自己的，就当存银行，老了能有一份保障，多好。还有人觉得要交够15年时间太长了，我就跟他们说，时间过得很快的，15年一转眼就过去了。在我的动员下，有10多个没有深圳户口的朋友都去买了社保。”陈圣昆高兴地说。

去社保局办退休手续时，陈圣昆和别的深圳户口退休人员一样拍照片、按指纹，陈圣昆说，朋友们看我真的按月拿上了深圳的退休金，大家都挺庆幸当初听了我的话。“我只有初中学历，是当年的老三届。现在儿子在深圳买了房，我领上了退休金，一家人算是在深圳定居，真正把深圳当家了。”陈圣昆感慨地说。

资料来源：杨丽萍：《“我在深圳也能领退休金了”》，《深圳特区报》2010年2月2日。

1.农民工养老及相关待遇。2002年，农村养老保险由民政部门移交给社保部门。原有的农村养老保险保障水平太低，养老待遇低的每月只有10.8元，无法保障农村城市化后农民的基本生活。深圳市的经济发展迅速，农村城市化进程步伐也快，整个深圳已经是没有农村和农民的城市。农民基本上不靠种地为生，虽然他们衣食无忧，但要彻底剥离农民的身份，还必须解决社会保障问题。

2004年，深圳市加快了养老保险城乡统筹步伐。深圳市在制度设计上确定了城乡养老保险一体化的思路，将原有农村养老保险逐步过渡到城镇养老保险，农村居民参加城镇养老保险，费用由村集体或改制后股份合作公司、个人和政府共同负担。2004年6月，深圳市又开始推动农村城市化人员养老保险工作，同年实现了城市化人员养老保险参保率和待遇发放率两个100%的目标，人均养老金也突破了千元。自此，深圳市成为全国首个实现城市化人员与城镇职工基本养老保险一体化的城市。

在推进城乡统筹的同时，深圳还建立了地方补充养老保险制度。2008年深圳市的平均养老金水平达到了2364元，在全国最高。地方补充养老保险制度不是企业年金，主要是考虑地区的物价水平、生活水平差异，建立的一种地方性补充养老保险金。深圳户籍员工由单位缴纳1%的地方补充养老保险费，只设立共济基金账户，不设立个人账户。2009 年，这一部分人的待遇大概有 400 多元。[1]

据报道[2]，2006 年 8 月、12 月，深圳颁布实施了新的《深圳经济特区企业员工社会养老保险条例》及其《实施规定》，这是深圳在农民工养老准入和待遇准出方面的新举措，初步实现农民工与深圳户籍员工在基本养老保险制度方面的一体化。统计数据显示，2007 年已纳入深圳市社会养老保险体系的农民工已达 224 万，占全市养老保险参保人数的 52.2%。

农民工收入偏低的实际情况，一直是在农民工中推行养老保险制度的一大难题。自 2001 年 2 月以来，深圳市非户籍员工的最低缴费基数一直规定为上年度在岗职工月平均工资的 60%。以 2006 年为例，当时深圳市上年度在岗职工月平均工资为 2706 元，相应的养老保险最低缴费基数为 1624 元，每名农民工个人每月至少需缴费 81.20 元。实际上，深圳市绝大多数农民工实际工资收入达不到 1624 元的标准，尤其是宝安、龙岗两区的农民工，大多数每月只有 1000 元左右。相当一部分农民工无力缴纳养老保险费，无法进入养老保险体系。

新的《深圳经济特区企业员工社会养老保险条例》及其《实施规定》，按照国家“要兼顾农民工工资收入偏低的实际情况，实行低标准进入、渐进式过渡，调动用人单位和农民工参保的积极性”的政策规定，调整了农民工的缴费基数下限。新条例将农民工的缴费基数下限，由原来的深圳市上年度在岗职工月平均工资的 60%，调整降低为深圳市月最低工资标准（当时特区内宝安、龙岗两区的最低工资分别为 810 元和 700 元）。从而使缴费基数与农民工的实际工资水平基本相当，降低了农民工的缴费门槛，使之有能力参加养老保险，享受到养老保险的保障权益。

与旧的条例相比，新的《深圳经济特区企业员工社会养老保险条例》及其《实施规定》中的一大亮点是，取消了农民工退休前五年必须在深圳连续缴费的限制。按原来的《〈深圳经济特区企业员工社会养老保险条例〉若干规定》第 13 条规定，非本市户籍员工在本市退休按月享受养老保险待遇的，应在达到退休年龄的前 5 年在本市连续缴费。这一规定在实施过程中反映出诸多问题，矛盾突出，也一定程度上限制了农民工在深圳的养老权益。2006 年 3 月《国务院关于解决农民工问题的若干意见》明确提出“尊重和维护农民工的合法权益，消除对农民工进城务工的歧视性规定和体制

[1]　王光华：《深圳养老保险的“跃变”：一名社保人眼里的养老保险制度变革》，《中国社会保障》2009 年第 1 期。
[2]　以下资料引自李玫、王彤：《农民工退休后可在深圳养老》，《深圳特区报》2007 年 2 月 8 日。

性障碍，使他们和城市职工享有同等的权利和义务”的原则。为贯彻国务院的指导意见，新的养老保险条例实施规定取消了这一条对农民工享受养老保险待遇的限制性规定。新出台的条例规定，深圳农民工达到退休年龄后退保，可享受一次性生活费。为鼓励农民工长期保留其养老保险关系，减少盲目退保，新的《深圳经济特区企业员工社会养老保险条例》及其《实施规定》增设了农民工领取一次性生活费的条款。该条款规定，达到退休年龄不满缴费年限的农民工，除领取个人账户积累额外，还可以领取一次性生活费。一次性生活费标准为：缴费年限每满 1 年支付 1 个月的退休时本市月最低工资。

企业养老保险制度建立的本义是规定员工工作时参保，退休时享受养老保险待遇，使参保员工能最终实现“老有所养”。而员工退保虽然得到了眼下的短期利益，但丧失了将来按月享受养老保险待遇的可能，这和养老制度建立的初衷是相违背的。由此可见，新条例通过鼓励引导员工长期参保，实现员工退休后老有所养，从根本上保障了员工的长期利益。明确农民工养老保险关系转移的新《深圳经济特区企业员工社会养老保险条例》及其《实施规定》，对于农民工养老保险关系转移也作出更加明确的规定。

逐步完善农民工养老保险、实现农村劳动力向非农产业和城镇转移，是我国工业化和现代化的必然趋势，这一历史进程对深圳市养老保险制度提出了新的课题和挑战。经过长时期的实践和探索，深圳市在全国首创了将农民工养老保险直接纳入城镇基本社保的模式，从而基本解决了农民工养老保障的需求。与国内其他城市相比，深圳农民工养老保险制度的设计相对较为公平，也最有利于城乡的统筹发展，但在现阶段，各地深圳农民工养老保险关系的转移和接续较为困难，这与农民工流动频繁的基本特性形成强烈矛盾，一定程度上也制约了深圳市农民工养老保险的发展。[1]

据报道，截至 2009 年底，深圳养老保险参保人中非深户籍员工已达 450 多万，并有 400 余非深户籍来深建设者领上了深圳的养老金，每人每月人均能拿到退休金 1300 多元，最高的能达到每月 1600 元左右，真正实现“在深养老”。[2]

---

[1] 以上资料引自李玫、王彤：《农民工退休后可在深圳养老》，《深圳特区报》2007 年 2 月 8 日。

[2] 社会保障制度对外来劳动者在制度设计上仍存在制度设计的不公平，参见本书第八章第二节的相关内容。

专栏 5—4

20 年积极探索不断完善养老保险制度

长期以来，深圳农民工遍布在深圳建筑、玩具、制衣等行业。他们的辛勤劳动，拓宽了深圳的就业和服务空间，满足了深圳的经济需求，为深圳的建设和发展创造了巨大的社会效益和经济效益，农民工已成为深圳市一个不容忽视的规模巨大的特殊社会群体。针对深圳市的实际情况，深圳从 1987 年 3 月开始积极探索、稳步推进农民工养老保险体系，如今已经走到了第 20 个年头。在 20 年的时间中，深圳市逐步出台了一系列涉及百万农民工的养老保险政策，稳步将农民工纳入养老保险体系。

1992 年 5 月，深圳颁发《深圳市社会保险暂行规定》(深府［1992］第 128 号)，将所有不同性质的企业和职工（包括农民工）纳入了统一的养老保险制度。

1996 年 7 月，为提高农民工的参保积极性，市政府颁布实行《深圳市基本养老保险暂行规定》(深府［1996］第 123 号)，允许农民工离开深圳时可以退保。

2001 年 2 月和 2002 年 9 月，深圳分别颁布实施《深圳经济特区企业员工社会养老保险条例》及其《若干实施规定》，明确农民工在基本养老保险准入方面已和本市户籍职工完全一致；在享受养老保险待遇方面，农民工达到法定退休年龄，实际缴费满 15 年，退休前 5 年在深圳连续缴费的可以在深圳退休，并按月领取养老金。

2006 年 8 月、12 月，深圳颁布实施了新的《深圳经济特区企业员工社会养老保险条例》及其《实施规定》。

特别值得一提的是，新实施的条例及其实施规定在农民工养老准入和待遇准出方面又有新的举措，降低了农民工缴费基数下限、取消了农民工退休前 5 年必须在深圳连续缴费的限制、农民工达到退休年龄后退保，可享受一次性生活费、明确农民工养老保险关系转移规定等，全面实现了农民工与深圳户籍员工在基本养老保险制度方面的一体化。

资料来源：李玫、王彤：《农民工退休后可在深圳养老》，《深圳特区报》2007 年 2 月 8 日。

第六章

创新精神

⋆深圳高科技企业的发展之路源于一种独特的产业土壤。早期产业基础的薄弱与“三来一补”经济的结合造就了高技术制造业的成长奇迹，到今天高技术产业中劳动密集型的研发力量与劳动密集型的生产队伍又形成了关联密切、配套完整的产业链条。

⋆深圳高技术产业的创新发展实质上充分利用了比较优势，以劳动密集型、以制造业为主体的高技术制造业先行。这是市场选择的结果，既与“三来一补”的发展基础有关，也适应国际产业转移的需求、抓住了产业转移的机遇，这在当时的发展阶段就是极具竞争力的创新。

⋆“山寨”现象是深圳高技术产业发展创新之路的一个注解，它既是企业在原创性缺乏基础和环境时所采取的一种最为经济的发展路径的表现，也是对中国经济增长中技术进步因素缺失的一种折射。未来的可持续发展需要高科技企业实现从“山寨”之路到培养自身创新活力和内在驱动力的转型。

⋆经济特区的建立和发展有两个关键因素：其一是获得中央授权，这意味着区域经济增长启动的政治前提和政策环境；其二是在经济特区的建设历史上，聚集了一批敢闯敢冒敢干、敢于创新的人，创造了深圳发展的奇迹。发掘深圳创新精神的源泉，其核心是具有创新精神的人。“新特区”的发展前景，不在于中央给予多少授权，不在于是否把政策和当地的发展上升到“国家战略层面”，而应高度重视是否培育了更具有创业创新精神的人和企业。

第一节　深圳高技术产业发展的创新之路

自深圳经济特区成立以来，在改革开放政策指引下，深圳抓住国际性产业转移的机遇，以产业政策为导向着力推进高新技术产业的发展，特别是利用我国由计划经济向社会主义市场经济转轨的阶段，中央赋予特区先行先试的政策，大胆进行体制与机制上的创新，营造了一个适于创新创业的环境，充分发挥市场配置资源的作用，吸引了大批人才和创业者。30 年来，深圳经济特区像一艘“破冰船”，发扬敢闯、敢试、敢冒、敢探索的精神，率先突破了束缚生产力发展的一个个“禁区”，创造了崭新的社会主义市场经济体制。这其中深圳高新技术产业的起步、发展带来的巨大变化值得深入解析。

一、国际产业转移与深圳高技术产业的起步

二战以后全球经历了两次大的国际产业转移浪潮。20 世纪 50 年代，通过军事技术民用化，美国进一步巩固了其在世界经济和产业技术中的领先地位，并率先进行了产业结构的调整升级。美国集中国内力量发展汽车、化工等资本密集型重化工业，将纺织等传统产业向日本和亚洲“四小龙”等国家和地区转移。经过 20 世纪 50 年代的进口替代，亚洲新兴工业化国家和地区的劳动密集型工业得到较快发展。20 世纪 60—70 年代，科技革命的深入发展推动新技术的不断涌现，产业升级的步伐由此加快，亚洲“四小龙”通过承接发达国家的产业转移，塑造了具有国际竞争力的现代产业群体。[1]

第二次国际产业转移始于 20 世纪 70 年代后期。两次石油危机和世界经济危机的爆发，严重打击了西方国家的重化工业，迫使这些国家大力推进技术创新，发展微电子、新能源、新材料等高附加值、低耗能的技术密集和知识密集型产业，而将钢铁、造船、化工等重化工业以及汽车、家电等部分资本密集型产业进一步向外转移。与此同时，亚洲新兴工业化国家和地区的劳动力成本迅速上升，廉价劳动力的优势迅速丧

[1]　这次转移不仅使发达的产业移出国产业结构得到转移和升级，而且使得发展中国家和地区工业化取得突出业绩，我国高新技术及其产业化就萌芽于这时期。王雨生：《中国高技术产业化的出路》，中国宇航出版社 2003 年版，第 18 页。

失。亚洲“四小龙”再次借助国际产业转移机遇，承接发达国家资本密集型产业转移，同时将已失去比较优势的劳动密集型产业向中国、马来西亚、泰国等国家转移。我国工业的发展以及深圳工业的起步都得益于此次产业转移。20世纪80年代起，美国个人计算机和互联网行业的发展，开启了一个新的时代，在由美日欧跨国公司主导的全球配置的产业链条上，发展中国家凭借劳动力优势占据加工组装环节，然后通过资本积累和技术进步逐步向中间产品、关键零部件产品的生产以及销售等上下游高附加值提升。[1] 深圳是我国最早的经济特区和开放地区之一，正是在积极承接此次转移的基础上逐步发展壮大了高新技术产业。在经济全球化背景下，中国的产业升级开始由劳动密集型向资本、技术密集型产业提升，并向销售、研发等产业链高端环节延伸。

深圳建市之初，全市仅有工业企业224家，主要生产化肥、小农具、日用小商品等，以及农副产品加工。仅有一家电子工厂——市辖宝安县无线电厂，生产小功率变压器、农用电动机等简单电子产品，年产值约70万元。[2] 从特区成立到1992年，深圳高新技术产业起步并缓慢发展。深圳把握国际产业转移的契机，通过政策引导，吸引海内外投资，经过第一次产业结构的调整，现代化外向型工业体系初具规模。到1980年底，深圳市仅有“三资”企业33家，“三来一补”企业270家。1980年建特区后，大力引进境外资金、设备与技术，兴办“三资”企业和“三来一补”企业，同时与内地联合兴办企业，工业逐步打下基础，高新技术产业亦开始萌芽。1985年7月，经国务院批准，深圳市政府和中国科学院创办了第一个国家级“深圳科技工业园”。同年，通过外引内联，全市共建立起从事电器机械及器材制造、电子及通讯设备制造、仪器仪表计量器具制造的企业共计126家，实现工业产值12.5亿，深圳高新技术产业由此开始起步。到20世纪80年代后期，以电子、生物工程为主的一批高新技术产业初具规模。

1988年起，深圳市积极参与国家沿海发展战略和火炬计划的实施。在安排火炬计划项目时，即选择电子信息、生物工程、新材料等领域为重点。当年，电子工业出口值占全市工业总产值的60%以上。1990年9月，深圳市政府制定并实施《深圳市科学技术发展规划（草案）（1990—2000）》，明确提出90年代深圳市科技发展重点领域

---

[1] 商务部、国务院发展研究中心联合课题组编：《跨国产业转移与产业结构升级：基于全球产业价值链的分析》，中国商务出版社2007年版，第19—21页。

[2] 《深圳市志：教科文卫卷》，方志出版社2004年版，第170页。

专栏 6－1

华为成为全球第二大电信设备商

昨天，华为发布了经审计的 2009 年业绩，去年全球销售收入达 1491 亿元，同比增长 19%。按照这一规模，华为已成为全球第二大电信设备商。全球主流电信设备商的 2009 年业绩公告显示，爱立信销售收入约合 1940.48 亿元（人民币，下同），诺基亚西门子销售收入约 1155.32 亿元，阿尔卡特朗讯销售收入约 1398.35 亿元。华为已超越两大巨头，全球排名仅次于爱立信。

年报显示，华为 2009 年净利润达 183 亿元（约合 26.8 亿美元），净利润率达 12.2%。相比 2008 年的净利润 11.5 亿美元，增幅超过 100%。截至去年底，全球 50 强运营商有 45 家成为华为的客户，而 2008 年为 36 家。在国际市场，华为份额保持显著增长，现已成为全球无线接入市场第二大供应商。在国内，华为抓住 3G 元年的市场机遇，去年国内合同销售额达 100 亿美元，获得中国 3G 市场最大份额。

坚持研发创新是华为高歌猛进的主要原因。2009 年，华为研发费用达 133 亿元，增加 27.4%，9.5 万名员工中有 46% 是研发人员。

资料来源：吴凡：《华为跃居全球通信业第二》，《深圳特区报》2010 年 4 月 1 日。

是电子信息、新材料与生物工程技术。当年，电子机械及器材制造业、电子及通信设备制造业、仪器仪表及计量器具制造业共有企业 412 家，实现工业产值 80.5 亿元，占工业总产值的 40%。[1]1991 年深圳市颁布的《关于加快高新技术及其产业发展暂行规定》，在技术领域、产品认定和扶植政策等事项上给高新技术产业提供了法律依据。同年出台的《1990—2000 年深圳科学技术发展规划》制定了深圳科技发展的战略目标：以发展先进实用技术为重点，以开发高新技术产品为龙头，推动深圳产业结构、产品结构调整与技术升级，促进以工业为主导的外向型经济的发展与腾飞。20 世纪 90 年代，深圳顶住压力对“三来一补”产业进行转型提高，已经悄然实现了一次产业升级。此后深圳经济持续快速增长，产业升级进程加快。深圳市政府为顺应全球产业发展趋势，

[1] 《深圳市志：教科文卫卷》，第 171 页。

分别于2004年和2006年出台了两个“1号文件”，提出实施自主创新战略，完善区域创新体系，加快高新技术产业发展，建设国家创新型城市。在经济全球化和信息化浪潮中，深圳市通过参与国际经济竞争和分工，优化自身的产业结构，使高新技术产业成长为深圳经济的第一支柱产业，同时也成为中国高新技术产业的重要基地。

近年来，深圳不断推进国家创新型城市建设，市政府出台了包括大力发展高科技、高端服务业、先进制造业、总部经济、“走出去”等一系列政策和措施。2007年、2008年分别以政府一号文的形式提出重点发展高端服务业和总部经济。2009年，深圳又出台了新能源、生物医药、互联网等战略性新兴产业振兴规划，在政策和资金上加大扶持力度，优化创新创业环境。

据媒体报道，深圳相继出台生物、新能源、互联网三大战略性新兴产业规划和发展政策，三大新兴产业5年目标6500亿。2010年2月11日，深圳市政府召开生物、新能源、互联网产业规划和政策新闻发布会，宣布生物、新能源、互联网三大战略性新兴产业目标，到2015年要形成6500亿规模。[1]深圳相继出台生物、新能源、互联网三大战略性新兴产业规划和发展政策。据介绍，深圳将围绕规划和产业政策制定具体的实施细则，组织实施自主创新提升和产业化专项，分批次培育一批自主创新高技术群体，设立研发中心，促进三大战略性产业集聚和创新资源集聚。未来7年将通过规划的部署、政策的引导、政府资金和社会资金的共同投入，迅速壮大这三大战略性新兴产业，进一步带动深圳产业结构的战略性调整，加快建设具有国际竞争力的现代产业体系。生物、新能源、互联网是世界高技术产业最具发展前景的三大领域，深圳市政府专门设立三大战略性新兴产业发展的专项资金，计划投资百亿元以上，支持三大产业迅速形成规模。并将在三大产业核心技术开发、攻关、应用、创新技术能力建设、重大项目培育和引进、人才培养以及知识产权标准战略和国内外市场开拓上倾注更大精力、调动更多资源、采取更重要的措施。[2]

---

[1] 其中，生物产业年销售收入要达到2000亿，成为世界知名、国内领先的国家生物产业基地。互联网产业年销售收入达到2000亿，成为我国乃至东南亚地区发展的领先地区。新能源年总产值达到2500亿，成为国家新能源重要基地和低碳城市。

[2] 刘传书：《深圳三大新兴产业5年目标6500亿》，《科技日报》2010年2月20日，转引自人民网（http://ip.people.com.cn/GB/10984640.html）。

二、深圳高新技术产业发展的原因

深圳从几乎没有工业基础的“小渔村”发展成为中国最重要的高新技术产业集聚地，探究其高新技术产业成长和创新发展的经验极有意义，以下两方面的启示初步说明了深圳高新技术产业发展的原因。

1. 市场驱动，政府推动。在深圳高新技术产业的发展史上可以明显地看到政府所起到的重要作用。无论是产业导向的制定，科技园区的建立，还是高交会的举办都显示了政府发展高新技术产业的决心。起步于加工贸易的制造业基础，以市场为导向，以中小企业和成长性企业为主体的深圳高新技术企业在 20 世纪 90 年代缓慢起步。政府因势利导，适时出台产业发展政策，积极吸引海内外投资，深圳的高新技术产业经过第一次产业结构的调整，现代化外向型的工业体系初具规模。单从自身条件来看，深圳不具有北京、西安、南京等地的大中专院校和科研机构，深圳本土也缺乏高素质的劳动力，但深圳充分发挥市场规律的作用，政府通过制定扶持和优惠政策，营造了一种竞争的洼地，吸引了全国各地的优质生产要素集聚于此，再加上所形成的企业家精神，造就了今天深圳高新技术产业发展的辉煌成就。总的来看，深圳市敏锐抓住了国际产业结构调整和升级的机遇，顺应市场配置资源的机制，着力营造创新创业环境，充分运用前瞻性产业政策，不断创新体制和运行机制，促使高新技术产业蓬勃发展。

2. 强烈的企业家精神和创业文化。深圳涌现出了一大批具有创新创业精神的企业家，率领着从全国各地而来的同样具有冒险精神、勤学肯干的深圳移民，在深圳这样一个包容失败的创业环境中，不断创造出一个又一个的深圳速度和深圳奇迹，从而奠定了深圳市高新技术产业在全国的领先地位。从发展高新技术产业来看，深圳先天不足、劣势彰显，国内很多大专院校、科研院所、科技人才密集、劳动力素质高的大城市似乎比深圳更有条件发展高新技术产业；香港在科技产业和研发的资金投入上远远高于深圳，但为什么是在深圳而不是其他地区，创出了华为、中兴、比亚迪、迈瑞、大族、腾讯等具有国际竞争力的高科技企业。是强烈的企业家精神和创业文化造就了深圳高科技企业发展的一种独特的产业土壤。在经济全球化的浪潮中，深圳敏锐抓住第三次国际产业转移的历史机遇，充分把握了我国改革开放、从传统的计划经济体制向社会主义市场经济转轨的有利时机，利用特区政策大胆先行先试，在全国率先通过体制和机制创新，充分发挥市场配置资源的作用，同时注重产业政策的导向作用，努力克服人才、大学和科研机构缺乏等不利因素，营造了一个适于高新技术企业和人才聚集和快速成长的“栖息地”和创业文化氛围。正如经济学家樊纲所说的，中央政府并没有对经济特区给予什么财政上的特殊支持，而只是“给了政策”，正是特区这种用新体制和新政策的落差，把全国的各种人才集中到深圳来，把全国的一批优质稀少资源集中配置到了特区[1]。这就是一大批极富创新和冒险精神的企业家和从全国各地移民而来、具有个人奋斗精神的深圳人。

专栏 6－2

深圳而立之年调结构　今后 5 年批量“生产”华为腾讯

深圳市政府召开了一场“深圳生物、新能源、互联网三大新兴产业振兴发展规划和政策”新闻发布会。发布会上，深圳市委常委、常务副市长许勤再次明确了对深圳新一轮产业结构调整的期许：未来 5 年斥资百亿强力推进生物、新能源和互联网三大新兴产业发展，力争 2015 年产值达 6500 亿。事实上，去年下半年，深圳已相继出台了这三大战略性新兴产业的规划和发展政策，并成立了以代市长王荣为组长的深圳新兴高技术产业发展领导小组。而深圳专家袁易明则根据年 GDP 总量预言，深圳未来将涌现出一批类似华为、中兴和腾讯的明星企业，2015 年三大产业年产值甚至可以再造一个深圳。

尽管三大新兴产业的确定给未来深圳带来亮色，但仍有不少人心存担忧。深圳从 20 世纪 90 年代中期就大力调结构，发展高新技术产业，目前，全市高新技术产品的产值已达到了 8710 亿元，成为深圳第一支柱产业。但多年来，“科技、教育、人才”等问题一直被认为是城市竞争力的短板。这种担心不无道理，我国从“863 计划”开始，科技创新就是从科研机构和大专院校开始的。而深圳则一直走的是以企业为主体的自主创新之路，即“90% 以上的研发机构、90% 研发人员都在企业，90% 的研发经费来自企业，90% 的专利是由企业申请”的四个“90%”。这既是深圳特色，也从侧面反映

[1] 樊纲：《成功的经济特区为什么是深圳？》（序言），载李咏涛：《大道 30——深南大道上的国家记忆》（上），深圳报业集团出版社 2009 年版。

出深圳尴尬——没有研究型大学和重量级科研机构。因而，城市发展的后劲屡屡受到外界评论人士的质疑。而此番被选定为新经济增长点的三大产业显然也面临同样问题。

事实上，深圳高层早在2003年就已碰到高新技术产业发展的无序和后劲不足问题。南方科技大学就是在那时起开始筹建，并布局引进国家级的科研机构和项目。因此，近年来，中科院深圳先进技术研究院、华大基因研究院相继入驻和落户深圳，去年中国科学院院士、中国科学技术大学原校长朱清时被正式聘为南方科技大学校长和在年底深圳高交会上国家超级计算机中心等“国字号”项目频频落户，都绝非偶然。

目前，深圳市政府已经专门设立了生物、新能源、互联网三大战略性新兴产业发展的专项资金，计划投资105亿元来支持三大产业迅速形成规模，并将在这三大产业核心技术开发、攻关、应用、创新技术能力建设、重大项目培育和引进、人才培养以及知识产权标准战略和国内外市场开拓上倾注更大的精力、调动更多资源、采取更重要的措施。

资料来源：张玮、马芳：《深圳而立之年调结构 今后5年批量“生产”华为腾讯》，《南方日报》2010年2月25日。

第二节 “山寨”式创新的一种解析

一、“山寨”现象与创新

“山寨”一词出自广东话，有占山为王，不受政府管理的意思。“山寨”这个现象早已有之，但是在近几年出现了大规模爆发的势头。首先引起人们关注的是深圳的“山寨”手机市场。它们或由生产者自己取个品牌名字，或模仿品牌手机的功能和样式；由于逃避政府管理，他们不缴纳增值税、销售税，同时不用花钱研发产品，又没有广告、促销等费用，再加上成功的成本控制和分销手段的灵活，导致其终端零售价格往往仅是品牌手机的二分之一到三分之一。而后，“山寨”产业链不断扩张，尤其以电子制造业为甚。这些企业以极低的成本模仿主流品牌产品的外观或功能，并加以创新，最终在外观、功能、价格等方面全面超越主流产品。毫不夸张地说，“山寨”

产业链已经在一定程度上改变了相关产业的竞争规则。

“山寨”现象就是中国企业对于品牌竞争的基本认识的写照，这是一个很复杂的现象，不能简单地肯定或否定。“山寨”究竟是否违法仍然没有定论，但是这些企业靠打“擦边球”的手段以极低的成本迅速形成了自己的市场地位是既成的事实。虽然这些“山寨”型科技企业的这种获得技术和市场的手段常常为人诟病，甚至上升到了道德层面，但是这种说法也忽视了这些中国科技企业成长的环境，有失公允。一个品牌的建立以及在消费者中形成高度的认知以至认同是个漫长的过程，更重要的是，这种对消费者的征服具有很强的先入为主的特征。而且中国科技企业的底子薄，主流品牌大多是国外早已具有很高知名度的品牌，如果奢求中国企业不顾现实条件和主流品牌硬碰硬，那结局是大多数民营企业都不可能是这些跨国公司的对手。“山寨”模式尽管也不能长久，但是也是当前形势所迫的无奈之举。

“山寨”现象所反映出来的是发展中国家或地区发展高新技术时一条可能最经济的路径。但这种路径毕竟不能长久，真正实现对发达国家高新技术产业的赶超最终还是必须要走技术内生支撑的品牌化、高端化发展路线。因而事实上真正问题在于究竟这些企业是否具有卓越的远见，能够在市场和技术都积累到可以对抗主流品牌的时候能够及时转型，从而形成自主品牌。但是如果企业对“山寨”模式产生了依赖症，那么“山寨”模式将可能在较长时期内继续成为一些企业发展的最优选择存在。

有的科技企业起步于模仿和追随，最终实现了超越，形成了自主研发、自主创新的具有国际竞争力的高科技企业，华为就是其中最好的例子。20 世纪 90 年代初期，华为在做代理商的阶段就开始对国外的交换机技术进行深入研究，从中吸收发达国家同类厂商的先进技术，从而不断地拉近与国际市场的主流技术的差距。这个时期华为尽管也有不少消化吸收再创新的举措，但是这一阶段整体上仍然处于模仿追随的阶段。尽管华为的这种模仿追随模式获得了很大的成功，但是华为并不满足，在 1995 年之后，华为开始不断改进和创新国际市场的主流技术，在移动通信领域更是实现了由 2G 领域的重点跟进、打破国外技术垄断，到 3G 领域的独树一帜，最终成为技术上的领先者。到 2004 年，华为已经拥有包括 WCDMA、CDMA-2000 和 TD-SCDMA 产品在内的全套移动通信解决方案，并且成功打入美国市场。更为难能可贵的是，尽管华为已经跻身于国际一流移动通讯设备商，但是他们依然不满足于现状，始终保持着饱满的创新的热情，从 2003 年华为在下一代网络、高端路由器、光通信等领域投

专栏6－3

华为跻身世界最具创新力公司第五

2010年2月26日《环球时报》报道，美国知名商业媒体Fast Company评出了2010年最具创新力公司，华为紧随Facebook（脸谱）、Amazon（亚马逊）、苹果、google（谷歌），位列第五，华为也是排名前五的公司中唯一一个新上榜企业。Fast Company将华为2009年强劲的商业发展归结为以客户为中心的创新力。在2010年3月刊中，Fast Company这样评价华为："2009年华为依靠质量和产品的提升，一举超过了阿尔卡特朗讯和诺基亚西门子，成为世界排名第二的电信设备供应商……过去的一年中，华为获得了一系列有价值的合同……正是这些合同使得华为的市场份额翻番。"华为对创新的长期和深入的投入：根据世界知识产权组织（United Nations World Intellectual Property Organization）的统计，华为2009年专利申请总数为1847，排名世界第二；2009年，46%的华为员工从事研发工作；作为产品开发流程（integrated product development）的一部分，华为在全球创立了17个研发中心，并和客户一起创立了超过22个联合创新中心；华为和Telia Sonera一起在挪威奥斯陆建成了世界上首个LTE商用网络。

资料来源：安吉：《华为跻身世界最具创新力公司第五》，《科技日报》2010年3月3日。

入大量资金和人员，在部分方面超过了国际水平，成为全球技术领袖。[1]

但是，对于大多数企业来说，一旦走向"山寨"发展的路径，可能不由自主地就产生了惰性依赖。因此，由"山寨"模式成功转型为"正规军"有赖于政府的适时引导。2009年初，"山寨"一词首次写入深圳市政府工作报告："规范引导'山寨'产品提升品牌，转型升级，走模仿开放创新的路径。"这意味着政府将正视"山寨军"问题，扶持和引导"山寨"产品，使之成为"正规军"。但是政府在引导的过程中也应该掌握好分寸，不能操之过急，要根据产业和技术发展的最优路径对企业进行引导。此后，修订后的市政府工作报告全文正式发布。政府工作报告修改说明中曾经删除的

[1] 李莉、安筱鹏：《华为公司自主创新的实现路径及经验启示》，《高科技与现代化》2008年7月。

“山寨”句，改用“初级创新产品”句代替：“规范引导品牌效应低的初级创新产品生产企业转型升级，提升品牌，自主研发。规范引导‘山寨’产品提升品牌，转型升级，走模仿开发创新的路径。”

二、中国经济增长中的技术进步因素

深圳高技术产业发展中的“山寨”式创新既是企业在原创性创新缺乏基础和环境时所采取的一种最为经济的发展路径的表现，也是对中国经济增长中技术进步因素缺失的一种折射。未来的可持续发展需要高科技企业实现从“山寨”之路到培养自身创新活力和内在驱动力的转型。这里首先构建一个 Cobb-Douglas 生产函数用以解释中国经济增长中的技术进步因素。函数可表达如下：$Y=AK^{a}L^{1-a}$，其中 GDP 由资本 K，劳动力 L 和全要素生产率（简称 TFP）A 三个部分解释。对生产函数进行对数化处理，如下：

$$LnY-LnL=LnA+a(LnK-LnL)+m$$

使用 1978—2007 年的真实 GDP、有效资本存量和实际就业人员作为样本数据代入方程对 a 进行估计。考虑到投资的时滞性问题，在计量过程中根据数据分析情况进行了两阶自回归处理。得到：

$$LnY-LnL=-0.6824+0.8872\ (LnK-LnL)$$
$$(0.10)\qquad\qquad (0.17)$$

括号中为标准差。$R^2=0.99$，F 统计值 =8854.58。所有变量及方程均通过显著性检验。根据 a 值可计算得到各年的全要素生产率，并进而计算得到技术、资本、劳动三者对经济增长速度的贡献。计算结果参见表 6—1。

从中我们可以看出中国经济增长模式的这样几个特征：第一，中国经济增长的主要动力在于资本积累，这种趋势在 20 世纪 90 年代中后期更为明显；第二，劳动力增长对于中国经济增长的作用非常小，在 20 世纪 90 年代后愈发明显，近几年来劳动力增长对于经济增长的贡献还不到 1%；第三，全要素增长率对于增长率贡献在 20 世纪 90 年代中后期开始放慢，其对经济增长的贡献率波动较大，整体来看近年来全要素增长率的贡献明显不如资本积累大。

表6－1　1979—2007年中国全要素增长率及资本、劳动要素的贡献

（单位：%）

年份	真实GDP增速	全要素生产率增长率	全要素增长率对GDP增速的贡献	资本增长率对GDP增速的贡献	劳动力增长率对GDP增速的贡献
1979	7.6	4.85	63.75	32.46	3.79
1980	7.81	5.37	68.81	26.60	4.58
1981	5.26	2.59	49.17	43.24	7.58
1982	9.01	5.63	62.46	33.42	4.12
1983	10.89	6.70	61.57	35.29	3.14
1984	15.18	9.92	65.34	32.19	2.47
1985	13.47	7.33	54.39	42.83	2.78
1986	8.86	0.82	9.30	86.93	3.77
1987	11.57	3.30	28.50	68.71	2.79
1988	11.27	3.11	27.60	69.78	2.62
1989	4.07	−2.01	−49.37	143.11	6.26
1990	3.83	−1.46	−38.11	132.25	5.86
1991	9.19	3.77	40.97	57.53	1.50
1992	14.24	8.09	56.79	42.36	0.85
1993	13.94	6.90	49.51	49.63	0.85
1994	13.09	5.90	45.05	54.06	0.89
1995	10.93	3.31	30.32	68.68	0.99
1996	10.01	0.67	6.74	91.71	1.56
1997	9.28	−0.75	−8.13	106.50	1.63
1998	7.83	−2.15	−27.43	125.64	1.79
1999	7.63	−2.63	−34.42	132.74	1.69
2000	8.42	−1.10	−13.03	111.65	1.38
2001	8.3	−0.35	−4.17	102.28	1.89
2002	9.09	0.38	4.16	94.55	1.29
2003	10.02	0.68	6.81	92.07	1.12
2004	10.08	0.09	0.94	97.84	1.23
2005	10.43	−0.08	−0.79	99.83	0.96
2006	11.65	−1.26	−10.84	110.06	0.78
2007	11.93	−1.50	−12.61	111.83	0.78

说明：表中真实GDP增速等指标参见钟若愚《基于物质流分析的中国资源生产率研究》，中国经济出版社，2009年版，第106—107。

上述分析说明我国的经济增长还不是主要靠技术进步推动的。如果忽略技术进步

而满足于“山寨”带来的短期效益，仍然不过是获得产业链分工上的极为有限的利润，与掌握核心技术的国际企业相比仍距离甚远，不具备竞争优势也面临极高的风险。政府一方面应肯定“山寨”在走向创新之路的积极意义，另一方面仍应规范引导，创造条件推动企业适时走上自主创新的路子。

高技术产业的创新发展还需要相应的制度条件。高新技术产业的发展并不是生产要素的简单叠加，各种要素只有在一定的制度环境之下才能发挥功能。有效的制度安排能保证给技术创新主体带来预期收益，从而可以尽量减少技术创新的外部性，并形成有效的引导技术创新的激励机制。技术进步依赖于知识存量的积累、基础知识的累进以及人才的培养等，其预先的准备时间长，投资巨大、风险高且成功收益难以估计，单个市场主体难以承受如此巨额的创新成本，需要一系列的制度安排来保证，包括有助于产生创新的制度安排、确立产权和契约的制度以及有效稀释风险的制度。

高新技术产业的核心特点在于，人力资本在该产业的发展中所需要的诸种生产要素中在起决定作用，保证高新技术产业健康发展的关键是充分发挥人力资本的潜能。而要激发起拥有人力资本的专业技术人员的积极性和创造性，就必须设计出一种适当的制度安排，为人力资本所有者提供足够的激励。不论是作为技术创新主体的企业还是技术产业化的市场，制度安排是否为高新技术的产生和扩散提供良好的条件，是否建立有效的、能刺激人们创新并把风险降低到最低程度的产权制度体系，包括私有产权、专利制度及知识产权保护制度，都是高新技术及相关产业是否得以持续发展的关键。在高新技术产业发展过程中，一定要高度重视制度创新的作用，以制度创新为突破口，才能更好更快地发展高新技术产业。

第三节　探究创新精神的源头

一、移民文化与创新精神

深圳是一个新兴的移民城市，创造了独特的特区移民文化，这种移民文化是在特区移民社会中产生的思想意识、伦理道德和价值观念，是对特区人生活方式、行为方式和精神状况的反映。具体而言，它具有如下几个方面的特点：

1. 试验性和创新性。“时间就是金钱，效率就是生命”，是深圳人展示给全国人民的第一个响亮的口号，成为那个时代最振聋发聩的宣言。这种务实、进取、拼搏的精神状态是深圳特区文化的最直接注脚。与此相对应的时效观念、人才观念、竞争意识、知识经济观念等一系列新观念，共同打造了深圳的创新、创业氛围。

2. 开放性与兼容性。开放是经济特区的天赋品格，来自国外、国内各个不同地方的人员、货物在经济特区汇聚，经济特区从建区伊始就与境外和内地有更频繁的交往。特区移民以世界性的现代文化为追求目标，变被动渗透为主动引进世界各地先进的思想，经过吸引、消化与扬弃，建立了一个包容四海、汇聚各个种族、民族不同文化元素的开放、兼容、多层次、多诉求的新文化。

3. 经济性与产业性。特区市场经济的发展对习惯计划经济指令的国人带来了莫大的冲击。特区移民从一个“熟人”社会、“关系”社会突然被抛入一个只认经济、能力、规则的社会，经济与文化相互渗透，特区市场经济不再讲求资历、经验、背景，只认可智力进步、技术实现和经济实现。

开放、创新，再加上经济性的特区移民文化，孕育出了移民们的开放意识和创新意识，当然也包括特区移民对金钱观念的改变，形成了移民们披荆斩棘、敢为天下先的开拓、创新精神。此外，由于市场经济更讲规则使特区移民认识到脱离“熟人”社会的便利和限制，必须团结一致才到取得创新的成功，企业更容易按现代企业组织的规则运作。

进一步来看看创新型的企业。以比亚迪为例。据报道，2009 年比亚迪已经成功杀入国内汽车市场的前 10 名（排第六），按照目前的增长速度，2015 年进入国内三甲并非没有可能。比亚迪的颠覆性创新源于这家企业将两个原本毫不相干的东西联系到了一起：电池与汽车。在传统汽油机市场中，电池的应用范围非常有限，而比亚迪以前所生产的也只不过是以手机电池为主的产品。当 2002 年比亚迪宣布进军汽车市场时，所有人都觉得王传福的选择有些不可理喻，这种看法甚至一直持续到巴菲特注资比亚迪的 2008 年底！ 2008 年 9 月 29 日，巴菲特以 18 亿港元认购比亚迪 10% 的股份，这是他在金融风暴后的首笔重大海外投资，此举不仅使得比亚迪股价大涨，而且提振了全球投资者的信心。在 2009 年的巴菲特股东大会上，巴菲特称王传福是“真正的明星”。他表示：非常高兴能有机会投资像比亚迪这样优秀的企业，他们的产品对于环境保护作出了杰出贡献；比亚迪的创新技术在全球持续探讨的全球气候转变及环保方面的课题上，均担当重要的角色。[1]

新周刊总编封新城的评论："比亚迪 =BYD= 不一定"。它为不确定的时代确定了符合生态与节能环保要求的产业未来。其扩张也悄然，其布局也神速，创造了微型冠军的地位，又扑向新能源的广阔市场。它按住了国人的手（IT）和脚（汽车），拥有自己的研发团队，又展开了行之有效的海外战略。它是速度公司、资本公司、技术公司、品牌公司和复合产业公司的综合体，在渐见分晓的分类市场中展开"不一定"的强力冲刺。[2]

一些观点往往把比亚迪的成功归结为以技术创新为突破口，而且坚持自主研发等因素上。我们不妨略作解析。以这样一段文字为例："业界人士认为，比亚迪汽车的成功，是其坚持自主研发、自主品牌、自主发展的发展模式的成功。比亚迪的完全自主能力，使车型开发、模具制造、技术转让、品牌使用、人工等方面具有很大的成本优势。"[3] 这样的解释把汽车产业中比亚迪这样一段成功经历归结为自主创新的能力(至少前半部分如此)，不过，经济分析的结论更与其后半部分的观点一致：人力资源成本的降低才是研发成本降低的根本原因，而这也是所有与比亚迪类似的"创新型"企业获得的可在国际市场进行价格竞争的最大优势。周洁在《比亚迪：草根狂想曲》中好几处清晰地说明了比亚迪的人力资源成本优势："充分利用中国人力资源丰富且便宜的优势是比亚迪的一大特色。一个惊人的数据是，这家年轻的民营企业现有的员工人数已经超过了 13 万。""比亚迪汽车在生产环节的自动化程度也比较低，和生产电池的思路一样，比亚迪的生产线也是由大量人力组成。在王传福看来，汽车 40％的工序是靠人工完成的，比亚迪也要尽可能地把汽车的工序分解到人工。"[4] 这才是比亚迪能够成为价格杀手的真正原因。

目前显然没有公开数据可以直接说明以比亚迪、华为等企业为代表的高科技企业其研发劳动力成本的主要构成，不过我们可以作出一个假设：大量研发人员的低年龄、低成本，以及由此形成的研发成本显著降低的劳动力成本优势，才是让华为等企业能在国际市场上以价格优势参与竞争的重要原因。

下面这篇网文对比亚迪大量使用年轻的大学毕业生从事"自主研发"从而大大降

---

[1] 苏锡民：《比亚迪：科技创新造就的奇迹》，《大经贸》2009 年第 10 期。
[2] 周洁：《比亚迪：草根狂想曲》，《中国品牌》2010 年第 1 期。
[3] 苏锡民：《比亚迪：科技创新造就的奇迹》。
[4] 周洁：《比亚迪：草根狂想曲》。

低研发投入和研发成本，给出了一个侧面的佐证：

比亚迪为创新理念的落地在创新机制和人才机制上提供了有力保障。人才与科技是企业存在和发展的必备条件，在比亚迪的创新文化中，对人力资源的尊重是贯穿全程的重要因素。当其他车企将主要投资用于添置各种高精尖装备的时候，比亚迪采用的却是“半自动化”和“人海战术”，即降低自动化装备的普及率和硬件投资的摊销成本，最大限度地使用中国极为丰富的低成本劳动力和素质较高的工程技术人员。比亚迪坚持“以人为本，尊重人，培养人，善待人，为员工建立一个公平、公正、公开的工作和发展环境”的人力资源方针，努力创造“公司即家，家即公司”的氛围，将比亚迪人紧紧地黏合在一起，并充分激发人才的积极性、主动性、创造性，从而保证了采用人工加半自动化设备照样可以生产高品质产品。王传福认为：如果你把人仅仅看作劳动力，他就只能打工；而你把人看作创造者，他就是工程师。因此，在逆向工程和研发方面，比亚迪与其他本土自主车企的显著差别是动用一大批初出茅庐的大学毕业生参与新产品的整个研发和生产过程。王传福说：“比亚迪不但造产品，还很善于造人，能把大学生培养成工程师。我们需要的人才不是10个，而是10000个，所以必须具备把这10000名大学毕业生培养成可用之材的能力。”因此，进入比亚迪的大学毕业生每年必须完成一系列培训计划，完成相应的培训学分。比亚迪还放手让年青技术人员通过大量拆解名车开阔视野，尽可能多地掌握先进技术和工艺信息，培养敢想、敢做、敢拼的心理素质，破除对研发创新的畏惧和对名品的膜拜。总之，“创新”是比亚迪文化的核心。创新使比亚迪顺应了“科技”、“环保”、“节能”的全球之势。创新使比亚迪在质疑中成长，也使比亚迪在质疑中长成！[1]

二、探究创新精神的源头

经济特区的建立和发展确实有两个关键因素：其一是获得中央授权，这意味着区域经济增长启动的政策前提和政策环境；其二是在经济特区的建设历史上，聚集了一

---

[1]　参见《从“电池大王”到“汽车新贵”：比亚迪崛起的秘诀》，摘引自创业邦网站（http://xueyuan.cyzone.cn/guanli-wenhua/131354.html）。

批敢闯敢冒敢干、敢于创新的人，作为创新的微观主体创造了深圳发展的奇迹。中国改革开放的最初实施，要求全方位的体制机制配套和创新，但这也只是环境和前提，其核心还是人，更重要的是具有创新精神的人。

因而，从深层动力来总结中国经济特区的基本经验，就是尊重与拓展对人的解放。邓小平说："过去只讲在社会主义条件下发展生产力，没有讲，还要通过改革开放解放生产力，不完全。"[1] 可以说，再一次解放人，解放中国人民就是邓小平理论的深层含义。改革调动了市场经济主体——个人的积极性。社会最终主体并不是国家、城市和单位。亚当·斯密的《国富论》的经典性论点就是促进公共利益的最好的方式是个人对他们自身利益的追求。

从高技术产业的发展来看，不可否认政府在一些关键时刻的引导和推动作用，但产业发展创新的决定因素本质上取决于两大创新主体：创新创业企业与创新创业的人。深圳高技术产业的创新发展实质上充分利用了比较优势，以劳动密集型、以制造业为主体的高技术制造业先行。这是市场选择的结果，既与"三来一补"的发展基础有关，也适应国际产业转移的需求、抓住了产业转移的机遇，从而在当时的发展阶段就是极具竞争力的创新。[2] 产业发展到了一定规模和一定阶段后，创新企业中大量研发人员的劳动力成本优势凸现，这也充分体现了市场选择路径。在这个创新发展的过程中，创新创业企业发挥了巨大作用。如华为公司长期对科研的投入，2009 年 46% 的华为员工从事研发工作。通过内部体制革新激发激励员工的创造力，如《华为基本法》和华为早年的全员持股计划，这些形成了企业创新的根本动力。

虽然中央在 2000 年就曾明确宣布中国经济特区的发展"将贯穿于中国改革开放和现代化建设的全过程"，但是，当全国都已经走上了市场经济之路，中国经济特区就已经不再存在着什么"特殊体制"了，尤其当中国正式加入 WTO 之后，中国经济特区也就逐步地不再存在什么"特殊政策"了。这就是说，今天的深圳已经没有可能、也没有必要再在"特别的体制、特别的优惠政策"上大做文章了。因而，从今天的发展来看，国务院陆续批准设立了一些"新特区"，这些新特区的发展前景，不在

---

[1] 《邓小平文选》第 3 卷，第 370 页。

[2] 深圳高技术产业未来核心竞争力的提升必然要摆脱这种早期以制造业劳动力低成本、现阶段的研发人员低成本等本质上仍以劳动力成本为核心的竞争、发展模式，需要造就新的人力资本优势和竞争力。

于中央给予多少授权，不在于是否把政策和当地的发展上升到“国家战略层面”，而应在于高度重视是否培育了具有创业创新精神的人和企业。

专栏 6－4

冀望深圳继续先行先试

2010 年 4 月 15 日，由国家 12 个部委组成的督促检查组，来深检查指导我市贯彻落实《珠江三角洲地区改革发展规划纲要（2008—2020 年）》（简称《纲要》）情况。许勤代表市委市政府，汇报了深圳的实施情况。督查组组长、国家发改委地区经济司司长范恒山用“工作力度大、措施实在、效果明显”的评价，给深圳的表现“打分”，并冀望深圳在贯彻落实《纲要》继续先行先试，发挥示范带头作用。

许勤在汇报中说，《纲要》发布实施后，深圳市委市政府高度重视，对省政府确定的实施《纲要》23 项指标进行了年度分解，全面推进了各项工作。下一步，深圳将切实把《纲要》作为指导当前和今后一个时期改革发展的行动纲要，为促进经济社会平稳较快发展作出新贡献。做到谋划发展思路，优化宏观调控，按照《纲要》的总体要求和部署，全面开展全市经济和社会发展“十二五”规划编制工作，全面落实《深圳国家创新型城市总体规划》和《深圳国家创新型城市总体规划实施方案》，实施《深圳市现代产业体系总体规划（2008—2015）》及生物、新能源、互联网等新兴产业振兴发展规划。加快建立深莞惠三市规划协调机制，抓紧启动编制珠江口东岸区域协调发展规划，作为三市一体化发展的“总纲”。希望国家发改委和各相关部门继续支持深圳在推进珠三角和全国的改革开放中走在前列，继续支持深圳在改革创新上先行先试，在建设前海深港现代服务业合作区、加快推进深中过江通道规划建设、建设国家新能源汽车产业基地、推进深莞惠金融一体化等方面给予支持。

范恒山充分肯定深圳贯彻落实《纲要》的成效，认为深圳在提升国际竞争力和可持续发展能力、推进区域协调发展、调整产业结构、加强与周边地区合作、推进自主创新、发展社会事业改善民生、促进资源节约和环境改善等方面，做了一系列卓有成效的工作，有许多亮点和经验值得在全国推广。特别是深圳在过去一年积极应对国际金融危机，去年本市生产总值同比增长10.7%，比全国和全省增速高出2个和1.2个百分点。在质量指标上，去年深圳每平方公里GDP的产出达4.2亿元，GDP能耗和水耗都持续下降，领先全国大中型城市水平。希望深圳借贯彻《纲要》之机，继续推行自主创新，优化产业结构，转变发展方式，构建具有国际竞争力的低碳高端产业结构；全面提高对外开放的水平，加强和香港的深度合作；完善特区功能，再创特区新辉煌。

资料来源：郑向鹏：《国家督查组充分肯定深圳落实珠三角〈规划纲要〉成效，冀望深圳继续先行先试》，《深圳特区报》2010年4月16日。

第三篇

中国经济特区的时代问题

经历了30多年改革开放，中国确实出现了天翻地覆的奇迹，中国的国际地位绝不再是无足轻重的了。需要清醒地认识到，中国仍处在伟大的改革和转型进程中，无论从体制改革还是到制度变迁，都没有形成一种定型的“中国模式”。而且，从现状上看，“中国问题”有的还很严峻。

中国经济特区面临的时代问题与中国伟大的改革和转型中遇到的进一步发展问题，并无特殊之处。改革和转型中的问题，仍然是只能靠深化改革、扩大开放去解决。

中国经济的失衡与矛盾

台湾《旺报》日前刊出社论说，展望2010年，中国内地经济能否即时而正确处理一些失衡与矛盾，并作好各项适应与内外调整，应是中国内地经济更上层楼的关键。冀望新的一年中国成为一个走向均富发展的大国。文章摘编如下：

回顾2009年中国内地宏观经济，在全球经济风暴侵袭下，由于果断采行高达5000亿美元的扩张性财政支出，使中国内地经济成长率在2009年一举保住8.5%，高居世界第一。相较于美国−2.5%，欧盟−4%，这种表现相当难能可贵。而2009年的GDP46000亿美元，也将首度超越日本，位居世界第二。展望2010年，依据联合国报告，中国内地经济成长将达8.8%，与发展中国家共同成为世界经济成长的主要动力。但是，就在我们沉醉这个成绩的同时，也要清楚地意识到，这背后有着巨大的成本付出，也是更艰巨责任的开始。过去，只要想办法让自己好起来，如今，全世界都瞪大着眼睛看中国这个火车头，要把人类的经济福祉带领到哪里？最近哥本哈根召开的全球气候变迁高峰会议，对崛起的中国内地经济与发展所构成的挑战，就是一个显明例子。

展望2010年，中国内地经济能否即时而正确处理下列失衡与矛盾，并作好各项适应与内外调整，应是中国内地经济更上层楼的关键。其一，贸易失衡持续扩大与外汇储备持续累增。目前，每年顺差增加4000亿美元，相当于台湾的本地生产总值。显示必须提振内需，才足以消化庞大的产能。否则，欧美为维护自身的产业利益与就业，必然采行更多更大的贸易保护措施，引发彼此的贸易报复。我们相当同意温总理对美总统奥巴马的主张，“合作取代对抗，合则两利，斗则两败”。其二，吸收外资与对外投资失衡。前者高达20000亿美元，而后者仅2000亿美元；特别是对台湾方面，台湾蜂拥至内地投资达1000亿美元，而陆资来台仅2000万美元。大陆可以鼓励电信、航天、金融等具竞争力产业积极来台投资。其三，产量与能源消耗及排放污染的矛盾。中国内地各种产品生产居全球第一，导致与空气、水、土地、煤、油等有关的污染与耗能也名列前茅。由重大厚长的产业转向发展轻薄短小的节约型经济，才符合国情现实与世界趋势。其四，收入差距。大陆拥有百万美元身价的人口超过英国，而其精品市场也接近日本，可以说一部分人确已先富起来了。但有几亿农村人口所得低于贫穷线以下。提高富人租税与做好社会福利须并进。其他问题包括住房、就业、农业、健保等亦应给予同等关注。

2010 年与 1910 年清政府灭亡前的最后一年正相隔百年。经过这百年动荡，与这 30 年改革开放，加之此次由美国引起的金融风暴，造成的经济消长，让中国的总体经济实力与前景，开始具有东风压倒西风的态势，并恢复了百年来中国在世界经济应有的地位。历史将深刻记载这一年，2009 年中国内地 GDP 占全球的分量，自 1979 年时百年来历史最低点的 4%，爬升至 15%，这是 1879 年的水平。我们认为，这些都是大陆以及所有台港与海外华人共同奋斗努力所取得的巨大成果。我们冀望，新的一年中国应挥去过去的耻辱，成为一个走向均富发展的社会主义大国。

资料来源：中国新闻网报道《旺报：冀望中国成为均富发展的社会主义大国》（2010 年 1 月 4 日），网址为：http://www.chinanews.com.cn/hb/news/2010/01-04/2051628.shtml。

专栏 II

深圳特区还能“特”多久

提前出版的 1 月 30 日英国《经济学家》，发表题为“商业激情的消退——中国民企之乡渐趋老态”的文章指出，自中国改革开放时起，深圳是商业创新之乐土，取得了城市发展的巨大成就，但深圳特区也面临民企创业成本高昂、商业创新激情衰减的问题，这对深圳的国际商业竞争力带来了挑战。深圳能否继续保持“国际商业创新”这一代名词的荣耀，值得我们深思。

30 年前，当在北面紧邻香港的深圳被划定为经济特区时，中国开始了举世闻名的改革开放进程。企业主在特区内以私有制形式公开自由经营，他们通过满足顾客获取利润。其结果是，一个从以农业为主的小村庄转变成拥有900万人口的大都市，处处洋溢着商业热情，制造着从iPod到耐克的一切产品。

这描述的只是过去，放到未来，这样的描述怕是不妥。繁荣不可避免地影响了人们的观念和当地的商业环境。深圳社会科学院和香港中文大学在1月18日联合发布的一份研究报告称，创业人口占总人口比例正在发生急剧的下降，从2004年的12%减为2009年的5%。香港中文大学管理学教授凯文指出“作为特区的深圳不再如此‘特’了”。

今天的深圳到底怎么了，这个问题有很多不同的解释。不久之前，它还是一个充满吸引力和巨大市场需求的城市，全国各地的外地人口潮水般涌入，迫切抓住这些难得的机遇。很少有限制商业发展的法律，工厂可以设立在任何一个地方，即使是最高端的人才都发现在深圳可以找到一个更好的工作。

但这一切已经改变了，中国开始发展吸引优秀人才的大型企业。深圳就拥有两个大型跨国电信企业巨头华为和中兴。厂房用地越来越难找到并且价格不可避免地更高。最后一块大型的地块没有被划分给中小型企业使用，而是转交给了快速发展的汽车和电池制造厂商比亚迪。很多法律已经开始颁布执行，用以保护劳工和他们的工作环境，使创业成本和门槛越来越高。一些中小工厂和低技术水平的劳工均已搬离。

在某些方面，这是好消息。因为，低标准的小公司将正被更有竞争力的大公司替代。只要一有人开办公司，他们就自愿这样做，而非出于经济必要性的考虑。但是，并非所有的消息都是正面的。研究中还发现了两个其他问题。只有9%的调查对象表示，他们希望使用的技术是一年内完全具有创新性的。这让深圳在追求创新上领先于巴西和俄罗斯，但仍远远落后于日本和以色列，因此面对激烈的全球竞争还很脆弱。

研究也表明，深圳在吸引私人投资上最近出现大幅下降。固然，这部分归因于金融危机的影响，但是不管怎样，这都是一个不可忽略的问题，因为中国国有银行的放贷对象倾向于大型国有企业。深圳在国际上已经成为商业创新的代名词，但是有理由怀疑这样的情况还能维持多久。

资料来源：英国《经济学家》杂志：《深圳特区还能“特”多久》（曾德金、王晋婧编译），《经济参考报》2010年1月28日。

第七章

发展的质量

★经济增长方式的可持续性至少要从效率、民生这两方面状况来加以衡量。一方面是传统的对经济增长效率的理解，此为效率；另一方面，在增长过程中劳动者价值是否得到相应的体现，此为民生。中国经济快速增长的同时这两方面均存在一定的问题，我们不妨称之为经济增长的悖论：增长的效率和可持续性受到质疑，而劳动者收入水平并未随增长得到相应幅度的提升，相反，相对发达的珠三角、长三角地区，其工资收入占 GDP 的份额更低。

★制造业的发展在短缺时代是必需的且具有重要意义，但经历了长达 30 年快速增长后，随着中国经济实力的增加，发展的质量要以更多关注民生来体现。这有两个方面的要求，其一是提高劳动者收入水平，其二是产业发展应高度关注服务业的发展，不仅是生产性服务业，而且要重点关注以教育和公共民生为主的现代服务经济。

第一节　增长的悖论

一、中国经济增长中的效率问题

(一)出口导向的劳动密集型制造业发展

改革开放30年中国实现了年均9.8%的高速的经济增长，影响中国高速经济增长的因素有多个方面，其中重要的一个方面是中国产业结构的变化，而劳动密集型制造业的发展起了显著作用。从产业链来看，中国劳动密集型的制造业基本定位在生产、加工环节，处在价值链的低端，以低生产价、低附加值、挂洋牌，这被称为“三低一挂”，并且以控制和压低劳动成本，低劳动力的定价为条件。

据估算，1979—2005年，我国GDP年均增长9.6%，人均GDP年均增长8.4%，而我国农村居民人均年纯收入增长率为7%，城镇居民人均可支配收入年均增长6.9%，远远低于我国经济增长的速度（赵振华，2008）。1990—2005年，劳动者报酬占GDP比例下降12%。[1] 中国一次收入分配中，劳动者收入的比重有所下降，各省的平均水平从1990年53%下降为2005年的48%，低于发达国家的65%—80%（李稻葵，2008）。

根据长江三角洲和珠江三角洲的数据，黄桂田和尹志锋（2009）测算了2003—2006年的在岗职工工资总额占GDP的比例及增幅。计算结果表明，相对发达的两个三角洲中，工资占GDP的比重更低，4年中只有8%左右，且增幅较慢甚至出现负增长。[2] 对珠江三角洲16市和长江三角洲7市2002—2005年面板数据的分析表明，全员劳动生产率、固定资产投资保持着与平均工资较为稳健的正向关系；外商直接投资对外商投资所处类型企业的工资有正向影响，但并未产生外溢效应；对外贸易与工资水平大多呈负向关系；职业教育对工资呈现正向影响关系；失业率与最低生活保障人数一般会降低总体平均工资水平。可以看出，作为发达地区的长江三角洲和珠江三角洲，在市场化进程中，决定和影响工资水平的市场性因素发挥着程度不等的正向作用。但考虑到工资增长率与GDP增长率的严重不匹配，平均工资增长缓慢甚至出现

---

[1] 金碚主编：《中国企业竞争力报告(2007）——盈利能力与竞争力》，社会科学文献出版社2007年版。

[2] 2004、2005和2006年珠江和长江三角洲在岗职工工资总额占GDP的比重(均为算术平均值)分别为0.078、0.082和0.081，增幅分别为−0.023、0.045和−0.014。数据来源：根据2003—2007年《长江和珠江三角洲及港澳特别行政区统计年鉴》计算得出。

负增长，尤其是对外贸易与工资之间负相关，显示出在进一步加强市场机制对劳动力定价作用的同时，必须要有政策性的外部冲击形成有效的工资增长机制。[1]

(二)关于中国经济增长率及增长效率的疑问

人们对中国经济增长率及增长效率提出过几次疑问。

首先是对中国经济增长真实性的疑问。美国经济学家保罗·克鲁格曼说，他不明白为什么香港的经济增长率为零，中国内地却能够达到7%以上。许多海外经济学家不相信中国内地的经济增长率能超过4%。最为典型的是美国匹兹堡大学教授罗斯基，他列举就业、收入、投资、农业、航空等数字，证明中国经济增长率的不实。罗斯基的主要论据则是中国的能源消耗增长率与经济增长率的不一致。1997—2000年，GDP累计增长24.8%，但同期能源消耗只增长了12.8%。特别是1998年，能源消耗增长率与经济增长率之比，竟然比前一年和后一年都差出4个百分点，1998年能源消耗降低6.8%，经济增长率超过7.8%是不可能的。他认为1998年中国GDP的增长率，2.2%是上限，实际可能更低，1999年为2%—2.5%，2000年为2%—3%。[2]

其次是对东亚国家及中国经济增长效率及其可持续性提出的疑问。随着我国经济多年来高速增长速度的放慢，许多学者关注中国经济增长的可持续性，并认为我国全要素生产率太低而不足以支持可持续的增长。1994年，美国经济学家保罗·克鲁格曼在“东亚奇迹的神话”一文中指出，东亚新兴工业化国家60年代以来的高速增长所依靠的主要是资本和劳动的大量使用，而非技术进步或生产率的提高，并认为这种靠投入驱动的增长模式与苏联黄金时期的增长模式没什么两样。克鲁格曼也由此认为没有什么东亚奇迹，东亚的高速增长也是不可持续的，而1997年的东南亚经济危机似乎也证实了克鲁格曼的预言。

克鲁格曼（1999）在其著作《萧条经济学的回归》中认为：“亚洲取得了卓越的经济增长率，却没有与之相当的卓越的生产率增长。它的增长是资源投入的结果，而不是效率的提升。”一方面就业率和投资比率在达到一定水平之后就难以有显著的提高；另一方面仅仅增加投入，却不提高这些投入品的使用效率一定会碰到报酬递减的

[1] 黄桂田、尹志锋：《工资增长机制及相关影响因素分析——基于珠江三角洲和长江三角洲的面板数据实证》，《财贸经济》2009年第9期。

[2] 这第一个疑问的相关表述引自杨帆：《从生态经济学的角度解读中国的经济增长》，《改革与理论》2002年第9期。

问题。克鲁格曼所引用的研究一致认为，如果用全要素生产率来衡量技术进步的话，亚洲各国的技术进步几乎为零。他通过引用罗伯特·索洛（Robert Solow）的一项早期成果指出，美国长期人均收入增长中，技术进步起了80%的作用，投资增加只解释了余下的20%。

我国现阶段经济增长方式的转变是指经济由粗放型增长向集约型增长方式的转变，衡量这种转变的标志之一是看全要素生产率变化如何。这主要是因为研究全要素生产率可以帮助我们对经济增长的源泉进行分析，从各种要素对经济增长的贡献中识别经济是投入型增长还是效率型增长，从而也可确定经济增长的可持续性。因此，以上这些几乎都是从全要素生产率的低水平和低增长来对中国经济增长的效率及其可持续性提出疑问的。

中国学者针对这些疑问从不同角度进行过分析和解释。王小鲁（2000）利用生产函数法估算出我国1953—1999年的全要素生产率的增长率为−0.17%，1979—1999年间全要素增长率为1.46%，对经济增长的贡献率为14.9%。张军（2002）通过对1952—1998年中国经济统计数据的回归分析，发现在改革开放以前，中国经济的TFP波动很大，但是在改革开放后，中国经济的TFP有了明显的提高。郭庆旺、贾俊雪（2005）利用三种不同方法估算我国1979—2004年的全要素生产率，结果发现在1993年以前我国全要素生产率增长率波动幅度比较剧烈且较为频繁，而1993年以来我国全要素生产率增长率则逐年下降，直至2000年这种下降趋势才得以缓解。易纲、樊纲和李岩（2003）的研究指出，中国经济在改革带来的制度变迁、技术进步、人力资本和人民币汇率方面均存在着增长效率提高的证据，并给出新兴经济全要素生产率的测算方法，不过该研究并未进行具体估算。

(三)中国经济增长对要素的依赖性

对中国经济增长的要素使用情况进行研究可以发现，1978年以来中国经济的高速增长对资本、劳动和资源等要素投入的依赖性较强，相应的要素效率则水平较低。

从资源利用效率来看，中国资源生产率水平与发达国家相比也存在较明显差距。以2000年不变价美元计算的2004年各国资源生产率（用GDP/DMI表示），中国为340.5美元/吨，是荷兰（欧盟15国中资源生产率水平最低国家之一）的0.40倍，是资源生产率高水平国家英国的0.12倍，是日本资源生产率水平的0.14倍。另一个指标DMI/GDP反映了单位经济产出的物质消耗强度，中国的物质消耗强度是29.4

吨 / 万美元，意味着中国每万美元经济产出所消耗的物质直接投入是 29.4 吨。这一指标也远高于英国、日本、法国、德国等国家，2004 年这些国家每万美元产出所消耗的直接物质投入量在 3.5—5.8 吨之间（表 7—1）。[1]

尤其值得注意的是，随着物质资源投入的快速增长，中国资源生产率的增长率在 2000 年以后出现明显下降，尤其是 2003、2004 年资源生产率出现负增长。资源生产率水平则由 2001、2002 年的历史较高水平（838.21 元 / 吨、855.38 元 / 吨）下降到 2006、2007 年的 784.04 元 / 吨、810.87 元 / 吨。这反映出近年来随着实际经济增长速度加快，中国经济增长由要素投入驱动的特征更为明显。

表7－1　中国与其他国家资源生产率比较（2004）

国别	中国	日本	德国	法国	英国	荷兰	意大利	西班牙
DMI（万吨）	503670	201450.7	113065	69466.6	55914.8	46286.6	60767.1	67048.7
GDP（亿美元）	17150	48662.9	19526.7	14133.8	15905.3	3985.2	11332.3	6555.6
GDP/DMI(美元/吨)	340.5	2415.6	1727.0	2034.6	2844.6	861.0	1864.9	977.7
DMI/GDP(吨/万美元)	29.4	4.1	5.8	4.9	3.5	11.6	5.4	10.2

说明：以上各国 GDP 指标均用 2000 年不变价美元换算，引自世界银行：《世界发展指标》。其中欧盟国家 2004 年 DMI 数据为根据欧盟统计局报告 *Economywide Material Flow Accounts Resource Productivity*（Helga.et al.，2007）整理，[2] 日本因缺 2004 年 DMI 投入数据，用 1996 年 DMI 指标计算其资源生产率，中国 2004 年指标为本文计算结果。

资源生产率水平与资源消耗强度的差距反映了中国经济发展阶段与发达国家的不同，中国工业化发展仍需要大量的物质消耗来支撑。关于上述中国经济增长的可持续性与增长率的真实性问题，可以从资源约束下全要素生产率的变化进一步理解。在存在自然资源约束的情况下，经济增长将受到更多因素的影响。在讨论技术进步问题时，引入自然资源并对自然资源的使用及其产出效率进行研究，[3] 一个结论是：引入自然资源生产率之后，中国的 TFP 所占份额更少。不过，这并不意味着自然资源的贡献与技术进步之间存在着互相替代。

首先，从全要素生产率的数值来看，这一余值越来越低。依照新古典经济学

[1]　数据与结论引自钟若愚：《基于物质流分析的中国资源生产率研究》，中国经济出版社 2009 年版，第 134—136 页。

[2]　Helga Weisz，Willi Haas，Nina Eisenmenger，Fridolin Krausmann，Anke Schaffartzik：*Economy-wide Material Flow Accounts Resource Productivity*，European Commission，Eurostat，Luxembourg，June 2007.

[3]　钟若愚：《基于物质流分析的中国资源生产率研究》，第 121—122 页。

的观念，可以推论：引入自然资源后，是考虑自然资源因素的贡献，从而在代表技术进步的 TFP 中减去了一个因素。但这仅仅意味着自然资源的引入，是在用余值方法衡量的技术进步概念中，出现了某种程度的资源对可能发生的技术进步的“挤出”。

其次，30 年的中国经济增长中存在着显著的技术进步。易纲等（2003）认为，技术进步有两种实现方式，自己投资进行研究和开发，或者向其他国家学习模仿。中国由于同发达国家在技术上存在着很大的差距，因此在选择技术进步的实现方式上具有后发优势，可以采用模仿、购买等方式来实现技术进步。但如果采用引进技术的方法来实现技术进步，这种进步通常是与引进机器设备或者购买专利技术同时进行的，从而内嵌在资本投入的增长中。所以用全要素生产率作为指标难以说明中国存在明显的技术进步应该是不奇怪的。需要把技术进步的两种形式区分开来，包括进口设备等所代表的引进技术，而这种技术往往被资本的增长所掩盖。[1] 因而，对于全要素生产率的下降，易纲等（2003）的研究提出，需要区分中国的技术进步因素，中国和发达国家相比在全要素生产率上的巨大差别，在相当程度上应当来源于测算方法的不足。

同样，全要素生产率的数值的下降能说明的仅仅是以 TFP 表征的技术进步与自然资源投入的增长上存在着一定的替代。因而，不是由于计算了自然资源的贡献使得对中国技术进步因素在增长中作用的认识发生变化，而是全要素生产率考察的投入中，并未从结构变化、资本中包含的技术因素等角度去研究，而仍然采用余值的方式来解析技术进步因素，因而并不能真正反映中国经济增长中的技术进步的真实性。这也在一定程度上导致人们对中国经济增长的可持续性产生怀疑。

2000 年世界银行的《增长的质量》报告指出，增长并不等于福利，除非有良好的分配原则，有良好的治理。世界银行在讨论综合发展的框架时提出，发展至少要有三大资本：（1）自然资本；（2）物质资本；（3）人力资本。从各要素在经济增长中的作用看来，我们不仅需要关注资本的生产率，更应该从生态效率的视野关注和重视资源生产率的提高，从发展的终极目标去关注劳动者收入的提高以及在此基础上的经济增长方式转变。

---

[1]　易纲、樊纲、李岩：《关于中国经济增长与全要素生产率的理论思考》，《经济研究》2003 年第 8 期。

二、深圳经济增长中的效率问题

(一)深圳资源生产率状况考察

资源生产率首先是一种生产效率，它衡量经济活动使用自然资源的效率。现有新古典的框架中，自然资源只是与劳动、资本等结合在一起发生作用，衡量产出时资源因素的作用并未体现。因而，新古典经济学中资源的效率问题也仅仅是一种经济效率，即资源配置的效率，相应的，获取资源效率的手段也只是市场价格。从可持续发展的角度来考虑，生产效率不仅要注重劳动生产率，而且还要关注生态效率视野中的资源生产率。

表7－2 1990—2005年深圳市的物质流分析计算结果

年份	物质总需求TMR（万吨）	直接物质输入DMI（万吨）	历年常住人口（万人，年平均值）	GDP（万元，1979年可比价）
1990	1860.26	731.02	154.69	675370.5
1991	2337.78	911.60	197.27	918488.9
1992	2020.21	1013.63	247.39	1223427.8
1993	4181.90	1187.19	302.00	1601577.1
1994	3452.91	1289.87	374.34	2096906.4
1995	3457.13	1391.00	430.93	2596241.8
1996	3132.66	1541.83	466.02	3042476.1
1997	4199.39	1569.34	505.32	3555165.3
1998	3864.36	1788.71	554.04	4096683.2
1999	4806.87	1888.59	606.45	4700571.3
2000	4618.62	1994.34	666.90	5437369.4
2001	6611.77	2226.71	712.91	6217449.7
2002	6617.93	2438.33	735.60	7201490.3
2003	6054.32	2834.89	762.45	8583161.0
2004	8276.23	2824.26	789.54	10067342.1
2005	6766.10	2221.56	814.28	11584829.3

借助于物质流分析（MFA），可以为研究资源生产率问题提供一种创新的视角(钟若愚，2008)。在考察深圳社会经济发展中资源消耗水平的基础上，以欧盟导则为基本参照框架对深圳市物质流分析的物质类目进行了划分，构建深圳的物质流投入—产出系统的指标体系并进行测算，得到了深圳市1990—2005年的历年物质总需求、

直接物质输入等指标（见表7—2）。初步结果显示，在1990—2005年的16年中，深圳市直接物质输入量（DMI）和物质需求总量（TMR）均呈递增趋势。2005年的直接物质输入量和物质总需求分别达到2221.56万吨和6766.10万吨，分别是1990年相应指标的3.04倍和3.64倍，平均年递增99.4万吨和327.1万吨，平均年增长率为7.69%和8.99%。[1]

数据分析发现，国内生产总值（GDP）、物质总需求（TMR）和直接物质输入（DMI）互相之间呈现显著的正相关关系。进一步对GDP、TMR和DMI进行偏相关分析表明，剔除DMI的影响后，GDP和TMR仍呈现显著的正相关关系；剔除TMR的影响后，GDP和DMI仍呈现显著的正相关关系。这反映出考察期内深圳的经济增长在相当大程度上依赖于对自然资源的大量消耗。深圳市正处于社会经济高速发展阶段，经济增长伴随着大量自然资源的消耗。一方面，经济增长与资源消耗间呈现出较强的相关性，这说明深圳市的生态包袱是巨大的，其中2005年深圳市的生态包袱占总物质需求的67.2%；另一方面，大量自然资源的消耗给经济的可持续发展和环境的生态承载造成压力，其中基础设施建设挖方量是对自然环境最强烈的扰动力量，这些均给深圳市的生态环境带来了巨大的压力。

从IPAT方程计算资源生产率的过程和环境冲击影响分析，我们发现，一方面，在IPAT方程的四个变量中，人口不断增长，人均GDP也随着经济发展而增加；另一方面，环境冲击影响分析显示，影响深圳市TMR的关键因素还是技术结构。[2]因此，要减少经济增长所形成的环境压力，必须依靠技术提高使单位GDP的环境负荷减少，从而使资源生产率提高。

目前我国正处在工业化、城镇化、市场化和国际化程度不断提高的发展阶段，而经历了30年经济高速发展的“黄金增长期”，深圳比其他一些地方更早进入了“矛盾凸显期”，各类社会矛盾和问题凸显并集中表现在人口、资源、环境与经济社会发展的矛盾上。我们既要抓住加快发展的历史机遇，也必须正视所面临的资源环境压力。生态效率要求我们重新思索和超越传统的经济效率，从更高的层次上去探索人类生产、消费行为，认真探讨提高资源生产率的途径和经济可持续发展的有效模式，充分挖掘和利用资源生产率提高的潜力来缓解经济增长与资源环境的矛盾。

---

[1]　结论引自钟若愚：《深圳资源生产率的变迁及其影响》，《开放导报》2008年第4期。

[2]　钟若愚：《深圳资源生产率的变迁及其影响》。

深圳人均自然资源拥有量较低。资源节约型的国民经济体系，要求必须推进自然资源的可持续利用。这首先要求实现以下几个转变：(1) 从产品经济向服务经济的转变。(2) 从耗竭经济向循环经济的转变。(3) 从传统产业观向生态产业观的转变。并在以下三大方面构建资源节约型的经济增长方式：(1) 推进自然资源的可持续利用：一是采取措施增加自然资源的供给；二是合理配置和使用自然资源；三是强化自然资源可持续利用的政策措施。(2) 以提升资源生产率为方向建立产业生态体系：一是以产业结构优化升级推动产业生态化；二是建设循环型生态工业园区。(3) 超越传统市场经济，构建生态市场经济：一是建立市场化的资源价格体系；二是构建资源节约、环境友好型的生产方式和消费模式；三是推动循环经济发展，提升资源生产率。

(二)推动外向型经济发展模式的转变

推动经济形态由高度外向型向适度内源型转变。外向型经济既是深圳经济发展的最大特色，也是深圳经济发展的一大优势，深圳全部外向型企业的工业产值占全市工业总产值的比例超过 70%，在国际市场上具有很强的竞争力。但当前国际经济形势变幻莫测，高度外向型经济也存在经济风险大、稳定性差的问题。而改革开放 30 多年后，国内竞争日渐国际化，国内市场快速成长为国际市场的一部分，目前已成为世界第二大消费市场，也成为国际品牌必争之地。这就要求在保持外向型经济健康发展的同时，适度地注重经济内源化发展。一是要强化本土企业竞争能力。要大力培育民营企业，加快民营经济发展，鼓励其参与到国际化的竞争当中，与外资经济一起成为推动深圳经济持续发展的“双引擎”。二是要鼓励企业积极开拓国内市场。拓展企业发展空间，促进贸易平衡；要积极组织企业参加国内商品展销推介活动，帮助企业在国内建立自有品牌和营销渠道，扩大深圳企业产品在国内市场的占有率；要简化内销所需的各项审批手续，适度引导加工贸易企业扩大内销，对从事允许类产品生产的加工贸易企业，建议政府给予专项资金扶持。三是要鼓励企业自主创新。在引进吸收国外先进技术的同时，鼓励企业开发具有自主知识产权的核心技术，并在支持外经贸发展专项资金和中小企业国际市场开拓资金中予以相应支持。鼓励加工贸易企业引进先进技术、设备，设立研发中心、设计中心，通过技术转移、委托开发、联合开发、产业联盟等多种形式，加快对国外技术的消化吸收和二次自主创新，加快实现加工贸易向高附加值、自主品牌为主转变。

专栏7—1

深圳转变经济发展方式渐入佳境

每平方公里GDP产出更多，单位GDP能耗水耗持续下降。通过自主创新和科技进步，深圳走出了一条产业结构不断优化、经济质量不断提高的升级路径，转变经济发展方式渐入佳境。

深圳仅用了5年左右的时间，衡量经济发展方式转变的主要经济数据成倍增长，尤其是GDP实现了多个“千亿跳跃”。统计显示，2004年深圳GDP 4282.14亿元，每平方公里GDP产出2.19亿元。而到了2009年，深圳GDP增至8201.23亿元，每平方公里GDP产出4.2亿元。经济总量的成倍增长以及单位土地面积产出的大幅飙升，表明深圳经济含金量不断提高。

在面临土地、资源、人口、环境四个“难以为继”之际，深圳几年前明确提出“必须转变经济增长方式”，相继出台产业政策和措施，大力发展高新技术、金融、物流、文化四大支柱产业，重点发展先进制造业、高端产业、战略新兴产业，产业结构不断得到优化。目前，四大支柱产业支撑作用进一步增强，预计去年高新技术、金融、物流和文化产业增加值占深圳GDP的比重超过60%。

深圳产业转型升级步伐不断加快。目前，衡量现代社会经济发达程度的服务业快速增长，是推动深圳经济增长的重要引擎。统计显示，2004年，深圳三次产业结构为0.3∶51.6∶48.1。之后，服务业比重逐年加大，到2009年，深圳三次产业结构变成0.1∶46.7∶53.2。其中，作为高端服务业的支柱，深圳金融业增加值达1148.14亿元，增长20.5%，占GDP比重提高至14%。而2004年，深圳金融保险业增加值为273.08亿元，增幅仅为4.2%。

深圳大力发展循环经济，一批高耗能、高污染、低附加值的企业被淘汰，GDP的绿色成分更浓。初步估算，去年深圳每平方公里GDP产出比上一年提高了0.2亿元，万元GDP能耗、水耗持续下降；化学含氧量排放总量完成年度减排目标，二氧化硫排放总量累计降幅提前完成“十一五”目标。

资料来源：吴德群：《深圳转变经济发展方式渐入佳境》，《深圳特区报》2010年4月12日。

推动贸易方式实现转变。深圳是典型的外向型经济，外贸进出口占有相当高的比重，成为拉动经济发展的主要动力。但是，深圳的贸易方式比较落后，主要依靠加工贸易出口，一般贸易出口比重偏低；服务贸易发展相对滞后，服务贸易占全市贸易总量的比重严重低于全国平均水平。要进一步推进深圳国际化，实现深圳经济跨越式发展，贸易方式就必须进行一定的转变。一是推动加工贸易转型升级。要探索完善来料加工厂“不停产原地转型”模式，注重留住高端产业、附加值高的产业。鼓励符合深圳市产业发展导向的来料加工厂转型为法人企业，对有转型需求的来料加工厂提供优质服务，形成统一的“不停产原地转型”机制，促进来料加工厂向法人企业转型。二是要鼓励一般贸易发展。大力扶持民营企业参与出口经营，鼓励通过加工贸易已经形成了一定规模和实力的企业开展自有品牌经营。三是要大力发展服务贸易。要促进服务贸易行业内部结构的调整与优化，重点发展以软件、信息、研发、金融、保险、物流、文化、咨询等为代表的现代服务业，提高服务贸易整体层次；推动服务贸易企业的技术进步，制定优惠政策鼓励各类服务贸易企业进行技术开发，提高技术水平和经营效率。吸引外商投资服务贸易行业，引导和优化外资在服务业的内部投向，大力引进高端服务行业的外资企业，鼓励现代服务业的知名跨国公司建立地区总部、研发机构、办事机构等，以提高服务贸易的层次和水平。

第二节 发展的质量

一、可持续发展概念中的代际公平理念

1. 可持续发展的概念。可持续发展（sustainable development）的概念最早是国际自然资源保护联盟于1980年在其世界保护战略文本中提出来的（Palmer，1992；Smith，1993）。该机构主张，可持续性是一个能使自然资源利用、基因多样性保护和生态系统恢复得以兼容与持续的策略性概念。1987年，联合国世界环境和发展委员会（the World Commission on Environment and Development）发表了著名的报告《我们共同的未来》，报告将“可持续发展”定义为：“既满足当代人的需求，又无损于后代

人满足其自身需求的能力的发展。”[1]Brundtland 委员会报告中的定义，由于将可持续发展界定为需求，因而在可操作性方面是含糊的并容易引起歧义。在这一界定基础上提出的各种可持续发展的概念则包罗万象，污染控制、生物多样性保护、社会平等、生活质量提高等均被用来定义和论述可持续发展，以至于有学者称可持续发展已经成为一种被“泛用”的名词。[2]

2. 可持续发展概念中的代际公平理念。代际公平性（Inter - generation Fair）最早是由塔尔博特 · R. 佩基（T. R. Page）在社会选择和分配公平两个基础上提出的。[3]它主要涉及的是当代人与后代之间的福利和资源分配问题，强调“代际多数”的原则。

人类社会的发展是一个世代发展的过程，可持续发展的基本理念必然涉及代际公平这一根本问题。在可持续发展的有关界定中，《布伦特兰报告》的一般性表述已经包含了非常强烈的代际公平含义，这提醒我们必须关注和重视代际之间的公平，尤其是在全球有限资源的利用方面。艾歇因更是明确了代际之间公平的含义：“可持续发展是我们世世代代资源基础管理的一种要求，以保证我们能确保的平均生活质量能被未来世代分享。”[4]此后还出现了很多不同的关于可持续性的定义，在这些不同的定义中，后代的地位是奠基石。[5]类似于《布伦特兰报告》中的定义，实际上给各代人都加上了一种责任和义务，这种义务要求每一代人都要为后代留下不曾损耗的自然资源储量。

SDC（可持续发展委员会）的一份研究报告[6]介绍了 Eurobarometer 的调研结果，指出从 20 世纪 70 年代至今，随着人均 GDP 的增长人们的生活满意程度并没有得到多少提高。SDC 的报告认为，对于以上悖论，政府的战略应该关注经济增长以外的社会经济外部效应，比如环境问题，而资源生产率是可持续发展应关注的一个核心。他

[1] 该委员会当时的领导人是挪威前首相布伦特兰（Gro Harlem Brundtland），1987 年的总结报告又被称为《布伦特兰报告》。

[2] 张丰：《可持续发展中代际公平与折现率的经济学分析》，《经济科学》2002 年第 3 期。

[3] 王军：《可持续发展》，中国发展出版社 1998 年版，第 151—152 页。

[4] Asheim G.B. *Defining sustainability when resource management does not have deterministic consequences mimeo [M]*. Development of Economics，University of Oslo，1991.

[5] 例如 Winpenny（1991）中的界定：“可持续发展旨在让我们在特定时期内完整无缺地留下我们继承的、包括自然环境资产在内的总财产。我们应当把我们当前享受到的、蕴藏着潜在福利机会的同等的资本传给我们的后代。”Winpenny，J.T.(1991)，*Values for the Enviroment*，HMSO，London. 转引自 E. 库拉：《环境经济学思想史》，上海人民出版社 2007 年版，第 176 页。

[6] Sustainable Development Commission (2003)，*Redefining prosperity*：*Resource productivity*，*economic growth and sustainable development*，SDC Report.

们的建议还包括：要寻找合适的衡量经济福利的方法。目前在可持续发展的理念中，最知名的衡量方法是UNDP（联合国人口事务署）的人类发展指数（HDI）以及每年推出的《人类发展报告》，其他一些则包括Nordhaus和Tobin的经济福利概念，以及Daly和Cobb的可持续经济福利指数（Index of Sustainable Economic Welfare，ISEW）。

从可持续性发展的要求来看，我们今天所思考的自然资源，其含义应远超出对有形的自然资源的理解。克鲁蒂拉（Krutilla，1967）的经典文献，对自然资源舒适性、选择价值等所提出的问题至今仍值得我们深思。[1] 克鲁蒂拉认为，技术对资源物品的替代远高于对资源舒适性的替代，因而，资源舒适性[2] 的相对价值将随着时间而大大增加。这一点对发展的决策具有重要意义，尤其是在其未来价值不确定情况下要考虑和权衡保护环境的效益对当期福利或当代人福利所产生的影响。而体现代际公平关系的一个重要原则就是保存选择原则，[3] 即当代人应当为后代人保存自然和文化资源的多样性，使之具有选择的多样性。

可持续发展的含义不仅意味着经济发展的可持续性，更重要的是将环境和资源的可持续性放在其中，将代际公平的理念解读为对资源效率的约束，因而可持续发展就是在经济发展的基础上强调资源和环境的可持续。可持续发展因而必须强调两种关系的和谐：其一是寻求人与自然的和谐，人的发展必须与资源消耗、环境保护、生态协调紧密联系在一起；其二是实现人与人之间关系的协调，不仅要通过制度保障、舆论导向、伦理规范、法治约束、文化熏陶等来基本达到和实现当代人与人之间关系的和谐，还要重视代际之间即现在与未来世代间的公平性。

二、对环境的关注

(一)资源环境的变化

1. 世界资源环境的变化。在2000年以来全球新一轮经济增长周期中，全球气候变化和资源紧张趋势日益显著，汽车、空调、冰箱等资源性商品的生产和消费都达到

---

[1] Krutilla，J.V. 1967. Conservation Reconsidered.American Economic Review 57 (4)：777-786.

[2] 资源舒适性（Resource amenities）的价值主要在于未来的不确定性。因而，Jeffrey A. Krautkraemer 宣称：关于资源物品与资源舒适性概念的引入，对政策的含义在于：环境政策的决策绝不应只盯着某一种单一的资源，而要着眼于特定的生态系统以及整体上的环境。

[3] 杨勤业、张军涛、李春晖：《可持续发展代际公平的初步研究》，《地理研究》Vol. 19（2），2000。

表7－3　国家“十五”计划与“十一五”规划相关目标比较

类别	指标	“十五”计划目标	“十五”实际	“十一五”规划目标	2006年实际
经济增长与结构	GDP年均增长（%）	7.0	9.5	7.5	10.7
	人均GDP增长（%）	6.1	8.8	6.6	10.0
	服务业增加值比重（%）	42.1	39.9	43.3	39.5
	服务业就业比重（%）	33	31.3	35.3	32.2
	研发经费占GDP比重（%）	1.5	1.3	2.0	1.41
	城镇化水平（%）	—	43	47	43.9
人口资源环境	全国总人口年均增长（‰）	9.68	6.3	<8	5.28
	单位产值能耗下降（%）	—	14.4	20	1.23
	单位工业增加值用水量降低（%）	—	—	30	9
	农业灌溉用水有效利用系数	—	0.45	0.5	—
	工业固体废弃物综合利用率（%）	—	55.8	60	—
	耕地保有量（亿公顷）	—	1.22	1.2	1.207
	主要污染物排放总量减少（%）	10	<10	10	增加2.5
	森林覆盖率（%）	18.2	18.2	20	—
公共服务与人民生活	国民平均受教育年限（年）	—	8.5	9	—
	城镇基本养老保险覆盖人数（亿人）	—	1.74	2.23	1.88
	新型农村合作医疗覆盖率（%）	—	23.5	80	68.9
	五年新增城镇就业（万人）	4000	4200	4500	979
	五年转移农业劳动力（万人）	4000	4000	4500	—
	城镇登记失业率（%）	5	4.2	5	4.1
	城镇居民人均可支配收入年增长（%）	5	9.6	5	10.4
	农村居民人均纯收入年均增长（%）	5	5.3	5	7.4

资料来源：牛凤瑞、潘家华主编：《中国城市发展报告》，社会科学文献出版社2007年版，第25页。

了历史最高水平，自然资源消耗增速，价格则持续上升。在这个过程中，中国已成为钢铁等资源品的最大需求国和国际原油重要进口国之一，转变经济增长方式、减少资源依赖的迫切性日益突出。旨在限制全球温室气体排放量的《京都议定书》[1]便是1997年在日本京都达成协议，2005年2月16日开始正式生效。该协议的签订及生效明确了工业国家未来温室气体减量责任，促进了可持续发展理念在全世界的普及。中国是《京都议定书》的缔约方，虽然温室气体人均排放量远低于世界平均水平，但排放总量已位居世界第二。

[1]《京都议定书》于1997年12月在日本京都达成协议，2005年已有141个国家和地区批准了该项协议。

2. 中国生态环境局部恶化。作为世界最大的发展中国家，由特殊的国情和发展阶段所决定，发展生产力仍然是中国当前和今后一个时期的主要矛盾。但工业化、城市化的快速发展对资源环境压力持续加大。2004年在国家环保总局检测的500个城市中，只有38.6%达到国家环境空气质量二级标准，有20%的城市人口居住在空气严重污染的环境中。90%的城镇水域受到不同程度的污染，90%的城市沿河水域遭到污染，近三分之二的城市供水不足，六分之一的城市严重缺水。2004年全国城市污水排放总量为355亿吨，而污水处理率仅为45.6%。

在经济快速增长的同时，一些地方盲目发展高耗能、高污染产业，不仅对生态环境造成了危害，使得国内生态环境局部恶化，资源环境压力持续加大，而且增加了科学发展、可持续发展的难度。以中国“十五”计划和“十一五”规划的情况来看，国家“十五”计划提出的主要污染物排放总量减少指标没有完成（见表7—3），生态环境局部恶化的情况仍比较严重。[1]

(二)经济发展阶段的制约

2006年中国人均GDP达到1595美元（2000年不变价）[2]，正经历从低收入阶段向中等收入阶段的转变。发达国家的发展史表明，人均GDP处于1000—3000美元之间，既是一国的黄金发展期，又是矛盾凸显期。未来15年中国还将处于资源能源密集产业的发展阶段，资源消耗增长仍将处于爬坡阶段。根据有关预测，到2020年我国城市化率将达到60%，这意味着还有近3亿人（相当于一个欧洲或一个美国的人口）将进入城市，消耗大量的自然资源是不可避免的。对于中国部分先发展的地区来说，已经在某种程度上出现了一些不同的特征。例如，深圳2006、2007年的人均GDP分别为6.95万、7.96万元，用2000年不变价美元计算分别约为7600美元、7800美元。如果参照钱纳里2002年标准来计算，则介于从5000美元到9400美元、加速工业化的跨越阶段（参见表7—4）。[3]

[1] Sustainable Development Commission (2003)，*Redefining prosperity*：*Resource productivity*，*economic growth and sustainable development*，SDC Report.

[2] 《2007/2008世界经济年鉴》，2008年。

[3] 对这部分发达地区或城市而言，在这一阶段，结构的优化将伴随着资源消耗的减少，首先是工业劳动力比重趋于下降，其次是资源消耗将趋于减少。

表7-4　钱纳里的结构转变过程时期划分

时期	收入变动范围（人均美元）				发展阶段
	1964年标准	1970年标准	1982年标准	2002年标准	
1	100—200	140—280	364—728	628—1255	初级产品生产阶段
2	200—400	280—560	728—1456	1255—2511	工业化阶段
3	400—800	560—1120	1456—2912	2511—5021	
4	800—1500	1120—2100	2912—5460	5021—9414	
5	1500—2400	2100—3360	5460—8736	9414—15063	发达经济阶段
6	2400—3600	3360—5040	8736—13104	15063—22594	

说明：本表1970、1982和2002年的标准是根据《国际统计年鉴》各期中的美元价格指数计算而得。

发达国家的发展历史表明，工业化是建立在土地、能源和矿产资源大量消耗基础上的，期间的矿产资源消费弹性系数经历大于1的阶段。这也反映出当前中国工业化进程以及现阶段增长方式仍将处于一个较长时期的资源高消耗阶段，经济社会发展对能源等资源的依赖较强。

图7-1　中国GDP能耗强度的波动

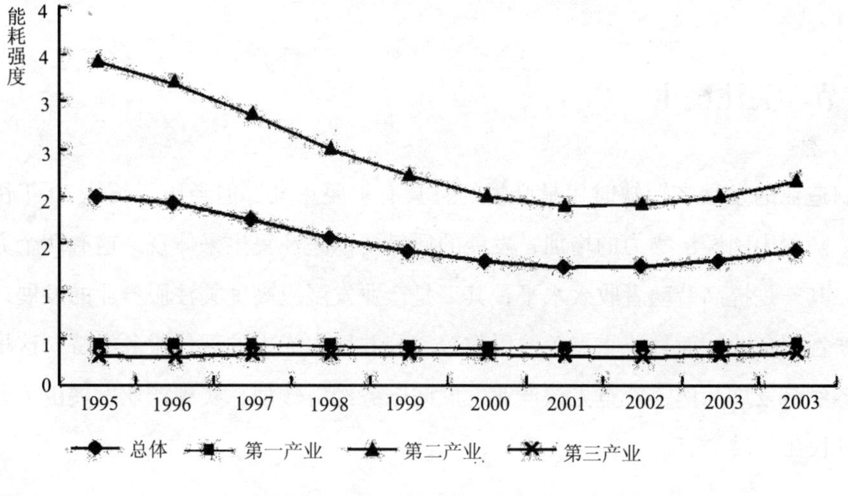

资料来源：Lin, jiang and Mark Levine, Toward 20% reduction in energy intensity by 2010: an exploration in possible scenarios, China Energy Group, 2006. 转引自牛凤瑞、潘家华主编：《中国城市发展报告》，社会科学文献出版社2007年版，第121页。

工业耗能比重高、增长快。在中国的终端能源消费中，工业所占比重最高，建材、钢铁和化工是耗能最多的行业；其次是民用和商业用能。中国建筑节能进展缓慢,2002年底全国节能建筑2.3亿平方米，仅占城市建筑面积的2.1%。从2003年开始，中国能耗强度不降反升，出现了逆转。能源消费年均增长速度高于经济增长速度，能源消费弹性系数超过1。其中第一产业和第三产业的能耗强度总体上平稳，且强度系数小于1，第二产业耗能强度大于1，中国总体能耗强度主要受第二产业的影响（参见图7—1）。

虽然经济结构、技术进步、再生资源利用等都将导致原材料需求的下降，但一般而言，只有第三产业充分发展、其比重提高到一定水平之后，一个国家或地区的基础设施才能建成。这时，经济发展对资源的依赖程度将趋于下降，资源密集型产业增长速度趋缓，高科技和服务业的比例提高，通过废旧资源的再生利用，可以基本满足经济发展和人民生活的需要。在这个过程中，技术进步、新方法新技术的应用，可以极大地提高资源利用效率，从而可达到资源消耗的低增长甚至零增长。

劳动力素质的提高，则是我国下一阶段经济和社会发展的主要内容。只追求效益效率而忽视普通劳动者的权益的发展阶段和增长模式是不可持续的。本书第八章将结合中国长期经济增长的讨论，就劳动力资源和素质提高讨论12年制义务教育问题，因为关注我国劳动力资源和劳动力素质的提高，已成为我国战略性的重要任务。

第三节　关注民生

制造业的发展在短缺时代是必需的且具有重要意义，但经历了长达30年快速增长后，随着中国经济实力的增加，发展的质量要以关注民生来体现。这有两个方面的要求：其一是提高劳动者收入水平；其二是产业发展应高度关注服务业的发展，不仅是生产性服务业，而且要重点关注以教育和公共民生为主的现代服务经济。这里以深圳服务经济发展为例，着重先谈产业发展向服务经济转型，实现产业发展由关心增长到关注民生的转变。

一、深圳服务经济发展的两个关键途径

无论从服务业对经济增长的贡献程度，还是与国外服务业发展水平比较，中国服务业发展状况与经济服务化趋势都有所背离，这便是学者们一再提出的“经济服务化

的中国悖论”。深圳经济在当前工业化中期升级的发展阶段，也同样面临经济服务化的悖论，如何推动现代服务经济与先进制造产业的互动、融合发展，是下一阶段深圳产业发展中亟待破题的重要方面。深圳服务经济发展的两个关键途径是：（一）推动产业融合发展，强化服务业自主增长能力；（二）推动深港服务经济一体化，破解深圳经济服务化发展的悖论。

(一)推动产业融合发展

其一，产业融合已成为服务经济自主发展的重要动力。产业融合作为一种经济现象，最早源于数字技术的出现而导致的信息行业之间的相互交叉，人们最早研究它也是从信息通讯领域的电信、广播电视和出版三大产业的融合现象开始的。就其经济学含义及其本质而言，产业融合是对传统产业分立的一种否定，Greenstein 和 Khanna（1997）认为，产业融合是“为了适应产业增长而发生的产业边界的收缩或者消失”。但产业融合的概念远不仅是由技术变革所引发的信息通信领域内的问题。植草益（2001）在对信息通信业的产业融合进行研究后指出，产业融合将在更大范围内拓展。

产业融合的过程当中，一个显著的事实是新兴企业、新兴业态和新的行业不断出现，而产业随之壮大。Lind（2005）的研究揭示了这一现象。Lind 以 ICT 产业为研究对象，进行产业融合的实证研究，揭示了技术变革、产业生命周期、产业融合之间的内在关系，并指出在融合中，产业的数量没有减少，反而有所增加。服务业发展同样印证了融合的事实。服务环节在生产链的上、中、下游均可能因分工的日益专业化而独立生长和外化出来，这种内生的成长会导致新兴的服务项目、服务企业和服务行业、新兴的业态不断出现，而产业、行业的边界在不断打破和模糊化，归于融合。因而，产业融合就是把内部分工通过专业化、细分化而外化为社会分工的过程。这一过程伴随着专业化分工的日益深入、服务环节日益外化而独立于生产环节，并向生产链的前、后端延伸，从而大大扩展了传统的产业融合概念。产业融合最根本的动因就在于适应需求变化，满足生产者和消费者日益变化的需求，使服务变得更为便利、简单，因而最终是消费多样化要求的反映。事实上，世界服务业发展的状况也说明了这一趋势：服务业规模日益扩大，产业内部日益分化、多元化和高度化，服务性环节日益从生产过程中分离出来，产业链进一步向前、后端延伸，这其中信息技术则日益渗透到生产、生活的各个方面，成为产业融合发展的催化剂。

其二，深圳服务业的产业融合发展之路。深圳服务业发展存在着强烈的跟随第二产业发展的适应性特征。在深圳整个产业结构发展变迁的过程中，第二、第三产业的发展是交替展开的，并呈现出明显的阶段性交替特征。这与深圳将投资重点一轮又一轮地用于工业和城市建设有很大关系，第二产业的产值比重交替性地超过服务业的比重，在这一交替超越过程中，呈现出每一轮工业高速发展带动服务业新一轮发展的格局。

目前深圳经济发展正处于工业化中期升级阶段，在未来一段时期内还将以制造业为经济发展的主导力量，但随着专业化分工的深化和专业服务外部化趋势的发展，深圳制造业竞争力将越来越依靠现代服务业的支撑。大力发展现代服务业，使之与先进制造业一道成为深圳经济增长的两大重要支撑，对深圳转变经济增长方式、优化经济结构意义深远。经济结构的协调发展要求走产业融合发展的结构调整之路，增强服务业自主增长能力。深圳服务业的产业融合发展之路，一方面需要生产性服务业在较长时期内伴随工业快速增长而迅速发展，这要求构建产业融合机制，推动先进制造业与现代服务业互动融合、并重发展；同时，也要推动服务行业间的融合发展，增强服务业自主增长能力。

以往人们所理解的产业融合，往往强调高技术制造业与现代服务业在第二、第三产业间的融合互动发展，而忽视了服务业内部各行业新业态、新企业、新模式的快速发展。其实文化旅游、创意产业、旅游地产等，无不是产业融合发展的典型。因而，推动服务行业内部的融合发展、增强服务业自主增长能力，也同样是深圳服务业发展路径的现实选择。

(二)推动深港服务经济一体化

推动深港服务业战略合作。在CEPA、泛珠三角区域合作机制和深港“1+8”合作协议的基本框架下，将深港服务业的协调合作关系提高到战略合作的高度，并着力推进高端服务业合作。积极支持和服务香港，巩固建设国际金融、贸易和航运中心，开展多领域、多层次的沟通和协调，推动深港服务业优势互补、共同发展。发挥深圳制造业对香港服务业发展的促进作用，主动承接香港现代服务业的带动辐射和转移，促进深港两地产业发展的互利双赢。

利用深港边界地区开发开放的机遇，加强深港合作，着力发展两大服务产业。加快规划建设莲塘—香园围口岸、落马洲—河套地区以及前后海地区等合作区域，加快推进体制机制创新，使之成为与港澳合作和参与东盟自由贸易区合作的重要载体。坚持深港融合发展，以集聚现代服务业高端要素资源为目标，在前海地区重点发展创新金融、现代物流和总部经济为主导的高端服务业，培育发展科技及专业服务、媒体及网络服务等新兴业态。在边界地区的合作区域，着力发展高端商务和公共民生两大类服务行业，集聚高端商务服务资源，要充分借鉴香港经验，试点滨海医院和医学科学研究院的建设运营模式，不拘一格、大力推进医疗卫生和教育服务行业的快速发展。

促进深港专业服务深度融合。加强深港在品牌管理、市场推广、法律服务、会计、咨询、知识产权、公共关系、经纪与人才猎头等专门专业服务业的合作。借鉴香港经验，提升专业服务业的整体素质和专业化程度，构建种类齐全、分布广泛、运作规范、与国际接轨的专门专业体系。建立深港两地会计服务行业协调机制，积极争取放宽香港律师事务所来深合作联营条件，共同拓展专门专业服务市场。建设深圳中介大厦和行业协会大厦，使其成为吸引世界著名中介组织的集聚地。

二、实现从关心增长到关注民生的转变

推动公共民生服务事业和产业的快速发展，对长期以高速经济增长、先进的高技术产品制造城市形象出现的深圳而言，更能体现以民为本、以人为本的思想。以人口年龄情况为例，深圳是个年轻化的城市，年轻的劳动力人口比例极高。根据深圳市统计局的资料，2005 年底深圳市常住人口中 15—64 岁劳动年龄人口占总人口的比例为 89.61%；如果考虑全部实际管理人口，该比例还要高，按 2005 年 1% 人口抽样调查资料的推算，该比例为 92.32%。

但实际上深圳并非一个只由年轻人和劳动者构成的城市。深圳市民政局的最新数据显示，深圳户籍 60 岁以上老人已有 13.3 万人，本地养老机构压力很大。这个数字还忽略了一大批异地户籍而在深圳居家养老或常住的群体。深圳市民政部门大力推进的居家养老和社区养老方式，其实已关注到本地大量的养老需求和机构养老方式极为短缺的养老服务提供能力，试图通过推进和发展机构养老之外的其他多种养老方式来缓解养老服务的需求和供给之间的差距。而在深圳特殊的人口年龄结构下，老龄化的特征也会呈现出不同于其他城市的特征。

从深圳的人口转变过程来看，我国目前人口年龄结构中的老龄化现象在深圳并不明显，正处于“人口红利”阶段。相反，深圳的人口年龄结构还表现为整体年龄结构较轻的特征：年龄中位数仅为 25.4 岁，低于广东省的人口年龄中位数 27.7 岁，与香

港的36岁相比更为年轻。[1]深圳人口转变现阶段不表现为人口老龄化的主要原因在于，深圳的开放式人口格局中机械增长人口占主导地位。刘远耀在《深圳“后人口转变时期”的主要挑战与对策研究》一文中认为，正是深圳人口非封闭性和机械增长主导性，致使深圳现阶段的人口转变中表现出“隐性人口老龄化”。由于一个城市范围内人口承载容量的有限性，在人口增长到一定规模后，机械人口增长必然受控制而减少，自然增长人口将对整体的人口结构起主要影响，而人口老龄化的结果亦将显现出来。影响深圳人口老龄化的因素有多种，除了生育水平、人口健康与寿命、死亡率指标等因素外，人口流动对深圳产生的影响是最为主要的。这表现在两个方面：其一是其他省市人口的迁移流动，其二是深港之间的人员流动。由于在全国已经步入老龄化社会的大环境下，相邻的香港地区人口老龄化日益明显，深圳的人口也迟早将进入老龄化。深圳长期以来无须过多考虑的老龄供养问题已将日益显现，并且极可能会呈现出“整体老化、同时退出”的特征。

未来人口老龄化对深圳的影响将反映在养老设施、家庭养老问题以及社会福利保障问题等方面。如何加强社区养老和居家养老配套机制建设、推动看护服务发展、完善社会保障体系、提前应对老龄化可能产生的各种影响，[2]是深圳实现人口发展、民生福利与经济社会协调发展的重要基础。

又如医疗卫生事业的发展。“十一五”期间深圳市医疗卫生投入达到近200亿元，其中用于新建和扩建医院约100亿元，临床医疗资源不足的问题有望得到缓解，这无疑是深圳医疗卫生事业发展取得的成绩。不过，与此同时还有一个细节需要引起关注：深圳整体的医疗技术水平和医学科研水平与国内先进城市相比还存在较大差距，在临床医疗资源得到大幅增加（尤其体现在设施设备的改善上）的同时，还应充分考虑基础医学研究和应用医学研究水平的提升。这才是医疗技术和临床医学科研软实力的提升，也有助于缓解和满足深圳本地对高水平、高层次医疗服务的需求。事实上，深圳社会事业的快速发展，对尽快建立本地高水平的医学科学研究机构提出了迫切需要：

---

[1] 钟若愚、李冬平：《深圳可持续发展中的人口经济问题》，《特区经济》2005年第6期。

[2] 值得一提的是，在2010年4月深圳大学“创新杯”大学生课外管理作品大赛的作品中，作者书面评阅了几位年轻大学生（他们是曾宝文、黄文修、陈致君、段继业、唐杨明、郭元）的颇有创意的计划书《“乐在耆中”长者服务公司》。该作品敏锐地观察到长期居住于深圳地区60岁以上退休长者群体的市场需求，并据此设计出颇具承担未来社会责任的创意计划，给人留下深刻印象。

专栏7－2

温家宝：必须重视发展社会事业和改善民生

发展社会事业和改善民生，是深入贯彻落实科学发展观的重要任务，是全面建设小康社会的迫切要求。要把发展社会事业和改善民生作为转变发展方式、扩大国内需求的重要着力点，推动经济社会协调发展。

发展科技、教育和文化事业，全面提高人的素质，是转变经济发展方式、实现可持续发展的关键。要用科技的力量推动经济发展方式转变。第一，战略性新兴产业是新兴科技和新兴产业的深度融合，代表着科技创新的方向，也代表着产业发展的方向。要科学制定发展规划，选择若干重点领域作为突破口，力争在较短时间内见到成效，使战略性新兴产业尽早成为国民经济的先导产业和支柱产业。第二，我国传统产业规模大，总体上技术水平比较低，必须运用高新技术加快改造传统产业，大幅度提高传统产业的科技含量，提高传统产业的质量效益和竞争力。第三，要大力推动自主创新，提高原始创新能力和关键核心技术创新能力。加快实施国家重大科技专项，着力突破制约经济社会发展的关键技术问题。要加强知识产权的创造、运用和保护。第四，要进一步深化科技体制改革，大胆革除一切阻碍科技生产力发展的体制机制障碍，最大限度地激发科技工作者和全社会科技创新的活力。

要面向时代要求谋划教育发展。只有一流教育，才能培养一流人才，建设一流国家。一要推进教育改革。树立先进教育理念，把教书和育人很好统一起来。对办学体制、教育内容、教育方法、考试评价制度进行系统改革，大力推进素质教育。积极探索适应各类学校的办学体制。努力培养一大批有志于献身教育事业的教育家，倡导教育家办学，赋予学校办学自主权。二要努力促进教育公平。把义务教育办好，依法确保每个孩子免费接受九年义务教育，逐步解决义务教育资源配置不均衡问题。公共教育资源配置要向薄弱地区倾斜，推动地区之间、城乡之间、不同学校之间的教育均衡发展。进一步完善国家助学体系。确保每一个孩子接受教育的基本权利，无论哪个教育阶段，都不能因家庭经济困难导致孩子们辍学。三要办好职业教育，提高高等教育的质量，为经济社会发展培养大批各类人才。

要用新的理念推动文化发展繁荣。文化是一个民族的精神和灵魂。国家发展、民族振兴，不仅需要强大的经济力量，更需要强大的文化力量。没有先进文化的发展，没有全民族文明素质的提高，就不可能真正实现现代化。政府要履行好发展公益性文化事业的责任，保障人民群众的基本需要和权益。进一步完善扶持公益性文化事业、发展文化产业、鼓励文化创新的政策，创造更加有利于文化繁荣发展的社会环境。就业是民生之本，是一个人安身立命的基础。保障民生的第一件大事，就是保障就业。要把促进就业放在经济社会发展的优先位置。

努力为每一个有劳动能力的人创造就业机会，使每个人都各尽所能、各得其所，让所有劳动者的活力和创造力都得到充分发挥。这既是我国经济社会发展的需要，也是每个人全面发展的需要。一要通过保持经济平稳较快发展，不断扩大就业规模。解决就业问题，根本靠发展。二要把经济结构调整和扩大就业结合起来，大力发展服务业、劳动和知识密集型产业，支持中小企业和非公有制经济发展。三要充分发挥劳动者自主就业、市场调节就业和政府促进就业的合力。四要加强和改善就业公共服务。加强就业援助，帮助有就业能力和愿望的就业困难人员和零就业家庭人员实现就业。加大职业培训力度，提高劳动者整体素质，提高劳动者的就业能力。我们不仅要通过发展，做大社会财富这个“蛋糕”，也要通过合理的收入分配制度，把“蛋糕”分好，让全体人民共享改革发展的成果。要不断提高城乡居民收入，改革分配制度，逐步扭转收入差距扩大的趋势。一是加快调整国民收入分配格局，逐步提高居民收入在国民收入分配中的比重、劳动报酬在初次分配中的比重。关键是提高城乡居民收入特别是中低收入者的收入水平，建立企业职工工资正常增长机制和支付保障机制，特别要抓紧解决农民和农民工两个群体收入增长较慢的问题。二是加大税收对收入分配的调节作用。深化垄断行业收入分配制度改革。进一步规范收入分配秩序。三是对城乡低收入困难群众给予更多关爱，保障好他们的基本生活和基本权益。继续抓好扶贫工作。要把扶贫开发的重点放在贫困程度较深的集中连片贫困地区和特殊类型贫困地区。继续加大对革命老区、民族地区、边疆地区和贫困地区发展扶持力度。社会保障和医药卫生事业关系每个家庭、每个人的切身利益，是基本而重大的民生问题。要以社会保险、社会救助、社会福利为基础，以基本养老、基本医疗、最低生活保障制度为重点，以慈善事业、商业保险为补充，完善社会保障体系。加快建立全国统一的社会保障社会化服务体系，实现社会保障关系跨地区转移接续。健全社会保障管理信息系统，建立个人终身社会保障号，并尽快实现全国联网。要加大社会保障投入，稳步增加财政性社会保障支出占国家财政支出的比重。要进一步深化医药卫生体制改革，加快建立覆盖全民基本医疗卫生制度，完善基本医疗保障制度、基本医疗服务体系，实施国家基本药物制度，大力推进基本公共卫生均等化，推进公立医院改革，努力实现人人都有基本医疗保障，人人享有方便可及的基本医疗卫生服务，保障全体人民病有所医。加快推进社会事业领域改革。在改革中处理好政府和市场、公平和效率、尽力而为和量力而行的关系。调动全社会的力量，共同参与社会事业发展。要把维护社会事业的公益性、保障人民群众基本公共服务需求作为政府的主要职责。把应该由社会和市场发挥作用的事情真正交给社会和市场。通过发展相关产业，满足多层次、个性化的需求。要进一步放宽准入，调动全社会参与社会事业发展的积极性。由政府保障的基本公共服务，也要深化改革，提高绩效。要鼓励社会资本投资建立非营利性公益服务机构。各类社会机构和企业愿意参与基本公共服务的，只要具备资质、符合条件，就应当鼓励进入。有效动员和综合利用社会资源来加强和改善基本公共服务，提高服务质量和效率。

资料来源：温家宝：《转变经济发展方式必须重视发展社会事业和改善民生》（2月4日，在省部级主要领导干部深入贯彻落实科学发展观加快经济发展方式转变专题研讨班上的讲话摘要），《共产党员》2010年第3期。

——深圳整体医疗技术水平与国内先进城市相比存在较大差距，迫切需要加快本地医学科学研究机构建设。深圳缺乏品牌医院，缺乏重点专科，缺乏在全国、全省有重要影响的学科带头人，医学科研能力有限，省级以上科研项目和成果不多。高层次人才培养能力有限，临床诊疗水平也无从提高，整体医疗技术水平不能充分满足居民对高水平、高层次医疗服务的需求，使得居民对本地医疗水平信任度不足，部分疑难复杂病例寻求市外就医。

——深圳本地医疗卫生领域所面临问题的特殊性，迫切需要对本地医疗卫生重大问题持续开展长期跟踪研究。深圳在医疗卫生、疾病预防等多个领域所面临的问题明显异于国内外其他城市，人口构成、疾病谱、卫生管理等均有自己的特殊性，迫切需要有本地权威的医疗科研机构对深圳本地医疗卫生领域中的重大问题开展长期跟踪研究。

——深圳进一步实施国际化战略、创建国家创新型城市，也迫切需要打造高水平、高层次的医疗科研服务平台和医疗服务技术中心，全面整合本地医疗科研资源。作为人口超过1000万的现代化大城市，适应进一步实施国际化发展战略、创建国家创新型城市的要求，深圳应加快建设国际化的高水平医疗科研机构，同时，还应解决目前医学技术领域存在的部门条块分割，实验室规模较小而无法解决重大技术难题等问题，全面整合本地医疗科研资源。

第八章

分配与公平

★合理的收入分配制度是社会公平正义的重要体现。解决收入分配差距问题，一次分配是关键，必须首先提高居民收入水平。而收入增长不快，反映出广大低收入群体无法通过获取合理劳动报酬来提高收入份额，从而缩小差距。

★卢卡斯在《宏观经济学的首要问题》中强调："成功的长期供给方面的政策所能带来的社会福利要远远高于进一步优化短期需求管理政策所能带来的社会福利。"对中国长期经济发展最重要的启示之一是，只有一国潜在增长能力的长期提升才是最重要的。通过教育从而实现国民整体人力资本的提升才能支撑中国长期的技术进步及其带来的经济持续增长。

★从中国的长期发展来看，最大的不公平是教育机会的不公平。当有一半以上的农村孩子到15岁以后就不再上学接受教育，那么科学发展和可持续发展所要求的劳动力素质以及相应的经济增长方式如何得以实现转变？针对当前的《教育中长期规划》，最重要的是尽快、适时推进12年制义务教育。

第一节　分配问题

如果我们承认并坚持劳动价值论，那么就应该承认并坚持按劳分配的科学内涵，因为这里“劳”不仅指一般劳动量，更指劳动的质，劳动的最终产品与效益，科学家与企业家们所付出的是超常创造性智力劳动，并且能为全社会带来超常的回报。在知识经济的大趋势中，商品价值量的大小主要取决于劳动的质量而不是一般的劳动时间。这里的复杂劳动已经不再是简单劳动的倍数，而是性质不同的劳动，即创造性劳动，而不是重复性劳动。其衡量标准也不再是一般性劳动消耗，而是市场的确认。可以说，直接的体力劳动与劳动时间已经不再是创造商品的衡量尺度了，间接的脑力劳动的质量构成了商品的价值量的主体，即劳动价值论的深化已经从时间价值深化到质量价值上去了。哈佛商学院教授特德洛指出，现代企业的繁荣所依赖的主要是创见和电子，而不是机器与汗水；它的崛起归功于管理、劳工、政府、金融与技术 5 个基本要素。从现象上讲，这种人力资本的价格是一种社会分配机制，其背后则是一种个人能力的竞争、较量机制，是个人全部的完整的所有权的经济实现。毫无疑问，这种实现也反映着交易双方的力量、智慧、耐力的平衡点与妥协处。虽然这种人力资本价格上的制度安排体现着经济上的公正、公开、公平，但这一切都仍然是一种可爱的“现象”。因为本质上，即便是个人在物质财富、政治权力与社会地位上被制度这一层面完全地“平等”了，但个人的“人力资本”根本不可能相同，也必然“在事实上不平等”。其实，在人一堕地之际也就难以再谈平等了。[1]

一、改革与收入分配

“改革是在不改变原有经济体制的背景下，在原有经济体制内部引入市场机制，以提高原有经济体制的效率。转型是以经济体制由计划经济向市场经济转型的大规模制度变迁为主线，而引起的一系列全方位变化的过程。”[2]

在计划经济体制下，任何生活品的生产和供应都是由计划来完成的，在整个国民经济体系中是不存在私人经济领域的。改革突破了原有的产权制度，在农业部门，实现集

[1]　苏东斌：《中国经济特区发展中的理论问题》，《深圳大学学报》2001 年第 3 期。

[2]　景维民：《转型经济学》，南开大学出版社 2002 年版，第 2 页。

体对土地拥有所有权，土地使用权归属于家庭的制度，这种制度大大调动了普通农民的生产积极性，农业产值迅速增加。同时在工业生产领域，国家逐渐放松对私有经济的发展约束，引进市场和竞争机制，逐步改革国有企业，这些政策使中国工业经济领域形成了多种所有制共同发展的结构，促进了生产的发展和市场中产品的多样化。在劳动力方面，逐步放松了劳动力流动的限制，大量农村剩余劳动力流向经济发达地区，带动了流入地的经济发展，提高劳动者个人的收入水平，使得中国劳动力丰富的资源禀赋优势得以发挥。

一系列的经济体制改革对普通劳动者的生活影响是深刻的，据估算我国到 2007 年人均国民生产总值已达到 2550 美元，城镇恩格尔系数为 36.3%，农村为 43.1%，总体生活水平达到小康，比改革前已经有了实质性的改善。[1] 自 1999 年国务院颁布《城市居民最低生活保障条例》，中国城市居民最低生活保障制度开始建立，2000 年我国城市居民最低生活保障人数为 402.6 万人，2007 年覆盖人数达到 2272 万人。2007 年最低收入 5% 的城镇困难群体转移性收入为 920 元，其中养老金收入为 520 元，占转移性收入的 60.0%；社会救济收入 153 元，占转移性收入的 16.6%，其中最低生活保障收入 93 元。

改革开放以来，通过实施“国家八七扶贫攻坚计划”和“2001—2010 年的中国农村扶贫开发纲要”，我国强化了对贫困地区的扶持，在缓解贫困方面取得了辉煌成就，农村居民生活从普遍贫困到整体解决了温饱。2007 年底，全国农村绝对贫困人口为 1479 万人，比 1978 年的 2.5 亿减少 2.3 亿多人，年均脱贫 800 多万人；贫困人口发生率为 1.6%，比 1978 年的 30.7% 下降了 29.1 个百分点。2007 年初步解决温饱但还不稳定的农村低收入人口为 2841 万人，比 2000 年的 6213 万人减少 3372 万人，年均减少 400 多万人；农村低收入人口比重为 3.0%，比 2000 年的 6.7% 下降了 3.7 个百分点。2000 年我国农村居民最低生活保障人数为 300.2 万人，2007 年达 3566 万人，覆盖人数迅速扩大。[2]

改革开放以来，我国经济发展速度很快，GDP 不断增长，人均收入水平不断增长。从全国来看，1979—2007 年，我国经济以年均 9.8% 速度快速发展。与此同时，城乡居民的收入也在迅速增加。1978 年，我国农村居民人均纯收入只有 133.6 元，到 2007 年达 4140.4 元，比 1978 年增长近 30 倍，年均增长 12.6%，扣除价格因素，实际年均增长 7.1%；1978 年，我国城镇居民人均可支配收入为 343.4 元，到 2007 年达 13785.8 元，比 1978 年增长 39 倍多，年均增长 13.6%，扣除价格因素，实际年均增长 7.2%(参见表 8—1)。

[1]　根据《中国统计年鉴》整理。

[2]　《城乡居民生活从贫困向全面小康迈进》，《中国信息报》2008 年 11 月 3 日。

表8-1 中国城乡居民人均收入及恩格尔系数

年份	城镇居民家庭人均可支配收入（元）	农村居民家庭人均纯收入（元）	城镇居民家庭恩格尔系数（%）	农村居民家庭恩格尔系数（%）
1978	343.4	133.6	57.5	67.7
1980	477.6	191.3	56.9	61.8
1985	739.1	397.6	53.31	57.8
1990	1510.2	686.3	54.24	58.8
1991	1700.6	708.6	53.8	57.6
1992	2026.6	784	53.04445	57.6
1993	2577.4	921.6	50.3167	58.1
1994	3496.2	1221	50.03928	58.9
1995	4283	1577.7	50.0906	58.6
1996	4838.9	1926.1	48.76093	56.3
1997	5160.3	2090.1	46.59502	55.1
1998	5425.1	2162	44.66099	53.4
1999	5854.02	2210.3	42.06798	52.6
2000	6280	2253.4	39.44218	49.1
2001	6859.6	2366.4	38.19902	47.7
2002	7702.8	2475.6	37.67637	46.2
2003	8472.2	2622.2	37.1	45.6
2004	9421.6	2936.4	37.7	47.2
2005	10493	3254.9	36.7	45.5
2006	11759.5	3587	35.8	43
2007	13785.8	4140.4	36.28948	43.1

资料来源：根据《中国统计年鉴2008》整理。

深圳市历年住户调查的收入增长情况参见表8—2。

表8-2 深圳市历年住户调查主要指标（1985—2007）

年份	调查样本(户)	可支配收入		消费性支出		恩格尔系数(%)
		年人均(元)	各年增幅(%)	年人均（元）	各年增幅（%）	
1985	100	1914.84	—	1790.40	—	47.5
1986	100	1817.40	−5.1	1617.84	−9.6	54.0
1987	100	2091.36	15.1	1911.60	18.2	54.3
1988	100	2569.20	22.8	2345.40	22.7	56.2
1989	100	3656.52	42.3	3079.08	31.3	54.2

(续表)

年份	调查样本(户)	可支配收入		消费性支出		恩格尔系数(%)
		年人均(元)	各年增幅(%)	年人均(元)	各年增幅(%)	
1990	100	4127.40	12.9	3671.04	19.2	47.2
1991	100	4563.72	10.6	4175.76	13.7	43.9
1992	100	5783.28	26.7	5034.48	20.6	42.3
1993	100	7736.64	33.8	6191.64	23.0	45.5
1994	100	10503.24	35.8	9473.16	53.0	38.4
1995	200	12770.64	21.6	11038.32	16.5	39.3
1996	200	16295.64	27.6	13044.00	18.2	37.6
1997	200	18578.76	14.0	14610.36	12.0	36.6
1998	200	19213.92	3.4	14764.20	1.1	33.3
1999	200	19520.40	1.6	14033.76	−4.9	33.7
2000	200	20905.68	7.1	16306.68	16.2	29.4
2001	200	22759.92	8.9	17024.76	4.4	28.9
2002	200	24940.68	9.6	18925.92	11.2	27.4
2003	200	25935.84	4.0	19960.32	5.5	27.9
2004	200	27596.40	6.4	19569.60	−2.0	31.6
2005	600	21494.4	8.7	15911.88	9.7	33.4
2006	600	22567.08	5.0	16628.16	4.5	33.3
2007	600	24870.21	10.2	18752.87	12.8	32.5
2008	600	26729.00	10.0	19779.00	7.1	36.0

资料来源：《深圳统计信息年鉴》。

专栏 8—1

中国的扶贫成就和扶贫重任

1. 中国的扶贫和发展的成就令人称羡

在过去 25 年里，中国减少绝对贫困的成就极为显著。

1981 年至 2004 年，人均日消费低于 1 美元的人口所占的比例从 65% 下降到了 10%，5 亿多人摆脱了贫困。

2001 年至 2004 年，中国的贫困率加速下降，有迹象表明，到 2007 年，贫困率一直持续快速下降。

经济增长对于中国扶贫成就的取得至关重要。

2. 然而，扶贫重任仍将继续，在某些方面，任务还更加艰巨

随着贫困率的下降，剩余的贫困人口更为分散，扶贫措施更难以到达。

尽管经济增长对扶贫一直发挥着重要作用，但经济增长的扶贫效应已经开始下降。

由于城乡之间以及农村内部和城市内部收入差距加大，收入不平等明显加剧。

与过去相比，收入对人们获得卫生和教育的影响与收入更加密切，贫困人口的卫生和教育支出负担越来越重。

资料来源：世界银行报告:《从贫困地区到贫困人群：中国扶贫议程的演进——中国贫困和不平等问题评估》(概要)。

二、收入分配的失衡和收入差距的扩大

随着改革开放和人民生活水平的提高，贫富差距也不断扩大。一是城乡收入差距扩大。1978 年，城镇居民人均收入 343 元，农村居民人均收入 134 元，相差 2.56 倍，2007 年，城镇居民人均收入 13786 元，农村居民人均收入 4140 元，相差 3.33 倍。二是地区收入差距扩大。我国东中西地区的经济发展水平和差异巨大，区域之间居民的收入差距水平呈现发散趋势，从 2000 年到 2004 年，西部与东部地区人均 GDP 的差距已由 7548 元扩大到了 9250 元，差距持续扩大。GDP 增长率的差距也由 2.54 个百分点扩大到 8.39 个百分点。尽管实行了西部大开发的战略，但是 2005 年最高的 5 个省市的人均收入是最低的 5 个省份的 2 倍以上，而且增长速度还快于收入低的省份。三是行业收入差距扩大。1978 年，收入最高行业与收入最低行业相差 2.17 倍，2007 年扩大到 4.88 倍，巨大的行业收入差距并不仅仅是由于行业技术水平、劳动复杂程度或风险程度所导致，很多情况是因为垄断利润和内部人控制所引起的。四是群体收入差距扩大。百万富翁已经超过千万，千万富翁超过百万，亿万富翁也屡见不鲜；与此同时，全国农村还有几千万贫困人口温饱问题没有解决，城镇还有几千万人口生活在“低保线”以下。反映贫富差距的基尼系数从 1978 年的 0.28 和 2000 年的 0.417 上升到 2007 年的 0.496，超过国际公认的警戒线，[1] 说明国民收入分配格局出现了较严

---

[1] 许有伦：《关于收入分配的几个问题》，《西安财经学院学报》2009 年第 1 期。

重的失衡现象。

邓小平指出：走社会主义道路，就是要逐步实现共同富裕。共同富裕的构想是这样提出的：一部分地区有条件先发展起来，一部分地区发展慢点，先发展起来的地区带动后发展的地区，最终达到共同富裕。如果富的愈来愈富，穷的愈来愈穷，两极分化就会产生，而社会主义制度就应该而且能够避免两极分化。[1]

要素市场，特别是劳动力市场改革滞后直接制约了农民充分利用市场机制促进增收。因此能否提高农民收入增长，在很大程度上取决于今后的要素市场发育和体制改革。在矫正收入分配失衡和防止收入差距拉大的过程中，要重视教育和人力资本投入，进而通过利用劳动力市场机制改善初次分配在国民收入分配中的比例关系，为缩小收入差距奠定市场化的制度条件。

收入差距的形成，有以下几个原因：

其一，经济增长与收入分配。在经济增长或发展方面，农村中从事非农产业的人和城市中从事非国有经济的人的收入的较快发展是引起收入差距扩大的重要原因。在经济增长过程中，即使处于同一个行业，由于每个劳动者的受教育程度、身体状况、机遇等主观和客观的因素，也会引起收入差距的扩大。

其二，体制变迁与收入分配。第一，我国居民收入分配差距的演变，是计划经济体制向市场经济体制转化过程的结果。如“城乡分割”的管理体制，它是导致城乡收入差距扩大的重要原因。再有行业、部门之间的垄断。我国经济生活中的一些部门、行业甚至个人能够通过垄断地位，或借助不平等的初始竞争条件，在生产经营过程中不断获得高额利润。于是，在社会收入初次分配过程中就已经导致居民间收入差距扩大。第二，居民收入分配差距是在政府“角色”扭曲的过程中产生并拉大的。从计划经济体制转向市场经济体制后，不少政府部门行为的立脚点或出发点，开始转向追求本单位、本部门或本地区利益的轨道上来，从而加剧了部门、行业、地区之间的收入差距。最后，居民收入分配差距是在体制转轨时期的“制度真空”状态下产生并拉大的。我们曾有过一套非常有效的可对居民收入分配差距实施调节的机制，但随着市场化的改革进程逐渐削弱，不复存在。与市场经济相适应的新的规范化的收入分配机制，又始终没有真正建立起来。由此形成的“制度真空”，在相当程度上使得我国的

[1] 邓小平：《在武昌、深圳、珠海、上海等地的谈话要点》（1992 年 1 月 18 日—2 月 21 日），《邓小平文选》第 3 卷，第 373—374 页。

收入分配陷于“失控”境地。

其三，收入政策与收入分配。首先，居民收入分配差距是在政府分配政策的导向下产生并拉大的。从改革之初到20世纪90年代末，我国政府收入分配问题的政策是“允许一部分人先富起来，以先富带后富”，后来，又提出了“效率优先，兼顾公平”。到了20世纪90年代末期，经济确实增长了，但收入差距也扩大了。第二，我国在东南沿海建立的各种特区，为了吸引外资和国内资金、人才，国家给予这些地区的各种优惠的税收政策和投资政策以及对这些地区财政投资的增加，导致或加重了我国东西部居民的收入差距。第三，对高收入阶层收入调节不力。主要原因是我国尚未完全建立对不同阶层居民收入取得的动态变化进行有效监督机制，而且现行税制结构不尽合理，其本身缺乏自动进行收入调节的内在机制。第四，对低收入阶层收入保护不力。尽管我国已经初步建立了各种扶贫制度、基本生产保障制度、就业援助制度以及最低工资保护制度，但是由于投入不足，在管理和执行过程中也存在不少问题，致使相当多的低收入者实际上难以做到有效脱贫，或者短期脱贫后又“返贫”。[1]

三、完善收入分配制度，缩小差距

任何一个社会不可能消灭贫富差距，而是控制差距的范围；不可能消灭公平发展的自然结果，而是使这种结果不至于无限扩大。十七大报告中明确将“发展社会事业，全面改善人民生活”作为全面建设小康社会目标的要求之一，即“合理有序的收入分配格局基本形成，中等收入者占多数，绝对贫困现象基本消除……”

全国总工会的相关调查显示，75.2%的职工认为当前收入分配不太公平，有61%的职工认为普通劳动者收入过低是当前社会收入分配中最大、最突出的问题。要完善社会收入分配制度，从企业的角度来讲，关键是建立“三个机制”，即职工工资的正常增长机制、工资支付的保障机制和工资的集体协商机制。“要进一步加大有关工资分配的立法力度，进一步出台工资条例，同时，我们建议全国人大对刑法进行修订，增加‘欠薪罪’，明确对欠薪逃匿等恶劣的行为追究刑事责任。”同时要进一步健全最低工资制度，逐步提高最低工资标准，使各地的最低工资标准能够达到当地社会平均

[1] 张乐才：《我国居民收入差距形成的原因和对策》，《北方经贸》2004年第5期。

工资的40%—60%的水平；进一步加大劳动监察制度，对侵害职工收入分配权益的行为，一经发现，一定要严惩。[1]

《深圳经济特区和谐劳动关系促进条例》获得深圳市第四届人大常委会第22次会议表决通过，将从11月1日起执行，这是我国第一部有关促进劳动关系和谐的特区法规。《条例》针对规范企业用工行为，维护劳动者权益等出台了多项全国首创的举措。《条例》明确规定：对于有各类违法劳动法规行为的企业，政府及有关部门五年内不允许其承接政府投资项目、参加政府采购；不给予优惠政策，正在享受的优惠政策终止；不允许其法定代表人或者负责人5年内在本市注册新的企业。《条例》也加大了处罚力度。用人单位拖欠劳动报酬人数达到用人单位劳动者总人数30%；拖欠劳动报酬的数额超过被拖欠用人单位全部劳动者1个月工资总额的；拖欠劳动报酬时间连续3个月以上的，劳动保障部门将责令企业停厂停业。[2]

第二节　公平问题

收入增长不快，也反映出广大低收入群体无法通过获取较高的劳动报酬来提高自己的收入水平，从而缩小差距。前面的分析中我们可以看到一个重要原因是中国宏观经济政策的导向，使得教育对低收入群体的作用不能充分发挥。农村孩子有一半左右到15岁就不再上学，当他们进入劳动力队伍时，中国大部分劳动力仍只能从事低级的、劳动密集型的、报酬水平相当低的工作。更糟糕的是，当这些人一代一代从事附加值极低的工作后，还将陷入低收入、低回报的恶性循环，不但在其最年轻力壮的时间从事低技术含量的简单加工制造行业或服务行业，而且此后也不可能像经典著作中所说的那样培养出一代新的产业工人。

一、大量的外来务工群体

深圳经历了30年持续快速增长后，经济总量和人口总量均快速提升，2007年，

---

[1] 王敏、谢良：《全总：完善收入分配制度保障劳动者基本经济权益》，新华网2010年3月9日。

[2] 根据《南方日报》有关报道整理。

深圳市常住人口 861.55 万人，实际管理人口为 1265 万人，深圳已成为全国人口密度最高的城市之一（参见表 8—3）。

表8－3　深圳历年人口规模及其结构状况测算

年份	年底常住人口（万人）		实际管理人口（万人）
		其中户籍人口	
1995	449.15	99.16	539
1996	482.89	103.38	582
1997	527.75	109.46	629
1998	580.33	114.6	679
1999	632.56	119.85	733
2000	701.24	124.95	792
2001	724.57	132.04	863
2002	746.62	139.45	941
2003	778.27	150.93	1025
2004	800.8	165.13	1118
2005	827.75	181.93	1218
2006	846.43	196.83	1248
2007	861.55	212.38	1265

资料来源：深圳大学中国经济特区研究中心课题组根据《深圳统计年鉴》和普查、抽样调查及出租屋管理数据等资料整理、推算。

根据 2000 年第 5 次人口普查和 2005 年全国 1% 人口抽样调查等资料推算，2000 年至 2006 年，深圳外来人口净迁入规模达到年平均 10.53% 的增长速度，[1] 根据调研数据，[2]2007 年深圳非户籍劳动者中，居深时间在 2 年以下的占 59.4%，3 年以下占 80.8%，在深工作 10 年以上的仅占 4.56%。居深时间较短说明深圳市非户籍劳动人口流动特征非常明显。从劳动者职业类别来看，从事办事员、文员和工厂普通工人、

[1] 按统计局资料，2000 年到 2006 年非户籍人口净迁入以年平均 2% 速度增长，但从实际管理人口数据来看，外来人口增长速度远高于这一数值。根据 2000 年 11 月 1 日的人口普查资料，除常住人口为 700.84 万外，尚有 90 多万居住不足半年的非常住人口，因而 2000 年年底深圳实际管理人口在 792 万以上，按 2005 年 1% 抽样调查人口数据，深圳 2005 年底实际管理人口达到 1218 万人。

[2] 深圳市委市政府重大调研课题《深圳农民工基本情况调研与分析》课题组 2007 年 7—8 月专门对全市六区非深圳户籍劳动人口的就业情况进行调研，调研有效问卷 16000 余份。该报告的主要撰写人为高兴民、钟若愚、杨光辉等。

保安物业管理等职业的普通劳动者中超过 40% 的来深工作时间仅为 1—3 年。普通劳动者平均来深时间不长充分说明深圳普通职业劳动者就业极不稳定、流动性高。

二、收入水平的调研结果

对非户籍劳动人口收入水平的调研结果显示出以下特征：

1. 平均收入 1508 元，收入低于 1200 元者占 46.3%。在回答了收入的问卷中，回答收入介于 800—1200 元的农民工的比重最大，占 46.3%，其次是收入在 1200—1600 元的，占 20.8%，收入在 1600—2000 元的，占 11.6%，全部农民工的平均收入 1508.7 元。特区内的平均收入比特区外高出 47.26%。从特区内外角度看（参见表 8—4），特区内的农民工的收入介于 1200—1600 元的比重最大，占 25%，其次是 800—1200 元，占 22.5%，高收入的比重也比较大，3000—5000 元的比重为 13.4%。而特区外的农民工的收入介于 800—1200 元的比重最大，占 53.2%，收入为 3000—5000 元的比重仅为 3.22%。特区内农民工的平均收入为 2032.9 元，特区外农民工的平均收入为 1380.4 元。特别是罗湖区，收入为 3000—5000 元的比重高达 23.5%，而宝安区或龙岗区，收入为 3000—5000 元的比重仅为 3.43% 或 2.46%。

2. 平均支出 637 元，支出在 300—700 元之间者占 57.2%。从农民工的支出角度看

表8－4　2007年深圳市各区域农民工的收入结构

（单位：%）

区＼收入	800元以下	800—1200	1200—1600	1600—2000	2000—3000	3000—5000	5000元以上	合计
福田	1.94	28.8	29.5	12.8	12.3	9.44	5.08	100
罗湖	1.59	18.3	18.5	18.5	15.5	23.5	4.17	100
南山	4.15	18.4	26.9	24.8	15	8.31	2.49	100
盐田	0	48.1	28.6	11.7	3.9	7.79	0	100
宝安	8.21	52.5	18.6	9.63	6.33	3.43	1.28	100
龙岗	4.42	55.8	22.5	9.49	4.06	2.46	1.23	100
(空白)	7.57	27.4	26.9	13.8	12.3	7.57	4.44	100
总计	6.51	46.3	20.8	11.6	7.65	5.32	1.85	100

说明：表中（空白）是指调研中未注的所在区域的问卷。

(参见图 8—1)，调查样本中未回答支出的比例为 2.35%，在回答了支出的问卷中，回答支出介于 300—700 元的农民工的比重最大，占 57.2%，其次是支出在 700—1000 元的，占 15.7%，支出在 300 元以下的，占 14.17%。全部农民工的平均支出为 636.7 元。

图8－1 2007年深圳市特区内外农民工收入的分布

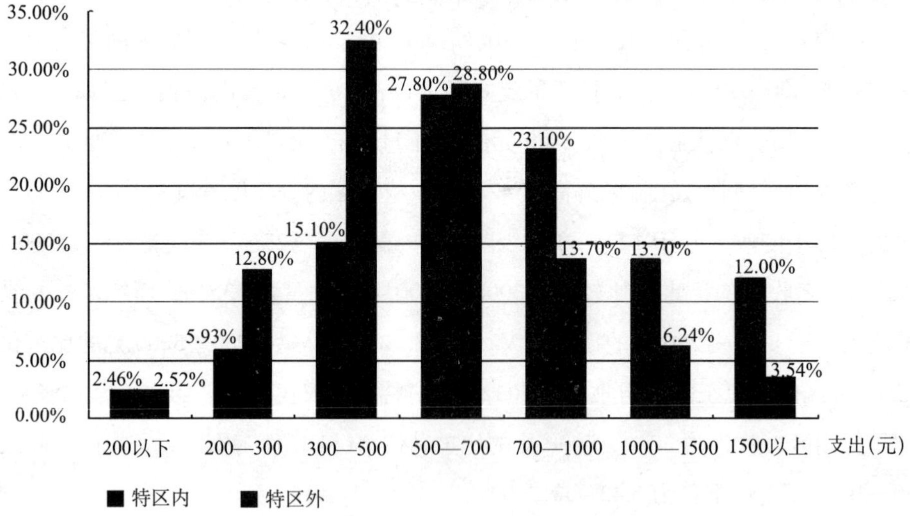

表8－5 深圳市2007年各区域农民工的支出结构

(单位：%)

支出 区	200元以下	200—300	300—500	500—700	700—1000	1000—1500	1500元以上	合计
福田	4.84	11.4	18.6	26.6	18.9	11.9	7.75	100
罗湖	1	4.62	14.3	25.7	22.7	17.1	14.7	100
南山	2.34	3.84	13.2	28.9	25.4	12.5	13.9	100
盐田	0	1.32	15.8	39.5	30.3	10.5	2.63	100
宝安	2.1	11.5	32.2	30.6	14.1	6.25	3.31	100
龙岗	4.08	17.7	33.5	22	12.2	6.19	4.37	100
(空白)	6.08	13.2	24.9	24.6	18.3	8.73	4.23	100
总计	2.67	11.5	28.8	28.4	15.7	7.75	5.15	100

3. 支出占收入的 42.2%，特区内的支出比特区外的高出 37.78%。从特区内外角度看（参见表 8—5），特区内的农民工的支出占收入的 40.2%，支出介于 500—1000 元的比重最大，占 50.09%，其次是 500 元以下，占 23.49%，高支出的比重也比较大，

支出在 1500 元以上的比重为 12%。而特区外的农民工的支出占收入的 42.9%，支出介于 300—700 元的比重最大，占 61.2%，支出为 1500 元以上的比重仅为 3.54%。特区内农民工的平均支出为 816.5 元，特区外农民工的平均支出为 592.6 元。特别是罗湖区、南山区，支出为 1500 元以上的比重分别高达 14.7%、13.9%，而盐田区、宝安区，支出为 1500 元以下的比重仅为 2.63%、3.31%。

4. 99.22%的以工作收入为主要来源。从农民工收入来源的角度看（参见表8—6），99.22% 被调查对象认为经济来源主要来自工作收入，选择了收入来源于储蓄和投资的仅有 5.23%，选择通过借贷和选择亲友支持获得收入的分别为 3.72% 和 3.67%。从特区内外角度看，特区内从借贷获得收入的人员比特区外略高，而投资储蓄获得收入的人员特区内比特区外低了 3.33 个百分点。

表8－6　深圳市2007年农民工经济来源的基本情况

经济来源 区	工作收入	投资储蓄收入	亲友支持	借贷
特区内（%）	99.23	2.31	3.08	5.38
特区外（%）	99.21	5.64	3.78	3.50
合计（%）	99.22	5.23	3.67	3.72

5. 收入高者非工作收入来源多，收入低者依赖亲友支持的不少。从经济来源与个人收入的相关关系角度看（参见表 8—7），经济来源选择亲友支持的比例中，收入在 1200 元以下的人员相对较高，而收入在 5000 元以上的人员的收入结构发生明显变化，投资储蓄收入和借贷收入的比例明显高于其他收入人群。

表8－7　深圳市2007年农民工经济来源与个人收入的相关关系

（单位：%）

收入(元)	工作收入	投资储蓄收入	亲友支持	借贷
800以下	96.40	0.00	6.47	5.76
800—1200	96.51	4.01	4.10	3.05
1200—1600	97.86	6.43	2.41	2.41
1600—2000	95.34	5.18	1.55	3.63
2000—3000	95.28	6.30	0.79	5.51
3000—5000	98.31	8.47	0.00	1.69
5000以上	83.33	26.19	2.38	14.29

6. 收入越高集体居住方式越少，收入越低家庭居住方式越少。从居住方式与收入的相关关系角度看（参见表 8—8），随着收入的增加，更多的人采取了家庭或者单身的居住方式，收入在 2000 元以上的人员主要以家庭或者单身的居住方式为主，收入在 2000 元以下的主要是集体方式。

表8－8　深圳市2007年农民工居住方式与收入的相关关系

（单位：%）

收入（元）	单身	家庭	集体	其他
800以下	22.56	16.54	60.90	0.00
800—1200	15.87	19.14	64.05	0.93
1200—1600	18.13	22.36	59.21	0.30
1600—2000	21.84	32.18	43.10	2.87
2000—3000	23.28	39.66	35.34	1.72
3000—5000	37.74	39.62	20.75	1.89
5000以上	27.03	64.86	8.11	0.00

7. 主要支出是日常支出，其次是供楼、供养子女。从支出分布角度看（参见图 8—2），被调查对象普遍认为支出主要用于基本的生活开支，选择该选项的人占 74.63%，支出的其他方面依次主要是租房供楼、供养子女、赡养老人、社会交际、医药保健，其中社会交际和医药保健开支很少。从特区内外角度看，特区内人员在租房供楼、供养子女方面的支出比特区外明显更多。

图8－2　2007年深圳市特区内外农民工支出分布

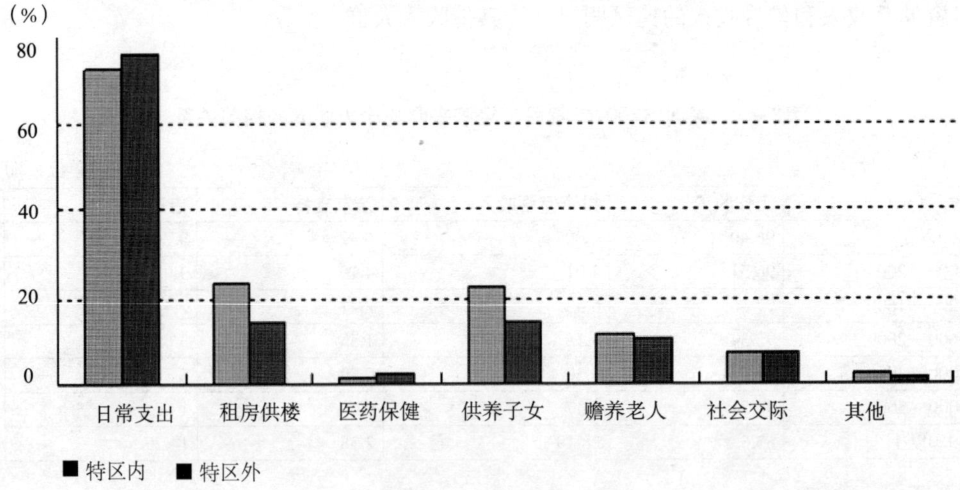

8. 收入越高日常开支比重越少，供房和赡养老人的比重越多。从收入与支出内容的相关关系角度看（参见图 8—3），发现收入在 3000 元以上的人员支出结构与 3000 元以下的有明显的差异，收入越高日常支出的比重则越来越少，而供房和赡养老人的支出比重则大量增加，收入与社会交际没有必然的联系，甚至出现高收入社会交际支出减少的现象。

图8－3 深圳市2007年农民工支出与收入的相关关系

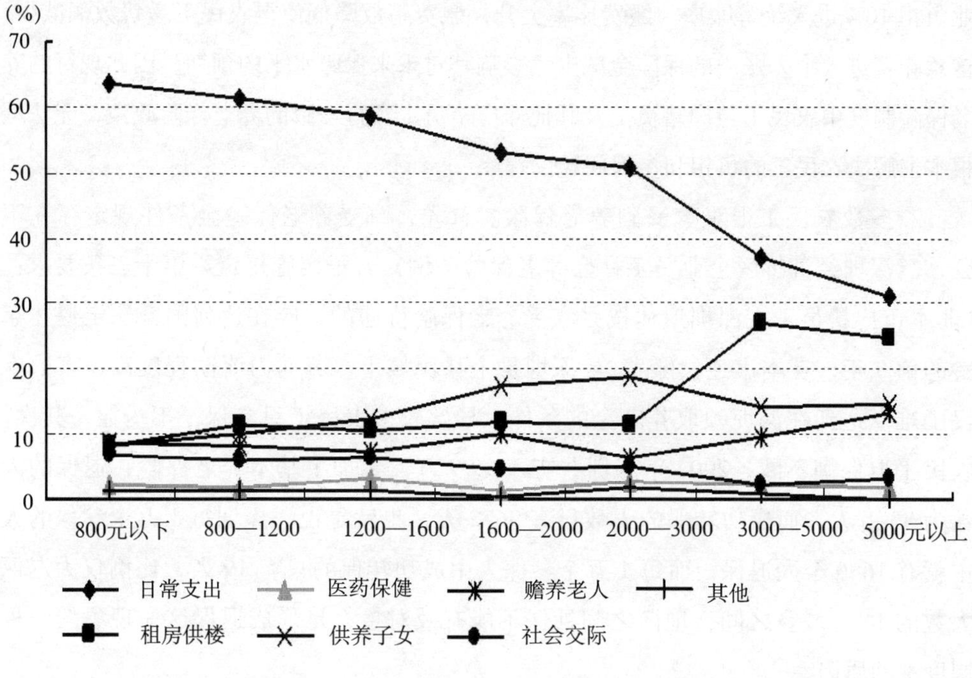

三、农民工社会保险的制度设计不公

以深圳为例，对外来劳动力的社会保险工作取得了很大成就。但是农民工养老保险的制度设计仍存在制度缺陷。非户籍员工虽然被纳入城镇企业职工基本养老制度，但在制度设计和执行中还存在一系列问题，尤其以劳务工中的“农民工”最突出。总体上，对劳务工养老保险制度的设计存在以下缺陷：

1. 农民工参保积极性不高。2002 年实施的《深圳经济特区企业员工社会养老保险条例》规定，养老保险最低缴费基数为深圳市上年度职工月平均工资的 60%，非本市户籍员工的缴费比例为13%，其中员工个人负担5%，企业负担8%。以2004年为例，深圳市城镇职工月平均工资为2661元，相应的养老保险最低缴费基数为1597元。而农民工经济上难以承受相对较高的养老保险费，参加养老保险的农民工个人每月最少需缴费79.85元，单位为127.76元。农民工实际收入在500—600元之间，除去自身正常开支与养家费用，相当部分农民工不具备缴纳养老保险费的经济承受能力。2006年修订后的《深圳经济特区企业员工社会养老保险条例》规定，企业员工养老保险缴费比率为企业员工实际工资的18%，其中个人负担8%全部进入个人账户，企业负担10%进入统筹账户。缴费比率上升，缴费基数降低使得农民工缴费数额减少，这意味着进入个人账户的保险金减少，影响其对未来保障水平的预期。因此现行的养老保险制度中农民工与户籍员工及其他非户籍员工实行一致的养老保险政策，无法从根本上解决农民工的负担和参保问题。

2. 多数农民工很难享受到养老保险。首先，享受养老保险金条件规定存在不公，《〈深圳经济特区企业员工社会养老保险条例〉若干实施规定》第十三条要求："非本市户籍员工在深圳退休按月享受养老保险待遇的，应在达到国家法定退休年龄的前5年，在本市连续缴费。"深圳是个移民城市，劳动力流动程度高，多数农民工难以达到在深圳领取养老金的条件，导致较多农民工只参保、不受益。其次，农民工退保潮不断。2007年深圳共有493.97万人参加了基本养老保险，退保的人数为83万人，而成功转保的人数只有9672人，也就是说，深圳每1万个参保的人中就有1680个人退保，而每1万个参保人中成功转保的只有19人，比例仅为退保人数的1%。城乡之间、地区之间社保不能有效对接，是形成退保这一现象的一种制度性的原因。

3. 制度设计缺乏强制性。养老保险是政府为年老失去收入的人提供基本生存条件的一种社会制度，其本质是国民收入的再分配，是国家宏观调控的手段。社会保险的强制性不仅体现在强制企业参保，也体现在不允许按个人意志随意选择退保。深圳市把劳务工纳入城镇职工养老保险的同时允许劳务工退保，未能体现社会保险对个人的强制性，劳务工对养老保险权利一定程度上会出现滥用的情况。允许劳务工退保是现阶段一种权宜政策，长远来看是对社会养老保险制度的一种否定，导致个人权利实现影响整个社会保障水平提高。

专栏 8－2

苏东斌：公正创造和谐

市场、政府、个人形成了构建和谐社会的三大主体因素：市场的神奇作用在于使用价格工具来配置资源，从而协调社会，走向和谐；政府的首要作用是建立发挥个人能力的权利秩序，而自由就是个人对法律的确认。

严重的社会不公、明显的两极分化，势必导致社会成员、社会群体和社会阶层之间的冲突，社会和谐就随之失去了制度的保障。要构建和谐社会，政府不仅要着眼于把蛋糕做大，更应着力于把蛋糕切好、分好，防止与弱化“马太效应”。

构建和谐社会的客观动因

——差异的永恒性。对于到底应当如何对待贫困阶层的问题，必须首先分析经济失衡的原因。社会发展史表明，差异性是永恒的。人类生存的分配从来就不是均衡的。我们既要肯定有种类的区别，又要肯定有等级的区别。即使针对市场经济，凯恩斯曾强调指出：“我们所生活的经济社会的突出缺点在于，它所创造充分就业方面是失灵的，它对财富和收入的分配是随意专断的和不公正的。”所以我们必须要求改变应得权力结构，以便增加有效需求。这样看来，不和谐或者说冲突本身就是现实经济生活的一种常态了。

既然冲突是一种常态，所以我们还必须同时关注不和谐的积极作用。因为我们不可能返回封闭的服从部落巫术的共同体中，我们必须走向开放社会的道路，所以波普尔认为，不确定的现实必然有不同的观点，而不同的观点必然就有冲突。所以，开放的民主社会意味着“接受冲突，并非是为了平息冲突，而是为了避免让它们以暴力的形式来表现”，而是“通过各种组织和机构得到抑制，冲突可以在宪法制度之内得以表现”。总之，冲突作为一种推动力而发挥作用，促使人们离开田园牧歌式的乐土，是迈向文明和最终迈向世界公民社会的进步源泉。但要强调的是，虽然人的不合群性推动历史发展，但要通过各种宪法来约束，即要求一种社会契约。在二次大战之后才形成的欧盟历史证明：不同社会、国家之间事关种种根本利益的冲突使得人们走向合作、契约和和平联盟，从而接受理性法则的指导。这也就阐明了个人目的冲突的积极意义。这就是说公正的秩序并不产生于人们的良好愿望，也不取决于人们的道德诉求，反而是依赖于彼此利益冲突的相互作用。

然而，和谐或冲突的解决又是一个历史的过程。这也趋同发展经济学的一般规律，即一国的人均GDP超过1000美元之时，随着经济结构迅速变革，社会结构也开始进入了一个剧烈变动阶段。

——机会的公正性。在如何减少“相对贫困”问题时，人们往往更加关注如何解决“差距的扩大”问题。造成差距扩大的表层原因是生产的不足。因为增长是“现代经济学的中心问题”，由于现代国民经济其核心是进步的，“在大多数情况下，经济增长都伴随着某一种更好的分配”。一般来讲，科学的发现与技术进步是经济增长和社会公正的共同原因。但是，两者并没有确定的因果关系。增长本身并不能自动带来“更好的分配”。而分配问题不解决妥当，甚至还会发生逆转的趋势，即使一个对少数人过分充足的世界变成一个对所有的人匮乏的世界，从没有再分配的增长到没有增长的再分配。

我认为，这里的“条件”就揭示了和谐的深层原因，即把自由与公正平等联系起来，因为这两者并不是可以相互替代的选项，也正如著名学者阿·森所说：“对个人要求不应当从人们分别拥有的资源或初级商品的角度来衡量，而要从他们实际拥有的选择他们有理由珍惜的生活方式的自由的角度来衡量。”这样，在对待贫富差距的问题上，只能遵循两大原则：

其一是差别原则。报酬的获得不仅在于拥有生产资料等可以让渡的资源，而且还有通过发挥个人的不可让渡的天赋。虽然报酬是根据个人的天赋及其运用来分配的，但是，所得的比重应当倾向于足以弥补受训练、受教育以及利用天赋来帮助不幸的人所花费的代价。罗尔斯强调过这一点，马克思更强调过这一点。即“默认劳动者不同等的个人天赋，因而也就默认劳动者的不同等的工作能力是天然特权”。所以，必然造成结果中事实上的不平等。

其二是机会原则。虽然平等的根源或者在于不可让渡的天赋，或者在于可让渡的生产资料的不平等初始分配，但是社会要想和谐，必须创造机会平等的环境，而它的前提又是人的“能力方面的平等”。

由此可见，自由—能力—机会—报酬之间的循环，虽然是处于平等的起点与不平等的归宿之间互动，但是，机会所引来的选择却充满了不稳定性。

所以，对于由运气造成的差异进行压制，会破坏大多数人发现新机会的可能性，因为这将失去必要的信息。

构建和谐社会的主体要素

——市场的配置。既然和谐的本质是应得权利与现实供给的统一，而人们的社会需求又是具有高度的主观性、个体性和易变性，那么满足这些需求的经济活动，是否可以进行理性的计划？对此，哈耶克一再宣言，一切打算对整个社会实行计划的企图，不管他们出于何种高尚的动机，都是建立在这种危险的知识自负上。因为这个观点并不是建立在意识形态或价值选择上的对立，也不是在追求所既定的目标在道德上是否可取，而是从事实出发，计划经济体制的方法根本无法实现这些目标。

相反，卢梭一直怀疑个人财产制度，因为理想主义普遍认为，中央计划经济不仅提供社会公正，而且还能使社会资源得以更有效的利用。但他们都忽略了一个事实：任何人都根本不可能知道人们在这种计划中所能够动用的资源总和，因此对这些资源不可能进行集中控制。

其实，无论是斯密的“看不见的手”的经典论述，还是马克思的价值自发形成理论，以及哈耶克的扩展秩序路径，都在充分说明经济运行中的休戚与共和利他主义只能以某种有限的方式在一些小的团体中才能行通，而对于一个利用广泛的劳动分工导致更高的生产力的环境中，任何个人不可能知道他在为谁服务。这里，不发生他的任何动机与愿望，而是他必须遵守一个抽象的规则，即市场的秩序。因为价格体系实际上是一种工具，能使成百上千万人协调他们的行动，以适应他们自己并不直接具体了解的社会的种种变化、需求和状况。

整个经济秩序都是建立在下列事实之上的：价格充当了一种指南、一种信号，它引导我们利用我们根本就不相识的人们的力量和天赋，去满足这些我们一无所知的人们的需求。价格是实现经济活动协调的信号。

相对于个人来讲，市场经济所注重的平等竞争，有利于培养人的个性、人格独立、主体平等、自愿交易、个人素质与个人业绩。

然而，即使这种市场秩序（包括道德规范、财产制度、公证制度等）也不是人的理性所创造的。这个过程就是人类通过学习现有的规则逐渐消除本能反应的过程。在这里，学习规则、服从规则、无意识的行为最终取代了本能，在这里，遗传传递和文化传递都可以形成传统，于是，市场也就被自觉参与了。

我以为，这正如男人的力量必须由女人来评价一样，男人自身是永远无法证明的，因为失去了参照物这个对象。这也正是市场所特有的信息传递的伟大作用。可以说人类社会从触摸到“看不见的手”到认识到“竞争是一种发现的方法”与“知识的虚妄”，最终得出有关自然形态的市场经济体制比中央管制的计划经济体制更加优越的结论，几乎走过了一个世纪漫长的路。

——政府的作用。据报道，从2005年3月开始，深圳劳务工正式纳入深圳医疗保障体系，按照计划，劳务工所在单位每月8元、个人出4元就可以享受到医院门诊、住院基本医疗保障。深圳还拟将特区内最低工资从每月610元提至每月690元，特区外从每月480元提至每月580元。

显然，这种政府在市场经济中的行为将力图说明：一个无意造成的后果，并非一定是不可预期的。这也就是说，重要的不是某些后果是无意造成的，而是通过因果分析，可以使无意造成的后果被合理地预期到。

“后华盛顿共识”的代表人物斯蒂格利茨对信息经济学的研究表明，哪怕信息有一点点不对称，这只无形的手在事实上就是不存在的，而现实又总是信息永远不会完全充分。所以，经济往往是不高效的。这个道理对于经济政策的制定产生了深远的影响。我想，学者的论述一方面强调着市场在资源配置中的基础作用，另一方面又充分说明政府在宏观调控中的积极作用。

那么这种政府的行为、经济干预政策的内容到底是什么呢？我以为，说到底就是创造并维护一个公正的秩序，或者说提供第一公共产品——法律。

亨利·梅因有句名言：谁都无权既攻击分立的财产又自称看重文明。这两种现象的历史是不能割断的。因为从古希腊至今，财产分占与自由贸易得以存在的前提是一样的，即抽象规则意义上的法律。我理解，也只有在这个基础上才能形成阿·森所说个人的“能力权力”得以发挥的机会，从而得出他那“脱贫须让人发挥所长”的结论。这也就是说，公正需要法律，只有法律才能保证自由。我认为理想主义者的失败在于忽略了自由的社会性基础。

在这个问题上，哈耶克再三强调：政府的必要性仅仅在于实施这些抽象原则，以此保护个人的自由领域不受他人的强制和侵犯。

阿·森曾反复地批判所谓要发展经济便要牺牲自由的误区。并以雄辩而确凿的事实在《贫穷与饥荒》中论证饥荒的出现并不是因粮食短缺所致，而是在分配过程中渗入了不公平机制，导致一部分人获得粮食的权利受损，以致活活饿死。可见，自由就是权利，它必须而且只能靠法律来保证。从这个意义上讲，我们完全可以说自由就是个人对法律的确认。

在这个竞争的过程中，显然既不存在起点公平（因为每个人的主观条件和客观环境都不一样），也不存在终点公平（因为每个人的贡献与机遇也不一样），但是应当存在过程公平，即每个人都有实现自己潜力，获得自己利益的平等权利，而这个权利就是政府向每一个成员所提供的共同拥有的制度约束。

由此可见，“只有观念才能战胜观念”（米塞斯）。由于事物常常是象征与物质相脱离，表达与实践相背叛，所以，这里不仅需要与时俱进，更需要实事求是。

毫无疑问，政府在提供“第一公共产品”——法律之外也并不是没有作为的。或者说，就其维护法律的公正性来讲，现代政府必须涉及三个问题，而这三个问题严格地讲又均不是法律之外的责任与义务。

第一，对弱势群体的关注。在分配方面，收入分配差距拉大。首先，城乡收入差距拉大。其次，地区之间收入差距拉大。再次，社会群体之间收入差距拉大。

在现代社会里，济贫首先是政府的责任，民间救助与社会救助只能起辅助作用。政府必须明白，无论是农村，还是城市，面对大量的老弱病残，仅仅提倡所谓“开发式造血扶贫”是极不恰当的，因为他们本身已经失去了“造血”的基础。

其实，分配的差别原则表明，“只有在财富和收入不平等现象对最不幸运的人所带来的利益时，它们才可能是合理的”。如果我们能够从更深的层次上看待政府对弱势群体的责任，那么就不应忘记对于社会的弱势群体来讲，“权利是结论，而不是前提”。要特别说明的是，解决弱势群体问题的根本措施并不在于税收调节，而在于教育的发达。从个人来讲，因接受教育而提高素质给就业创造更多机会；从社会来讲，确认个人的创造价值与收入相适应，从而扩大了中等、高等收入阶层。

第二，对垄断行业的制约。要解决社会财富分配不公正问题，只有靠政府的公共政策。在这里，除了政府进行社会救济、通过教育提高人口素质、加大就业率等外，还必须对垄断行业加以限制。

现有资料表明，垄断行业比一般行业平均收入高10倍；同一职务账面工资比非账面工资相差20倍；同一单位在职收入与不在职收入相差30倍。

现代社会的反垄断法一再昭示，对于生产性的垄断行业，生产的是公共产品，应以满足公共需要为第一目标，其次才是获取利润。垄断行业的公共产品应通过举行价格听证会定价；政府应制定工资指导线。国际上通行的做法是，给其职工中等稍偏上的工资，以社会平均利润率作为企业平均利润率，最后才计算产品价位，即生产成本加职工工资，再加上平均利润。加强对垄断行业分配活动，特别是对工资福利过高、增长过快行业的职工收入的调控。对某些自然垄断性行业要实行高于一般行业的税率，使其获得的超额利润收归国有。

第三，对腐败的惩罚。如果说在现代市场经济中，按要素分配，尤其是因财产分布不平等带来的初次分配收入悬殊差距等，还可以用个人所得税制、累进税制以及财产税制进行再分配的话，那么对于公共权力进入市场所造成的腐败问题则必须从法治上予以根本性清除。甚至可以说，官员腐败是社会不和谐的最大因素。

在中国的社会转型期，由于政绩积累和个人直接利益的两大驱动力，市场对资源配置的基础作用受到极大的扭曲。其中一个恶果是导致灰色、黑色收入的极度膨胀。特别值得强调的是，在体制转型过程中又蔓延着特殊领域的腐败现象，其中之一是以改革的名义侵吞国有资产。

可见，要解决这类腐败问题所引起的不和谐，绝不简单是一个思想教育与道德修养问题，必须以制度去转变政府职能，建立和完善竞争性市场体系，发挥市场机制在资源配置中的基础性作用，以提供高效率的制度性保障。同时，要矫正由于行政干预造成价格扭曲，弱化政府配置资源的权力，建立有限政府和有效政府。

应当强调，在内部有效约束的同时，必须有外部的有效监督，其重要渠道就是舆论监督。一个失去内部制衡与外部监督的权力是一定要走向腐败的。

古今中外的大量事例表明，严重的社会不公、明显的两极分化，势必导致社会成员、社会群体和社会阶层之间的冲突，社会和谐就随之失去了制度的保障。因此，社会公平是社会和谐的基石。

所以说，要构建和谐社会，政府不仅要着眼于把蛋糕做大，更应着力于把蛋糕切好、分好，防止与弱化“马太效应”，即富人越富、穷人越穷。显然，从经济学上讲，这就意味着社会交易成本增大，边际效益受损，从而社会风险随之加大。

毫无疑问，构建和谐社会的主体除了市场和政府之外，它最终还要通过个人行为去实现，这就是内心的和谐。

其实我们每个人的一时冲动和理智之间往往会产生冲突，对两者的协调关键是通过道德教育。尽管我们不能完全控制所有邪念，但可以控制我们的行为，培养对自己及他人都有益的习惯。

人类的发展是统一的。如果说以生产力增长为标志的物质文明是人类发展的社会基础，以民主政治为标志的政治文明是人类发展的社会保障，以先进文化为标志的精神文明是人类发展的社会支撑的话，那么以和谐包容为标志的社会文明，就是人类发展的社会条件。这里的结论就是：公正创造和谐，腐败酝酿动荡，自由形成幸福。

资料来源：苏东斌：《公正创造和谐》，《深圳特区报》2005年03月29日，《新华文摘》2005年第10期转载。

第三节 首要问题

一、财政收入增加与收入差距的扩大

随着中国经济的快速增长，财政收入也迅速增长。从全国来看，改革开放30年来，我国经济飞速发展。国家统计局2008年公布的数据显示，1978年，中国GDP只有3645亿元，而2007年上升至24.95万亿元，年均增长9.8%，为1978年的68倍，2007年，GDP总量跃居世界第四位。经济的快速发展和规模的扩大，同时带来了国

家财力的增加。1978 年国家财政收入仅 1132 亿元,1985 年翻了一番，达到 2005 亿元，1993 年再翻一番，达到 4349 亿元，1999 年跨上 1 万亿台阶，达到 11444 亿元，2003 年超过 2 万亿元，达到 21715 亿元，2007 年，国家财政收入已经超过 5 万亿元，达到 51322 亿元，1979—2007 年年均增长 14.1%。

以深圳为典型的中国经济特区的经济实力显著增强。1980—2007 年，深圳 GDP 年平均增长 26.9%，地方财政收入年平均增长 36.9%，出口总额年平均增长 34.3%。2007 年，深圳实现 GDP 6801 亿元，位列全国内地大中城市第四位。人均 GDP 在内地大城市中率先突破 1 万美元大关，外贸出口总额 1685 亿美元，连续 15 年居全国首位；地方财政一般预算收入 658 亿元，列全国城市第三位。

图8－4　1978—2007年间的政府财政收入

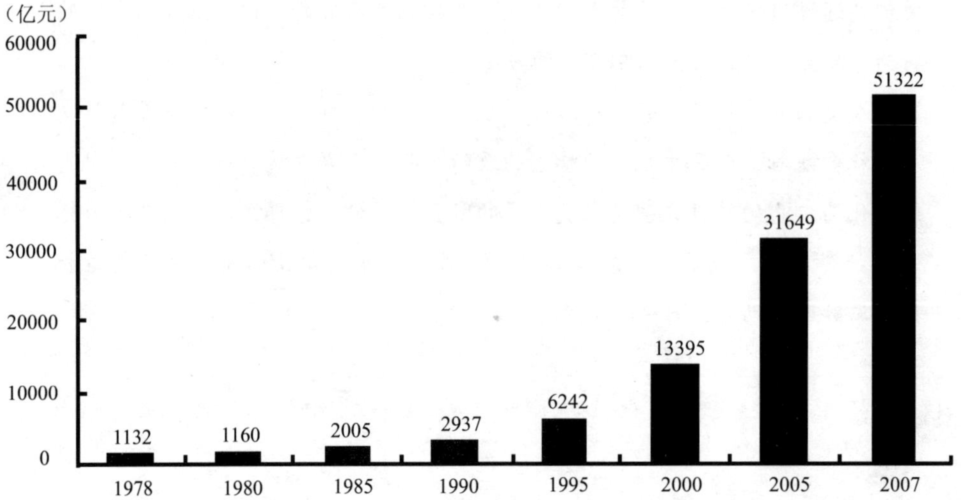

但与之伴随，收入差距、贫富差距和地区差距也在不断扩大。从国家层面看，我国居民收入分配差距总体而言在不断扩大的事实已经被社会各界所普遍认同。而且，我国目前的居民收入分配差距扩大既存在于城乡之间，又存在于地区之间，还存在于行业之间，表现出明显的群体特征。收入分配差距扩大对经济发展可能带来负面影响，一方面可能会对社会人力资本投资产生负面效应，另一方面收入分配差距扩大容易导致社会不稳定。

深圳的相关统计调查数据也反映出这种趋势（参见表 8—9）。根据泰尔指数的收入差距分解，深圳与非深圳户籍的组间收入差距约40%，城市与农村户籍的组间收入差距接近30%，由此可以推导收入差距的三至四成是由于特定地区的优惠政策而产生的地区差距（集中表现为深圳特区与非特区的差异），以及由户籍制度带来的城乡差距（集中表现为持有城市户籍的住户与持有农村户籍的住户，即外来农民工住户的差异）。而平均受教育年限的差距可以解释38%的城市户籍组与农村户籍组间的差距。[1]

表8－9　按户籍、受教育年限和年龄分类的深圳市基尼系数情况

基尼系数		基尼系数		基尼系数	
全体	0.56	受教育年限		年龄	
深圳户籍	0.49	15年及以上	0.44	40岁及以上	0.52
非深圳户籍	0.51	12—14年	0.46	35—39岁	0.60
城市户籍	0.51	9—11年	0.53	30—34岁	0.58
农村户籍	0.40	9年以下	0.45	30岁以下	0.51

资料来源：2006年深圳市住户调查。

二、宏观经济学的首要问题

（一）调整收入分配格局乃当务之急

关注民生，情系百姓，让人民群众共享改革发展成果，必须逐步提高城乡居民收入水平。这是构建社会主义和谐社会的出发点和归宿点。国务院总理温家宝在作政府工作报告时指出，合理的收入分配制度是社会公平正义的重要体现。因此，调整收入分配格局，提高城乡居民收入水平也就成为当前调整结构的主要内容之一，也是当务之急。调整收入分配制度，当前需要着重解决三大问题：[2]

一是要调整国民收入分配格局，特别是要调整政府、企业和居民之间的收入分配比例。从政府、企业和居民之间的收入分配比例来看，城乡居民收入水平偏低，消费需求不旺的主要原因之一，是国民收入的分配过度向政府和企业倾斜。这种收入分配模式对应的中国经济增长模式，只能是引发政府投资率过高，居民消费率过低等诸多问题。

[1]　薛进军、园田正、荒山裕行：《中国的教育差距与收入差距——基于深圳市住户调查的分析》，《中国人口科学》2008年第1期。

[2]　曹新：《调整收入分配格局乃当务之急》，《深圳特区报》2010年3月16日。

二是要加快推进收入分配体制改革，调整国民收入分配格局不能忽视的垄断因素。调整收入分配格局，要坚决打破垄断行业造成的市场不公平竞争、行业巨大差距和收入分配的巨大差距，维护全社会居民的福祉和政策的公平正义。垄断行业和一般行业差距过大，已经影响到我国社会主义市场经济制度的向心力。因此，必须从根本上解决垄断行业职工收入过高的问题，为垄断行业企业确定合理的商品或者服务价格，使垄断行业企业员工收入透明化，逐步降低垄断企业薪酬。在给垄断行业减薪的同时，要增加老百姓的就业岗位，给广大老百姓加薪，以提高城乡居民的收入水平，缓解收入分配差距，大面积消除贫困现象。要通过扩大就业促进城乡居民自身的发展，保证城乡居民后代健康成长和人力资源的充分开发，提高社会的整合程度，普遍提升城乡居民的生活质量和社会发展基本宗旨的最终实现。

三是要加大对权钱交易、贪污受贿、无偿占有公共财产等腐败行为的打击和铲除力度，增加城乡居民中低收入者的收入，消除收入分配不公。我们承认，在我国当前发展和完善社会主义市场经济体制过程中，仍然存在着许多不公正的收入分配行为，如拖欠或不给民工工资、在有盈利的条件下不给股民分红付息、偷税漏税、不给或少给专利使用费、不给或少给生产要素投入者应得的报酬、不干活而拿工资、超出了规定级别应享受的物质待遇等等。但是，由此所形成的各种收入，都属于不正当不合理的收入。权钱交易、贪污受贿、无偿占有公共财产等腐败行为所形成的巨大收入，严重挫伤了广大人民群众建设社会主义现代化的积极性，我们绝不应该容许和鼓励这些行为和现象的存在，而是应该努力建设比较完善的社会主义公正体系，坚决打击和铲除各种对社会财富巧取豪夺的违法违纪现象和行为。

（二）更重要的是教育的作用

卢卡斯在《宏观经济学的首要问题》中强调总供给政策对经济长期发展的作用。[1] 为实现收入分配公平，我们在用经济和制度手段来解决不公平问题时，应考虑实现收入分配公平的长效机制，长远来看教育这样的总供给政策，就是一个能为中国将来广大农民工提供保障、为中国经济社会的科学发展和可持续发展提供决定性的支撑作用，教育不仅本身就是一种重要的分配手段，而且会影响长期的分配公平。

[1] Robert E. Lucas，2003. “Macroeconomic Priorities，” *American Economic Review*，American Economic Association，vol. 93(1)，pp.1—14，March.

1. 社会转型期的含义和特点。在《1857—1858 年经济手稿》中，马克思说过一段至今仍为人们广泛引用的话："每个人以物的形式占有社会权力，如果你从物那里夺去这种社会权力，那你就必须赋予人以支配人的这种社会权力。人的依赖关系（起初完全是自然发生的）是最初的社会形态。在这种形态下，人的生产能力只是在狭窄的范围内和孤立的地点上发展着。以物的依赖性为基础的人的独立性是第二大形态。在这种形态下，才形成普遍的社会物质交换，全面的关系、多方面的需求以及全面的能力体系，建立在个人全面发展和他们共同的社会生产能力成为他们的社会财富这一基础上的自由个性，是第三阶段。第二阶段为第三阶段创造了条件。"[1]

在这段文字中，就告诉我们，所谓社会，其实就是一种规范方式，一套权力体系。社会转型也就是人们结成社会关系方式的转型和权力体系的转型，但结成什么样的社会关系和权力体系则是与生产力发展水平相关联的。生产力发展水平决定了人类生存不同时期的"瓶颈需求"，"瓶颈需求"的转移必然带动社会类型转变，而生产"瓶颈需求"的生产方式的转变也必然带来社会结构变迁。我们这里分析的是由生产"瓶颈需求"的生产方式市场经济的建立带来的社会结构的变迁，属文明社会内部的社会变迁。

中国在实行计划经济的几十年中，所实行的计划经济的活动方式与其说是一种现代性的工商经济的实践方式，还不如说是一种更为类似于自然经济的实践方式，20 世纪 90 年代逐渐建立的社会主义市场经济，给我国社会生活的方方面面带来了深刻的变化。

市场经济的建立带来了经济结构的巨大变化。经济结构的转变必然要求政治、文化以及其他社会生活方面作出相应的转变。整个社会结构的改变是一个长期的过程，政治、文化以及其他社会生活方面的转变往往滞后于经济结构的转变，而在一个国家内不同地区的社会转型进程亦常有不同。在我国进行的这次转型涉及社会的经济、政治、文化等各个方面，其中"体制转型"和"观念转型"对教育系统的影响最大，并构成了教育问题发生的最重要的社会背景，教育公平作为社会转型的伴生性问题，在追求个人自由、平等、独立、强调个人权利与利益的大环境下日益凸显。

不平等的权力分配和经济、社会分层决定了教育向上等阶层的倾斜，而这种教育体制反过来又加固了不平等的权利、经济和社会结构。

2. 社会转型中的教育公平问题。我国目前正处在从传统社会向现代社会转型的

[1] 《马克思恩格斯全集》第 46 卷（上），第 104 页。

现代化过程中，在国际竞争日趋激烈的今天，这一转型的实现，不再仅依靠人力、物力，而是依靠科学技术，科学技术是第一生产力，科技进步是经济发展的决定性因素。邓小平指出，实现四个现代化，科学技术是关键，基础是教育。《中国教育改革发展纲要》指出："为了完成党的十四大确定的90年代的主要任务，必须把经济建设转到依靠科技进步和提高劳动者素质的轨道上来。我国企业经济效益低、产品缺乏竞争力的状况之所以长期得不到改变，农业科学技术之所以得不到普遍推广……原因固然很多，但一个重要的原因是劳动者素质低。发展教育事业，提高全民素质，把沉重的人口负担转化为人力资源优势，这是我国实现社会主义现代化的一条必由之路。"可见，我国经济发展迫切要求教育发展，要求提高全体国民的素质，保障公民平等受教育的权利才是未来中国实现经济可持续发展的基础。

三、成功的长期供给政策才是关键

任何一个开放经济体都同时面临着国内、国外双重均衡的问题。中国作为一个外贸依存度已达70%的世界贸易大国，在全球经济波动和衰退预期的阴影下也不可能独善其身。可以预期，中国政府在接下来的几年中要应对可能出现的增速下滑甚至通货紧缩，而未来至少一两年中需要"财政刺激"和货币政策的保障，人们将看到中国经济的升息周期又告一段落。有专家已经指出，由于通过政府投资来驱动经济的宏观调控手段在今天产能严重过剩、出口增长日益困难的情况下不尽有效，因此更应通过减税、退税刺激民间消费来带动经济增长，即"财政刺激"经济。

但问题是，短期的货币政策、财政政策都是为平缓这个衰退周期中的波动、减少人们在周期波动中的痛苦而进行的，在这个意义上，总需求管理中的货币政策、财政政策等均被称为反周期政策。它们并不是宏观经济理论中谈论的长期总供给政策，因而本质上与一国长期的经济增长潜力的提升无关。

发展经济学强调资本对经济发展的启动和推动作用。投资推动是中国改革开放以来的基本特征，但由此对中国经济增长的可持续性产生过不少疑问。比较典型的看法有，中国经济增长"不具备持续的动态改进的力量"（张军，2002），以全要素生产率衡量的持续改进在1992年以后就不显著了，中国存在着通过投入推动的"过度工业化"，这与克鲁格曼对东南亚经济发展的评价"东亚无奇迹"、增长主要靠投入支撑是一致的。

1. 义务教育的重要性。可持续性意味着公平尤其是代际公平，以及人与自然间的生态伦理。而长期经济增长要求实现的可持续的增长，是应该从总供给层面来理解的保障。但总供给政策对于一国实现长期增长和发展的含义仍不能被充分理解，下面将简要说明。首先这是基于可持续发展提出的代内公平问题，[1] 其次，它是保障代际公平的基础。固定资产投资的贴现率尽管重要，但仍只是有形资产的收益，两大因素其实常被忽视了：其一是自然资源和环境的代价，其二是人力资源的重要性。此处不想计算失学问题的成本或者在 9 年制义务教育基础上推行 12 年制义务教育的成本，在 80 年代末只有 100 万失学儿童的年代，这个费用只有 2000 万；今天，实施 12 年制义务教育的新增成本其实远低于 4 万亿的投资问题。更不必说 9—12 年制之间衍生的利益问题。这种权衡没有实质意义，需知德国在二战战败之后不久即实行大学免费教育。[2] 下面不妨以德国义务教育和大学教育收费的例子来略作说明。

义务教育在德国有着极其悠久的历史。事实上，早在 1619 年的德意志魏玛公国，就率先公布了“义务教育规定”。明确父母必须送 6 至 12 岁的儿童入学，否则政府将强迫其履行义务，这是《义务教育法》的雏形。[3] 在德国教育史上有两个普鲁士国王值得深思。其一是弗里德里希·威廉一世，他一生极富传奇色彩，具有卓越的军事才能同时极为吝啬，但对教育投入却慷慨之极。早在 1717 年 9 月即颁布了一项《义务教育规定》：所有未成年人，不分男女和贵贱，都必须接受教育。[4] 这无疑开时代先河，因为法国制定类似的法规延至 1880 年，而英国则到了 1882 年。[5] 现在柏林洪堡大学的前身——柏林弗里德里希·威廉大学，就是为了纪念这位普鲁士国王而建，并以其名字命名。另一位是威廉一世的儿子弗里德里希大帝，他于 1763 年 8 月 12 日签署了世界上第一部《普通义务教育法》。在义务教育的基础上，免费教育从 19 世纪中期开始。到德意志统一前夕，适龄儿童入学率已经达到 97.5%。

有人说德国没有世界顶尖大学是因为大学教育免费，这实际上是一种误解。德国

[1] 罗尔斯所说的其实也未脱离起点公平和结果公平这两个层次，12 年制义务教育意味着在大学的门槛前是起点公平的，这是公平公正和和谐的应有之意。

[2] 从 2010 年开始，德国的本科和硕士课程都将分别收取学费，但博士课程仍然属于免学费教育。

[3] 何京：《德国的义务教育》，《陕西教育》2006/Z2。

[4] 同上。

[5] 1870—1871 年，普鲁士帝国在普法战争中取得了决定性的胜利，德国重又获得统一。1873 年 3 月，拜恩州的《教师报》上登出了题为“德国校长大获全胜”的文章，将战争的胜利归功于一个半世纪来实施的《义务教育法》。从此，欧洲各国也纷纷效法，开始颁布此类法律法规。

的大学发展不太有力，而且更为重视发展技术类学校，由于目前所指的一流大学均为研究型大学，因而一定程度上给人造成德国没有世界顶尖大学的误解。实际上德国的大学平均质量在欧洲较高，而且，由于德国的高校教育是国家免费教育体系的一部分，这意味着德国的私立大学（University）和学院（College）为数不多。其实，从德国名牌大学在世界上的排名来看，德国并不缺乏顶尖大学，至少有七所德国名牌大学可以列入世界前 100 的排名。这些大学是：慕尼黑理工大学（Tech Univ Munich）、慕尼黑大学（Univ Munich）、海德堡大学（Univ Heidelberg）、古腾堡大学（Univ Goettingen）、佛雷堡大学（Univ Freiburg）、柏林洪堡大学（Humboldt Univ Berlin）、波恩大学（Univ Bonn）。

经济合作与发展组织公布的国际学生评估项目（PISA）调查结果显示，决定受教育结果的不是每个孩子本体，而是他们的社会出身。因而，通过义务教育给予适龄青少年受教育的机会、实现机会均等至关重要。

长期经济增长中，递增收益得以部分实现的重要原因就在于总供给政策尤其是教育政策的有效性。尽管教育投入只是必要条件，但宏观经济政策的长期有效性与重视教育密不可分。卢卡斯（1988）所感叹的“一旦你开始考虑它们，就很难再考虑其他事情了”[1]，就是对教育在长期增长中作用的最好注解。其实质是指经济增长的质量。在我们此前的讨论中，部分发达国家在经济持续增长的同时已经实现了物质消耗量的绝对减少，这意味着在经济结构不断合理与优化的同时，新增财富在资源（能源）消耗上要越来越低，对生态环境的干扰强度上越来越小，在知识的含量和非物质化方面越来越好。

2. 中国经济长期增长的源泉。对 1978—2007 年中国经济增长因素所作的测算显示，[2] 如果不仅考虑中国经济增长中的资本、劳动要素投入，还把这些年中国增长对自然资源（包括一定的环境资源）的消耗甚至滥用也考虑进去，那么在中国经济增长核算中，会发现全要素生产率的增长对经济增长的贡献会更低。在所考察的 28 年间（1978—2006），中国经济增长有 72% 左右来自各种要素投入增长的贡献；而近期的 1997—2006 年，则有 99% 要归功于资本、劳动等要素投入的增长。用生产函数方法对增长因素的贡献进行比较尽管存在模糊因素，用来说明经济增长中技术进步所占的份额却是目前最有效的。剩下的余值部分才是技术进步因素对中国经济增长的贡献。

[1] Lucas，Robert.，*On the Mechanics of Economic Development*. Journal of Monetary Economics，22 (1988)：3－42.
[2] 钟若愚：《基于物质流分析的中国资源生产率研究》，中国经济出版社 2009 年版。

因而，近年来的1%贡献显然太低。这也正是像克鲁格曼、罗斯基等人对中国经济增长可持续性甚至增长率的真实性提出质疑的最主要依据。

以上测算的结果说明,1978年以来中国经济增长主要依赖于要素数量投入的增加，而近年来这种要素投入带动的特征更为显著。易纲等（2003）为中国全要素生产率之低找出了一种解释的理由。[1] 他们认为，之所以从增长核算中发现的中国经济增长缺乏技术进步，是因为中国的技术进步与人们熟知的形式不同，例如存在着许多以购买设备等形式从而实现以技术转移为主的技术进步，换句话说，在国家统计部门的数据里，这种技术进步只反映在对资产设备等项目的购买上。这部分解释了中国经济增长核算中全要素生产率极低的原因。

专栏 8－3

田国强：普及12年制义务教育[2]

教育现代化是国家现代化的基石。按照十七大关于“优先发展教育，建设人力资源强国”的战略部署，作为指导我国未来十年教育改革发展的纲领性文件,《国家中长期教育改革和发展规划纲要》(简称《纲要》)提出了“基本实现教育现代化，基本形成学习型社会，进入人力资源强国行列”的战略目标，是一件值得欢欣鼓舞的事情。然而,《纲要》所提出的“巩固提高九年义务教育水平；普及高中阶段教育”子目标，却在一定程度上与上述战略目标有较大偏差，且与《纲要》所提出的“促进公平”的国家基本教育政策也有所背离。笔者认为，这可能是《纲要》的最大不足。

教育作为一国各项事业的基础，不能总是被牵着走，应该充分体现前瞻性和战略性，真正做到教育先行。义务教育年限在很大程度上反映了国民的受教育水平和整体素质，是经济社会可持续发展的必要条件。一方面，市场化、城市化、全球化、知识经济和信息经济的深入发展，对不同领域不同层

[1]　易纲、樊纲、李岩:《关于中国经济增长与全要素生产率的理论思考》,《经济研究》2003年第8期。

[2]　摘自田国强：普及12年义务教育是实现教育现代化和建设人力资源强国的基石——对《国家中长期教育改革和发展规划纲要》的建议之一。

次的劳动者基本素质和能力结构都提出了新的更高要求。经济的可持续发展有赖于人力资源强国的建设。另一方面，维护社会和谐稳定，缩小贫富差距，迫切需要我们创造起点公平以更好地促进社会公平。这些都不是短短的九年义务教育所能承载的。

因而，12 年义务教育应该成为新形势下我国政府追求的最基本的教育目标之一，作为一个导向性的总体战略目标，应该在《纲要》中旗帜鲜明地提出来。笔者认为，如果到 2020 年，依然继续执行九年义务教育，而不是 12 年义务教育，将会造成巨大的战略失误。

为此，建议将上述子目标调整为“基本普及 12 年义务教育”。这不仅有其现实必要性，而且已具备较强可行性。

一、现实意义：适应新形势下经济社会发展的需要

未来十年，中国经济社会发展的主基调是城市化、市场化、信息化、国际化，经济结构的优化升级将对国民整体素质尤其是中青年劳动者素质提出新的更高的要求。高中阶段教育既直接为高等教育输送高质量生源，又直接为社会输送较高素质劳动者，是各方需求的重要联系纽带。实施 12 年义务教育，为我国社会经济的快速稳定发展构建一个良好的人力资源支撑平台，为所有国民适应经济社会发展的需要而提供一个公平竞争的基本起点，是在更高水平上实现社会公平的有力推手，是建设人力资源强国的必要措施，理应成为当前我国教育改革和发展的战略选择。

对广大农村居民和城市农民工子女而言，12 年义务教育显得尤为重要和紧迫。首先，农村劳动力素质较低的现状已经严重制约“三农”问题的解决，农业增效、农民增收和农村发展迫切需要农村劳动力素质有一个显著的提高。建议国家在 2007 年免除农村九年义务教育阶段学杂费的基础上，趁热打铁，优先推进农村 12 年义务教育。其次，对农民工子女来说，一方面在城市里初中以后的升学制度（加上高昂的学费）是关闭的，另一方面又无法融入农村家乡的教育和升学系统。不少孩子面临着初中毕业就失学的情况，这些孩子带着不完整、不充分的教育步入社会，使之在市场经济竞争的环境下，具有较低的生存能力和缺乏竞争能力，造成了先天的个人内在禀赋的匮乏，这耽误的不仅是他们个人的前途，还可能会成为未来社会的不稳定因素。

然而，高中阶段学生失学情况不容乐观。根据教育部《2008年全国教育事业发展统计公报》显示，2008年全国高中阶段教育（包括普通高中、成人高中、中等职业教育）在校学生4576.07万人，毛入学率74%。尽管毛入学率有所提高，还是有大约1600多万的孩子未享受到接受高中阶段教育的机会。不少孩子初中刚毕业就被推上了就业市场（其中大部分是农民子女）。带来的现实后果就是，即使他们走入社会、走入城市，也只能从事一些非常低层次的职业，由于低教育水平带来的学习能力的欠缺，难以适应更高岗位和产业升级的需要，无法获得向社会上层流动的机会，不能适应现代社会的生存和发展。因此，将高中阶段教育纳入义务教育，更能体现促进教育公平和实现社会公平的宗旨。

笔者认为，国家与其在结果公平上做文章，持续不断地耗费巨额的财政投入，来弥合日益拉大的收入差距，不如在起点公平上下工夫。因为收入不公平背后是机会不公平，机会不公平背后是教育不均等。实行12年义务教育则是新形势下实现教育现代化、建设人力资源强国和缩小社会贫富差距的一个有力推手，对于为最广泛的普通民众提供在市场经济和知识经济环境下自食其力、自我发展的能力，至关重要。从这个意义上讲，实行12年义务教育是从源头上缓解和消除两极分化的根本方法。

二、国际镜鉴：追随世界教育发展潮流的重要选择

从图1和表1可以看出，欧美主要大国都已至少是实行11年义务教育，实行12年义务教育的有美国、英国、阿根廷、新西兰等18个国家，更有如德国、荷兰、比利时等一些国家实行的是13年义务教育，一大批发展中国家包括发展水平位居中国之后的国家，也已开始实施10年以上的义务教育。上述这些（95个）国家和地区占据了全球地理版图的大部分，这种情势与我国人均国民收入排名世界100位开外的现状，不能说没有一点关联。

非常明显，9年义务教育已经落后于世界教育发展潮流。如果再从我国教育发展水平较高的港澳台地区看，香港已通过公营学校实行12年免费教育，澳门在10年义务教育的基础上实行了15年免费教育，台湾也实施了所谓“12年国民基本教育”。我国虽已步入中等收入国家行列，但是要真正崛起为世界政治经济大国甚至是强国，离不开教育强国和人才强国的支撑。这

要求我们必须具有前瞻眼光，从战略高度对全面推进12年义务教育的工作予以充分重视。

义务教育年限超过9年的国家/地区一览

义务教育年限	国家/地区（黑体字为发达国家/地区）	数目
13	**德国**、**荷兰**、**比利时**、多米尼加、特克斯和凯科斯群岛	5
12	**美国**、**英国**、**阿根廷**、**新西兰**、**百慕大**、**巴哈马**、乌克兰、古巴、文莱、格林纳达、安提瓜及巴布达、纽埃、安圭拉、英属维尔京群岛、开曼群岛、蒙塞拉特、圣基茨&内维斯、毛里求斯	18
11	**加拿大**、**法国**、**澳大利亚**、**西班牙**、**挪威**、**以色列**、**冰岛**、**马耳他**、**巴巴多斯**、秘鲁、加蓬、亚美尼亚、摩尔多瓦、不丹、哈萨克斯坦、危地马拉、阿塞拜疆、突尼斯、圣文森特和格林纳丁斯、瑙鲁、阿鲁巴、直布罗陀、圣马利诺、布基纳法索、加蓬、库克群岛	26
10	**日本**、**新加坡**、**芬兰**、**丹麦**、**瑞典**、**爱尔兰**、**匈牙利**、**卢森堡**、**墨西哥**、**安道尔**、**摩纳哥**、**捷克**、**中国澳门**、俄罗斯、朝鲜、委内瑞拉、哥伦比亚、哥斯达黎加、吉尔吉斯斯坦、阿尔及利亚、多哥、乌拉圭、波多黎各、多米尼加共和国、基里巴斯、厄瓜多尔、塞舌尔、萨摩亚、斐济、黎巴嫩、法属波利尼西亚、斯洛伐克、圭亚那、科特迪瓦、荷属安的列斯、约旦、博茨瓦纳、纳米比亚、利比里亚、伯利兹、圣卢西亚、中非、刚果、吉布提、巴基斯坦	45

资料来源：根据Nation Master网站及联合国教科文组织统计研究所（NUESCO）网站材料整理。

三、可行探讨：兼具发展的内在基础以及外在保障

如果从1985年《中共中央关于教育体制改革的决定》提出“实行9年制义务教育”算起，我国用了15年的时间于2000年基本普及九年义务教育。迄今为止，9年义务教育已经实施近25年，这为未来10年实现基本普及12年义务教育的目标奠定了坚实的内在基础，而国家丰厚的财力资源和地方成功的试点经验则提供了重要的外在保障。

一是我国已经具备了逐步实施12年义务教育的经济实力，不存在财力不足的问题。经过30多年的改革开放，我国经济规模不断壮大，已经跃居世界第二大经济体。但是，2009年我国财政性教育经费占GDP的比例却只有3.48%，不仅低于高收入国家5.5%的平均水平，而且低于低收入国家3.6%的平均水平。所以说，发展教育事业不是有没有钱的问题，关键要看政府的重视程度。

早在1993年的《中国教育改革和发展纲要》中就曾提出“逐步提高国家

财政性教育经费支出占国民生产总值的比例，在本世纪末达到4%”。遗憾的是，时隔17年这一目标仍未实现。如果今次《纲要》提出的财政性教育经费占GDP比例到“2012年达到4%”的目标能够得到保证，即使以2009年33.5353万亿元的GDP计算，也意味着比现在增加投入1700多亿元。进而，如果我国国民经济保持8%的年增幅的话，到2012年，财政性教育经费将比2009年增加投入5000多亿元。所以，我国实施12年义务教育的经费保障应该没有问题。并且，建议在实行12年义务教育的过程中，真正落实义务教育的免费性原则，特别是对于农村地区免收学杂费、书本费等所有费用。

二是我国一些地区已经进行了12年义务教育的改革试点，积累了许多有益的经验。目前，广东珠海、四川成都、山西沁源、辽宁鞍山甚至是新疆喀什等地区都已经进行了12年免费义务教育改革试点，这里面既有沿海经济发达地区，也有经济欠发达地区，甚至是边远经济落后地区。建议国家在总结这些地区的相关经验的基础上，尽快制定在全国范围内逐步实施直至基本普及12年义务教育的具体办法。

这里面涉及的一个关键问题就是，如何进一步完善义务教育投入经费保障机制，合理划分中央和地方政府的分担比例。之所以4%的目标提出10多年而无法完成，中央和地方在经费问题上相互扯皮，缺乏实现目标的具体途径是一个重要原因。因而，中央和地方政府的分担具体比例需要明确下来。为了减少中央财政负担，促进地方竞争办教育，可以逐步提高地方政府提供教育经费比例的要求。实际上，在美国，义务教育经费主要是由地方政府通过收上来的房产税等来承担的，其要义就在于调节社会财富分配，为当地居民提供更公平的竞争起点。

教育兴则国家兴，教育强则国家强。义务教育的改革不能只停留在查漏补缺、巩固提高的阶段，不能不回应经济社会发展带来的现实需求，不能无视义务教育发展的世界性趋势，而应该向更高的目标迈进。对于当前的中国而言，延长义务教育年限，基本普及12年义务教育，是建设人力资源强国和奠定经济发展与社会进步的重要基础，是在更高水平上实现教育公平和社会公平的有力推手，更是政府的应尽责任和努力方向。

专栏 8－4

12 年义务教育可以适时推行

针对近日媒体有关“普及 12 年义务教育”的报道，教育部表示，我国仍坚持 9 年义务教育，12 年义务教育不符合我国国情，目前国家尚没有这个财力。[1]（4 月 1 日《新京报》）实行 12 年义务教育的重要性，自不待言。但是，与延长义务教育年限相对应，首当其冲的便是教育经费投入问题，教育部的多次正式表态，都与教育经费投入有关。那么，我们不妨分析一下，我国的财力是否可以支撑 12 年（或 13 年）义务教育。

2007 年教育事业发布统计公报，我国高中阶段学生总数为 4341.9 万人，以各地高中阶段公办学校学费标准看，平均在 800 元左右，以此计算，如果全免高中阶段学生学费，每年需要政府新增投入 350 亿元。假使每年约 1900 多万的初中毕业生，在实行新义务教育制度后，全部上高中，那么，新增高中生规模每年为 500 万左右，根据《2007 年全国教育经费执行情况统计公告》，普通高中生人均预算内教育事业费为 2648.54 元，中等职业学校生人均预算内教育事业费 3124.01 元，那么，为新增教育规模，预算内教育事业经费每年将增加 150 亿元。也就是说，在目前基础上实行高中义务教育，每年将新增教育投入 500 亿元。

那么，国家有无国力来解决这笔费用呢？根据国家统计局发布的数据，2008 年我国 GDP 为 300670 亿元。而根据教育部、国家统计局和财政部发布的 2007 年全国教育经费执行情况统计公告显示，2007 年国家财政性教育经费占国内生产总值比例为 3.32%，离 4% 的比例尚有 0.68% 的差距，以 300670 亿元计算，就是 2000 亿。而据此前有关人士对 2020 年国家财政性教育经费达到 GDP 的 5% 计算，在 GDP 数值不变的情况下，1% 即为 3000 亿。

总之，只要下定决心，在未来的 10 年中，推行 12 年义务教育，并非不能，而在于是否下改革的决心。

资料来源：冰启：《12 年义务教育可以适时推行》，《新京报》2009 年 4 月 2 日。

[1] 教育部认为，12 年义务教育，不符合中国目前的国力，国家尚没有相当财力。在 2009 年两会上，教育部部长周济明确表示，现阶段中国很难实行 12 年制或 13 年制义务教育。周济说，9 年义务教育真正能够实现已很不容易，还是要把主要精力放在巩固 9 年义务教育上，“不能超过中国的发展阶段，不能估计过高”。

在金融危机的背景下思考中国经济长期增长的源泉，诺贝尔经济学奖得主卢卡斯关于经济发展的观点依然值得重视。在我看来，卢卡斯的贡献和知名不仅因为“理性预期”，而更在于他在20世纪80年代中期以后对经济发展理论的拓展和关注。卢卡斯在《宏观经济学的首要问题》中强调：“成功的长期供给方面的政策所能带来的社会福利要远远高于进一步优化短期需求管理政策所能带来的社会福利。”卢卡斯的说法意味着，在长期，只有总供给政策才会影响一国增长的轨迹，所以应忘记短期的、反周期的总需求优化管理的操作。对中国长期经济发展最重要的启示之一是，只有一国潜在增长能力的长期提升才是最重要的。

所以最重要的不是货币政策或“刺激财政”这些政策本身，在长期里，我只知道通过教育从而实现国民整体人力资本的提升才是有效的。这样才能支撑长期的技术进步及其带来的经济持续增长。要保持中国宏观经济的长期持续性增长，还要求大力提高中国的要素生产率水平，这就需要我国政府加大公共教育和科技投入，提升技术进步率，优化资源配置，提高技术效率，从而促进经济增长方式由要素投入的数量增加向质量提升的方向转变，实现效率提高带动的经济增长。由于短期内经济预测的黯淡前景，这里所提到的都是指长期：一方面，美国时代远未结束；另一方面，中国的长期经济增长取决于长期的持续增加的资源投入和投入质量的提升，后者是最关键的，它意味着未来因人力资本提升而导致的以效率提升为主的经济增长。

第九章

政府与市场

★在政府与市场的讨论中，对政府职能、政府自身机构效率等问题的关注一直是焦点。30年来深圳先后进行多次行政管理体制改革，减少经济领域的政府审批职能，增强政府的公共服务意识和市场监管力度，努力在全社会形成一种尊重市场选择、规范市场秩序、引导市场发展的制度环境和体制安排。

★住房调节、社会服务、教育和社区服务在20世纪80年代前已成为香港政府公共服务的主要提供项目，不过，在这些领域政府均加强与私人部门的合作。在20世纪80年代和90年代，香港政府更大程度地投入到了经济服务的提供，并将重点放在保证公平方面。这是一个信号，说明随着社会变得更加成熟，政府将其职能扩张到服务提供以外，把再分配和稳定职能也包括进来了。

★政府的经济职能往往被概括为三个方面：提供产品和服务、对收入和财富进行再分配以及确保稳定和增长。政府公共服务的供给应区分服务提供和服务生产的概念。一个政府可以提供服务，但这并不表示政府必须生产这些服务。

★建设服务型政府要求积极推动政府职能向更加关注民生转变。将传统的威权政府演进成现代的服务政府，既是政治体制改革的核心内容，又是转变发展方式的基本条件。

在政府与市场的讨论中，对政府职能、政府自身机构效率等问题的关注一直是焦点。欧美发达国家普遍信奉自由市场经济规则，政府干预以充分发挥市场机制的作用为前提，市场机制始终是促进经济发展的基本动因。战后，东亚各国创造了举世瞩目的经济奇迹，尤其是中国改革开放30多年来取得了长足的经济增长，其普遍采取的政府主导型市场经济模式，是经济取得惊人成就的重要制度安排。东亚金融危机的爆发迫使人们不得不对东亚政府主导型政府与市场关系模式进行反思。2008年发端于美欧发达国家的“金融海啸”席卷全球，金融危机中关于“强政府、弱政府”、“国进民退”的激烈争论，实际上是对多年来政府和市场关系的探讨和反思。

第一节　特区的实践

一、政府职能的探索

（一）探索市场之路

经济特区从传统计划体制下“杀出一条血路来”，对中国改革的贡献就是探索到一种从计划经济走向市场经济的转型模式。在经济特区建立初期，传统计划经济体制下，政府对企业在财务上实行统收统支，在物质供应上实行计划调拨，在生产上实行指令性计划指标控制，在产品销售上实行统购包销；企业主要领导由政府主管部门任命，企业的劳动用工由政府实行统一安排和集中管理，企业的建立及其规模也要服从主管部门的发展要求、投资计划和组织调整决策来决定。政企不分、权力过于集中、忽视价值规律和市场机制作用、分配中平均主义严重是传统计划经济体制的基本特征。对于传统的政府管理模式，邓小平曾尖锐地指出：“我们的各级领导机关，都管了很多不该管、管不好、管不了的事，这些事只要有一定的规章，放在下面，放在企业、事业、社会单位，让他们真正按民主集中制自行处理，本来可以很好办，但是统统拿到党政领导机关、拿到中央部门来，就很难办。谁也没有这样的精通，能办好这么繁重而生疏的事情。”[1]

深圳经济特区走上以市场为取向的改革之路，是由特区所处的客观环境和具体条

[1]《邓小平文选》第2卷，第328页。

件所决定的。初创时期的深圳特区基本上处在全国计划体制之外，受计划调控的商品及其数量很少，中央举办经济特区，“只给政策不给钱”，国家不负责原材料供应和包销产品等经济活动，客观条件要求深圳必须依托于国际国内两个市场来发展经济，通过市场寻找资金、物资等生产要素和销售产品，走市场经济之路。[1] 经济特区创办和建设时期，特区政府部门结合深圳实际，发扬敢闯敢冒敢试精神，冲破传统计划经济体制的束缚，按照经济体制和运行机制要“以市场调节为主”和“以市场为取向”的总目标，对整个行政管理体制进行了多次改革和重构。在充分发挥市场机制作用的基础上，不失时机地继续扩大市场取向改革的力度和广度，在企业制度改革、培育市场体系、建立宏观调控体系以及完善分配制度和社会保障制度等主要环节上进行了一系列突破性改革试验。经过 30 年实践，一个初步适应社会主义市场经济发展需要的政府管理体制已基本形成。

率先建立市场经济“十大体系”也是深圳特区政府推动下探索市场经济之路的经典事例。深圳在改革和发展过程中，采取了整体推进、重点突破的改革策略，始终把握了以市场为取向的改革总方向。到 1992 年邓小平视察深圳时，从深圳市场取向的改革实践看，社会主义市场经济已到了呼之欲出的地步。邓小平在南方重要讲话中明确指出，计划多一点还是市场多一点，不是社会主义与资本主义的本质区别，计划和市场都是经济手段。[2]1994 年，根据党的十四大和十四届三中全会精神，深圳制定了《建立社会主义市场经济体制总体规划》，提出了率先建立社会主义市场经济体制的目标，到 1997 年，初步形成了以十大体系为主要内容的社会主义市场经济体制基本框架。[3]

1997 年 5 月 21 日，新华社发布了一条引人注目的消息：国家体制改革委员会经过专门调查研究认为，深圳的社会主义市场经济新体制已初步形成。深圳经济特区在十几年改革过程中，已形成了社会主义市场经济的十大体系。这十大体系是：(1) 以公有制为主体，多种经济成分平等竞争共同发展的所有制体系；(2) 以资本为纽带的国有资产监督管理和营运体系；(3) 以市场为基础的价格体系；(4) 以商品市场为

---

[1]　何成颖：《市场经济下特区经济模式的选择》，《生产力研究》1992 年第 2 期。

[2]　邓小平：《在武昌、深圳、珠海、上海等地的谈话要点》(1992 年 1 月 18 日—2 月 21 日)，《邓小平文选》第 3 卷，第 373 页。

[3]　中共深圳市委、深圳市人民政府:《关于印发〈深圳全面建设比较完善的社会主义市场经济体制纲要〉的通知》，1997 年 12 月 31 日中共深圳市委、市政府深发 [1997]24 号文。

基础，要素市场为支柱的市场体系；(5) 社会共济与个人保障相结合的社会保障体系；(6) 以中介组织为主体的社会经济服务监督体系；(7) 适应市场经济需要的国民经济核算和企业财务会计体系；(8) 以按劳分配为主，多种分配形成并存的分配体系；(9) 以间接手段为主的面向全社会的经济管理调控体系；(10) 适应特区社会主义市场经济体制需要的法规体系。深圳经济特区对十大体系的归纳，构成了社会主义市场经济体制基本框架的主要内容，也成为我国建立社会主义市场经济体制的重要借鉴和依据。

（二）国企管理体制改革探索

深圳特区 30 年来不断加强国有企业的改革力度，特区国有企业改革所取得的一些成功经验，曾对全国的国有企业改革起到了示范与带头作用。深圳国企成长和不断改革探索的简要历程可大致分为以下三个阶段：

1. 初步探索阶段（1978—1984）。在深圳经济特区建立初期，深圳对国有企业产权制度改革进行了初步探索，改革的中心主要是扩大企业自主权，新的企业组织形式开始酝酿产生。1983 年 7 月，保安县联合投资公司作为第一家大型国营股份公司在深圳成立。

2. 全面探索阶段（1985—1991）。在这一时期，按照全国特区工作会议的要求，深圳进入了以企业承包制和股份制为主要内容的改革阶段。承包经营责任制的推行使国有企业的所有权与经营权有了较大程度的分离，规范了政府（发包方）国有资产机构或部门的权利与义务，明确了承包者的经营目标和责任，并赋予承包者相应的权利，包括部分剩余索取权，从而激发了经营者的生产积极性。1987、1988 年，深圳国有工业企业利润分别增长了 70.9% 和 82%，国有商贸企业利润分别增长了 43% 和 91%。

3. 深化改革阶段（1992 年至今）。深圳围绕如何建立有效现代企业制度这个国有企业改革的中心目标进行了富有成效的改革探索。主要是对国有资产管理体制改革、企业内部管理制度改革、推行产权多元化改革以及对国有企业进行战略性调整和战略性改造。随着产权制度、企业领导体制、分配制度、监督约束机制改革的不断深化及其一系列改革措施的出台，深圳已在全国率先步入了建立现代企业制度的环节。

深圳国企管理体制的改革呈现出一些特征：

1. 特区国企改革起步早、力度大。深圳特区创立之初，国有企业无论从数量还是规模上来说，都处于极少或极小的原始状态。深圳国有企业的发展壮大过程，也就是其改革的历程。深圳经济特区刚创立，就对传统的国有企业体制进行了改造探索，率先在全国进行了劳动用工制度改革，打破平均主义“大锅饭”，有了蛇口工地上的定额超产奖，即在这之后中国内地逐渐实行了工资奖金上不封顶、下不保底的办法；对企业经营方式和经营制度进行改革，在国有企业中实行股份制，在全国最早颁布股份制改造的政策法规，较早地对公司制企业进行规范；大多数企业的组织结构与管理形式已经按照《公司法》的要求进行改制，成为比较规范的股份有限公司和有限责任公司。

国企改革力度较大，对触及“产权责任主体缺位”等原有体制弊端的改革较为明显。深圳市政府对国有经济和国有企业产业结构以及经济布局进行了战略性重组，以“有进有退”、“有所为，有所不为”为指导方针，经过实施“三个一批”来“抓大”，通过兼并、收购、破产、拍卖来“放小”，使部分国有企业从竞争性领域中退出来。集中力量发展了一批大企业和大企业集团，成为深圳经济的主力军，如金地股份有限公司、深圳能源集团、深圳机场集团等；与此同时，采取灵活多样的形式，加快放开搞活国有小型企业的步伐，使国有资产质量明显提高，经济结构得到优化，从而整体搞活了国有企业的经济。

2. 特区国企较早接受市场调节、经营机制灵活。在同一时点上，特区市场体系的发育程度远远高于内地。因而，特区国企的生产要素几乎完全依赖于竞争的市场，如原材料的来源和产品的销售完全依赖于市场，企业投资资金的来源也在很大程度上依赖于银行贷款，而不是财政投资。由于深圳特殊的地理位置（毗邻香港）与特殊的所有制结构（国有经济、非公有制经济与外资经济“三分天下”），特区国有企业参与国际市场竞争较多，信息灵通，较早、较快地吸收了发达国家企业的先进经营理念与管理经验，对国内外市场的变动反应快，适应性强，企业经营机制也相对灵活。

企业经营机制是企业内部各机构、各利益群体综合发挥作用，从而对企业经营管理、技术创新、市场开拓等行为产生全方位影响，并最终决定企业经济效益的自律调节和组织运作方式。它是一个综合系统，有激励机制、竞争机制、压力机制、创新机制、监督约束机制等子系统构成。深圳在国有企业转换经营机制过程中，特别强调通过构建企业利益共同体，来健全激励机制与约束机制（王江涛，2000）。一方面承认经营者作为人力资本这种特殊的生产要素对企业的特殊贡献，探索经营者劳动价值体现的新方式。1994 年，深圳开始实行经营者年薪制，1997 年，又对实行经营者年薪制的企业进行了规范，2003 年，继而推出了《深圳市国有企业经营者年薪制实施办法》。另一方面，通过推行企业内部员工持股确立员工的投资主体地位，使员工与企业建立一种新型的财产关系，提高员工对企业经营管理的关切度与参与度，从而形成有效的激励机制。

3. 特区国企良好的制度环境。深圳自建立特区起，政府的定位与职能就与内地政府有相当大的差别，并且少了那种厚重的传统的计划经济意识，剥落起来也相对容易，创新成本小而收益大，从而创造了一个良好的制度环境。政府机构自成立之日起就在不断地改革与创新，政企分开也较为彻底，为特区国企走向市场创造了前提条件。特区作为改革开放的最前沿，因而特区的人也具有先进的思想观念，创新进取意识较强，而人则是企业的最重要的生产要素之一，所以这也成为了特区国企改革能够顺利进行的有利因素。深圳的市场体系比较完善，医疗保险、养老保险制度也较早建立起来。医院、学校等公益事业的社会化程度高。由于特区建设历史短，企业几乎全是在短短的二十几年内创办的，企业担负的离、退休人员的费用极低。国有企业从竞争性领域退出时的员工安置、补偿等方面也有相关的政策与通道，从而使特区的国企改革能顺利推进。[1]

（三）三级国有资产管理体制的探索

为了实现政企分开，明确国有资本出资人的地位和责任，深圳按照现代企业制度的要求，对国有资本运营和监管体制进行了改革探索，建立了“三层次”的国有资本运营和监管体系（见图 9－1）。它是全民所有制实现的一种新形式，是公有制与市场经济相结合的一条较为有效的途径，从而在全国率先构建了市场经济的微观主体。继“深圳模式”之后，又相继出现了“上海模式”与“青岛模式”。

从 1987 年 7 月深圳市投资管理公司的成立，到 2004 年 4 月新成立的深圳市国资委（由原国资办及体改办等机构组成），深圳逐步形成了完善的国有资产管理新体制，即“三层次”的国有资本运营与监管体系。

1. 第一层次：是国有资产管理委员会。它是市政府直接领导下的专司国有资产管理的职能部门，是专门行使国有资产管理职能的决策和领导机构，代表市政府对市属经营性资产、非经营性资产、资源性资产进行全方位的宏观管理与监督，对市级资产经营公司行使管理权。

---

[1] 苏东斌、钟若愚主编：《曾经沧海——深圳经济体制创新考察》，广东经济出版社 2004 年版，第 127—131 页。

图9－1　深圳三层次国有资本运营和监督体系

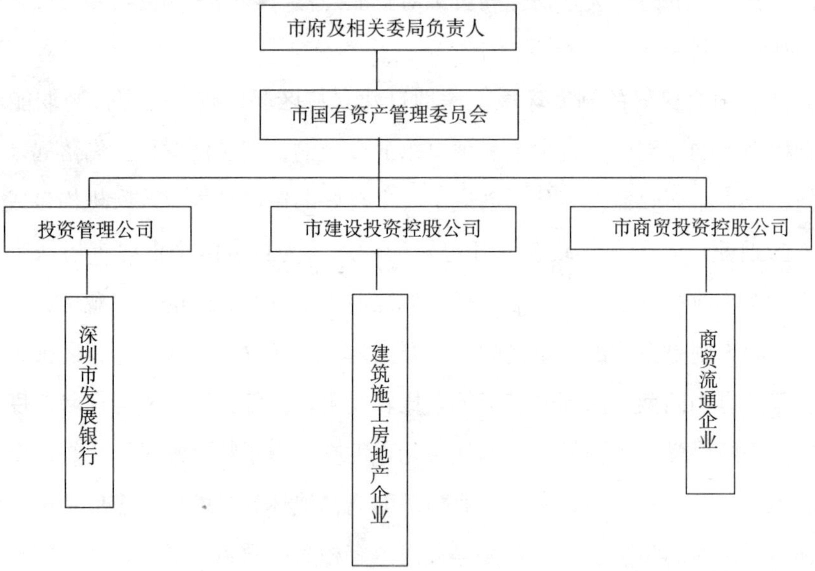

2. 第二层次：市级资产经营公司。若干个主业突出又兼顾互补的市级资产经营公司是由市国资委授权的国有资本运营机构，专门负责市属经营性国有资产的经营管理。目前，深圳市已有三家竞争小市级国有资产投资主体，它们分别是：市投资管理公司、市建设集团、市物资总公司。它们以国有资本出资人身份，代表国家对授权范围内的国有资产直接行使资本收益、重大决策、资本运营、选择经营者等出资者权利。

3. 第三层次：国有全资、控股和参股企业。它们是拥有独立财产权的法人，以其法人财产依法自主经营、自负盈亏，具体地进行各项产业的经营活动，承担国有资产保值与增值的责任。

“三层次”的国有资本运营和监管体制的建立，在第一层次和第二层次上实现了“政资分开”（政府的社会经济管理职能与资产所有者职能）和“政企分开”（政府直接干预企业的日常经营），在第三层次上则实现了国家终极所有权和企业法人财产权的分开。通过层层授权、建立责任制度，将计划经济条件下政府与企业的行政隶属关系改变为市场经济中委托人与代理人之间的资本纽带关系，塑造了“国有资产经营公司”这样一个产权主体和责任人，较好地解决了国有资产责任主体缺位的问题，为国有企业走向拥有法人地位、成为自主经营独立实体提供了前提条件。深圳的三级授权经营机制跳出了“放权让利”的旧思路，也不仅仅停留在“企业治理”上，而是从源头上解决国有资产所有者的代表人问题，“造成国有资产内产权多元化趋势（不仅在各个市级投资经营公司之间，而且在一个经营公司的各个企业之间都形成了独立的财产关系，因而在相当大的程度上确立了国有企业自主经营的地位”（苏东斌，2000）。因而，“三个层次”的国有资本运营和监管体制这项制度安排与创新，不仅改革了作为上层建筑的政府，而且塑造了市场经济的微观基础，即真正的具有独立法人的企业。

2004 年 10 月，深圳延续了近 20 年的国有资产管理体制被划进了历史长河，撤销市投资管理公司、建设控股公司和商贸控股公司三家国资经营公司，并组建国资控股有限公司。在这次资产经营公司调整中，将一批资产规模较大，处于基础设施公共事业领域的企业，对全市经济社会发展和人民生活有重要影响的企业及竞争性领域中个别有竞争优势的 24 家企业，由市国资委直接监管。除了由市国资委直接监管的企业外，其余的企业组建为新的深圳市投资控股有限公司。“市国有资产管理委员会—国有资产管理公司—企业”三个层次的国有资产管理体制，曾是深圳在国有资产管理体制探索中的一大创举，不过随着国企改革的深入，当年的“深圳模式”再次被深圳的改革者打破。“三级授权经营制”仍然未能从根本上解决国企和国有制的问题，如今的部分国有企业采取“二级”管理构架，也还有待实践的检验，有待国有资产增值与否来检验体制创新是否正确与科学。[1]

二、行政审批体制的改革探索

深圳市率先实现了以公务员制度、政府审批制度、政府采购制度、土地使用权招标制度、建设工程施工权招标制度的创新为突破口，加强行政管理体制改革和行政立法的力度，初步形成了以人大及其常务委员会制定法规、市政府规定的规章和政府各部门、区政府制定的规范性文件在内的三个层次的行政管理体制。这种体制弱化了政府直接干预企业经济的微观管理职能，强化了调控、监管和服务职能，在全国起到了较好的示范作用。此外，深圳经济特区政府在医疗卫生体制、财政管理体制、口岸管理体制、城市规划与管理体制、生态环境建设与管理体制、商贸流通体制等方面均取

---

[1] 苏东斌、钟若愚主编：《曾经沧海——深圳经济体制创新考察》，第 132—134 页。

得了较大的突破。

从建立经济特区起，深圳的发展就伴着“改革”二字同行。与内地相比，深圳在改革开放和现代化建设过程中，更早地遇到一些深层次的矛盾和问题，这当中包括行政管理体制方面的问题。从1997年深圳率先在全国试水行政审批制度改革开始，历经四轮行政审批制度改革，深圳在转变政府职能，构建法治政府进程中，一直在“自我革命”中前行。[1]

1.1997年前五次转变政府职能的改革。第一次是在1981年底，主要围绕简政放权和政企分离展开。初步解决了精简政务、党政分开、政企分开等问题，扩大了企业自主权，调动了企业积极性。第二次是在1984年，主要围绕加强政府在市场经济下的宏观调控职能、改善宏观调控机制和转变政府职能展开。增强了政府制定和实施社会经济发展规划、掌握经济信息和科学化民主化决策的职能，强化了间接调控的职能和手段。第三次是在1986年底，重点是强化特区政府的决策体系和监督职能，加强决策、咨询机构的作用，政府进一步撤离微观经济领域。第四次是在1987年至1988年下半年，主要从理顺党政关系出发，进一步规范政府职能。这次改革中具有重要意义的是将政府行政管理和资产管理职能分开，建立了国有资产管理新机制。第五次是从1991年开始，以1993年5号令和1994年全面取消企业的行政主管部门改革为标志。改革的重点是理顺关系，下放权力，减少对企业的干预，彻底实现政企分开，加强宏观调控。不过，这些改革始终没有解决好一个长期存在的问题：行政管制太多、行政审批行为不规范。

2.首轮行政审批制度改革。1997年，深圳市体改办提出“以清理和重定审批项目为重点，实现转变政府职能改革重大突破的建议”，得到深圳市委市政府的充分肯定并决定启动第一轮行政审批制度改革。历经一年多调研准备之后，1999年3月深圳市政府审批制度改革正式实施。这次改革，使政府审批事项由723项减至305项，砍掉418项，减幅57%；核准事项由368项减至323项，减幅12%。改革成果以立法的形式予以固定并向社会公布，《深圳市政府审批制度改革若干规定》明确规定以后要增加新的审批项目必须经过立法程序。在完全取消的263项审批和核准事项中，有203项涉及企业的经营行为；改革使政府从繁忙的审批业务中解脱出来，转到依法加

[1] 以下内容引自张惠屏：《法治政府：在“自我革命”中前行——来自深圳市行政审批制度改革的报道》并经过整理，原载深圳政府在线（http://www.sz.gov.cn/rmzffzbgs/qt/fzzf/fzzf5/201002/t20100208_1464323.htm）。

强宏观调控，制定市场规划，实施监督管理，强化社会服务上来。2001 年开始第二轮行政审批制度改革，在此前的基础上再砍掉 277 项审批事项，减幅 41.2%，审批时限缩短 30% 左右。这两轮改革共减少审批（核准）事项 740 项，减幅达 65.4%，其中 563 项放开，由企业、社会团体、个人自主决定；对 12 项经营性指标、配额和经营权等，实行公开招标、拍卖。深圳两轮行政审批制度改革，实现了政府从微观经济活动中的逐步退出。

3. 借《行政许可法》为实施契机开展第三轮行政审批制度改革。《行政许可法》于 2004 年 7 月 1 日实施，对于政府机关和公务员是一个划时代的变化。始于 2003 年 8 月的这次"清规"工作，亦称作深圳市第三次行政审批制度改革。这次改革，全市 37 个部门共有行政审批事项 701 项，其中作为行政许可保留的 239 项，取消 265 项，作其他非行政许可保留的 197 项。较之于国内其他大中城市，深圳保留的行政许可项目最少。[1]

4. 在全国率先启动非行政许可审批制度改革。在第三轮行政审批制度改革刚结束的时候，深圳已经开始酝酿第四轮行政审批制度改革——非行政审批制度改革，对非行政许可审批和登记事项进行全面清理和逐项规范。2006 年 7 月 1 日深圳市委市政府颁发施行了《深圳市非行政许可审批和登记若干规定》。这一改革再开全国先河。2008 年 3 月，经过一年多艰苦细致的工作，深圳顺利完成了对市政府 37 个部门的 697 项非行政许可项目的清理，保留 348 项，取消 98 项，认定不属非行政许可登记的其他类项目 251 项。

按照"市场化、法制化、国际化"要求，深圳政府职能从传统的审批经济中的逐步退出，实现了四个"退位"：一是从微观经济活动中退位，还权于企业与个人。首先是计划、经贸、交通、城管、文化等各有关政府部门都实现了职能转变，从直接投资、组建企业等配置资源的活动中退出，转到了加强行业规划和行业管理上。同时改变了政府管理国有资本的方式，国有资本从竞争性领域包括经营性基础设施等重要领域积极地退出。其次，一些部门把企业经营事项的审批权还给企业。据统计，前两轮审批制度改革共取消审批、核准事项 740 项，其中 563 项放开，由企业、社会团体、

[1] 这次改革的另外一个成果是，特别对入世承诺的行政许可进行了改革，彻底清除了地方性法规设立的违反 WTO 规则的审批项目，并把清理行政审批作为一项经常性工作，把审批事项集中清理变成经常性的改革，成熟一项清理一项。

个人自主决定；对12项经营性指标、配额和经营权等，实行公开招标、拍卖。二是从行政配置资源中退位，还职能于市场机制。首先是从行政许可证的审批中退出。在土地使用、工程建设等方面，为了遏制腐败，借鉴发达市场经济国家与地区的做法，引入市场竞争机制进行制度改革，政府退出这个领域，取消行政审批，让位于市场机制。为此，深圳进行了政府工程招投标、经营性土地公开拍卖、政府统一招标采购制度等改革，在规范政府行为、培育市场机制以及从源头上遏制腐败等方面都产生了积极作用，并形成了一套结构合理、管理科学、程序严密、制约有效的管理制度。其次是从国有企业经营者的直接任命中退出。实行审批制度改革后，积极探索市场机制选择产权代表和总经理，政府部门不再直接审批、任免企业经营者，公司中代表国有资产的董事，由产权单位委派；正副董事长由产权单位协商推荐候选人，董事会选举产生，总经理由董事会任免，较好地解决了董事长和总经理同时由上级任命，职责不清，互相扯皮等问题。三是从利益共同体中退位，还利于社会与老百姓。在行政审批改革中，依法理顺了市政府23个部门和单位在项目立项、资格审查、资质等级评定、配额分配、进出口管理、定价和收费以及行业管理等方面的76个重复审批和交叉审批事项，并全面实行收支两条线，有效地解决了权力和利益脱钩等问题。四是从具体的社会经济事务活动中退位，还职能于中介组织与行业协会。[1]

三、行政管理体制和机构改革

30年来深圳先后进行了多次行政管理体制改革，减少了经济领域的政府审批职能，增强了政府的公共服务意识和市场监管力度，放开了市场准入和企业自主经营，鼓励市场公平竞争，在全社会形成了一种尊重市场选择、规范市场秩序、引导市场发展的制度环境和体制安排。

深圳特区建设前期的机构改革可谓大刀阔斧，在12年（1981—1992）中先后进行5次改革，平均每两年多时间进行一次。[2] 在这5次行政管理体制改革中，机构精简是行政管理体制改革的现实起点，精兵简政、节约成本只是次要目的，最重要的是通过改革来提高政府的行政效率，减少对微观企业主体的过多干预。近年来，围绕率

---

[1] 张惠屏：《法治政府：在“自我革命”中前行——来自深圳市行政审批制度改革的报道》。

[2] 李醉吾：《深圳经济特区体制改革的回顾》，《经济特区的建设》，中国文史出版社2009年版，第292页。

先建立比较完善的社会主义市场经济体制，深圳抓紧建立和完善符合世贸组织规则要求的经济管理体制和运行机制，形成以市场化运作、法制化管理和国际化交流为特征的更具活力、更加开放的现代市场经济体制。

（一）探索“行政三分制”改革

深圳市在中共十六大闭幕后不久召开了一个小范围的讨论会，议题是根据十六大报告提出的“精简、统一、效能的原则和决策、执行、监督相协调的要求，继续推进政府机构改革”。经过酝酿，“行政三分制”方案逐渐浮出水面。2003 年 1 月，在广东省十届人大一次会议上，当时的深圳市市长于幼军透露，深圳即将成为中国唯一推行“行政权三分”试点改革的城市，并且描绘这一全新的政府架构是：决策部门只有决策权而没有执行权；执行部门只有执行权而没有决策权；监察局和审计局将作为监督部门直属市长管辖。

“行政三分制”方案的提出，标志着新一轮行政管理体制改革拉开序幕。其构想是在事务分析、职能分析的基础上，以大行业、大系统的方式设立决策部门，并就每个决策部门关联的业务设若干个执行局，决策权在决策局，执行权、审批权在执行局；决策局只管决策，而执行局则是单一的执行；单独设立监督部门，监察局、审计局地位相对独立，部门首长直接对市长负责。“行政三分制”将分散到政府部门的权力收归政府，避免政府权力异化为部门权力，部门权力异化为单位甚至个人权力，从而淡化部门立法，实现规则统一。“行政三分制”有助于政府实现政令统一和决策公平，也有助于提高政府行政决策科学化、民主化水平，是“今后 20 年政治改革的第一步”。

深圳“行政三分制”改革构想的另一个显著特征是开始强化政府权力的公共服务性质。推行“行政三分制”改革的一个重要目的是要重新定位政府的职能，使政府从“全知全能”转变为“有限责任”，从权威命令转变为科学决策，从人治管理转变为依法行政，从“传统部门利益型政府”转变为“现代公共服务型政府”。

不过，“行政三分制”的构想将在很大程度上改变现有权力与利益关系格局，遇到的阻力也非常大。在各部门对方案论证过程中，结果与最初的设计方案渐行渐远，改革动议就此搁置。2004 年 3 月《深圳市深化行政管理体制改革试点方案》出台，经过多次修改的试点方案与舆论所期待的将行政体制中的决策、执行、监督三者分离的设计相比，已发生了很多实质性的变化。

专栏 9—1

2009年深圳市人民政府机构改革

2009年9月8日上午，深圳市委市政府举行政府机构改革后全市政府工作部门挂牌仪式，政府工作部门负责人和新部门牌匾首次集体亮相，标志着深圳新一轮政府机构改革在不到两个月的时间里已取得阶段性成果，深圳市政府从此进入了一个新的历史阶段。

本次机构改革自2009年7月31日正式启动，以推动政府全面转型、打造现代服务型政府为目标，以政府职能转变为核心，对政府职能和机构进行了大幅度“退、转、减、合”，市政府机构、编制和人员大幅度精简。机构改革调整后，市政府工作部门由原来的46个减少为31个，共减少15个，精简幅度三分之一。在此基础上，减少市政府内设、下设及派出机构151个，其中副局级5个，处级90个，科级56个；减少各级领导职数394名，其中局级56名，处级139名，科级199名；减少编制492名，其中公务员编制356名，雇员136名；此外，还减少事业单位60个。

转变政府职能是这次机构改革的核心。调整后的政府部门共取消、调整、转移284项职责和行政审批事项。其中，取消和调整行政审批事项194项（其中涉及经济类的有129项），占我市现有623项的31%，如取消了产业政策确认、循环经济示范项目审批、国家高技术产业发展项目配套资金审批、科技类民办非企业单位设立前置审查、“三来一补”项目设立登记、农贸市场改造升级经费补助、知识产权优势企业认定及资助、医疗机构税收优惠审批等多项行政审批事项；取消、调整和转移政府部门承担的评比表彰、宣传培训、办展办会等事务性职责90项；按照加强社会管理和公共服务的要求，增加及加强涉及群众切身利益、关系民计民生的职责73项。

资料来源：滑翔、肖意：《努力开创政府工作新局面》，《深圳特区报》2009年9月9日。

（二）深圳的“大部制”机构改革

2009年，深圳市完成了市一级政府机构改革，共减少15个政府部门，精简幅度达到了三分之一，取消、调整近三分之一的行政审批事项，“大部制”体制迈出坚实的步伐。

2009年7月31日，深圳市召开政府机构改革动员大会，同日，《深圳市人民政府机构改革方案》（下称《方案》）正式向外公布。根据《方案》，改革后，深圳市政府将减少15个机构，精简幅度达三分之一。政府职能转变，是机构改革的核心。这次深圳市政府机构改革，对政府职能转变进行了一系列探索。改革方案鲜明地提出，从城市政府直接服务企业和市民的实际出发，在加强经济调节的同时，更加注重市场监管、社会管理、公共服务；全面梳理部门职能，大幅降低市场准入门槛，大力减少行政审批事项，切实减少政府的微观事务管理职能。而且，方案对各部门都提出了职能转变的具体要求。

广东省社科院科研处处长丁力表示："这是改革开放30年以来力度最大的一次机构改革，一旦成功有可能在珠三角推广。"深圳此次改革意义主要体现在两方面：首先是政府职能转变，建设服务型政府；第二就是分设制定政策部门和执行部门。根据《方案》，深圳将在探索实行职能有机统一的大部门体制基础上，按照决策权、执行权、监督权既相互制约又相互协调的要求，深圳市政府将设置31个工作部门，并根据部门职能定位分别命名为"委"、"局"、"办"。其中，主要承担制定政策、规划、标准等职能并监督执行的大部门，称为"委"；主要承担执行和监管职能的机构，称为"局"；主要协助市长办理专门事项，不具有独立行政管理职能的机构，称为"办"。同时，将一部分主要承担执行和监管职能的"局"，由承担制定政策、规划、标准等职能的"委"归口联系，将一部分"办"交由市政府办公厅归口联系。

此次深圳政府机构改革首次出现了"委员会"这一政府部门架构[1]，并对不同职能部门领域进行了分拆合并。根据方案，深圳政府现有直属机构中公安局、教育局、民政局、司法局、审计局、口岸办、台办共7个机构暂不作调整。此外，市委驻深单位工作委员会有关驻深单位管理的政府职能划入科技工贸和信息化委员会，驻深单位党的工作职责划入市委直属机关工作委员会，不再保留市委驻深单位工作委员会。[2]

---

[1]　设立的7个委员会包括：发展和改革委员会、科技工贸和信息化委员会、财政委员会、规划与国土资源委员会、交通运输管理委员会、卫生和人口计划生育委员会、人居环境委员会。

[2]　钟良：《深圳大部制改革10月前完成　将减少15个机构》，《21世纪经济报道》2009年8月4日。

专栏 9-2

放手让市场机制和社会组织发挥作用

本次机构改革进一步突出市场化方向，对市场监管、产业发展等方面的管理体制进行了大胆突破和创新，果断“退”出政府“越位”的领域，放手让市场机制和社会组织发挥作用。一要进一步转变政府职能，推动政府职能向创造良好发展环境、提供优质公共服务、维护社会公平正义方向转变，逐步建立起更加符合市场经济要求、能够充分调动全社会积极性的政府管理体制机制，要积极向市场和社会放权，努力做到凡是公民、法人和其他组织能够自主解决、市场机制能够自行调节、行业组织能够自律解决的事项，政府都要把职能转移出去，要进一步加大培育和发展社会组织的力度，使社会组织能更有效承担政府转移的职能。二要继续精简政府审批事项，该退的要退，该进的也要进；不需要政府干的事要减出去，过去缺位的或新形势赋予的新责任要承担起来。对于不符合法律法规要求的审批事项坚决予以取消；对于不适应经济社会发展需要的审批事项，即使有法律法规依据，也要按照合理性标准，一并纳入清理范围。对必要的审批事项，也要进一步简化环节，优化流程，提高效率。三要不断创新政府管理，要学习借鉴现代企业的先进管理理念和运作模式，探索建立更加灵活高效、竞争有序、充满活力的政府管理机制，进一步完善政府绩效评估，逐步建立符合市场化导向的绩效评估指标体系，并逐步扩大绩效考核的范围和对象，不断提高政府的行政效能。

资料来源：肖意、滑翔：《全力建设现代服务型政府》，载《深圳特区报》2009 年 9 月 9 日第 A02 版。

2009 年深圳“大部制”改革进一步加大了职能相近机构的整合力度，实行综合设置，在更多领域推进和完善大部门体制，还初步实现了决策与执行的分开，使政府组织结构进一步优化。这次改革按照“职能有机统一，机构分类科学、功能定位准确、部门设置精干、体现城市管理特点”的原则，重新调整了政府架构，并对各部门职能定位作出了明确的区分。《特区实践与理论》有文章从决策、执行分开的视角进行了评论：长期以来，政府部门基本实行决策执行不分的体制，政府部门既有决策职能也有执行职能。随着公共管理发展的复杂化，这种模式越来越暴露出其弊端。决策与执行不分的弊端是，既难以科学地制定政策，也难以有效地执行政策。“决策执行不分”也是导致决策过程中的部门利益倾向的重要原因之一。“决策执行不分”还严重地削弱了政府的执行力。决策与执行的工作量是不同的，二者所需要的行政资源（包括行政经费、行政编制、行政设备）也是不同的，根据实际工作量测算，执行的工作量远远大于决策的工作量，因此，一些实行决策执行分开的国家及地区，都把更多的行政资源分配给执行机构，而且越是第一线的执行部门分配到的行政资源越多。例如，香港有关负责执行劳工及福利政策的执行部门——社会福利署，其办事处共有 11 个科，下辖 11 个区福利办事处、40 个综合家庭服务中心、37 个社会保障办事处、19 个感化办事处及其他一些专门领域的办事处。全署约有 5000 个公务员职位。此外，该署的一些工作，如社会工作，大部分采取外包形式由社会组织承担。而深圳有 800 多万的劳务工，但真正用于劳务工管理与服务的政府人员却很少。可见，决策执行不分很难合理有效地分配行政资源，致使政府执行力被削弱。加上国内倒金字塔的行政架构，即上下对口的行政部门设置模式——越往下行政资源越少，而越往基层，工作却越多越具体，这样就非常不利于基层有效地执行政策。决策与执行分开在深圳还是一种新尝试，学习借鉴这种在西方行之有效的模式还需要一个磨合的过程，我们应该继续努力完善这种模式。[1]

（三）区级政府机构改革即将启动

2010 年发布的《深圳市 2010 年改革计划》则明确提出启动区级政府机构改革，探索创新基层管理体制。根据该改革计划，在转变政府职能领域，提出年内启动区级政府机构改革，优化区以下行政层级。有学者评论说，区级政府机构改革，正是“大部制”改革的延伸与对接，是深圳对政府层级改革的一次大胆探索，令人期待。根据改革进度安排，2010 年上半年，深圳市要制定区级政府机构改革方案，经深圳市委、市政府批准后启动实施。在经济领域，改革计划提出探索建立符合国际惯例的商事登记制度，开展小额贷款公司、村镇银行和社区银行试点工作；在民生领域，提出启动公立医院改革试点，探索向社会组织购买服务的方式方法；在文化领域，提出推进文化产权交易和投资体制改革，积极筹备设立文化产业投资基金；在环保

[1] 本刊评论员：《深圳行政体制改革的大跨越》，《特区实践与理论》2009 年第 5 期。

领域，提出启动重点污染物排污权交易试点；在推进党内民主领域，提出改进领导干部选拔任用提名制度，探索建立分类提名办法，推行市委全委（扩大）会民主推荐重要干部制度。[1]

专栏 9-3

深圳市 2010 年改革计划

最新一期政府公报发布了《深圳市 2010 年改革计划》，启动区级政府机构改革、启动公务员分类管理改革、前海和大鹏半岛列为新型功能区、组建城市建设投资公司、启动公立医院改革试点、启动水源保护区内生态补偿试点、推行市委全会民主推荐重要干部制度、制定政协委员退出办法等，成为今年的市委市政府改革亮点。

上半年启动区级政府机构改革。2009 年深圳市进行了大规模的“大部制”改革，对市级政府机构和职能进行了大幅度的“退、转、减、合”，共减少 15 个政府部门。2010 年，这项改革将推进至区一级政府机构。据悉，区级政府机构改革方案将在上半年制订，经市委、市政府批准后启动实施。

公务员分类管理改革将启动。我市计划今年出台并实施《深圳市行政机关公务员分类管理改革实施方案》及有关配套制度。我市还将深入推进公务员聘任制改革，稳步扩大公务员聘任制实施范围。

前海和大鹏半岛列为新型功能区。建立新型的功能区管理体制是近年来我市重点探索的改革项目。今年计划首次将前海地区和大鹏半岛列入新型功能区。改革计划提出，光明、坪山新区继续探索产业发展、生态保护与社会管理相协调的体制机制；前海地区突出高端服务业的发展定位，探索深港合作的新机制新模式；加快大鹏半岛滨海旅游度假区建设。

公立医院改革试点下半年启动。改革计划提出要率先建成民生幸福城市。在医药卫生体制改革方面，我市将启动公立医院改革试点，开展引进社

[1] 李舒瑜：《今年启动区级政府机构改革》，《深圳特区报》2010 年 4 月 15 日。

会资本、集团化管理运营和建立完善法人治理结构等改革，大胆探索公立医院管理、运行、人事、经费补偿、内部分配以及监管的新体制机制。据悉，公立医院改革将于上半年制订方案，出台配套文件，下半年启动改革试点。

资料来源：深圳政府在线，http://www.sz.gov.cn/lgq/qt/gzdt/201004/t20100416_1502569.htm。

第二节　香港经济发展与政府行为

在20世纪70年代后的国际产业转移中，香港经济选择产业转移而非转型升级，形成了独特的产业发展路径，这与港英政府积极不干预的理念以及政府缺乏引导和支持有关，并进而导致形成具有相当依赖性的经济结构。

一、香港的经济发展

香港在地理位置上具有得天独厚的优势，它地处亚太地区海空交通运输的要冲，是远东贸易运输的枢纽，也是世界各地进入中国的南大门。独特的地理区位使得香港自开埠以来直到20世纪50年代，一直以转口贸易为主导产业，至于其航运业、码头仓储业、船坞业、金融业则基本上依附于转口贸易，在经济中不占主要地位。50年代以后，香港的经济结构先后经历了工业化阶段（1952—1970）和经济多元化阶段（1971—1981），逐步成为亚太地区国际中心城市。80年代以后香港进一步向国际性大都市发展，在短短30余年中迅速发展成为亚太地区公认的国际金融、贸易和航运中心。

香港是典型的城市经济体，又是最具竞争力的自由市场机制。诺贝尔经济学奖得主弗里德曼非常喜欢香港，多次将香港称为自由经济制度的堡垒，他对香港的经典评价是："要知道自由经济是如何运作的，你就要去香港看看。"但香港回归后弗里德曼逐渐改变了自己的看法，于2003年10月在《亚洲华尔街日报》发表题为"香港模式已死"的文章，批评香港特首曾荫权放弃香港赖以成功的"积极不干预"政策，认为香港不再是自由经济的闪耀的象征。

香港经济体系的结构以及地域、人口的局限决定了香港经济特征的依附性，表现在几次经济转型都呈现出内地经济发展等因素影响的明显痕迹。20多年来香港制造业非本地化的趋势并不意味着香港经济的空心化，相反，使其服务业获得了更为广泛的发展空间；与内地尤其是珠三角腹地以及深港都市圈的融合，将使香港经济进一步内生于这一腹地。以典型的都市型经济体如纽约来与香港比较，有两个基本特征极为相似：首先，其基本经济特征都假定以市场力量来推动经济；其次，在经济结构的选择上也异曲同工，都同样拥有发达的生产性服务业。基于这两个特征，其生产性服务业的不断增强，实际上反映出经济机制在其向内地转移低增加值经济活动中的作用，本地的生产性服务主要在为分散到其他地方的生产基地从事管理与协调。

表9－1　1993年香港与纽约服务业对GDP的贡献比例

（单位：%）

	所有服务业	消费服务	生产性服务	政府服务
香港	78.1	28.7	42.8	6.6
纽约市	77.8	26.1	40.8	10.8

数据来源：转引自Wong，2002，pp.623—634。

表9—1列出的数据反映出90年代香港与纽约两地经济在结构上的惊人相似。纽约成为国际金融中心且持续保持繁荣，与其强大经济腹地（包括纽约州、新泽西州和康涅狄格州的26个县）的支持密切相关。东京也以横滨和千叶为直接腹地，构成了日本著名的京滨工业区。以纽约、伦敦、东京等都市型经济作为参照，香港经济体系的结构特征说明了产业结构成功转型和服务经济迅速成长的一种可能途径。据香港统计部门数据显示，超过一半的香港服务业从珠三角港企受益：内地改革开放之初，香港服务业占整体经济的比重尚不足80%，但现在在香港本地生产总值中，服务业增加值占本地GDP比重高达90.6%，其中52.8%得益于香港工业在珠江三角洲的发展。

随着制造业转移以及生产性服务业的高速发展，香港已成为全球服务业最发达的地区之一，目前，世界发达国家或地区服务业增加值普遍占到GDP的70%以上，而香港的服务业增加值占GDP比重自2004年以来就超过了90%，2006年占GDP的90.6%。2006年，香港就业人数345.27万人（不含公务员），其中服务业就业297.6万人，占全部就业人数的86.2%。

二、积极不干预与产业发展特征的形成

回归前港英政府采取积极不干预方针，对有重要经济意义的行业进行控制，如地产业是香港最大的产业，政府通过控制土地的批出，间接地影响市场的动作和控制地产价格，从而控制和扶持了地产业的发展。港英时期的财政司长，香港“积极不干预”政策的缔造者夏鼎基爵士指出：“在香港经济运作中存在一些只有政府才能解决的问题，这些问题会导致经济欠缺效率或引起社会不安。政府必须承担应有责任，确保管理层决定不会因而受到障碍。干预是实事求是的做法，只有政府积极干预才能保持香港经济稳定。”[1]

香港经济结构变化的一个重要特点是以产业转移而非转型升级为主，产业调整在微观上表现为民间（尤其是中小企业）自主的、自发的行为，采取了将劳动密集型企业和生产环节转移至珠三角地区的最为直接的做法。这一特点是香港经济体系内在特征的必然结果。一方面，香港的制造业本身规模较小、市场需求灵活，不适用大规模机械化操作以及电子业仍以劳动密集型为主的特点决定了，在经济结构变化的过程中，厂商一般不致力于技术革新，对单个企业而言这是降低成本、保持竞争力的有效方法。另一方面，政府自由放任经济政策的长期传统和本地金融体系的特点，决定了香港经济在结构变迁和产业调整时的自发和短期性。

1997 年以前香港政府的财政收入仅来自出售土地和税收，财政支出不允许出现赤字，因而长期以来香港政府用于扶持本地产业发展的费用较低。与新加坡比较，在 1988 年，香港政府用于支持本地工业和贸易发展的费用占政府总支出的 0.39%，新加坡为 5.05%，到 1993 年，该比例在香港达到了 6.1%，而新加坡则为 16.4%。

香港金融体系对工业结构的调整支持作用也不大。金融机构与工业企业间关系松散，70 年代，金融机构对制造业提供的贷款只占其总贷款的 20%，80 年代则下降到 10%，大量银行贷款进入房地产业；香港的股市亦偏好于贸易、金融和地产类股份，工业类股价一直偏低，1993 年，恒生 33 种指数股中只有两支是工业股，工业股只占市场总股本的 6%，金融、地产股占 47%，新加坡的则分别为 30%、39%。

香港制造业在既无政府引导又难于进行直接或间接融资的背景下，在 70—80 年代的产业结构调整中选择了将生产向外转移的非工业化路径。本地的大制造企业在

---

[1]　任志刚：《政府并没有乖离积极不干预政策》，《香港信报》1998 年 8 月 24 日第 1 版。

70年代将生产基地转移至东南亚地区，中小企业则在70年代末和80年代借助于内地改革开放的机会大举转移至珠三角地区。随着生产能力的向外转移，香港日益成为一个以第三产业为主的地区性金融、服务中心，而新加坡则随着其他新兴产业的发展走上了资本和技术密集型道路，同时也成为跨国公司在东南亚地区的协调、发展生产的中心。

可见，香港与新加坡在经济结构转型中的不同路径选择是与其经济体系的内在结构特征高度相关的。经济体系中内部资源的局限加上经济结构中的内在缺陷，以及香港政府长期以来缺乏引导和支持，使得香港经济结构呈现出相当大的脆弱性，这种经济体系在结构转换的过程中必然选择产业的转移而非转型升级。[1]

三、香港特区政府经济职能增强

香港回归以后，由于亚洲金融危机的出现，香港政府干预较多的领域是货币和金融体系，并努力发展和完善港元债务市场，通过维护联系汇率制度稳定和发展香港经济。如20世纪90年代东亚金融危机中，香港政府积极出击、先后四次阻击金融炒家。目前，香港政府通过制定政策、修订法例以及鼓励行业自行调整等，已经大大提高了香港金融体系的竞争力和实力。

为了寻求更平衡的发展，香港政府实施更加积极地干预政策以改变香港出现的有效总需求不足。前任财政司长梁锦松2002年指出："香港政府应该对经济发展方向有清晰的视野和成为高瞻远瞩的市场推动者。"(1)香港特区政府提出了一系列的长期计划，将香港转变成亚洲创新和技术中心以及进入中国的信息技术枢纽。特区政府成立了一个具有很大权力的创新科技委员会，以将香港发展成一个高科技中心。(2)特区政府计划香港成为一个中医药为基础的保健食品和药物方面的世界中心、高增值组件和产品方面一流的供给者、多媒体信息和娱乐服务方面的世界中心、中国内地与世界其他地区的技术转移市场。(3)为促进旅游业，香港政府投资90亿美元吸引迪斯尼公司来香港建造大型主题公园。以上都反映了香港政府自回归以后，其经济角色日益凸显和重要。[2]

---

[1] 苏东斌、钟若愚主编：《曾经沧海——深圳经济体制创新考察》，广东经济出版社2004年版，第53—54页。

[2] 于宏源：《发展型政府理论与香港实践》，《公共管理学报》2006年第3期。不过，香港特区政府与传统意义上的发展型政府区别甚大。

专栏9—4

十号码头中的香港政府角色

受周边码头兴建的影响和对香港货柜吞吐量增长的信心不足，香港政府一直在兴建十号货柜码头问题上裹足不前。至今，自提出兴建码头的建议已有十年，却依然雷声大雨点小。而这一切皆与香港政府恪守的经济原则有关。

香港所有的码头都是私人投资，香港政府的一贯态度是支持而不是参与商业运作。政府认为这样才能维持公平、公开、透明度高的制度。因此，在决策之前，香港政府会咨询多方意见，细加衡量。一位不愿透露姓名的业界人士表示，从香港发展出发，他支持兴建十号码头。但是作为码头运营商，十号码头的兴建，将会使拖车费、码头使用费变低，减少收入。为了自身的利益。他在政府咨询过程中投下了反对票。正是多方利益的博弈，使得十号码头兴建问题悬而未决。

十号码头的问题更多地转变成对政府在基础建设中角色问题的讨论。批评者认为，香港政府长期以来坚持的自由经济、不干涉和自由港口政策，在六七十年代特定历史环境和背景下有利促进了香港经济的发展，在内外部因素的共同作用下，开拓了香港航运中心的地位。但成也萧何，败也萧何。在长期放任自由和随波逐流的发展模式下，香港每个航运企业和港口开发商内部的高度计划性与香港整体航运和港口发展缺乏长远规划形成了鲜明对比，航运企业和港口开发商在利益驱使下往往更注重短期和眼前的利益，既没有能力也没有意愿围绕香港航运中心地位的巩固做出整体长远的规划和布局；另一方面，以往的成功也导致了香港航运和港口业无论是在技术设备还是管理方式革新上减缓了前进的步伐，在遇到了周边港口的替代性挑战时发展遇到了瓶颈。在这一难题下，部分港口开发商选择了移师内地和海外，进一步寻求更高的利润增长，部分航运企业也逐步按照经济原则，选择在临近更具成本优势的港口装卸货物。这些都给香港港口业带来众多负面影响。

香港理工大学物流系主任刘建华教授对比新加坡和香港，指出政府务必参与基建。他认为新加坡和香港都是自由港，进出不必报关、交税，但是这两个自由港是完全不同的经济系统，香港是自由竞争经济下的体系，因此政府对经济、商业不参与、不干预，只是提供平台，香港的港口是私人的。而新加坡的港口管理公司是政府掌控的。

计划经济与竞争经济两个的区别就在于“公共经济”的成分。格林斯潘说，美国是从私有经济这里进入，中国是从国有经济切入，但是这两条路是从两端相向而行，并不存在绝对的私有或国有的。即便是私有化高度发达的美国，也有一部分是需要政府来参与进去的，比如美国的洲际高速公路就由政府统一筹划，资金来自国防军费，这部分就是“公共经济”。刘建华认为，现在香港要在这两种制度中间找一个平衡点，关键就是公共经济中政府的角色问题。以前传统的政府角色是不参与，在今天的市场环境下显然是有所欠缺。刘建华指出，物流航运很大程度依赖于硬件措施设施。目前，内地在这方面的力度很大，公路、铁路、港口等等的投入都是规模空前，如果香港政府仍不参与其中，就会使香港的建设变得薄弱，而更丧失竞争先机。

在刘建华教授看来，政府参与势在必行，但是香港政府在参与基础建设方面应采取怎样的角色，却仍需要妥善研究。相对于刘教授的谨慎，香港中文大学的陈友华教授更为直接，他说：“既然香港政府目前的财政盈余这么高，为什么不能拿出一部分钱？再这样患得患失，只能错失机遇。”面对业界、学界的质疑，香港立法委员刘健仪这样回应：“从整体来看，我们的制度是比较成熟的，有一定的程序保证，才可能保障投资者的利益。虽然我们也很羡慕内地做得很快，但是他的弊端在于你不清楚政府下一个决策会是什么，从而打击投资者的信心。政府政策的不稳定性也会增加。”刘健仪指出，没有任何制度是十全十美的，香港的基础建设慢了，政府就会想办法在其他方面多作一些弥补。

资料来源：一布：《十号码头中的政府角色》，《中国远洋航务》2007 年第 7 期。

《内地与香港关于建立更紧密经贸关系的安排》（CEPA）的实施也充分显示出香港特区政府在经济职能上的增强。2003 年 6 月 29 日商务部安民副部长代表中央政府与香港特别行政区财政司梁锦松司长，共同签署了 CEPA。总体目标是：逐步减少或取消双方之间实质上所有货物贸易的关税和非关税壁垒；逐步实现服务贸易的自由化，减少或取消双方之间实质上所有歧视性措施；促进贸易投资便利化。实施与今后修订的原则是：遵循“一国两制”的方针；符合世界贸易组织的规则；顺应双方产业结构调整和升级的需要，促进稳定和可持续发展；实现互惠互利、优势互补、共同繁荣；先易后难，逐步推进。CEPA 是中央政府和香港特区政府以一国两制为准则，在 WTO 框架下所做出的特殊安排。CEPA 的实施不但通过内地经济的紧密联系为香港创造了绝好的外部经济环境，也使得其在香港特区政府有效导引下，以金融服务业为导向，发展和珠江三角洲联系，将工业与中国南部加速整合，将自己主要优势进一步发挥出来。另外，CEPA 的实施也加强了香港作为两岸转口贸易枢纽和两岸人员往来中转站的角色。

Newman M.K.Lam 在其对香港公共服务提供模式的文章[1]中得出结论：香港自二次世界大战后其公共服务提供一直在发生变化。二战之前，社会服务提供保持在最小限度以内，为穷人提供帮助的责任一直由社区和家族承担。战后，政府逐渐扩展了服务提供的范围，甚至超出了公共产品的提供。住房调节作为一种典型的私人产品，自 50 年代以后也成为政府一项主要的提供项目。在 70 年代，社会服务、教育和社区服务得到了更大的发展。在住房提供和基础设施建设方面，政府加强了与私人部门的合作，否则公务员数量会增长得很快。在 80 年代和 90 年代，政府更大程度地投入到了经济服务的提供，并将重点放在保证公平方面。这是一个信号，说明随着社会变得更加成熟，政府将其职能扩张到服务提供以外，把再分配和稳定职能也包括进来了。

第三节　政府职能转型

一、政府职能的一般表述

关于政府的经济职能，Richard A. Musgrave（1959：5—24）提出，政府有三个经

---

[1] Newman M.K.Lam：《公共服务提供模式的转变——香港的发展情况》，载世界银行网站（http://web.worldbank.org）。

济职能：提供产品和服务；对收入和财富进行再分配；确保稳定和增长。[1] 发达国家中一个不断增长的趋势是政府将服务提供的各个方面都进行私人化，从而导致服务提供和服务生产概念的划分（Kolderie，1986）。[2] 一个政府可以提供服务，但这并不表示政府必须生产这些服务。相反，这些服务可以从私人部门那里购得，因而政府可以成为公共服务的买方或卖方。

专栏 9—5

周子勋：荒谬的“国进民退利于经济发展”论

“国进民退”，这个老生常谈的话题因为近日地方政府官员的支持表态，再次站上舆论热议的风口浪尖。在近日举行的“北京大学光华管理学院EMBA十周年庆典暨新春论坛”上，河北省发改委副主任王爱臣表示，在现阶段，“国进民退”对于中国经济的发展起到了稳定和持续的作用。不仅如此，王爱臣表示，“国进民退”的现象对经济社会发展有利。

此言一出，犹如一石激起千层浪，引起企业界、学界、经济界的高度关注。在笔者看来，王爱臣的此番论调，言外之意就是支持国企在行业中的垄断，挤压民营企业的生存空间，这种荒谬的论调必将受到各界的批判。我们通过市场反馈的信息可以发现，民间投资的渠道正在不断地被垄断规模效益所压缩。国内民间经济研究机构天则经济研究所此前发布分析报告指出，国进民退已不是个别现象，而是形成了一股汹涌的潮流，其中蕴含着极大风险和危机。而吴敬琏在2009年10月举行的“浦江创新论坛”上也表示，目前小企业似乎有一点受到挤压。他认为这有两方面的原因：一方面是思想方面的原因。2004年以来，指责市场化改革的思想有回潮，“仇富”的情绪在社会上很流行；另一方面就是政策的原因。为了支撑经济，政府要求大量贷款，为防止出现金融风险，银行就会选择国有大企业和有国家项目的企业贷款，这样就产生了挤出效应。

[1] R. A.Musgrave：《公共财政理论：公共经济学的一项研究》，纽约：麦格劳—希尔，1959年。

[2] T.Kolderie：《私有化的两个概念》，公共管理评论，46（3），1986年，第285—291页。

早在去年8月，全国工商联出版的《中国民营经济发展报告（2008—2009）》蓝皮书中就已经提出，金融危机给中国民营经济带来的副作用已开始显现，随着行业垄断的逐步强化，4万亿投资正在对民营经济产生挤出效应。当前多数中央投资只是带动了地方政府和国有企业投资，进而带动了银行大规模的信贷投放，广大中小民营企业很难参与其中。而我们通过公开的信息也的确发现，今年国家4万亿投资计划中，绝大部分是政府推动的投资项目，包括相当大比例的基建项目和工业投资项目，近90%项目被国有大中型企业拥有，民营企业几无参与。而在十大产业振兴规划中，大型国企也受益最多，中小企业（民营经济占95%）并不明显。而民企的生存却岌岌可危。受金融危机影响，我国民企（中小企业）普遍出现订单大幅减少、销售下降、效益下滑、企业库存增加、资金周转困难、项目被停建或缓建、企业贷款难融资难等问题。这在钢铁、航空、煤炭、食品、地产等竞争行业尤为明显。

比如，钢铁业出现了亏损的山东钢铁收购盈利的日照钢铁事件。煤炭行业方面，山西省发布通知，将全省在册的2840多座煤矿收归国有。房地产业的国进民退也汹涌澎湃，各国有企业纷纷巨款拿地，成为"地王"。邮政行业则是通过立法的形式实现国进民退，去年10月1日，《邮政法》正式颁布实施，虽然从法律上第一次确立了民营快寄业的合法地位，却实行邮政专营，限制民营快寄业。

还如，各地纷纷进京争夺央企和迎接央企，而国资委也积极鼓励央企与地方合作。湖南作为第一个与央企合作的省份，从2005年以来的两年内与57个央企对接，引进资金1800亿元，并组建了央企在湘联谊会以增进感情，吸引央企增资扩股。在"国进民退"的大潮中，国有企业狩猎金融业也是一个重要现象。继光大银行引得粤高速和城投控股等8家企业后，光大证券、招商证券、安信证券IPO上市前的增资扩股也吸引了众多国企参与。

可以毫不隐讳地说，国企上演抢夺资源的戏越来越频繁。虽说在本轮国际经济危机中，我国的经济已经率先出现回升、好转的迹象，成为世界经济触底反弹的一个新的引领。但是，这样的成绩不能撇开中小企业以及民营企业的功劳，而归功于国有企业。我们应该看到，我国的中小企业中95%以上属于非公有制经济。截至2008年底，各级工商部门注册的中小企业970

万户，其中私营企业657万户，外资企业43万户，国有集体股份制企业270万户。另有个体工商户2900万户。广大中小企业创造的GDP占全国的60%，提供的税收占50%，外贸出口占68%，发明专利占66%，提供了75%以上的城镇就业岗位。可见，中小企业在推动经济发展、扩大社会就业、改善民生、维护社会稳定、推动技术创新等方面发挥着举足轻重的作用。事实上，中小企业在经济发达的欧美也同样具有十分重要的地位和作用。德国总理默克尔曾在公开场合就直言德国的经济支柱就是90%的中小企业。

令人遗憾的是，目前我国经济结构调整的步伐却没有丝毫的减轻，且随着巨额信贷的注入，具有先天优势的央企等国有背景企业借着政策和资金的优势，在我国各个领域不断上演“国进民退”，引起市场一片堪忧。从某种程度上可以说，“国进民退”违背了依靠民资继续刺激中国经济的宏观大局，对我国经济的健康稳定发展是很不利的，也对解决我国目前的就业形势带来巨大的阻碍。

在笔者看来，“国进民退”带给我们的伤害是深刻的：首先，它所释放出的信号就是市场化萎缩。国企凭借强大的资金和政策保护攻城略地，将民营企业挤到角落上。而这将使我国的经济发展和社会稳定受到巨大的不确定性。其次，“国进民退”将催生更多的利益集团，使平民百姓丧失消费的主动权，从而激发更多的社会矛盾。我们可以看到，在中央巨额的投资计划背景下，许多地方政府和国有企业部门在脑子里开始了新一轮的所谓的高度一体化的经济发展思维。这些不顾我国社会生产实际的国有化不仅造成了国家资源的浪费，使得最急需改善的医疗、教育、安居等民生工程因为缺乏资金而无法满足社会可持续发展的基本需要。

由此可见，随着我国经济形势的好转，应该对“国进民退”的问题给予政策上的限定，如果不遏制眼前的“国进民退”浪潮，国家试图依靠民资继续刺激经济的期望就会落空。我们需要的是健康的经济增长和合理的经济发展结构。

资料来源：周子勋：《荒谬的“国进民退利于经济发展”论》，转引自红网：http://www.rednet.cn/。

英国《经济学家》2010年1月23日的文章《遏制政府膨胀》对各国政府的扩张

和影响力提出担忧：早在本次金融危机发生之前，英美两国政府的影响就处于扩张之中。布什政府的开支超过了自约翰逊以来的任何一届政府；在英国，最初节俭的工党政府的政府开支占 GDP 的比重从 2000 年的 37% 升至现在的 52%。人口结构变化的确是造成政府开支增加的原因，不断老龄化的人口要消耗更多公共医保资源和更多养老金。近期政府影响力急剧扩大的直接诱因是金融危机，为阻止衰退，各国政府出资数万亿美元支撑金融体系，使得财政赤字猛增。但缩减政府规模和权力的例子并不少见。瑞典和加拿大做到了这一点，两国的公共服务效率因此提高。[1]

政府官员进行的经济调节和市场调节应该取什么比例，这并没有放之四海而皆准的标准。在银行、教育、医疗、安全等不同的领域，合理的比例也各自不同。通常而言，在一些领域政府必须发挥主要作用，另一些领域则须由市场主导。市场和政府这两种机制都远不够完美，甚至即使这二者的作用结合起来，也不一定能消除各自的缺陷。但政府本身的转型至少可以明确以下几个努力方向：首先是以人为本、树立政府公共服务意识，政府向服务型政府转型。其次是政府在公共服务供给中要明确职责，解决政府在公共服务供给领域中的越位、缺位、错位等问题。通过竞争机制的引入，实现公共服务供给主体的多元化。

二、推进经济发展，关注公共民生

政府收入的增长速度近年来往往超出整体经济增长的速度。以深圳经济特区为例，2009 年深圳财政收入继续保持快速增长，2009 年全口径财政收入 2765 亿，其中地方财政一般预算收入达到 880.8 亿，在全国城市中位列第三位。其中税收占深圳一般预算收入的比重达 93.5%，处于绝对主导地位。从产业结构看，制造业、金融业、批发零售业税收居各行业前三位。[2]

在财政收入稳步增长的同时，深圳用于保民生等重点领域的支出大幅增加。政府公共投资支出大幅增加。全年市本级下达的政府固定资产投资计划比上年增长 114%，民生类重点支出得到优先保障，全年市本级民生及一般公共服务类支出占一般预算支

[1] 文章还指出，目前英美两国公务员薪酬和养老金总体高于私人企业，也应该考虑加以削减。

[2] 高新技术产业快速发展，逐步成为税收重要增长点。据地税部门统计，2009 年前 11 月，深圳市 395 家国家级高新技术企业共缴纳各项税收 82 亿元，同比增长 34.6%。

出的比重超过了75%，比上年提高了9个百分点。此外，全市行政事业单位各项严控经费较前年压缩6.6亿元。[1]

（一）积极推动政府向更加关注民生转变

这次深圳政府机构改革体现出政府职能转型的一个良好方向。据报道显示：深圳政府机构改革以人为本，突出民生服务，积极推动政府从侧重经济发展向更加关注民生转变，从管理为主向管理和服务并重转变，以更好地解决发展带来的问题以及单一经济发展所不能解决的问题。在做减法的同时做好加法，全面加强政府的社会管理和公共服务职能，将现有人员编制尽可能向社会管理和公共服务较为薄弱的方面充实。

各级、各部门应更加重视民生服务，努力提供更多更好的公共服务和公共产品，更好地满足人民的需求，维护好人民群众的根本利益。一是更好地履行民生服务的职责，加大对民生服务的投入，将更多的资源和人力向公共服务领域倾斜，并积极引导社会资源参与公共服务；二是推进公共服务的均衡化、普惠化，不断推进特区内外公共服务一体化，更加注重对深圳市非户籍人口的服务，努力让全体深圳人民共享改革发展的成果；三是增强政府对市民诉求的回应性，充分利用各种渠道，及时回应，作好沟通解释，加强舆论引导，努力解决问题，争取市民的理解和支持，树立高效政府、责任政府、民生政府和服务政府良好形象。[2]

另一个报道也显示了政府机构改革中所体现的职能转型的良好趋势：备受关注的深圳政府机构改革"三定"（定主要职责、内设机构、人员编制）方案2009年9月8日正式出炉。市委市政府举行机构改革新闻发布会，公布了政府各部门的主要职责、内设机构和人员编制方案。

深圳机构改革方案和"三定"规定的核心都在于实现政府转变职能。深圳的行政管理体制经历多次改革取得了明显成效，但随着经济社会的快速发展和国际化水平的进一步提高，又产生了很多不适应的地方。政府管了许多不该管的事，行政许可和审批事项仍然过多，并且有相当部分直接干预企业微观经济活动。而一些该由政府管的事却又没"管住"、"管好"。为此，"三定"坚持市场化改革方向，凡不该政府做的，政府坚决退出；即使市场暂时做不好的，政府也充分放手，积极创造条件支持社会组

[1] 《深圳财政收入逆市增一成行政经费压缩6.6亿》，《南方都市报》2010年1月2日。

[2] 肖意、滑翔：《全力建设现代服务型政府》，《深圳特区报》2009年9月9日。

专栏 9－6

政府的责任

“帮穷人造房是政府的责任”，重庆住房将实现“低端有保障、中端有市场、高端有约束”。据新华社重庆 4 月 17 日电，未来 10 年，重庆市将建设 4000 万平方米的公共租赁房，今年开建 500 万平方米，3 年时间内完成 2000 万平方米的建设任务。这意味着，重庆改变了住房主要由市场提供的单一体系——30%的低收入群体由政府提供的公租房予以保障，70%的中高收入群体由市场提供的商品房解决。重庆市还准备对高档别墅和商品房征收特别房产税，形成“低端有保障、中端有市场、高端有约束”的住房制度体系。中共中央政治局委员、重庆市委书记薄熙来说，住房是当前百姓最关注的问题，解决住房保障是一个重大民生工程。他明确提出，帮穷人造房是政府的责任，要让老百姓都有房子住。

广州扩大廉租房覆盖面，申请人月均 640 元调整到 800 元。据新华社广州 4 月 17 日电，为加快解决低收入家庭住房困难，广州市调整了廉租房申请标准，扩大了保障覆盖面，同时租赁补贴标准或将提高，廉租住房保障方式将逐渐转变为以实物配租为主。

根据 2007 年底调查，广州全市有 77177 户低收入住房困难家庭，其中 44516 户家庭符合廉租住房保障条件。目前广州市廉租住房保障以发放租赁补贴为主要方式，同时实行实物配租和公房租金核减等方式。而今年广州调整廉租住房保障收入标准，将申请人年均可支配收入由 7680 元（月均 640 元）调整到 9600 元（月均 800 元），扩大廉租住房保障面后，将有 10219 户家庭纳入廉租住房保障范围。

资料来源：杜宇：《稳定房价不力者要追责》，《深圳特区报》2010 年 4 月 18 日。

织和企业去做。经逐一梳理，31 个政府工作部门及相关部门共取消、调整、转移 284 项职责和行政审批事项，同时，增加了直接涉及群众切身利益、关系国计民生的部门职责 70 多项。其中，包括科技企业孵化器认定、对外贸易经营者备案登记等行政审批事项共取消和调整了 194 项；政府不再承担或不再直接办理的有关等级评定、标准推广、业务培训等事务性职责共 90 项。[1]

（二）继续关注就业和住房保障

从深圳市住房和建设局提供的资料了解到，深圳市政府为强化政府住房保障职能，加快推进深圳市住房保障工作，近期将出台《关于贯彻实施〈深圳市保障性住房条例〉的若干意见》。征求意见稿中提出加大保障性住房建设和供应力度，进一步扩大住房保障覆盖范围，切实解决人民群众住房困难。以政府主导，社会参与为原则，加快保障性住房建设，多渠道筹集保障性住房房源，增加保障性住房供给，强化保障性住房质量监管，全面完成保障性住房发展规划和年度计划，形成多渠道、分层次、广覆盖，具有深圳市特色的新时期住房保障体系。

据深圳市财政委员会资料[2]，2010 年深圳市将提取 2.12 亿元失业保险基金结余用于促进就业工作，将对劳动者自谋职业和自主创业实行一系列优惠政策：一是对本市登记失业人员等从事个体经营的，自其在工商部门首次登记注册之日起 3 年内，免收登记类和证照类有关行政事业性收费。二是完善小额担保贷款政策，对符合我市产业政策的小企业，当年新招用符合小额担保贷款申请条件的人员达到企业现有在职职工总数 12% 以上，并与其签订 1 年以上期限劳动合同和为其办理就业登记手续，可申请贷款额度最高不超过 200 万元、期限为 2 年的贷款贴息。三是加快培育创业载体，创业人员进入政府投资的创业孵化园区后可享受不超过 3 年的各类优惠政策，创业人员按吸纳本市登记失业人员就业情况还可给予不超过 3 年的场租补贴。四是加强创业人员社会保障，对本市登记失业人员等自主创业并按规定缴纳社会保险费的，给予 3 年社会保险补贴。五是鼓励创业带动就业，对创业人员创办小型企业或从事个体经营的，根据其带动就业和纳税情况，自首次注册登记之日起 3 年内，每年给予 8000 元限额扶持。六是完善创业培训补贴政策，提供各项劳动保障服务等。七是对采取措施稳定员工队伍，并保证不裁员或少裁员的困难企业，使用失业保险基金提取用于促进就业的资金给予社会保险补贴、岗位补贴和在岗职工职业技能培训补贴。

---

[1] 张苹：《深圳政府机构改革“三定”方案出炉》，《深圳特区报》2009 年 9 月 9 日。

[2] 《我市多措并举促进创业带动就业》，载深圳市财政委员会网站（http://www.szfb.gov.cn/cjdt/201004/t20100402_485709.htm，2010 年 3 月 15 日）。

专栏 9—7

中国储蓄过高的关键——政府储蓄

中国储蓄“过高”，已是国内外一个相当普遍的共识。现在的争论焦点，在于这个问题有多严重，要怎样去解决。让人宽慰的是，中央政府有多个政策工具可以帮助解决这个问题。

政府本身在近几年大幅增长的“过剩”储蓄。政府储蓄至少是两种趋势的结果。首先，政府收入在 2008 年经济危机以前的 10 年大幅增长。在经济繁荣期，任何政府的税收收入都会更高，但这并非事情的全部。另外的情况是，自 1994 年以来，中国政府已大幅改进其征税方法，受此影响，从 1995 年到 2009 年，税收收入增速平均超出 GDP 增速 5 个百分点。

现在的风险是，随着经济复苏，政府的储蓄问题再度显现。为避免该问题，方法之一是限制政府收入，特别是从家庭中获得的收入。举例来说，中国政府可以改革农村土地的征用和出售政策。现在，当地政府和开发商垄断了利润，而家庭应该从中获得更大份额的收益。中国也可以下调劳动密集型服务业企业的营业税。目前这一税项是基于收入、而非盈利进行征税，这种做法非常有害。好消息是政府有意将其转为增值税。

另一个可以采取的策略是提高政府在家庭层面的开支。2009 年，政府在医疗、教育和其他福利服务方面的开支占 GDP 的比重已经从 2002 年的 4.9% 提高到了 7%。但是中国政府还应该做得更多。虽然中国政府现在在为九年制义务教育埋单，但政府应该考虑由国家承担起高中教育的费用。有半数中国农村孩子在 15 岁之后就再也没学上了。新的农村医保系统也应该获得更多资金。目前在可保险疾病的治疗费用中，只有 10% 至 30% 能够得到报销，各地政策还有所不同。允许外来务工人员参加城市保障体系是另一个解决办法。如果政府储蓄可以减少，那么将对未来十年的中国经济增长大有裨益。如果做不到这一点，那么中国的失衡危险将卷土重来。

资料来源：王志浩（Stephen Green）：《中国储蓄过高的关键——政府储蓄》，《华尔街日报》中文版 2010 年 1 月 25 日，网址：http://chinese.wsj.com/gb/20100125/opn120820.asp。

第十章

法治保障

★法治是现代市场经济的原有之意。斯密早就注意到，一个完全自由的社会的自我管理会对“经济秩序”带来最大威胁，政府应该承担更重要的公共工作，即随着“商业社会”的扩展提供所谓的“有利于商业社会的制度”。

★学者们一再强调，好的市场经济是法治的市场经济。市场经济的有效运行对法治保障的要求具有普遍意义。不仅市场主体的地位和权利需要得到法律的确认和保障，市场活动的秩序也需要法律的维护和支持，国家对社会主义市场经济的宏观调控和管理更需要法律约束和法律化。

★深圳经济特区在很大程度上利用特区立法权和较大市立法权，努力去建立为市场经济配套的法律体系。

第一节 特区实践

一、经济特区立法

（一）广东经济特区的立法历程与实践

1979年7月广东获得地方立法权以后，地方立法最主要的任务就是适应建立经济特区的需要，开展经济特区立法。在全国人大授权深圳、珠海、汕头三市可以自行制定经济特区法规或规章前，广东经济特区立法主要由省人大及其常委会和省政府负责。

全国第一部经济特区立法是1980年8月26日第五届全国人大常委会第十五次会议审议批准的《广东省经济特区条例》。该条例全面规定了建立经济特区的宗旨、经济特区的性质和任务、国家对经济特区的基本方针和政策等，这也是经济特区正式设立的标志。为适应经济特区扩大开放、加快改革发展的需要，1981年11月，全国人大常委会通过了《关于授权广东省、福建省人民代表大会及其常务委员会制定所属经济特区的各项单行经济法规的决议》。据此，广东省经济特区立法全面启动。

到1992年6月，广东省人大及其常委会制定的经济特区单行经济法规共19件，主要是发挥经济特区作为国家对外开放"窗口"和经济体制改革"试验场"的作用，将国家赋予经济特区的"特殊政策"、"灵活措施"法制化，为经济特区不断深化体制改革、扩大对外开放、加快经济发展提供法律保障。这些立法，涉及外商投资、税收优惠、土地改革、技术引进、经济合同、企业登记、劳动工资、商品房管理、经济特区与内地之间人员往来管理等方面，既通过立法规定改革开放的发展方向，又将改革开放的成果以立法的形式固定下来，进一步推进改革开放。例如，在土地使用制度改革方面，1981年广东省人大常委会批准颁布了《深圳经济特区土地管理暂行规定》，率先在全国实行国有土地有偿使用制度，对外商征收土地使用费。在总结这方面试点经验的基础上，1988年广东省人大常委会修订并重新颁布了《深圳经济特区土地管理条例》，明确规定可以协议、招标、公开拍卖三种方式有偿出让或转让国有土地，有力地推动了深圳经济特区土地市场的形成和发展。

广东早期的经济特区立法处于探索阶段，立法程序以政府启动为主：一是经济特区单行经济法规由经济特区所在市政府组织拟订法规草案，报送省政府，由省政府法制机构征求各部门意见并会同省人大法委组织修改后，由省政府提请省人大常委会审议通过；如法规内容涉及中央事权，则由省政府报国务院经济法规研究中心进行审核协调，再由省政府提请省人大常委会审议通过；省人大常委会通过的经济特区法规，由省政府以粤府文件颁布实施。二是经济特区政府规章由经济特区所在市政府组织起草，报省政府批准后，由省政府或者经济特区所在市政府颁布实施。

专栏 10－1

经济特区立法的简要历程

1981 年起，全国人大及其常委会相继授权广东、福建两省制定所属经济特区法规，授权海南省和深圳市、厦门市、汕头市、珠海市等以经济特区立法权。

1.1981 年第五届全国人大常委会第二十一次会议通过关于授权广东省、福建省人大及其常委会制定所属经济特区的各项单行经济法规的决议。

2.1988 年第七届全国人大第一次会议通过关于建立海南经济特区的决议，授权海南省人大及其常委会制定所属经济特区的法规。

3.1992 年第七届全国人大常委会第二十六次会议通过关于授权深圳市人大及其常委会和深圳市政府分别制定法规和规章在深圳经济特区实施的决定。[1]

4.1994 年第八届全国人大第二次会议通过关于授权厦门市人大及其常委会和厦门市政府分别制定法规和规章在厦门经济特区实施的决定。

5.1996 年第八届全国人大第四次会议通过关于授权汕头市和珠海市人大及其常委会、政府分别制定法规和规章在各自的经济特区实施的决定。

1992 年 7 月以后，经济特区立法进入了一个新的时期。1992 年 7 月 1 日，第七

[1] 1989 年第七届全国人大第二次会议审议了国务院提请授权深圳市人大及其常委会和深圳市政府分别制定深圳经济特区法规和深圳经济特区规章的议案，决定授权全国人大常委会在深圳市依法选举产生市人大及常委会后，对国务院提出的上述议案进行审议，作出相应决定。据此，全国人大常委会在 1992 年作出了对深圳经济特区的授权立法决定。

届全国人大常委会第二十六次会议通过了《关于授权深圳市人民代表大会及其常务委员会和深圳市人民政府分别制定法规和规章在深圳经济特区实施的决定》；1996 年 3 月 17 日，第八届全国人大第四次会议通过了《关于授权汕头市和珠海市人民代表大会及其常务委员会、人民政府分别制定法规和规章在各自的经济特区实施的决定》。此后，经济特区立法则由经济特区所在市人大及其常委会和市政府自行负责。

（二）经济特区立法与大城市立法权

2000 年通过的《立法法》第 65 条、第 81 条对经济特区授权立法作了直接规定。第 65 条规定："经济特区所在地的省、市的人民代表大会及其常务委员会根据全国人民代表大会的授权决定，制定法规，在经济特区范围内实施。"第 81 条第 2 款规定："经济特区法规根据授权对法律、行政法规、地方性法规作变通规定的，在本经济特区适用经济特区法规的规定。"此外，《立法法》中对授权立法的一般性规定，也适用于经济特区授权立法，如"根据授权制定的法规与法律规定不一致，不能确定如何适用时，由全国人民代表大会常务委员会裁决"。"根据授权制定的法规应当报授权决定规定的机关备案。"

根据相关授权决定和《立法法》的规定，经济特区授权立法与一般的方向性立法相比，具有其特殊性。一是在遵循宪法的规定以及法律和行政法规的基本原则的前提下，可以对已有相关立法的具体规定作出变通。二是经济特区所在地的省制定的经济特区法规需报全国人大常委会、国务院备案，经济特区所在地的市制定的经济特区法规需报全国人大常委会、国务院和省人大常委会备案，但和较大市制定的地方性法规有所不同，不需要报省人大常委会批准。三是具有优先适用效力。经济特区法规根据授权对法律、行政法规、地方性法规作变通规定的，在本经济特区适用经济特区法规的规定。[1]

较大的市拥有地方立法权始于 1982 年五届人大五次会议对《地方组织法》进行修改并在第 27 条增加的第 2 款中规定："省、自治区的人民政府所在地的市和经国务院批准的较大的市的人民代表大会常务委员会，可以拟定本市需要的地方性法规草案。提请省、自治区的人民代表大会审议制定，并报全国人民代表大会常务委员会和国务院备案。"此后经过 1986 年和 1995 年两次对《地方组织法》修改之后，较大的

[1] 秦鑫：《经济特区授权立法有关情况综述》，中国人大网（http://www.npc.gov.cn/npc/zt/qt/dfrd30year/2009-04/14/content_1497664.htm）。

市及其立法权得到了逐步认可，并在我国立法体制中占据一席之地。2000 年 3 月九届全国人大三次会议通过的《立法法》进一步肯定了《地方组织法》规定的较大的市的立法权限。[1]《立法法》赋予了“较大的市”新的内涵。在《立法法》出台之前，“较大的市”仅指经国务院批准的“较大的市”，不包括省、自治区人民政府所在地的市，经济特区市也不是“较大的市”。《立法法》统一了“较大的市”的概念，[2] 将省、自治区人民政府所在地的市、经济特区市统一纳入了“较大的市”范畴。

表10－1　目前中国“较大的市”基本情况统计

分类	城市名称	数量
省、自治区人民政府所在地市	太原、沈阳、长春、南京、杭州、合肥、福州、南昌、济南、郑州、武汉、长沙、广州、南宁、海口、成都、昆明、贵阳、拉萨、西安、兰州、西宁、银川、石家庄、哈尔滨、呼和浩特、乌鲁木齐	27
国务院批准的“较大的市”	唐山、大同、包头、大连、鞍山、抚顺、吉林、齐齐哈尔、青岛、无锡、淮南、重庆（1997年改为直辖市）、洛阳、宁波、淄博、邯郸、本溪、苏州、徐州	19
经济特区所在地的市	深圳、珠海、汕头、厦门	4

对于经济特区而言，较大的市立法权意味着在立法权中既保留经济特区的授权立法，同时又赋予经济特区所在地的市的立法权。这不仅扩充了“较大的市”的内涵，也解决了经济特区“一市两制”的局面。为更好地贯彻《立法法》，深圳市及时制定出台了相关法规条例，在规范统一审议制度的同时，充分发挥这一立法权的作用。[3]

较大的市行使地方性法规的立法权，只有“根据本市的具体情况和实际需要，在不同宪法、法律、行政法规和本省、自治区的地方性法规相抵触的前提下”，才“可

[1] 其第 63 条第 2 款规定：“较大的市的人民代表大会及其常务委员会根据本市的具体情况和实际需要，在不同宪法、法律、行政法规和本省、自治区的地方性法规相抵触的前提下，可以制定地方性法规，报省、自治区的人民代表大会常务委员会批准后施行。”同时该法第 73 条规定：“省、自治区、直辖市和较大的市的人民政府。可以根据法律、行政法规和本省、自治区、直辖市的地方性法规，制定规章。”

[2] 其第 63 条第 4 款规定：“本法所称较大的市是指省、自治区的人民政府所在地的市，经济特区所在地的市和经国务院批准的较大的市”。赋予了经济特区所在地的市“较大的市”地位。

[3] 2005 年 4 月，司法鉴定条例、制定法规条例、听证条例等 21 项法规，获广东省人大常委会批准，在全市范围内施行。

以制定地方性法规”，并“报省、自治区的人民代表大会常务委员会批准后施行”。[1] 由于行使较大城市立法权必须遵循不与上位法相抵触的原则，其范围也受到严格的限制，并且随着国家立法的逐步完善，较大城市的地方立法权的作为空间变得十分有限，基本上局限于仅仅为地方实施法律、行政法规作出具体规定（实施细则）及一些地方性事务管理事项（如城市管理、城市户外广告管理等）。可见，较大城市的地方立法权不能对法律、行政法规、省级地方性法规作变通规定，因此，凡涉及经济管理制度创新、体制创新，以及对法律、行政法规的一些不合理规定的改革与突破等等，较大城市的立法权均无能为力。在这些情况下，只能借助于经济特区法规的立法权，因为其遵循法律、行政法规的基本原则，也就是说，只要遵循法律、行政法规的基本原则，经济特区法规是可以对法律、行政法规、地方性法规作变通规定的。较大城市的地方立法权固然效力及于全市行政区域范围，但因其立法前提及规定事项的局限性，一般适用于实施法律、行政法规的具体规定，侧重于法规适用的操作性；而经济特区法规重点在于变通法律、行政法规的规定，重在制度创新。[2]

截至 2008 年 4 月，广东省人大及其常委会共制定和批准的地方性法规总数为 522 项（包括有关法律问题的决定、决议），修改法规 111 项，废止法规 110 项。其中，省的地方性法规 309 项，广州、深圳、珠海、汕头四个较大的市的地方性法规 198 项，乳源、连山、连南三个少数民族自治县的自治条例、单行条例 15 项。目前有效的省的地方性法规共有 216 项，较大的市的地方性法规共有 184 项，自治条例、单行条例共有 12 项。这些地方性法规的颁布实施，为促进地方经济和社会事业全面、协调、可持续发展发挥了不可替代的作用。[3]

二、特区立法的实践

在明确特区立法权限范围、遵循法制统一原则的基础上运用特区立法权，把握

---

[1] 《立法法》第 64 条对地方性法规能够规定的事项作出了明确的限制规定：(1) 为具体实施法律、行政法规的规定；(2) 属于地方性事务需要制定地方性法规的事项；(3) 除《立法法》第 8 条规定的法律保留的事项外，其他国家尚未制定法律或行政法规的事项。

[2] 郑智敏：《正确把握和行使经济特区城市“两个立法权”》，《中国工商管理研究》2004 年第 9 期。

[3] 雷斌、袁峻、吴章敏：《广东地方立法 30 年回顾与展望》，《广东法治 30 年》，广东省出版集团、广东省人民出版社 2009 年版。

“变通”尺度、把握“填缺”空间，是特区立法权运用中的重要问题。所谓“填缺”，是就立法范围而言，即旨在特区立法权限范围内，填补国家法律体制和实体内容的空缺。从全国人大设定的七个法律部门对应分析，宪法和宪法相关法、刑法、诉讼与非诉讼程序法是特区立法不能涉及的；而行政法、经济法、社会法、民法、商法的立法领域，则可在一定范围内涉及，尤其是前三类。经济特区的立法重点是要促进经济发展，经济特区立法的重点始终是经济领域，但与政治制度、特别是行政管理制度的关系也十分密切，将不可避免地涉及，但应当限于具体制度的范畴内，不可对政治体制的基本框架作出改变。所谓“变通”，是就立法实体内容而言。对于“变通”，全国人大对各个经济特区授权立法的决定中基本上都有这样的表述：“根据经济特区的具体情况和实际需要，遵循宪法的规定以及法律和行政法规的基本原则，制定法规。”[1] 经济特区授权立法，其实质是授权经济特区可以根据自己的具体情况和实际需要，对国家的某些规定作出变通规定。变通规定应基于自身实际体现出新思路、新内容，要具有先进性、科学性和示范性，在探索的基础上力图创新，为加快特区现代化建设营造良好法制环境。[2]

深圳的立法工作也充分发挥“立法试验田”的作用，先于国家和其他地方制定了一批以经济立法为主导的法规和规章，如率先制定股份有限公司条例、有限责任公司条例、国有独资公司条例，率先制定政府采购条例、建筑工程招投标条例、献血条例、物业管理条例、道路交通管理处罚条例等。自 1992 年以来，在深圳制定的经济特区法规中，约有三分之一是在国家相关法律法规尚未出台的情况下先行先试的；约有三分之一是根据特区经济体制和对外开放的实际需要，对国家法律法规进行必要的变通、补充和细化；另约有三分之一是为加强行政法制、环境保护、特区城市管理以及精神文明建设需要而制定的。[3] 截至 2008 年 1 月，市人大及其常委会共通过法规及有关法规问题的决定 303 项，其中特区法规 173 项，较大市法规 29 项，市政府制定、颁布规章 189 项。[4]

立法实践为深圳改革发展注入了强大的动力，为国家建立和完善社会主义市场经济法律体系体制提供了经验和借鉴。[5] 以下介绍部分有代表性的实践：

---

[1] 《立法法》第 81 条进一步规定：“经济特区法规根据授权对法律、行政法规、地方性法规作变通规定的，在本经济特区适用经济特区的规定。”

[2] 褚晓路：《特区立法权的创新特征和创制功能阐释》，《海南人大》2008 年第 5 期。

[3] 金玲、熊哲文：《完善以民生为重点的特区立法体系》，《特区实践与理论》2007 年第 6 期。

[4] 深圳市人大常委会调研组：《进一步用好深圳经济特区立法权》，《特区实践与理论》2008 年第 5 期。

[5] 需要说明的是，这里仅仅对与特区立法有关的实践作了初步介绍，但法治远远不止于立法；另外，地方立法的实践也主要集中在经济立法和行政管理的规定性等方面。

1.1999 年 1 月，深圳市出台《关于加强依法治市工作，加快建设社会主义法治城市的决定》，提出在 9 个方面实行政府机构和行为法定化，包括：组织机构、职能、编制法定化；行政程序法定化；行政审批法定化；行政收费法定化；行政处罚法定化；政府招标采购法定化；政府投资行为法定化；行政执法责任法定化；政府内部管理法定化。围绕这 9 个法定化，深圳市先后制定了《行政处罚听证办法》、《审批制度改革若干规定》、《行政事业性收费管理若干规定》、《政府投资项目管理条例》、《政府采购条例》等法规、规章，有力地规范了政府行为。可以说，上述立法从组织法、行为法和救济法三个方面实现了国家法的落实，根据本地的实际需要和立法需求，在上位法框架内实施了具体的行政法治。

2. 尤其值得注意的是在行政许可的实施方面，深圳创造性地将《行政许可法》的规定进一步细化，并通过制定《深圳市实施行政许可若干规定》，并予以法定化。在中国，大量的行政审批在行政行为中长期被权力化，并滋生腐败诟病。中国《行政许可法》颁布前，深圳进行了三次行政审批制度改革，大量减少了行政审批项目。《行政许可法》颁布后，深圳依法对全市 701 项行政审批进行清理，取消了 265 项，作行政许可保留的仅有 239 项。行政许可实施的法定化实现了行政许可的公正、公平和透明，不仅方便了人民群众，而且也制约了行政行为，防止政府官员滥用许可权力。

3. 另外，深圳市在全国率先实行政府规范性文件前置审查和公告制度。在中国，行政机关在管理事务时常常乐于制定部门规范性文件，因冠以红色字体的行政机关名称，俗称“红头文件”。红头文件有及时和简便的优点，但也有随意性、不透明性，甚至不合法的缺点。为保持规范性文件的优点，防范缺点，深圳市于 2000 年发布了《深圳市行政机关规范性文件管理规定》和《深圳市人民政府公告管理规定》，这两个规章确立了规范性文件“统一要求、统一审查、统一发布”的原则，对市政府工作部门和区政府制定规范性文件提出了具体要求，规定了市政府工作部门制定、修改或者废止规范性文件应在发布前报市法制工作机构对其合法性和文字技术进行审查，然后公布于《深圳市人民政府公报》。[1]

记者的报道对深圳建立与市场经济相适应法律体系的历程作了较全面的说明[2]：

---

[1] 王成义、洪延青：《30 年“依法行政”在中央与地方立法框架下的实践——以深圳特区立法为基点》，《行政法学研究》2009 年第 3 期。

[2] 方兴业：《法规基石铺设繁荣发展路——深圳市人大及其常委会 15 年立法纪实》，《深圳特区报》2007 年 7 月 24 日。

建立与市场经济相适应的法律体系是深圳获得立法权后的一个重要任务。当时改革开放的深圳显示出旺盛的活力，但在“快”与“活”中，一些矛盾和问题也随之暴露。例如公司的组建从命名到运作随意性很强，责任不清，出现纠纷后，股东和债权人的合法权益得不到保护；一些国有企业存在漏洞，监管不严；进行股份制改革，相应的股份制企业组建应具备什么条件，什么样的公司才可以上市、股票如何募集，无法可依，无经验可循。这些现象固然与各种原因有关，但其中重要的一条是市场主体无法可依、无序运作。1993 年 4 月 26 日（深圳获得立法权的第二年），深圳市人民代表大会第五次会议通过了《深圳经济特区有限责任公司条例》、《深圳经济特区股份有限公司条例》。这两个条例有效地解决了以上问题，促进了经济秩序的健康发展。条例实施后，深圳市工商管理部门发文对此前成立的公司进行了一次大规模的梳理登记，涉及企业数万家之多。经过重新登记，这些公司脱胎换骨，变身为符合标准的企业。后来，深圳市人大常委会还制定了国有独资公司、国有资产管理、商事、企业清算、企业破产等条例。这样，特区规范市场主体的法规基本完备，每一种市场主体的组织、行为及运行有相对应的法律规范，为加快企业改制、推进国企改革、建立一个成熟的市场经济奠定了法制基础。

市场经济需要一个市场体系与之相配套，当时深圳已建立了资本市场、劳动力市场、房地产市场、运输市场、医疗市场等要素市场。深圳市人大常委会围绕市场体系和要素市场的建立进行配套立法，催化市场发育。在房地产市场，制定了土地使用权出让、房地产登记转让、住宅区物业管理等条例；在劳动力市场和社会保障方面，制定了劳动合同、欠薪保障以及各类保险法规；在建筑市场，制定了建设工程施工招投标、建设工程质量、建设监理等重要法规。此外，在运输市场、医疗市场、技术市场、商品市场以及高新技术企业产业方面的立法都比较完善，有力地维护了市场秩序，促进了相关行业的发展。在规范市场中介机构方面，制定了律师条例、注册会计师条例、建设监理条例、经纪人条例、公证条例、行业协会条例等，推动了市场中介的改革与发展，为市场提供了多层次、多功能、较为规范的社会中介服务。市场主体、要素市场、中介机构三大方面法规的基本具备，标志着市场经济的法律体系基本建立。在法规的规范和促进下，深圳市场经济蓬勃发展。[1]

---

[1] 方兴业：《法规基石铺设繁荣发展路——深圳市人大及其常委会 15 年立法纪实》，《深圳特区报》2007 年 7 月 24 日。

专栏10－2

推进深圳加快建设法治政府

国务院法制办与深圳市人民政府签订《关于推进深圳市加快建设法治政府的合作协议》支持深圳加快建设法治政府。为贯彻十七大精神，落实国务院《全面推进依法行政实施纲要》(以下简称《纲要》)，加快推进法治政府建设，2009年11月13日下午，国务院法制办与深圳市人民政府签署《关于推进深圳市加快建设法治政府的合作协议》(以下简称《协议》)。这是国务院法制办经国务院领导批准与地方政府签订的第一份合作协议。

国务院于2004年颁布《纲要》，提出了中国建设法治政府的目标和任务。全国各个地区在法治政府方面作了很多努力和有益的尝试，但由于我国各地的经济和社会发展不平衡，法治政府建设的基础和条件各不相同，导致法治政府建设的措施、力度和模式出现大大小小的差异，速度也不一样。国务院法制办认为，推进和落实国务院《纲要》，十年建设法治政府需要大力推进，国家有必要在有条件的地方先行先试，积累经验，争取率先建成法治政府。

深圳自立市和建特区以来，在大力进行改革开放和现代化建设的同时，一直注重法治建设。深圳在20世纪80年代争取广东省对特区进行立法，又经过不懈的努力，获得了特区立法权和较大市立法权。20多年来，深圳不断在立法、依法行政、依法治市等方面进行探索、试验和创新，成效显著，法律制度较为完备，政府工作人员素质较高，法治意识较强，政府依法行政的水平也比较高，国务院法制办认为深圳具备了率先探索建设法治政府的良好基础和条件，可以为全国提供相关经验。

《协议》的签署充分表明了国务院期望并支持深圳在法治政府建设方面积极探索并发挥示范作用。国务院法制办曹康泰主任指出，签订合作协议的目的是通过和深圳一起研究加快法治政府建设的一系列措施，取得加快法治政府的经验，进而为全国各级政府贯彻落实国务院《纲要》确定的建设法治政府的目标，进行有益的探索。他希望深圳市政府和各区政府结合实际情况，认真研究贯彻落实国务院《关于加强市县政府依法行政的决定》的措施，进一步加大推进依法行政工作力度，加快建设法治政府的步伐。

根据深圳市委、市政府工作部署，市法制办经过两年多的研究，在国务院法制办的指导下，草拟了《深圳市法治政府建设指标体系（试行）》。这是全国第一个法治建设的量化指标体系，共设置了12项主体指标和215项具体指标，综合反映了深圳法治政府建设的目标。

资料来源：深圳市政府法制办：《国务院法制办与深圳市人民政府签订〈关于推进深圳市加快建设法治政府的合作协议〉支持深圳加快建设法治政府》（瓮洪洪供稿）（http://fzj.sz.gov.cn/work/374.asp）。

第二节　法治保障

一、市场经济和社会发展的要求

在我国改革的早期阶段，不少市场取向改革的支持者以为，只要放开了市场，就能够保证经济的昌盛和人民的幸福，而没有意识到市场的正常运行是需要一系列其他制度支撑的。没有这种支撑，市场经济就会陷入混乱与腐败之中。缺乏这种认识，对于改革深入以后，社会无序和失范的现象反而愈演愈烈的状况就会感到迷茫。[1]“从某种程度上说，当一个文明趋向于更高，或许还是更有价值的目标时，社会性越轨的可能性就越大。”[2]

吴敬琏等学者一再强调，好的市场经济就是法治的市场经济。

原来实行计划经济的国家进行市场化转轨，弄得不好，也往往陷进坏的市场经济的陷阱。转轨国家落入这种陷阱的概率很高的原因是：改革是在保持原有行政权力体系的条件下从上到下推进的，在利益结构大调整的过程中，某些拥有行政权力的人往往有方便的条件利用权力谋取私利。如果一个国家建立了有效的民主制度和法治环境，抵制权力资本的能力就会强得多。反之，在行政权力的主导下，一个国家虽然也能够在一段时间内取得某种程度的经济成就，但终究会因为法治不行而落入坏的市场经济，或称权贵资本主义的泥坑。这种经济至少存在三个问题：第一，政策的随意性增大了经济活动的不确定性，导致经济活动缺乏效率；第二，政府官员的行为缺乏规

[1] 吴敬琏：《呼唤法治的市场经济》，《中国报道》2009年第10期。

[2] [美]本尼迪·克特著，张燕、傅铿译：《文化模式》，浙江人民出版社1987年版，第259页。

范和约束，导致权力的滥用、腐败和社会不公；第三，公民的基本权益缺乏保障，公民缺乏安全感和从事经济活动的积极性，使经济缺乏长期的活力。所谓好的市场经济是建立在公正、透明的游戏规则之上的，即法治的市场经济。[1] 经过多年稳健而深刻的改革，中国已经向设定的目标迈进了一大步，法治市场经济已经初显端倪，但是改革的两种前途严峻地摆在我们的面前：一条是政治文明下法治的市场经济道路，一条是权贵私有化的道路。可以说："这是希望的春天，也是失望的冬天；我们正在走向天堂，也可能走向另一个方向。"[2]

市场经济的有效运行对法治保障的要求具有普遍意义，也绝不是偶然的。仅从经济秩序而言，市场关系所要求的"这种规则和秩序本身，对于任何要摆脱单纯的偶然性或任意性而取得社会的固定性和独立性的生产方式来说，是一个必不可少的要素"[3]。现代市场经济既要求经济上的自由贸易和竞争，又要求秩序和机会均等；既追求效率和效益，又必须考虑社会公平和公正；既要求民主、公开的氛围和人的行为自由及独立、自主的权利，又要求对各种利益倾向、利益主体、利益集团施以统一、协调、制衡。法治既可以保障自由竞争和效率，又利于保障和协调社会分配，平衡利益冲突，达到必需的社会公平。[4] 法治对经济运行不仅起着规范和保障的作用，而且起着调节、引导、组织、管理、预测等作用，它为市场交易行为和整个经济发展提供一种稳定、明确、普遍的准则和模式，提供一种平等、自由、公开、公正的空间和条件。这正是市场经济发展所极为需要的。

市场经济具有二重性，既具有利益原动力和竞争机制所驱使的促进经济发展的作用和价值规律所蕴含的一定自我调节能力，又具有自发性、盲目性、时滞性、波动性等非有序化倾向和强调本位物质利益的消极方面。因而法治的保障也在于制约，规范和监督市场经济。简单而言，法治在规范市场经济和促进现代化上的作用主要表现在如下几个方面：一是法治保障私人产权和自由选择权等公民权或人权，保护公民的积极性和创造性，保护社会前进的基本动力；二是法治约束政府和各种权贵，保证社会公正和公平竞争，维护稳定的社会秩序；三是法治提供确定的交易规则，为公民提供稳定的预期，缓解信息不对称性，减少风险和不确定性，优化资源配置；四是法治规

[1] 吴敬琏：《呼唤法治的市场经济》。

[2] 吴敬琏：《建立政治文明下法治的市场经济》，《比较》第10辑，中信出版社2003年版。

[3] 《马克思恩格斯全集》第25卷，第894页。

[4] 文正邦：《论现代市场经济是法治经济》，《法学研究》1994年第1期。

范公民之间或“经济人”之间的责权利关系，降低各主体之间的交易成本。[1]

有学者发人深省地指出（王曙光，2003），斯密最重要的“看不见的手”（Invisible Hand）的思想——即神性对社会生活机制的非直接的介入——是建立在人类理性（human reason）不能自行达成社会和谐的理念之上的。理性固然有其作用，但是激情却是人类社会的存在基石和驱动力量。自利（self-interest）和利他主义（altruism）的同情心同是人类本性，而这两种看似对立的人性的统一与协调，在斯密看来，须借助于一种更高的原则，即“理智、原则、良心、胸中的栖息者、内心的人、我们行为的大法官和仲裁者”。因此，在斯密早期的可以与《国民财富性质与原因的研究》相提并论的伟大著作《道德情操论》（*The Theory of Moral Sentiments*，1759）中，就一再贯穿着“看不见的手”的主题，而所谓“看不见的手”，即是“自然之主宰”在人类本性的理智能力非常脆弱的前提下保证人类实现其目标的途径。基于这种思想，斯密与他的同时代的思想家一样，坚信人类社会的延续与繁荣是与严格的社会秩序和对于财产原则的维护分不开的。这种社会秩序和社会原则高于人类自身的理智，它在人类生存中完好地整合了人类的矛盾本性，从而成为一种调节社会经济生活的“看不见的手”。因此，理解斯密所谓“看不见的手”的思想以及“自由放任”思想，如果同他坚持的“社会秩序”（order of the society）思想和“社会连续性”（social continuity）思想割裂开来的话，就会得出相反的结论。

而在《国民财富的性质与原因的研究》中，“经济秩序”（economic order）也是一个核心的主题，因为斯密已经发现，一个完全自由的社会的自我管理（self-regulating）会对“经济秩序”带来最大威胁。因此，很自然地，我们就会理解斯密对于完全自由的社会中政府角色的观点。正如许多西方学者所指出的，斯密并没有简单地反对政府，相反，斯密的著作一直将政府视为发挥“秩序赐予功能”（order-bestowing functions）的核心力量，在一个完全自由的社会中，政府的作用不光是提供法律公正和社会秩序，提供国防，而且应该承担重要的公共工作，即随着商业社会的扩展提供斯密所谓的“有利于商业社会的制度”，斯密所反对的是将政府行为与自由市场的工作混为一谈。但是由于斯密经常反对政府对经济的直接干预和介入，他对政府重要性的理解常常被忽视。对于斯密来说，政府（国家）是一个商业社会赖以运转的最重要的制度，因为政府（国家）所提供的权威与安全是“人类自由、理性和幸

[1] 李佐军：《“现代法治市场经济”是改革的重要方向》，《浙江经济》2009年第12期。

福”得以旺盛成长的必要条件。而且他相信，即使政府并不承担诸如强制执行关税、工资率控制以及其他贸易管制措施，政府的规模和功能也将随着商业社会的发展而不断扩展。商业社会本身的利益要求一个大的政府，而一个运转良好的市场经济所生产的财富将使得政府带来的经济负担变得可以承受。在斯密关于法律的演讲中，就清晰地表达了这种观点。同时，斯密关于现代国家功能的观点来自他对现代商业社会核心制度的可能产生的消极后果的分析。市场的成长与劳动分工的扩展诚然是文明社会许多利益的来源，同时它们又有可能是许多内在危险的源泉，而这些危险则有赖于立法者（政府）来加以避免，有赖于政府运用必要的手段来克服市场的消极后果维持市场的秩序，这是作为“看不见的手”的市场机制正常发挥功能的最起码的先决条件。

专栏10－3

深圳经济特区的法治政府建设

作为邓小平亲自倡导建立的经济特区，深圳担负着建设有中国特色社会主义的历史使命。这一性质，决定了深圳必须实行依法治市，更好地发挥特区的探路示范作用。从建立经济特区的那一刻起，深圳就在努力铸造一座法治之城，走法治化道路，率先建立一个文明法治的环境。

1992年7月1日，全国人大常委会深圳立法权，这一前所未有的重大决定，为深圳经济特区建立社会主义市场经济体制提供了有力的法律手段。1993年11月，广东省委、省人大常委会决定，在深圳进行“依法治市”的试点。市委成立了由市委书记为组长，市人大常委会主任、市长、市政协主席、市委副书记为副组长的依法治市工作领导小组，领导小组下设依法治市办公室。市委常委会及市依法治市领导小组会议每年都要研究全年依法治市的工作要点，对重大问题作出决策。1998年，在总结以往经验基础上，深圳加大了依法治市的力度，出台《关于建立依法行政责任若干意见》和《深圳依法行政责任制试点工作方案》,《深圳市政府审批制度改革实施方案》正式实施，并提出了“增创依法治市新优势，建设社会主义法治城市”的目标。1999年初召开的市委工作会议，作出了《中共深圳市委关于加强依法治市工作加快建设社会主义法治城市的决定》。

从1997年开始，历经四轮行政审批制度改革，再到今年的政府机构改革，无不显示着深圳建设法治政府的决心的轨迹。依法规范行政是现代政府行政行为的基本原则和特征，它要求政府履行职能，严格依法办事，用规范的方式和手段管理社会经济活动。因此，深圳市在完成第二轮行政审批制度改革之后，立即着手制定政府职能与行政行为法定化的规定，包括政府机构职能编制、行政程序、行政审批、行政收费、行政处罚、政府招标采购、政府投资、执法监督和政府机关内部事务管理九个方面的法定化，使政府职能及行为受到全面、具体、严格的法律约束。其中行政审批法定化，就是用法律形式相对固定政府的行政审批行为、审批方式，使审批过程完全规范化。同时，为了规范政府行政行为，深圳借鉴法治化程度较高国家和地区地方政府的做法，建立了规范性文件前置审查制度，要求政府各部门制定、修改、废止规范性文件，必须事先送政府法制部门进行法律和技术审查，经审查通过后才能发布实施，对保证政府法制的统一，减少政府失误发挥了积极作用。这些制度设计，表明的是法治政府"法"字先行的理念。而作为市政府的法制机构，市政府法制办在第四轮行政审批制度改革之后，又多了一项职能：对所有政府部门拟设立的行政审批进行把关，设立不设立，首先要过办务会。而办务会在讨论这些拟设立的行政审批时，一个习惯性动作是说"不！"能不设立的坚决不设立，可设可不设的坚决不设！

2008年11月，深圳再次担当了探路者的角色：国务院法制办与深圳市政府签署了《关于推进深圳市加快建设法治政府的合作协议》，这是经国务院领导批准，由国务院法制办在全国签署的第一份关于国家和地方共同推进法治政府建设的协议。《协议》的签订，充分表明了国务院对深圳市政府法制工作和依法行政、建设法治政府工作的肯定。国务院法制办希望通过合作，支持深圳市政府在依法行政、建设法治政府方面进行创新，提升深圳法治政府建设的水平，探索法治政府建设的制度、机制和模式，积累有益经验，为全国开展法治政府建设发挥示范作用。

法治政府建设涉及政府工作的各个方面，是一项复杂的系统工程，在我国是一项全新的开创性宏伟事业，如何有效开展和具体落实，全国各地都在积极探索和实践。深圳认为，建设法治政府，不能仅停留在一般口号上，必须有切实的安排和举措，对什么是法治政府，怎样建设法治政府，应当有确定的建设方向以及具体的评价标准和依据，才能真正贯彻落实和稳步推进。为此，深圳提出了建立法治政府建设的指标体系，对法治政府的建设目标进行一定程度的量化，通过设立一套有约束力的指标来推进《协议》的实施，这样一方面可以明确法治政府建设的具体内容、工作任务和努力方向，同时也便于对法治政府的建设工作进行考核和评价，从而真正将法治政府建设落到实处。这一创新思路得到了国务院法制办的高度重视和肯定。2008年12月16日，市委、市政府发布了《关于制定和实施〈深圳市法治政府建设指标体系（试行）〉的决定》,《决定》阐述了制定和实施《深圳市法治政府建设指标体系（试行）》的重要意义、指导思想和原则，规定了《指标体系（试行）》的主要内容、目标和实施要求，成为我市法治政府建设的纲领性文件。《决定》的发布，充分表明市委、市政府落实科学发展观，全面推进依法行政、建设法治政府的坚定决心，对进一步推进我市社会主义示范市建设具有重大意义。

在即将告别2009年的时候，在深圳，一项为建设服务型政府定新规的创新立法呼之欲出——《深圳市行政服务管理规定》，由市政府法制办草拟，已经市政府常务会议审议通过。通过这项立法，政府为公众提供行政服务将成为一种法定职责，这一探索将填补我国立法方面的一大空白。一个法治政府必然是服务型政府。从1997年至2008年尤其是近年来，我市先后开展了四轮行政审批制度改革，行政审批项目从1091项压缩为634项。今年“大部制”机构改革后，我市又取消或调整现有634项行政审批事项中的200余项，精简幅度达到三分之一。建设服务型政府，需要行政机关精简行政审批，提供更多更好的行政服务，而关于行政服务，目前我国尚无相应立法。制定促进和规范行政服务的法律制度，是结合机构改革巩固我市行政审批制度改革成果的后续工作，也是建设服务型政府的重要举措和建设法治政府的重要内容。

资料来源：张惠屏：《来自深圳市行政审批制度改革的报道》，载深圳政府在线（2010年2月8日），http://www.sz.gov.cn/rmzffzbgs/qt/fzzf/fzzf5/201002/t20100208_1464323.htm。

二、现代市场经济的法治要求

学者们早就在论证市场经济必然是法治经济。如文正邦所说：作为经济类型和经济范畴的市场经济（或称发达的市场经济）是伴随着近代资本主义生产关系的产生，出现了权利本位、契约自由、法人制度等重要的法权关系和法治特征的情况下才正式形成的。从封建专制体制下的义务本位进展到权利本位，这是人类社会的一个伟大进步。人们的社会关系实现了从“身份到契约”的重大转换，强调人的主体地位和平等权利。可以说，权利本位、契约自由是市场经济发展的基本条件，也是市场经济对法律之需求的深厚基础和源泉。[1]

不仅市场主体的地位和权利需要得到法律的确认和保障，市场活动的秩序也需要法律的维护和支持，国家对社会主义市场经济的宏观调控和管理更需要法律约束和法律化。这种约束至少有三个方面：一是对行政权力的限制，以法律的名义规定政府的职能，不使政府随意作出影响市场经济发展的决定；二是行政程序的法律化，确保政府的行政行为是统一和稳定的，使得市场主体对行政机关的调控和管理行为有明确的期待；三是对行政监督的法律化。

宋海燕曾总结现阶段我国在市场经济法制建设方面存在的主要问题：

1. 市场经济法律体系尚不完善。市场经济法律体系至少应包括规范市场主体、产权制度、市场行为、市场管理、对外贸易、宏观调控、社会保障等方面的法律构成。由于我国建立社会主义市场经济体制是在逐步改革计划经济体制的基础上进行的，并且是在没有法律文化传统的氛围下通过行政手段推进的，这就决定了我国市场经济法律的制定不能照搬西方。虽然经过多方努力，目前构成市场经济法律体系各个部门的主要法律已经基本齐全，但仍有一些影响市场经济健康发展的法律尚未制定或不完善。例如：（1）在市场主体方面，现有的有限公司、股份公司、普通合伙、个人独资、外商投资的企业组织形式还不规范，不能完全适应市场开放的要求，以企业职工共同出资、共同劳动、民主管理、共担风险的股份合作制企业尚无法规依据，国企改革中职工持股问题成为法律盲点，我国现行市场主体制度仍保留了计划经济体制下政府干预的成分，市场主体还存在身份上和待遇上的不平等。（2）在规范市场主体行为方面，《民法典》尚未颁布，调整公民、法人或其他经济组织因直接控制和支配财产而产生

---

[1]　文正邦：《论现代市场经济是法治经济》，《法学研究》1994 年第 1 期。

的社会关系的物权法也没有制定出来，这些都是发展市场经济的重要基础性法律。(3) 在市场经济宏观调控方面，许多重要法律出现空白，反倾销法、保障措施法、国有资产法等等，还有待研究出台。(4) 规范政府与企业的关系方面的法律还很不完备等。

2. 经济立法的可操作性不强。许多法律法规的内容“原则性强、可操作性差、法律漏洞多”，以致立法部门制定的许多法律条款需要行政部门制定实施细则或者司法部门制定司法解释才可执行。如已颁布的《反倾销和反补贴条例》、《反不正当竞争法》，分别规定了“倾销与损害”、“反倾销调查”和“反倾销措施”若干条款。这些规定，是与 WTO 相关规则接轨的。但问题在于操作性不强，条款分散，不能适应入世后反倾销和反垄断的客观需要。又如法律规定住宅房产权期限为 70 年、工业用房产权 50 年，但期满后怎么办，没有规定。此外，不少非经济类法律法规也存在大量此类问题，使执法人员对有关规定的自由裁量范围过大，影响了法律法规的准确实施。比如赢得普遍赞誉并将在 2004 年 7 月 1 日施行的《行政许可法》，在第 14 条、第 15 条的规定中，授予国务院和省级政府在必要的时候可以采取一定的方式设定临时性行政许可，但却没有规定临时性行政许可的实施期限，对行政管理相对人的权益形成了不确定的影响。

3. 经济立法的内容不够科学合理。具体而言：(1) 法律条文粗简疏漏不严谨。(2) 经济立法未能全面贯彻公平竞争和尊重当事人的交易自由原则。(3) 诸多法律条款存有不平等待遇规定。(4) 不少经济法律中缺少民事责任的规定。比如对实施欺诈行为、侵害投资者权利的管理人、托管人和其他投资基金当事人，没有规定惩罚性赔偿措施；对行政机关违法备案、公证机关违法公证等造成当事人损失的，也没有追索赔偿的规定。[1]

进一步推进现代市场经济中的法治建设，要求尽快构建作为市场经济基础的财产权利保护体系。中世纪以后，西方国家从开始建立私人财产权利保护体系到其逐步成熟，经历了大约 300 年的历程。英国学者约翰·洛克有句名言：“没有个人物权的地方，就没有公正。”2007 年 3 月 16 日，第十届全国人民代表大会第五次会议通过《中华人民共和国物权法》，这部法律被称“市场经济基本法律”，具有里程碑的意义。财产权与生命权、自由权一起，被称为公民的三大基本权利。《物权法》不仅仅是维护国家基本经济制度、保护人民群众财产权利的基本法，也是规范行政机关公权力、保障人民财产权利的一部重要民事法律。

---

[1] 宋海燕：《现代市场经济与中国法治基础建设问题的思考》，《开放导报》2004 年第 5 期。

专栏 10—4

秋风：土地储备制度违反《物权法》

昨日《新京报》头版发表了一张很有趣的照片，艺术家们正在暴打一个不明身份的家伙。事情的起因是：位于北京朝阳区的二十几处艺术家聚集地即将被拆迁，艺术家们用行为艺术、装置艺术进行维权。其间有不明身份者闯入骚扰，艺术家愤而反击。导致这些艺术家失去家园的制度，就是土地储备制度。就在前不久，北京、上海等城市发布了规模庞大的土地储备计划。仅在北京朝阳区纳入未来3年储备计划的土地就有30平方公里，最终将至少完成34平方公里，涉及人口10万人。该区区长自豪地解释，34平方公里大概相当于北京的两个城区。但是，如此巨大规模的土地储备，合乎《宪法》2004年修订案和《物权法》关于土地征收的公共利益要求吗?

土地储备是20世纪90年代以来城市政府“经营”城市、获取土地财政的主要工具。1996年，上海市成立土地发展中心，这是国内第一家土地储备机构。有趣的是，在改制运转的十年间，没有任何国家级法律法规调整地方政府的这一活动。一直到2007年底，国土资源部、财政部、中国人民银行才在中央政府调控房地产市场的组合政策中，联合制定发布了《土地储备管理办法》。土地储备实际上由两个环节构成：第一个环节，土地储备机构依据政府的政令，收购农村集体持有的土地的所有权或者收购城市居民、单位占有的国有土地使用权，按照土地利用总体规划和城市规划，对土地进行前期开发整理与储备。第二个环节，这些土地将通过招、拍、挂等程序，流入房地产开发商手中。人们通常所说的土地一级市场，通常就是土地储备机构在操作。由此可以看出，土地储备的关键环节是第一个环节，即土地产权的征收，不论是征收农民享有所有权的农村集体土地，还是征收市民享有使用权的国有土地。只有完成征收，才有后来的出售。

关于征收，《物权法》第42条有明确规定：“为了公共利益的需要，依照法律规定的权限和程序可以征收集体所有的土地和单位、个人的房屋及其他不动产。”我可以大胆地说，所有土地储备都不可能属于法律所说的这种“公共利益”。理由很简单：公共利益必然是具体的、个别的。因为，只有当公共利益是具体的、个别的，它才是可以被辩论、被确认的。换一个角度看，所有合法的土地产权征收，都必然是小块的。小到多小的程度，自然难以一概而论，但至少有一点是明确的：政府或者其他征收者可以明确地说明该幅土地未来的具体用途，比如，兴建一所学校、医院，或者建设一条市政道路。唯有如此，被划入征收范围内的土地的产权持有人才有可能对该征收是否属于公共利益与政府进行论辩，他的权益才能得到足够保障。而土地储备机构在征收土地的时候，通常是没有具体目的、具体用途设想的。就像北京市朝阳区，一下子把30多平方公里的乡村划入土地储备范围。显然，政府根本不可能对如此广大面积的土地，有任何明确的用途安排。当政府说这种征收活动是"为了公共利益"的时候，这是一个根本无法讨论的问题。仅仅因为这一点，这个公共利益就不可能成立。

《土地储备管理办法》第一条同样说明，按照土地储备机制而进行的征收，不是"为了公共利益的需要"。制定土地储备管理办法的目的是"加强土地调控，规范土地市场运行，促进土地节约集约利用，提高建设用地保障能力"，政府或许可以追求这些宏观政策目标，但这些与《物权法》所说的公共利益，一点也不搭界。而没有公共利益前提，政府就不能征收土地。由此可以看出，土地储备制度是违反《宪法》、《物权法》关于征收的明文规定的。而违法的土地储备制度，也是暴力拆迁泛滥的制度基础。《城市房屋拆迁管理条例》只是诸多暴力拆迁事件的后因，土地储备制度则是这类事件的牵引。现在，政府已经宣告将废除《城市房屋拆迁管理制度》。如果政府尊重法律，那就应当立即废除土地储备制度。事实上，从法理上说，《土地储备管理办法》的制定颁布就是逆法而行。因为，当此规章颁布之时，《物权法》已经开始实施。从这个角度看，这个行政规章比《城市房屋拆迁管理条例》的违法情形更为恶劣。拆迁条例还是在《物权法》颁布之前制定的，这个管理办法却就在《物权法》实施后制定。同时，这个管理办法的法律位阶比拆迁条例更低，它只是《立法法》所说的"部门规章"，但它所调整的那个机构一下子就可以征收一两个城市那样大面积的土地！

资料来源：秋风：《土地储备制度违反〈物权法〉应与拆迁条例一并废除》，转引自深圳奥一网（http://gz.oeeee.com/a/20100114/832965_2.html）。

第十一章

中国区域经济的新版图

★经济特区的兴起不仅是地缘政治的需要，更是国家区域经济发展战略的体现。随着中国对外开放以经济特区、沿海开放、沿江开放、沿边开放等形式渐次推进，中国区域经济发展的新版图日渐清晰。

★中国经济特区的发展是整个中国改革开放的一步棋，也是中国区域经济发展的一种道路探索。不过，并不存在特区发展的现成模式可以照搬，深圳经济特区更不是经验批发商，区域经济发展在不同层次、不同阶段必然呈现出其发展路径、方式和内涵的多样性。

第一节　经济特区的兴起与区域经济发展

中国经济特区的建立开启了中国对外开放的序幕，是社会主义建设中的一个伟大创举，也是建设中国特色社会主义的一种尝试。中国经济特区的兴起和发展不仅是地缘政治的需要，更是国家区域经济发展战略的体现。随着中国对外开放以经济特区、沿海开放、沿江开放、沿边开放等形式渐次推进，中国区域经济发展的新版图日渐清晰。

一、深圳经济特区的兴起

深圳经济特区的兴起在最初源于以下两种需要：其一，作为全国改革开放的大门和桥梁；其二，深圳的兴起也是香港发展的需要。深圳经济特区发展的基础是其紧邻香港的地缘优势，正是改革开放把深圳地缘位置上的潜在优势转化为现实。

1. 改革开放政策的实施。从 1978 年起，中国在提出对内改革政策的同时，又提出对外开放政策，即大规模引进技术、利用外资、发展外贸、开辟经济特区及经济技术开发区等。我国改革开放政策的实施基于中国领导人在“文革”过后对社会经济封闭落后的反思，表 11—1 反映了中国在 1960—1980 年的经济落后状况。

表11－1　1960—1980年中国与东亚、太平洋地区经济增长速度比较

增长速度 / 地区	1960—1973年	1973—1980年
东亚、太平洋地区	8.2%	8.2%
中国	5.5%	6.6%

资料来源：谢百三主编：《中国当代经济政策及其理论》，北京大学出版社 2001 年版，第 439 页。
说明：由于中国的基数低，因而增长速度低于别国，其发展也就更慢。

从经济特区的建立历史来看，1978 年底我国就设想把广东省宝安县建成农工结合的商品生产基地和吸引港澳游客观光的新型城市。经过一年半的酝酿筹备，1980 年 8 月在第五届全国人大常委会上通过决议，成立深圳、珠海和汕头三个经济特区，不久又增设厦门经济特区。海南省则是 5 个特区中最后开发兴建的一个，在当时获得了比其他特区更大的自主权，例如1988年1月海南省政府颁布的曾轰动一时的“30条政策”。

自20世纪90年代以来，我国逐步形成了“经济特区—沿海开放城市—沿海经济开放区—沿江开放区—沿边开放区—内陆腹地”的全方位、多层次的开放格局，特区优惠政策也逐步取消，经济特区的特殊政策也从80年代的优惠政策转变为90年代后期的功能性的特殊政策，即特区是对外开放的窗口，是我国经济体制深入改革的试验场，对内地经济起到示范、辐射、带动的作用。

2. 深圳特区的发展经验。在此后20多年的发展中，深圳经济特区在几个特区中发展速度最快，多种社会经济指标已跃居全国前列。对深圳特区快速发展历史的认识有以下两个基本出发点：

一方面，特殊的位置是认识深圳的出发点，是深圳经济特区存在的基础。[1]只要大陆向世界开放，深圳这个地方因其特殊位置，也必将发展起来，经济特区特殊政策的实行只是加速了潜在优势向现实优势的转化。

另一方面，深港间经济融合或一体化是20世纪80年代以来深圳、香港经济发展和稳定的基础。深圳和香港共同组成深港都市圈，可能创造一种独特的、值得深入研究的都市形态，这将对深圳经济特区的未来发展和进一步的体制创新产生极大影响。深港都市圈与世界上几大典型的都市圈（如川崎、横滨与东京，泽西城与纽约）类似但又不同，深港间不同体制的存在将使两地城市形态及两地间全方位的合作也因此而独具特色。

深圳特区与香港经济间的深层次合作，既是秉承中国改革开放以来的传统，又是香港经济体系结构性矛盾对深港两地的内在要求。对深圳而言，只有在更高层次的区域经济合作中，才能走出高速增长下内在机制的制约，才能在21世纪继续实现深圳的快速和可持续发展。深港间合作对以往模式的突破将主要在以下两个方面取得：一是高科技产业的合作发展；二是服务业的提升。而深圳作为区域性金融中心的意义和可行性也将主要集中地体现为在多大程度上实现与香港金融业的合作与互动。

二、国家区域发展战略与经济特区的设立

（一）经济特区的设立与中国的改革开放

从整个国家的开放格局来看，我国的改革开放先是从4个经济特区起步，后来紧

---

[1] 胡兆量主编：《中国区域发展导论》，北京大学出版社2000年版，第267页。

接着开放14个城市。按照当时的思路，在中国未来开放的进程中，将有3个主要的经济支撑区域：长三角、珠三角和环渤海。事实证明，特区的重要作用不仅在于发展和繁荣了一块地区，更重要的是形成地区间的有效不平衡，即通过主动地扩大地区间的政策上的差别，形成特殊地区的潜在利益，吸引资金及技术和管理经验进入该地区，提高这一地区的经济繁荣程度和效率水平，形成地区间不平衡和效率差别，然后再将这种效率差别传递回内地，从而带动整个经济发展。[1]

衡量这种区域间发展水平的梯度差异，一种简单的方法是建立各地区发展水平分级表。(见表11－2) 一般应以多个指标进行地区经济发展水平的聚类分析，主要的指标应包括：(1) 人均GDP等产值指标，指该地区创造或获得财富的能力；(2) 产业结构状况；(3) 参与国际分工能力的大小，如经济外向度（进出口额占GDP的比重）等。这里简单以人均GDP值来描述我国各地区经济发展水平的分层状况（以各省市区经济发展水平与全国经济发展水平的比值排序，参见表11－2）。我国各省市区间的经济发展水平已形成了从沿海到中西部的经济发展水平梯度差异，而且区域间差异仍十分明显。

表11－2 2002年我国各地区经济发展水平分级

级别	R值	行政区
第一级	>2.0	北京、上海、天津、浙江
第二级	1.85—1.75	广东、江苏
第三级	1.65—1.40	福建、辽宁、山东
第四级	1.25—1.00	黑龙江、河北、新疆、吉林、湖北
第五级	0.95—0.76	海南、内蒙古、湖南、河南、青海、重庆
第六级	0.75—0.70	山西、西藏、江西、安徽、宁夏、四川
第七级	0.68—0.55	陕西、云南、广西、甘肃
第八级	<0.5	贵州

资料来源：根据中宏数据库统计数据计算整理。

说明：R值为各省市区经济发展水平（人均GDP值）与全国经济发展水平的比值。

设立经济特区的直接效应显著地体现在对外贸易和吸引外资（FDI）上。从这一角度来看，经济特区的作用往往被等同于出口加工区（EPZs）。表11－3显示了在1975年到2002年27年间全球各类出口加工区的扩散情况。

[1] 张耀辉等著：《区域经济理论与地区经济发展》，中国计划出版社1999年版，第86页。

表11－3 出口加工区的扩散：1975—2002年全球出口加工区的增长

年份	1975年	1986年	1995年	1997年	2002年
设置了出口加工区的国家数	25	47	73	93	116
出口加工区数目	79	176	500	845	3000
就业人口数（百万）	—	—	—	22.5	43
中国	—	—	—	18	30
其他具有可获得数据的国家	0.8	1.9	—	4.5	13

资料来源：World Bank (2004), *World Development Report 2005*, Oxford University Press, New York.

世界银行的《2005世界发展报告》（2004，p.167）中指出，中国经济特区的早期发展有两个重要因素：其一是临近快速增长的香港和台湾地区；其二则是这些沿海地区达成了中央和地方分享财政收入的协议，从而激励了这些地区的发展。

单独考察深圳特区，FDI由1980年的0.234亿美元飞速增加到1993年的6.72亿美元；1980—1995年的平均年增长率超过35%，大约是同期全国平均水平的3倍。这一增长主要由加工制造业、房地产和此后的金融服务业推动。对外贸易的增长情况也成为“深圳奇迹”之一：1980—1995年间深圳的出口以平均75%的年增长率成长（更新数据），自1993年以来外贸出口总额连续17年位居全国大中城市之首。

（二）海南经济特区的发展与启示

海南经济特区是中国面积最大、开放程度最高的经济特区。海南自经济特区创办以来进入了改革开放和现代化建设的新时期。然而，尽管海南建省办特区以来有了很大发展，但与邓小平同志“开发海南岛”的宏伟构想和把“海南岛好好发展起来”的目标要求，还相距甚远。海南经济特区大而不强的现象是多种因素造成的。中国海南改革发展研究院执行院长迟福林、海南大学教授张本、海南省海洋与渔业厅计划与科学培训处处长潘建纲、海南省发展计划厅社会投资招商处副处长王槐列等专家学者认为，海南岛办特区较迟，且基础差，起点低，然而独特的优势也是很明显的，关键在于没有抓住最佳战略机遇期，并出现一系列重大失误，教训十分深刻。

1. 三大失误与最大失误。一是投资导向失误，造成“泡沫经济”。海南创办全国最大的特区，独具魅力，因而最初几年，海南就吸纳海内外资金多亿元，投资力度很大而且出现过“10万人才过琼州海峡”的可喜景象。但是，由于特区政府缺乏正确的产业发展导向，大批资金一起投向房地产开发狂潮，形成了“经济泡沫”，致使海南的资源优势没能“开发”，成为经济发展实力。二是思想解放不到位，错过了最佳时机。平心而论，中央赋予海南的不少特殊政策是其他特区所没有的。然而，由于种种原因，特别是因为思想解放不到位，致使中央赋予海南的政策优势和体制优势并没有在最佳机遇期内充分发挥出来。最典型的就是洋浦经济开发区。洋浦是国内最早提出让外商投资成片开发的地区，但由于陷入“爱国”与“卖国”的争论，错过了吸引外资的最佳时机，变成了令中央与海南省为之头痛的“最大半拉子工程”。三是重陆轻海，将最大的优势变成了劣势。[1]1987 年 6 月 12 日，邓小平首次向世人宣布建立海南经济特区时，特别提到的就是南海的资源。因此，加快开发南海本应是海南特区的“重中之重”，可惜海南从一开始并没有这样做，更不用说建设什么海洋经济强省。最大失误是在体制改革中地方政府权限扩大，使海南省的地方角色更加明确，随之有了独立的地方利益。在这种情况下，也就同时具有了利用行政区划内的区域内党政权力，干扰区域市场规范化建设的能力，甚至于出现“政府失灵”和“市场失灵”的现象。一个区域性的体制改革，尤其是政治体制方面的改革，虽然有先导示范的意义，但它远不足以打破周围的传统超稳定的政治结构，那么在它处理对上、对外关系的时候，就会遭遇到不应有的尴尬，影响新体制作用的正常发挥。[2]

2. 海南省情的再认识。（1）海南经济开放度在总体上与其他省份和岛屿国家存在较大差距，海南经济的开放度与其他省份和岛屿国家相比，总体上还处于较低的水平。比如，与广东相比，海南与之相差大约 30 个百分点；与中国香港和新西兰、澳大利亚相比，海南差距更为明显，尤其体现在进出口额占 GDP 的比重和国际旅游收入占 GDP 的比重两项指标上。就海南的土地面积、人口数量及资源情况而言，其经济总量虽然相对于内地一些省份而言不可能扩大，但就全国最大的经济特区而言，其经济开放度相对于内地一些省份的差距是可以缩小的。

（2）对外贸易总量小，吸引外资的软环境有待进一步改善。吸引外资是发展中国家和地区解决资本不足的有效措施。从 1988 年建省、办经济特区到 2005 年，海南累计利用外资 136.67 亿美元，但从吸引外资的增长率来看，波动很大，说明海南还缺

---

[1] 张传宣、陈江：《海南大特区缘何大而不强：一再错失良机是海南特区建设最大的失误》，《瞭望新闻周刊》2003 年第 3 期。

[2] 沈德理：《改革开放初期省级经济特区与中央政府的一般关系及调整》，《新东方》2008 年第 12 期。

乏有效形成吸引和利用外资的良好环境。1987—2005年，海南累计外贸进出口341.19亿美元，其中，出口为142.84亿美元，进口为198.3亿美元。总体上，进口大于出口；从时间序列看，海南有15年是贸易逆差。这种情况说明，海南在吸引外资方面还很有潜力。这种潜力的开发和释放，关键在于投资软环境的改善和政府职能的转变，同时包括人才素质的提高和管理水平、质量的提升。

(3) 对外劳务合作与技术合作发展滞后。从2003—2005年签订合同数、合同金额和营业额三项指标来看，海南在全国的比重都是微乎其微的。例如，2005年合同营业额为890万美元，占全国的比重为0.003%。在经济技术合作方面，虽然在合同金额上有所上升，但由于基础太小，在全国的比重呈下降趋势。2006年技术合同交易额，北京为572.6亿元，而海南为1.3亿元，仅占北京的0.2%，在全国31个省、市中排在末位。随着科技不断进步，技术对经济的贡献率日益突出，海南技术市场的不活跃严重制约着海南产业结构升级，进而影响海南经济更好地走向开放。总之，建省办特区以来，海南在追赶与跨越中走过了21年的光辉历程，但与发达省份相比，还属于欠发达省份，仍有许多不足。概括而言，海南经济特区处于社会经济“三低两弱”的矛盾中。“三低两弱”，即劳动生产率低、城镇化水平低、城乡居民收入水平偏低，生态脆弱和社会文化脆弱。资料显示，2004年，海南省工业增加值仅占全省GDP的17.8%，明显低于世界34%的平均水平和全国46%的平均水平；城镇人口占全省人口的44.8%，落后于47%的世界平均水平，城乡二元经济结构明显；城镇居民收入7736元，比全国平均水平低1686元；全省GDP仅为790.12亿元，在国内31个省市区（不含港澳台）中排名第28位，只高于宁夏、青海和西藏。“三低两弱”问题已经成为当前和今后一个时期海南省经济社会发展中的主要矛盾，它导致了诸如产业结构不合理、财政总量过小、自主创新能力差、第三产业缺乏可持续发展动力等许多不良后果。[1]

3. 海南经济特区的战略路径选择。海南建省20多年来，其发展战略经历了多次摸索、调整和转变，在2009年底确定了国际旅游岛的发展战略。2009年12月31日，国务院总理温家宝签署了《国务院关于推进海南国际旅游岛建设发展的若干意见》(以下简称《意见》，国发[2009] 44号)，《意见》明确海南国际旅游岛的建设目标：到2020年，旅游服务设施、经营管理和服务水平与国际通行的旅游服务标准全面接

---

[1] 王毅武、张芸：《海南省情再认识》，《新东方》2009年第8期。

轨，初步建成世界一流的海岛休闲度假旅游胜地。这标志着海南国际旅游岛建设由地方决策正式上升为国家战略，并纳入国际主体功能区规划和国家区域经济发展布局中。海南在1988年建省办经济特区之后，迎来了第二次重大的历史性发展机遇。

海南省是我国唯一的特区省，回顾海南20多年来所走过的道路，“贸易兴省”没走通、“房地产”独脚支柱瞬间坍塌、“旅游主导”也没如愿，后来“工业主导”成了定论，经济有了些气色，但环境问题引发担忧。

第一阶段的发展战略实施。1988年4月26日，海南省人民政府挂牌成立，1988年海南省人代会第一次会议和中共海南省第一次代表大会确定的经济发展战略是：以工业为主导、工农贸旅并举、三大产业协调发展；力争用20年或稍长的时间，使海南人均国民生产总值达到2000美元以上，进入东南亚经济比较发达国家和地区的行列。但是，海南建省初期的经济基础差，起点低，基础设施落后，三大产业的发展层次都很低，三大产业协调发展的产业战略无法也没有时间获得全面实施。同时，引发了“农业主导论”、“贸易主导论”、“生态主导论”等之争，对工业为主导的产业发展战略产生了怀疑。

第二阶段，特区发展战略的重新审视。1996年“一省两地”战略的提出，把海南产业发展战略明确表述为“一省两地，三足鼎立”。“一省”，是指新兴工业省，“两地”是指热带高效农业基地和度假休闲旅游胜地。对三次产业的描述是“以农业为基础，加强和提高第一产业；以工业为主导，加快发展第二产业；以旅游产业为龙头，积极发展第三产业”。从长期困惑中孕育出来的“一省两地”的产业发展战略，获得较为广泛的认同，明确了海南的发展必须依托工业化，以资源优势确定产业基础。关于结构调整的具体战略对策，比较突出的争论主要体现在：三足鼎立问题上，农业、工业和旅游业为代表的三次产业，三足鼎立是不能够代表产业演进的规律的。

第三阶段，经济结构转变与战略调整。1998年后，海南省委、省政府及时地对“一省两地”的产业战略作了重要的补充和发展。把海洋产业、信息产业作为海南新的经济增长点加以培育和扶持，并在全国率先制订和实施生态省建设规划纲要，坚持走可持续发展道路。2002年，海南省第四次党代会上，在充分肯定“一省两地”产业战略的基础上，提出加速海南发展的“四大战略”，即科技兴琼战略、优势产业战略、城市化战略和可持续发展战略，使“一省两地”的产业战略更加完善。

第四阶段，国家战略的确定。综合考虑海南的基本情况、发展22年的经验与教训以及发展的希望和前景，其区域发展模式应定位为“一省三地”，这将是海南发展的基本导向。所谓“一省三地”，即“生态立省”，突出具有海南特色的现代海洋产业、热带农业和旅游业三大基地建设。其核心和实质是建设生态省。这也为海南建设国际旅游岛战略作了铺垫。

在国务院出台的《意见》中，为海南未来的发展指明了方向，明确了建设国际旅游岛的战略定位。即利用海南现有的区位和资源优势，确立了六大战略定位，即我国旅游业改革创新的试验区、世界一流的海岛休闲度假旅游目的地、全国生态文明建设示范区、国际经济合作和文化交流的重要平台、南海资源开发和服务基地、国家热带现代农业基地。其中关于产业发展的主要是以旅游服务业、热带现代农业和海洋经济作为经济发展的主要支撑。因为海南天然的地理区位优势，拥有丰富的海洋资源、海岛观光资源和发展热带农业的气候条件，充分利用好现有的资源，实现可持续的、高效的开发利用是实现海南经济腾飞的根本途径。较少受到现代工业的污染破坏和保存有较高的森林覆盖率，以及目前已经在农村生态文明建设方面取得的可贵经验和成绩，将成为海南进一步充当全国生态文明建设典范的有利条件。博鳌作为亚洲论坛的永久会址，已经成功举办了数届，可以利用这个日益具有国际影响力的平台，带动经济合作和文化交流的发展，“使海南成为我国立足亚洲、面向世界的重要国际交往平台”。

4. 洋浦经济开发区。洋浦经济开发区是中国改革开放总设计师邓小平同志亲自批示，由国务院于 1992 年 3 月批准成立的国家级开发区，也是中国目前唯一享受保税区政策的国家级开发区，是名副其实的“特区中的特区”。建区以来，因各种原因，开发主体发生过三次变更，两次重组，开发区有相当一段时间处于相对停滞的状态。直到 2004 年以来，在国务院的支持下，海南省委省政府对洋浦的开发主体进行了重组，实现了政府主导的开发体制。

(1)“洋浦风波”。海南省办经济特区之初，提出把洋浦 30 平方公里土地使用权有偿转让给熊谷组（香港）有限公司承包成片开发，建立经济开发区。开发的方式主要是外商投资进行成片基础设施开发，建设若干个工厂和相应的配套设施及生活服务等项目，大约在 15 年内建成一个具有工业、贸易、出口加工、金融、旅游、科技、服务等功能的外向型自由港口城市。这是扩大开放、加快改革步伐、开创经济特区新路的巨大创意，具有创新意义。但也许是缺乏经验和急于求成，在决策上有疏漏，未能采取招标方式，而是采取协议方式，且协议的内容又过于简单和缺乏科学论证。

就在洋浦开发协议酝酿之时，一批全国政协委员和民主党派来海南考察，当他们听到洋浦开发的信息和协议的具体内容后，感到惊讶和不安，直观感觉是：地价太低，30 平方公里的范围太大，70 年的租期太长，折合 3000 公顷地总价 9000 万元太少，对熊谷组（香港）有限公司开发洋浦的动机和财力亦有所疑虑。在与海南省相关领导缺乏沟通的情况下，在全国政协七届二次会议期间，张维等 5 位委员联名在大会上发言，对洋浦的开发模式提出质疑，200 多位委员联名提交了类似内容的提案从而引发了一场“风波”。后由全国政协组织调查组深入调查，调查组在肯定了洋浦成片开发的合法性和可行性后，又提出了一些建设性意见。其中特别提到必须保护开发区的环境，维护我方的权益，要扩大开发协议的透明度，要尽快制定开发协议和开发规划以及管理条例等规范性文件。通过这次调查，澄清了事实，经国务院批准，成立洋浦经济开发区。[1]

专栏 11—1

关于洋浦开发的三组早期文件

洋浦开发要达到的目标，当年有法律效力的正式表达，先后集中反映在三组文件之中：

第一组：“88 请示”。即海南省人民政府 1998 年 12 月 31 日呈国务院的《关于让外商承包成片开发洋浦的请示》，以及 1988 年 10 月 16 日儋县与熊谷组（香港）有限公司签订的《海南洋浦地区 30 平方公里国有土地使用权出让协议书》。

第二组：“91 建议书”。即 1991 年 9 月，海南省人民政府以海南省投资促进委员会与熊谷组（香港）有限公司签订的《关于投资开发经营洋浦开发区 30 平方公里土地项目意向书》为基础，编制了《外商投资开发经营洋浦开发区 30 平方公里土地项目建议书》。根据这个项目建议书，海南省人民政府以琼府 [1991]85 号文向国务院报送《关于外商投资开发经营洋浦开发区 30 平方公里土地项目建议书的请示》。

[1]　王峻岩：《“洋浦风波”的前前后后》，《经济特区的建设》，中国文史出版社 2009 年版，第 607 页。

第三组："92 合同"。即根据国务院 1992 年 3 月 9 日批复精神，1992 年 8 月 18 日海南省人民政府与熊谷组（香港）有限公司签订的《洋浦经济开发区国有土地使用权出让合同》以及关于洋浦相关政策规定的附件（以下简称"92 合同组"）。这三组文件规定洋浦开发要达到的四个目标，总体上前后一致，日益具体。

一开始由于没经验，"88 请示"没来得及考虑许多具体问题，引起了一些人的误解。"91 建议书"则是在"洋浦风波"之后，按照 1990 年国务院颁布的《外商投资开发经营成片土地暂行管理办法》规定，从海南洋浦的实际出发，经过中外双方多次商谈和多次专家论证之后拟写出来的，因而更为全面周到，具体切实。"92 合同"则是将"91 建议书"的主要目标细化，特别是其中需量化的部分合约化。

"91 建议书"对洋浦开发要达到的目标，在第一章第四节"项目目标"的全文是这样规定的："用 15 年左右的时间，将洋浦开发区 30 平方公里土地建设成一个公用设施完善的，以外向型工业和出口加工业为主，同时发展对外贸易和转口贸易、港口、仓储、金融以及必要的居民服务等行业的综合性对外开放经济区。区内产业以资本密集型产业为主，注重引进先进科学技术。区内预计年工业总产值达到 135 亿元（按 1990 年不变价格计算）。区内常住人口 25 万人，暂住人口 15 万人。"

"92 合同组"在此基础上，通过合同形式把外商的基础设施的总投资具体确定为："约 180 亿港币。分期投入，每期五年，第一期投资额约 100 亿港币。"同时，把根据以外方为主提出、并经双方讨论同意的建设自由港区政策要求与规定，作为与正式合同具有同等效力的附件。

资料来源：海南省社科联课题组：《洋浦开发 20 年回顾与展望》，《新东方》2008 年第 5 期。

（2）洋浦开发区的发展情况。洋浦开发区原定用 15 年左右的时间将长满石头与仙人掌的荒凉之地，建设成一个现代化综合性的对外开放经济区，其具体考核指标有两个：一是引进外资成片进行工业区的基础设施开发，15 年内总投资要达 180 亿港币。按当年人民币与港币 1∶0.69 的汇率计，约折合人民币 125 亿元。二是区内产业以资本密集型产业为主，15 年后年工业总产值达到 135 亿元（按 1990 年不变价格计算）。

在 15 年时间内将洋浦建设成类似香港那样的最开放的自由港。在 15 年时间内将洋浦打造成能带动海南全岛经济发展的新增长极，并率先建立起与“大特区”相适应的新型行政管理体制与机制。用 15 年左右的时间，将洋浦建设成一个有常住人口 25 万人，暂住人口 15 万人的新城。

然而，任何发展目标、规划或计划都必须从实际出发，审时度势，实事求是。洋浦开发目标宏伟但基础太差，致使洋浦开发发展缓慢。一是没有工业腹地和城市支撑，基础薄弱，人口不多，先天不足。二是招商引资举步维艰。由于洋浦开发区招商引资主要以开发商为主，以引进外资为主。这两个为主，捆住了洋浦招商引资的手足，实际上行不通，致使项目引进不理想，尤其没能引进大项目，土地开发商的投资得不到回报，影响了投资积极性，甚至抽身而退。三是洋浦开发区的政策优势发挥不到位，优惠政策不持续；又加之开发支出房地产投机导致地价高昂，导致开发资金严重短缺。

(3) 目前洋浦开发的规划目标与经济发展状况。到 2004 年，随着大项目的引进和大产业的形成，洋浦经济开发区迅速发展，上升到了一个新的发展高度，成了带动海南经济腾飞的一只“翅膀”。因此可以把 2004 年以后视为洋浦经济开发区的阔步奔腾期。洋浦“十一五”经济和社会发展主要预期目标有以下几方面：

一是在经济总量和结构上，预计到 2010 年，固定资产投资 5 年累计完成 300 亿元，洋浦 GDP 260 亿元，人均 GDP 超过 37 万元，工业总产值 700 亿元，工业增加值 200 亿元，税收总额 50 亿元，地方财政收入 16 亿元，港口吞吐量 4800 万吨。

二是在产业发展环境上，建成比较完善的基础设施体系和工业公用工程框架体系，建立和完善适应工业区发展要求的政府服务体系和应急处理体系，绿化覆盖率达到 30%，人均拥有公共绿地面积 10 平方米，垃圾、污水处理率均达到 95%，废水和工业固体废物资源化利用率达到 85%，海洋水环境、大气环境分别控制在二类水质和一级标准。

三是在人口与就业方面，人口自然增长率控制在 8‰以内，区内总人口达到 7 万左右。通过改善居住环境、完善社会保障、促进广泛就业、普及中等教育、建立医疗保险、提高居民素质，逐步实现从农村向城市、从农民向城镇居民、从传统农业社会向现代工业社会的根本性转变。

表11－4　洋浦经济开发区发展情况（2004—2008）

项目	2004年	2005年	2006年	2007年	2008年	年均增长
地区生产总值（亿元）	19.7	31.4	43.9	74.2	95.8	38.1%
工业总产值（亿元）	11.4	43.3	146.8	417.4	473.5	153.7%
总税收（含海关税收）（亿元）	6.8	11.1	26.5	69.7	102	96.7%
地方财政收入（亿元）	3	5	5.9	8.6	12.5	43%
港口吞吐量（万吨）	220	432	1016	2351	2371	81.25%
进出口贸易总额（亿美元）	4.7	1.6	13.8	43.3	65.5	93.6%

资料来源：根据洋浦经济开发区管理局提供的资料整理。

目前洋浦开发区的经济发展现状：

一是积极加强基础设施建设，硬环境明显改善。截至2008年底，累计投入80多亿元，基本建成中心区15平方公里，基本实现了“供水、供电、供天然气、排水、排污、道路、通讯、土地平整”等“七通一平”。已建成项目有：日供25万吨的供水工程；年供气能力16亿立方米的天然气管道工程；已建成86万千瓦的电厂；1万至30万吨级的泊位14个，初步形成多功能的港口群（30万吨级原油码头已建成1个，即将开工建设2个）。在建项目有：洋浦港区深水航道疏浚及15平方公里的岸滩整治；5万吨级的污水处理厂及疏港大道排污工程；中心大道、轻工业园区吉浦路北延伸段和东部生活服务区“二纵六横”等市政道路；采取EPC模式，建设技工学校等6个公共服务设施项目；30万千瓦的自备电厂。

二是经济发展进入快车道。2003年以来，洋浦开发区经济发展取得较快发展。2003年至2008年，地区生产总值从19.7亿元增长到95.8亿元，年均增长38.1%；工业总产值从11.4亿元增长到473.5亿元，年均增长153.7%；总税收从6.8亿元增长到102亿元，年均增长96.7%；地方财政收入从3亿元增长到12.5亿元，年均增长43%；港口吞吐量从220万吨增长到2371万吨，年均增长81.2%，进出口贸易额从4.7亿美元增长到65.5亿美元，年均增长93.6%。

三是保税港区招商实现零的突破。已投产项目：第一，海南洋浦丰华精密机械有限公司投资5亿元的精密轴及组件加工项目一期已经投产，可提供1500—2000个就业岗位；第二，澳洲福思酒业公司（FOS WINE）投资的澳洲酒类（农产品）保税展示及配送项目已开始运营；第三，广东友和对台贸易公司投资的冷冻食品项目，已在洋浦保税港区注册公司，正在抓紧开展前期准备工作。在建项目：一是总投资1亿元的保税港区冷库项目正在进行投资业主比选，2009年11月中旬正式开工建设；二是四川聚和东南亚海产品进出口中转项目，冷库已初步完成改造，正在进行水产品进口冷库备案，计划尽快开展业务。

四是环境保护和民生工程不断推进。积极推进“大企业进入，大项目带动，高科技支撑，高环保要求”的发展战略，提高环保门槛，加大环保投入，加强环境监测。(1) 编制了《洋浦经济开发区总体规划环境影响评价》，已于 2009 年 12 月经环境保护部审查批复通过。(2) 编制了《洋浦经济开发区安全评价与规划》，已于 2006 年底通过了安监总局组织的专家评审。(3) 建成了海南省配置标准最高的环境监测站、应急救援中心。(4) 积极推进“国家循环经济示范园区”建设。加大经济建设的同时，更加注重发展和改善民生。自 2004 年以来，洋浦开发区每年拨款 5000 多万元，先后实施了涵盖教育、医疗卫生、低保、就业等涉及民生民计的 20 多项民生工程，切实让搬迁居民享受到了开发建设成果。

（三）汕头经济特区的发展与启示

作为改革开放政策的最早得益者，汕头以其历史的商贸优势和侨乡优势成为改革开放初期中国四大经济特区之一。如今，汕头经济特区取得了令人瞩目的成绩，特别是同自己的过去相比，可以说业绩是辉煌的；但是汕头经济特区的发展历程并不平坦，我们有必要回顾总结汕头经济特区的建设发展历程，对其在改革开放中所碰到的一些重大问题进行理性的思考。

其一，建设经济特区必须坚持解放思想，推动改革开放。由于率先坚持解放思想、改革开放，推动了特区的不断发展壮大，也辐射汕头整个行政辖区一起发展，在小平同志南方重要讲话的指引和鼓舞下，汕头迎来 20 世纪 90 年代的发展高峰，进入全国城市综合实力 50 强。在世纪之交，随着特区优惠政策的逐步淡化，由于没能准确把握好解放思想、改革开放的深刻内涵和精神实质，致使一段时间部分地方在打击经济违法犯罪活动等重大问题上措施不力，局部出现突出问题。汕头的发展远远落后于深圳、珠海、厦门经济特区，落后于珠三角城市，与特区的地位是不相称的，与中央、省委的要求还有很大的距离。汕头的落后归根结底是观念的落后，是思想还不够解放、改革开放力度还不够大。[1]

---

[1]　陈乐群、李必豪：《汕头经济特区的实践与启示》，《2008 年中国经济特区论坛：纪念改革开放 30 周年学术研讨会论文集》，第 84 页。

其二，必须树立科学发展观，推动经济社会协调发展和城乡协调发展。汕头的发展历程充分证明，必须把加快发展作为汕头全部工作的主题、最大的政治、最硬的道理、最根本的任务，只有加快发展才能解决发展中的困难，才能化解前进中的矛盾，才能凝心聚力、增强信心、树立形象。汕头资源紧缺，发展方式还比较粗放，可持续发展面临严峻的挑战，更加需要牢固树立和认真贯彻科学发展观，以科学发展破解制约汕头发展的瓶颈问题。改革开放以来，汕头经济取得了长足发展，但经济社会发展仍不够协调，社会发展滞后，比如2007年汕头市高中毛入学率只有56%，每万人口科技活动人数不足10名，均低于全省的平均水平。社会各项事业的落后已经严重制约汕头的加快发展，必须更加注重社会发展，以经济社会的协调发展推动汕头的全面振兴。汕头是一个带有大片农村的经济特区，农村的发展水平远远低于特区城市部分，必须坚持以城带乡、城市反哺农村、工业反哺农业，加快城市化、工业化步伐，大力推进城乡一体化进程，走出一条城乡协调发展的新路子。[1]

其三，信用是市场经济的灵魂，也是经济特区建设的灵魂。汕头经济特区建立后，随着世界经济的大开放，特区也树立了信守承诺、信用效益、公平竞争、开放创新等一系列信用观念，并形成了特区的信用品格和信用品牌。但是，在经济转型期和社会转型期的特定历史条件下，潮汕的信用传统和特区建树的信用观念，未能形成规范和法律保障。信用的缺失是汕头经济特区一度陷入困境的重要原因。到20世纪90年代末期至21世纪初期，汕头经济特区的一些人开始迷失方向，无所适从；而潮汕地区的另外一些人不思进取，铤而走险，甚至走上违法犯罪的道路。另外，由于经济工作指导思想上出现偏差，管理不够规范，导致一些违反社会主义市场经济规律的违法行为屡屡发生——包括逃税骗税、逃汇骗汇、走私贩私、制假贩假、逃废债务、坑蒙拐骗、“六合彩”赌博，等等。上述的信用问题严重扰乱了市场秩序和社会秩序，破坏了经济特区的形象。信用是一个地区最有价值的无形资产。信用的受损，最直接、最明显的就是经济利益的被损害。汕头出现的经济秩序混乱、经济发展停滞甚至倒退，在很大程度上是由信用缺失造成的。因为信用是市场经济的基石，是规范市场经济秩序的重要保障，在这一点上，市场经济是一种信用经济。而社会主义市场经济

[1] 陈乐群、李必豪：《汕头经济特区的实践与启示》，《2008年中国经济特区论坛：纪念改革开放30周年学术研讨会论文集》，第84页。

是法治经济，所以发展社会主义市场经济必须建立社会信用制度。[1]

其四，建设特区必须从实际出发，必须融入全省全国发展大局，量力而行，讲求效益。汕头的地理位置以及交通、能源等客观因素的制约和资金筹措上的困难，决定了汕头特区的建设不能盲目铺摊子，争速度，而应该从自身的现实条件出发，只要融入全省、全国乃至世界的发展大局中，通过发挥优势，错位发展，参与区域经济的分工合作，才能抢得发展机遇。固然特区优惠政策是特区得以发挥窗口作用、示范作用和排头兵作用的前提，但是有时中央对经济特区实施的某些不合理的政策也是导致汕头好几年经济低迷甚至一蹶不振的重要原因。所以，创办经济特区需要胆略和魄力，发展经济特区需要正确的政策和策略，而推动经济特区迈向新的发展阶段更需要有大局思维并勇于及时淘汰、调整过期的思维形式和官僚作风。[2]

（四）从经济特区到综合配套改革试验

在四个经济特区成立之前，国务院首先决定在蛇口创办工业区（1979 年 1 月 31 日），由香港招商局集资并组织实施；3 月，广东宝安县经中央同意改为深圳市。1980 年 8 月 26 日，五届全国人大常委会第十五次会议审议并批准建立深圳、珠海、汕头、厦门四个经济特区。1988 年 4 月 13 日，第七届全国人民代表大会第一次会议通过《关于设立海南省的决定》和《关于建立海南经济特区的决议》，海南成为中国的第五个特区。[3] 浦东新区成立 15 周年后，2005 年 6 月 21 日，国务院批准上海浦东为“国家综合改革试验区”，并拥有体制改革的“先行权”。中国第一个“综改试验区”成立，中国的特区之路开始了一种具有不同内涵的新的征程。2006 年 6 月 6 日，国务院批准天津滨海新区成为国家综合配套改革试验区。2007 年 6 月，成都、重庆双双成为新的国家综改试验区。同年 12 月，长株潭与武汉亦同时获批。到 2010 年 4 月沈阳获批国家新型工业化综合配套改革试验区，国务院共批准设立了 8 个综合配套改革试验区。

---

[1] 郑惠玉：《改革开放 30 年汕头经济特区若干重大问题的思考》，《2008 年中国经济特区论坛：纪念改革开放 30 周年学术研讨会论文集》，第 79 页。

[2] 陈乐群、李必豪：《汕头经济特区的实践与启示》，《2008 年中国经济特区论坛：纪念改革开放 30 周年学术研讨会论文集》，第 84 页。

[3] 这一年，引发了 10 万人才下海南的“闯海”大潮，并让这个海岛兴起了一个热火朝天的房地产开发浪潮，而最终导致一场经济上的巨大创伤与阵痛。

综合配套改革试验区作为“新特区”不同于老特区，其区别主要有[1]：第一，建立的背景和目的不同。老特区是在当年计划经济背景下设立的、有着为改革计划经济体制探索道路的目的；“新特区”是在市场经济体制已经基本确立的背景下设立的，其目的是完善市场经济体制。第二，建立特区的任务和手段不同。老特区的任务主要是解决对内改革和对外开放的问题，引进外资是发展的重要手段；“新特区”的任务是综合解决经济发展中的体制矛盾，制度创新是其发展的重要手段。第三，特区的地域和模式不同。老特区的区位选择主要是着眼于沿海地区的优先发展，形成可资借鉴的地区发展模式；“新特区”着眼点在于从国家区域发展总体战略出发，探索新的历史条件下区域协调发展的新模式。

从已批准的综合配套改革试验区成立的先后顺序，不难看出，试验区的设立正在从围绕经济发展向更看重和谐社会建设转变。伴随着我国经济的稳步快速发展，将有更多的综合配套改革试验区会应运而生。

国家综合改革试验区概念的提出，标志着中国特区发展的思路有了新的变化，也说明中国经济社会发展从“先富起来”进入到“共同富裕”的平衡发展格局，从经济发展到社会各方面协调发展的新目标上来。而综观中国特区30年的发展历程，亦可以发现，特区之路事实上就是中国发展改革之路。我们希望通过办特区来解决发展中的各种问题。最重要的是要认识到，过去过度强调单方面的经济发展，对社会发展、体制改革落下了不少短板。[2]

第二节　中国区域经济的新版图

一、综合配套改革与区域振兴发展

（一）中国城市综合配套改革试点的历程

自20世纪80年代以来，选择部分城市和地区进行综合配套改革试点，取得经验，

---

[1]　《综合配套改革试验区的现状与发展》（中经评论·北京）（http://www.shandongbusiness.gov.cn/index/content/sid/77986.html）。

[2]　《深圳经济特区：改革试验场使命未终结》，《中国经营报》2009年10月11日。

带动全局，一直是我国经济体制改革有效的推进方式。30 年来，中国进行综合配套改革的历史进程大致可以分为三个阶段。

第一轮城市综合配套改革试点：从 1981 年国务院批准湖北沙市为试点城市开始推行至整个 80 年代。在这一阶段，我们确立了改革开放的大方向，但还没有明确提出建立社会主义市场经济的改革目标。改革的主要任务是打破旧体制，为建立新体制作准备。到 1987 年底，经过国务院直接审批确定，连同各省、自治区批准的试点城市共有 72 个。各试点城市以打破条块分割和城乡封锁、充分发挥城市的中心作用为方向，紧紧围绕增强企业活力这个中心环节，进行了不同层次的配套改革。在简政放权、搞活企业，开放市场、搞活流通，探索新的城市计划管理体制，促进科技创新等方面都取得了很大的成就，一些城市改革试点涌现出好经验，如武汉市的“两通起飞”，石家庄市的“撞击反射”、简政放权、搞活企业，为建立中国特色社会主义经济体制进行了有益的探索。

第二轮城市综合配套改革试点：从 1992 年国家体改委批准常州市为新一轮综合配套改革试点城市开始，推行至整个 90 年代。党的十四大明确提出建立社会主义市场经济的改革目标以后，改革进入新的历史阶段，城市综合配套改革的主要任务也随之发生了变化。第二轮城市试点的主要目的是选择若干城市，特别是区域性中心城市，配套推进各相关领域的改革，进行建立社会主义市场经济新体制的改革试验。截至 1998 年，全国试点城市发展到 55 个。经过试点，各试点城市以微观经济体制转换为中心，在企业改革、市场体系发育、政府职能转变和新型社会保障体系建立等方面取得了较大的成就，发挥了较好的示范作用，加快了所在地区和全国改革的进程。

第三轮城市综合配套改革试点：从 2005 年 6 月国务院批准上海浦东新区为国家综合配套改革试验区开始至今。进入新的历史时期，党中央针对片面追求增长速度、增长方式粗放、民生社会矛盾凸显等问题，提出科学发展观和构建社会主义和谐社会的战略思想。这一轮试点的主要任务是紧扣科学发展和社会和谐这两个主题，以制约试点地区经济社会发展的体制机制障碍为突破口，既大胆创新、率先突破，又综合协调、整体配套，不断完善改革推进方式。试点地区不仅要在重点领域和关键环节率先突破，而且要推动经济体制改革与政治、文化、社会体制改革相协调，为新时期完善改革推进方式发挥示范带动作用。近年来，各试点地区不断进行制度创新，已经取得了一些成绩，但这一阶段尚未结束，还要再进行 10 年甚至更长一段时间。[1]

（二）国家综合配套改革试验

综合配套改革试验区的设立，是在我国改革面临新任务和新特征的新的历史条件下所进行的探索。现在改革已经基本完成了经济体制“破旧”的任务，原有的计划经济体制的桎梏已基本破除，改革进入到“立新”阶段。而建立新的社会主义市场经济体制，要面对的是复杂得多的局面，要建立的不只是新的经济体制，还要建立与之相适应的新的政治体制、法律体制、社会管理体制和文化体制，从这个意义上来说，现阶段改革的主要任务是制度创新，而它的难度又远远超出我们的想象。其中最大的困难和问题，就是我们只能通过改造旧上层建筑来建立新经济体制，因此经常会遇到新经济体制与旧上层建筑之间的矛盾，使得改革的路径选择和举措实行更为艰难，许多改革措施的出台会与原有的上层建筑发生矛盾和冲突，会遇到来自其某个方面的抵制和障碍。因此现在的改革已经是“牵一发而动全身”。任何一个单项改革措施，都可能遇到其他方面体制上的束缚和障碍。[2] 在这个新的历史阶段，需要新的改革动力，需要新的改革思路，需要新的改革试验，也需要新的改革摇篮。

国家综合配套改革试验区是自 2005 年以来的新生事物，它不同于我国 20 世纪 90 年代中期的科技和经济体制综合配套改革城市试点，其主要目的是以试点地区为载体，把改革和发展有机结合起来，把解决本地实际问题与攻克面上共性难题结合起来，实现重点突破与整体创新，率先建立起完善的社会主义市场经济体制，为全国其他地区的综合改革起示范作用。另一方面，可以把改革风险和“试错成本”控制在一定区域之内，平稳有序推进改革进程。综合配套改革试验区的改革是一种“试错”的过程，但是，它的意义尤为重大。我国改革开放已经进入了“攻坚”阶段，试验区将依靠本区域的优势来突破改革的“瓶颈”挑战。综合配套改革试验区存在的问题也具有一定的普遍性，因此，对其发展模式的探索，将会对周围地区的经济发展产生积极的带动作用。为了实现在世界经济体系中的和平发展，为了应对经济全球化的挑战，综合配套改革区的道路探索将是一个热点问题，因为，它将作为我国新一轮改革的突破口，这不仅关系到逐渐扩大的两极分化问题，还将影响科学发展观的具体落实和和

---

[1] 孔泾源：《中国综合改革试验三十年》，《瞭望新闻周刊》2008 年第 10 期。

[2] 李罗力：《对我国综合配套改革试验区的若干思考》，《开放导报》2006 年第 5 期。

谐社会的构建。

作为国家级综合配套改革试点试验区，考虑的因素和条件是[1]：(1) 地域有代表性。试点地区在全国范围或东、中、西部区域内有一定影响力和带动力，能够代表处于不同生产力发展的阶段性特点。(2) 内容有典型性。试点地区所面临的体制机制问题能代表本地区的普遍性，所确定的改革任务能反映本地区改革发展的特点和现实需要，对推动全国或一定区域面上的改革具有示范意义。(3) 有较强的组织领导。领导班子高度重视改革工作，把改革放在突出位置，有较为健全的领导体制、组织机构和推进机制，能够为试点工作的推进提供强有力的组织保障。(4) 有较好的工作基础。在一些领域已经进行了有益的改革探索，并已走在全国前列，积累了一定的实践经验，具备了先行先试、率先突破的工作基础。通过试点，能够在体制创新上取得新突破、创造新经验，为其他地区的新体制建设提供示范。(5) 有相应的发展潜力和承受能力。具备一定的经济实力，能够支付必要的改革成本。群众对改革的认识程度深，支持改革、参与改革的积极性高，能正确对待改革成果，社会承受能力比较强。

综合配套改革试验区设立的核心在于“综合配套”，其宗旨是要改变多年形成的单纯强调经济增长的发展观，要从经济发展、社会发展、城乡关系、土地开发和环境保护等多个领域推进改革，形成相互配套的管理体制和运行机制。据总结，我国综合改革实验区的设立逐渐呈现出以下新特点[2]：

其一，综合改革试验区的主题更加鲜明。国家不再笼统冠以综合改革试验区试点，而是围绕相关主题进行改革试验，使综合改革试验区的使命与任务更加明确。比如武汉城市圈和长株潭城市群主要承担国家资源节约型和环境友好型社会建设方面改革试验使命，探索创新有利于能源节约和生态环境保护的体制机制。

其二，综合改革试验区的区域联动特点更加突出。国家改革试验试点开始实现由点到面的转变，由初期一个城市的改革突破转变到更加注重推动区域协调发展。上海浦东、深圳市、天津滨海新区主要是在一个城市或者特殊区域进行改革试验。武汉是以武汉为核心的城市圈，长株潭则为长沙、株洲与湘潭三个城市组成的城市群示范区域，成都与重庆市同时成为综合改革试验区，其实就是一个“川渝板块”。

[1]　资料来源：山东国际商务网：区域发展战略，2009 年 11 月 2 日。

[2]　引自胡利民、崔美荣：《国家级综合配套改革实验区审批的新动向》，《今日中国论坛》2009 年第 1 期。

其三，综合改革试验区的全局性更强。国家综合改革从沿海发达地区城市的先试先闯向推动全局性的改革突破转变。先行试验的深圳、上海浦东、天津滨海新区三大改革试验区都在东部沿海地区，主要使命是带动东部沿海地区率先发展。国家此次在中部与西部设立改革试验区，并赋予其明确发展使命，说明国家推动中西部地区科学发展、协调发展、和谐发展的信心更强、决心更大，准备通过改革试验试点将西部大开发与区域经济协调发展战略推到一个崭新的高度。

其四，综合改革试验区试点更加注重基础条件。国家现在开始从注重区域位置向注重区域试验基础转变。上海浦东、深圳市、天津滨海新区主要得益于区位优势。武汉城市圈、长株潭城市群、成都和重庆市则主要在于良好的改革试验基础。

其五，综合改革试验区更加注重激发内生机制。国家以前偏重在财政、税收、金融等方面给予改革试验区政策优惠，现在更加注重赋予地区自主改革的特权，鼓励试验区大胆创新，探索实践，试点方案由各地区自主制定后再报国家发改委。这就为各地立足实际、积极主动探索发展经验留足了政策空间。

二、中国区域经济发展的新版图

（一）新一轮区域振兴规划迎来中国区域发展新格局

2009年以来，国务院陆续批准了一批国家层面的区域性规划方案，相继出台的国家级区域振兴规划几乎覆盖了全国每一个经济区域。

2009年1月4日长株潭“两型社会”建设方案获批准，1月8日珠三角地区改革发展规划纲要发布，3月4日加快推进上海国际金融中心和国际航运中心建设方案通过，5月14日福建海西经济区方案通过，5月18日京津冀区域规划方案通过，6月10日江苏沿海发展规划方案通过，6月24日横琴规划方案通过，6月25日关中—天水经济区发展规划发布，7月1日辽宁沿海经济带发展规划方案通过，11月16日图们江区域开发规划通过，12月3日黄河三角洲规划方案通过，12月11日促进广西经济社会发展意见通过，12月31日海南国际旅游岛建设意见通过。2010年1月，国务院《关于推进海南国际旅游岛建设发展的若干意见》正式出台；此后又正式批复《皖江城市带承接产业转移示范区规划》。国家级区域发展规划的密集出台，意味着国家区域发展新战略的实施。

表11－5　2009年以来我国重要区域经济发展规划一览

批准时间	区域经济发展规划	主要内容
2009年01月07日	《珠江三角洲地区改革发展规划纲要》	从国家战略层面给予珠江三角地区五大定位：即探索科学发展模式试验区，深化改革先行区，扩大开放的重要国际门户，世界先进制造业和现代服务业基地，全国重要的经济中心。
2009年05月14日	《支持福建加快建设海峡西岸经济区的若干意见》	要求将该地区建成两岸人民交流合作先行先试区域，服务周边地区发展新的对外开放综合通道，东部沿海地区先进制造业的重要基地，我国重要的自然和文化旅游中心。
2009年06月10日	《江苏沿海地区发展规划》	要求要把加快建设新亚欧大陆桥东方桥头堡和促进海域滩涂资源合理开发利用作为发展重点，着力建设成我国重要的综合交通枢纽、沿海新型工业基地、重要的土地后备资源开发区和生态环境优美、人民生活富足的宜居区，将江苏沿海地区建设成为我国东部地区重要的经济增长极。
2009年06月24日	《横琴总体发展规划》	规划将横琴建设成为粤港澳地区的区域性商务服务基地，与港澳配套的世界级旅游度假基地，建设融合港澳优势的国际级高新技术产业基地和珠江口西岸的区域性科教研发平台。规划提出将横琴纳入珠海经济特区范围，实施“分线管理”的通关创新制度，鼓励金融创新，实行更加开放的产业和信息化政策，支持进行土地管理制度和社会管理制度改革等。
2009年06月25日	《关中—天水经济区发展规划》	该区域的战略定位除了“全国内陆型经济开发开放战略高地”外，还包括打造全国先进制造业重要基地，全国现代农业高技术产业基地和彰显华夏文明的历史文化基地。
2009年07月01日	《辽宁沿海经济带发展规划》	该区域的定位：一是东北地区对外开放的重要平台，二是东北亚地区的重要国际航运中心，三是建成具有国际竞争力的临港产业带，四是建成生态环境优美和人民生活富足的宜居地区。
2009年08月30日	《中国图们江区域合作开发规划纲要》	规划提出吉林省长春市、吉林市部分区域和延边州（简称长吉图）是中国图们江区域的核心地区。要加快建设长吉图开发，开放先导区将其发展成为我国沿边开发开放的重要区域、我国面向东北亚开放的重要门户和东北亚经济技术合作的重要平台，培育形成东北地区新的重要增长极。

（续表）

批准时间	区域经济发展规划	主要内容
2009年09月23日	《促进中部地区崛起规划》	该区域包括山西、安徽、江西、河南、湖北和湖南六省在内的中部地区是中国重要粮食生产基地、能源原材料基地、装备制造业基地和综合交通运输枢纽，在经济社会发展格局中占有重要地位。该规划把“三个基地一个枢纽”建设作为规划重心，这将带动农业、装备制造业、能源工业以及交通运输业等相关行业加快发展，“两横两纵”加“六圈”的空间发展格局成为规划的突出亮点。
2009年12月02日	《黄河三角洲高效生态经济区发展规划》	规划提出加快山东东营、滨州、潍坊、莱州四个港口建设，建设临港产业区，形成北部沿海经济带，建成全省的生态产业基地、新能源基地和全国的循环经济示范基地。
2009年12月12日	《鄱阳湖生态经济区规划》	其发展定位是全国大湖流域综合开发示范区、长江中下游水生态安全保障区、加快中部崛起重要带动区和国际生态经济合作重要平台。
2009年12月31日	《国务院关于推进海南国际旅游岛建设发展的若干意见》	提出到2020年旅游服务设施、经营管理和服务水平与国际通行的旅游服务标准全面接轨，初步建成世界一流的海岛休闲度假旅游胜地。
2009年01月22日	《皖江城市带承接产业转移示范区规划》	将皖江城市带承接产业转移示范区定位为合作发展的先行区、科学发展的试验区、中部地区崛起的重要增长极、全国重要的先进制造业和服务业基地。规划期为2009—2015年，重大问题展望到2020年。到2015年，示范区地区生产总值比2008年翻一番以上，三次产业协调发展，实现与长三角分工合作、优势互补、一体化发展，成为在全国有重要影响力的城市带。
2009年03月15日	《青海柴达木循环经济试验区总体规划》	国务院批复的第二个区域循环经济发展规划。规划提出了国家对加快试验区发展的十大支持政策。
正在制定尚未正式出台的区域经济发展规划		1.《重庆“两江新区”总体规划方案》 2.《成渝经济区区域规划》 3.《西藏区域经济发展规划》 4.《新疆区域经济发展规划》 5.《沈阳经济区国家新型工业化综合配套改革试验区》 6.《长江三角洲地区区域规划纲要》 7.《黄河三角洲高效生态经济区发展规划》

资料来源：根据相关新闻报道资料整理。

（二）区域发展趋向平衡

从科学发展观来看，区域振兴规划更加符合我国二元经济以及区域经济发展不平衡的特点。这一规划既能顾全大局，又能充分体现各地区产业发展的特点和差异性需求，避免了所有的区域规划的地方化和全国规划一刀切问题的出现，更加符合地区经济发展的现实情况。

区域振兴规划实际上也是在调整结构，将产业结构调整与区域经济布局相结合将更加有利于产业的承接转移，从而推动产业结构的调整以及产业在东、中、西部地区的合理布局。自2008年起，中国的中西部和东北的增长速度已经超越了东部地区。东部地区需要中西部地区对其部分产业进行承接从而推进自身的转型和升级；另外中西部地区也需要通过对东部地区产业的承接来推动地区经济的快速发展。

中西部地区经济增长逆势上扬，其原因首先是国家对中西部地区扶持政策的效果；其次，中西部地区处在工业化的初期和中期，重化工业、装备制造业等基础工业和基础设施建设的推进，为中西部地区的工业发展带来了强大动力；而东部地区自金融危机以来，更加注重产业的转型升级，一些劳动密集型和高耗能产业被逐步转移或者淘汰，企业更加注重技术和管理上的创新。

另外，从各区域振兴规划给各行业带来的发展机遇来看，规划期内，中央财政将加大对区域振兴规划区的转移支付力度，支持规划区的基础设施建设并强化综合交通运输枢纽地位，从而为投资创造良好的环境。中央和地方政府将会在投资、财税、金融、土地、对外开放等政策上给予大力支持，可以预见，区域振兴规划区的多行业都将直接或间接受益，而率先得益的将是交通等基础行业。

专栏11－2

中西崛起东转型　区域发展趋平衡

香港《文汇报》2010年1月28日刊文《中西崛起东转型　区域发展趋平衡》，各省经济“年报”近日陆续出炉：中西部板块继续高速追超东部，东部在经历金融危机与转型阵痛后，经济逐步回暖。分析指出，中西部崛起与东部转型将是未来一段时间内中国经济发展格局中的两个“关键词”，将成中国经济结构能否更加健康的关键。

文章摘编如下：

有专家分析指出，中西部地区的“崛起”与东部地区的“转型”将是未来一段时间内中国经济发展格局中的两个“关键词”，将成中国经济结构能否更加健康、区域经济发展能否日趋平衡的关键。

在内地各省经济增长榜单中，中西部板块将第一季度和上半年的突出表现延伸至全年。内蒙、重庆、四川、湖南、陕西、湖北、安徽等13个省市的全年GDP增长均超过10%。其中，内蒙古以17%的增速稳坐排行榜头把交椅，这也是她连续7年保持两位数增长的速度。

而几个中部内陆大省的表现亦可圈可点。安徽以生产总值10052.9亿元成为中国第14个迈入GDP“万亿俱乐部”行列的省份，其经济增长速度亦达到了12.9%；湖南则实现地区生产总值12930.69亿元，同比增长13.6%，经济总量及增长幅度均首次迈进前10位。

相比之下，东部地区经济增长较缓，但是下半年以来的恢复能力也颇令人欣慰。广东经济在一季度增长5.8%、上半年增长7.1%的情况下，下半年开始赶上，全年实现GDP总值39，081.59亿元，同比增长9.5%；上海虽然在此次增幅排行榜上仍处倒数几位，但是比起上半年5.6%的增幅，全年实现8.2%的增长也实属不易。

当然，在东部沿海板块中一直表现较好的天津和江苏，全年成绩亮眼：天津以16.5%的增长速度仅次于内蒙，位居增幅排行榜“榜眼”；江苏则依靠活跃的民营经济，实现GDP总量34061亿元，增长12.4%。

国家信息中心中经网首席经济学家梁优彩向本报表示，在金融海啸冲击下，中央政府持续推出刺激内需和消费的系列政策，给中西部地区经济增长提供了坚实的基础和未来发展的广阔空间。此外，东部地区产业转移以及西部大开发、中部崛起等支持政策逐渐落实并显效，都成为中西部经济强劲增长的助推力。

数据显示，固定资产投资对中西部省份的拉动作用相当明显。安徽去年全社会固定资产投资达9263.2亿元，增长36.2%；湖南去年固定资产投资达7695.35亿元，增长36.2%；湖北固定资产完成8212亿元，增长逾4成。

著名专家、国家发改委对外经济研究所所长张燕生对本报表示，在国内外经济形势逐渐转好的情况下，相比中西部地区的崛起，经济基础好、弹性大的东部地区在经历经济转型的阵痛后，恢复形势喜人，这也让人们在危机中认识到：坚持对外开放和市场化始终是经济发展的重要一环。

附录

历史的丰碑

——邓小平南方重要讲话的三大理论贡献

苏东斌

一

历史上大政治家们，其伟大之处不仅在于能够稳定地操纵着社会发展的正常秩序，更在于能够成功地驾驭着转折关头所发生的巨变。邓小平南方重要讲话就是关键时期的战略性指针。

在“东欧剧变”之后，中国向何处去的问题又一次展示在世界人民面前：是拨改革开放之乱，返回计划经济之正，还是以深化改革扩大开放求得政局稳定，长治久安？党中央面临着历史性抉择。此时，邓小平以革命家的大无畏胆略和特有的人格魅力，力挽狂澜，毅然决然地选择了后者。他在庄严地宣布“十三大的政治报告是经党的代表大会通过的，一个字都不能动”，两年之后，终于发表了震惊中外的南方重要讲话。

英明的战略决策来源于对形势的冷静分析。因为他坚信“人民是看实际的”，所以才能准确地判断出，那场世界性动乱的根源，不在于西方敌对势力的颠覆与渗透，也不在于欧洲共产党内个别人物的叛变与阴谋，而主要在于经济的停滞与崩溃，在于“腐败丧失了民心”；因为他发现风波中并“没有反对改革开放的口号”，所以才能清楚地意识到“就是因为我们搞了改革开放，促进了经济发展，人民生活得到了改善”，“如果没有改革开放的成果，‘六·四’这个关我们闯不过”，“谁要改变三中全会以来的路线、方针、政策，老百姓不答应，谁就会被打倒”。这就是历史唯物主义的具体运用，这就是马克思主义的常识分析。

正是这个讲话既扫荡了当时作为主要危险的“左”倾思潮的干扰（邓小平正面剖

析："把改革和开放说成是引进和发展资本主义，这就是'左'"），又在实际上批判了流行于国内外的"中国改革死了"的悲观论调（邓小平反面告诫："如果再不改革开放，我们的现代化事业和社会主义事业就会被葬送"），扭转了就整体来讲出现的改革停滞、开放萎缩的沉闷局面。南方重要讲话和党的十四大使中国社会进入了一个稳定的深化改革、扩大开放的新阶段。

二

5年来的实践充分地表明，南方重要讲话具有三大理论贡献：

第一，在"什么是社会主义"问题上，南方重要讲话揭示了"发展生产力"、"最终达到共同富裕"的本质特征。

1984年以来，邓小平有三次以提问的方式把他反复思考的既是世界性又是世纪性的难题提了出来，即"什么叫社会主义？什么叫马克思主义？我们过去对这个问题的认识不是完全清醒的"（1984），"社会主义是什么？我们并没有完全搞清楚"（1985），"如何认识和发展马克思主义，没有搞清楚"（1989）。邓小平一再声明自己是坚定的马克思列宁主义者，如果以为此时此刻他在这一原则问题上还会是真的不清醒，那就大错而特错了。这一结论的意义在于：不仅说明了他对传统的社会主义认识的怀疑与反思，同时也反映出他对资本主义社会中某些先进东西的认同与借鉴的心态。当他看到古今中外都有国有经济，国有经济命运是与国家概念共存亡的，尤其是看到百分之百的公有经济结构并没有给中国人民带来更大的利益，相反可能成为改革的对象时；当他看到计划并非社会主义特征，日本和法国也都在进行着经济计划工作时；当他看到土地、股票、房屋进入市场构成了按资分配的大量事实，按劳分配也就并非成为社会上唯一的分配形式时，传统的社会主义经济特征教条必然发生根本性动摇。于是，他拓宽了视野，开始了自己独特的思考。像其他伟大的革命家一样，他从来不愿也没有给社会主义下过什么经典式的定义，但他从不同的层面上简要的回答了这一问题。归纳起来，他可分为三个层次的含义：

第一层次，从目的上看，邓小平把它概括为某种理想。他强调，"我们坚持社会主义道路的根本目标是共同富裕"，可以说"公正"加"富裕"是它的基本点。

第二层次，从手段上看，邓小平把它概括为某种政策。他强调，"社会主义阶段最根本的任务就是发展生产力”，“只要对发展生产力有好处，就是社会主义的”。

第三层次，从条件上看，邓小平把它概括为某种制度。他强调，“公有制经济始终占主体地位”，“如果走资本主义道路……大量的人仍然摆脱不了贫穷，甚至连温饱问题都不可能解决”。

毫无疑问，在这里，“目的”所表示的理想是永恒的，它体现了社会主义的本质要求；而“手段”所体现的政策则是多种多样而且是灵活的，它不再反映本质，仅仅是某种方法；至于“条件”所规定的制度，它必须体现作为目的与手段的保证机制，这种外部条件只能因不同阶段、不同时期而采取不同的具体内容与形式。因为一旦失去了某种制度上的保证，“目的”就变成纸上谈兵的空想，“手段”也因沙盘作业而无法运行了。

正是在这个基础上，邓小平在南方重要讲话中首次向我们揭示了社会主义的本质特征，即“社会主义的本质，是解放生产力，发展生产力；消灭剥削，消除两极分化，最终达到共同富裕”。至此，他给了我们一个社会主义的全新概念。

1929年，在纪念列宁逝世五周年的文章里，当时担任俄共《真理报》主编的布哈林曾用大号字母和黑体字引用了列宁晚年（1923）的光辉著作《论合作制》中的一句名言：“我们不得不承认，我们对社会主义的整个看法根本改变了”来做标题。70年后，邓小平又明确提出了关于社会主义的本质特征的问题。可以说，从列宁的“根本改变”到邓小平的“本质特征”，标志着人类社会经过将近一个世纪的艰苦实践，终于在理论上完成了对社会主义经济特征的探索。这一结论不仅显示了从列宁到邓小平对自身以往思想的巨大发展，而且也形成了对新的社会主义原则的最高概括。至此，邓小平在实际上对“什么是社会主义”，作了一个经典性的解释，作了一个历史性的回答。

第二，在“如何建设社会主义”问题上，南方重要讲话在实际上规定了走“社会主义市场经济”的发展道路。

从某种意义上讲，重要的并不在于有一个神圣的理想、美好的愿望，而在于能够真正架起一道通向彼岸的桥梁。邓小平不是一个空想社会主义者，他在领导中国人民走向现代化的过程中，必须切实找到一条解放而不是桎梏生产力发展的道路。以往的社会主义实践，尤其是中国的“文化大革命”教训，终于把他的思路引向了改革开放。

如果说“改革”主要是改正对马克思主义的错误应用的话，那么“开放”主要则是要纠正对当代资本主义的错误认识；如果说“改革”就是指要把计划经济改为市场经济体制的话，那么“开放”则不过是市场经济的外部延伸罢了。

在这里，一方面，邓小平一针见血地指出：“贫穷不是社会主义。”他强调说：“社会主义是一个很好的名词，但是，如果搞不好，不能正确理解，不能采取正确的政策，那就体现不出社会主义的本质。”他深刻地总结道：“我们坚持社会主义，要建设对资本主义具有优越性的社会主义，首先必须摆脱贫穷。现在虽说我们也在搞社会主义，但事实上不够格。只有到了下世纪中叶，达到了中等发达国家的水平，才能说真的搞了社会主义，才能理直气壮地说社会主义优于资本主义。”因为造成贫穷这一事实，既不是共产党人的愿望，也不是阶级敌人的破坏，只能归咎于传统的计划经济体制。所以，邓小平这个思想无非是说明传统的计划经济体制只能导致中国人民的普遍贫穷。

另一方面，邓小平又一再说明社会主义也有市场。从 1979 年（“社会主义为什么不能搞市场经济，这个不能说是资本主义”）到 1990 年（“我们必须从理论上搞懂，资本主义和社会主义的区分不在于计划还是市场的这个问题”），从 1991 年（“不要以为一说市场经济就是资本主义”）到 1992 年（“市场经济不等于资本主义，社会主义也有市场”），邓小平都反复地提出了这个问题。而这个思想又无非说明市场经济已经是“人类创造的文明成果，只有吸收和借鉴它”，社会发展才能真正“取得优势”。

其实，计划经济的失灵就在于它的实施必须具备两个苛刻的条件：第一，计划部门掌握着全部的市场供求信息；第二，整个社会利益一元化倾斜。这就是说不仅信息要准确、及时、完备，而且经济发展动力要单一，只有中央单一的利益，下级又要绝对服从。因为经济发展常常具有不可预期性，对千千万万、千变万化的市场需求，任何先进的电子计算机都无法反映出来，而指令性指标的存在，又使企业、地方、个人失去了劳动的积极性和创造性。

应该看到，计划经济仅仅适应于战时的紧急状态与经济的大规模恢复时期。恩格斯曾多次警告我们：不要把历史上的烟草专卖和俾斯麦的国有化说成是社会主义。计划经济的性质属于权力经济、命令经济。由于它以配额取代了选择，以统管排斥了竞争，所以它也就成了一种违背客观规律的主观经济。世界现代史表明，哪个国家不搞市场经济，哪个国家就落后；18 年的中国改革史也表明，哪个地区搞了市场经济，哪个地区就迅速发展。

由于“大锅饭”和特权意味着失去了公平，而“票证林立、定量分配”又意味着失去了效率，所以，计划经济所希望解决的效率与公平问题，也就成了经济学中的哥德巴赫猜想。

我们必须看到，那时的社会稳定，正是以人们的普遍贫穷和以阶级斗争为纲的心灵摧残为代价的。

在南方重要讲话中，即使对于证券、股市这些东西还要不要搞？鉴于改革是权力和财产的再分配，邓小平虽然认为“允许看”，但是，他同时强调“要坚决地试”，因为，这时他已确信这一切都已经不再是资本主义所“独有的东西了”。在人类社会中，对资源的配置无非有两种方式，或者是用行政命令通过指令性指标来计划配置，或者是以市场供求价格的波动引导资源的流向实现市场配置。如果不通过市场交换，由于劳动本身有简单和复杂之分，生产工具有先进与落后之分，劳动产品有是否适应社会需要的差别，所以，是根本无法确定任何一种商品的社会必要劳动时间的。可见，价格只能是交换出来的，而绝不是计算出来的。

也正是由于单一的市场调节理论，同样具有极为苛刻的条件：第一，价格能准确及时地反映稀缺资源的供求状况，从而造成供应总量等于需求总量的均衡经济；第二，没有任何垄断的自由竞争市场。在资源约束、人口约束等经济环境尤其是存在大量非经济因素的影响时，价格信号难以自动地调节供求关系。况且有些经济活动本来就不属于单一市场调节的范围。鉴于30年代市场经济的大危机，西方世界才出现了主张政府宏观调控的“凯恩斯革命”。也正是基于这种态势，邓小平在南方重要讲话中才重申，“计划和市场都是经济手段”。政府的计划调节并不是市场经济的反动，而是现代市场经济的应有之义。因为失去了宏观调控这一块，也就构不成完整的市场经济体系。邓小平多次介绍的“日本就有个企划厅”、“资本主义的最惠国待遇”就是一个明证。

从20世纪30年代苏联沃兹涅辛斯基的“商品形式”的论述，到60年代苏联利别尔曼的“利润挂帅”的大讨论，从捷克奥塔·锡克的“货币市场理论”到中国孙冶方的“价值规律第一条”的判断，可以说，关于社会主义条件下计划与市场的关系问题几乎争论了一个多世纪，也大体走了三部曲，即由计划和市场绝不相容—计划和市场能够结合—以计划经济为主、市场调节为辅，直到1992年邓小平的南方重要讲话发表，在中国大地上，才终于逐渐发出了要建立“社会主义市场经济体制”的最强音。

至此，我们可以清晰地发现，在发展目标的确定上，邓小平与毛泽东有着理所当然地继承，而在发展道路的选择时，邓小平与毛泽东又有着显著的不同。

三

为什么邓小平能够得出社会主义本质的新概念？为什么邓小平能够发现社会主义市场经济的新命题？从哲学方法上讲，是因为邓小平经过长期痛苦的思索，破除了“教条论”、“凡是论”，终于获得一种崭新的科学思维方式——“目的论”。这可以说是南方重要讲话的又一理论贡献。

在怎样回答上述两大难题的思维方式上，南方重要讲话提出了特有的“三个有利于”的判断标准。在这个讲话中，邓小平庄严地提出了一个新标准，即判断姓“社”姓“资”的标准，“应该主要看是否有利于发展社会主义的生产力，是否有利于增强社会主义国家的综合国力，是否有利于提高人民的生活水平”。

这三条标准的文字表述从逻辑上看，因为答案包括在疑问之中，所以似乎不易解释，但它的真实含义人们还是一目了然的。

也许有人认为，若按这三条标准，那么一些发达的资本主义国家不早就是社会主义了吗？我理解，邓小平这一貌似一般性提法，却有着极为特殊的纵横方面的双重意义。

从纵的方向看，它是针对着以往社会主义发展过程的。若在这一过程中体现不出这三条，也就自然地失去了社会主义的本色。所以，邓小平不仅提出“贫穷不是社会主义”，而且还说“发展慢了也不是社会主义”，甚至还明确地裁决，“现在虽说我们也在搞社会主义，但事实上不够格”。

从横的方向看，它是针对着当代资本主义世界的。若在未来趋势上社会主义国家始终赶不上资本主义国家的发展速度与水平，那就一定会发生社会主义的命运危机。因为社会主义的优越性就是针对着资本主义弊端而引发出来的。他同样明确地指出：“如果我们不发展或发展太慢，老百姓一比较就会有问题了。”所以，“发展是硬道理”。

邓小平为什么在讲话中总是这样强调“马克思主义最注重发展生产力”？就是因为发展生产力已经成为目的本身，解放生产力和发展生产力，就是解放和发展人类自身的本质力量，也就是以人自身为目的。马克思曾指出，在社会主义社会，“生产将以所有人的富裕为目的……真正的财富就是所有个人的发达的生产力”[1]。可见，发达的生产力比现成的有限财富更重要，因为它可以为我们创造更多更好的新的财富。

那么，邓小平在讲话中又是如何阐述实现“共同富裕”这一社会主义目标的呢？本来，“共同富裕”不仅是现代社会发展的一般趋势，更是社会主义的基本价值判断。应该说，这一点一直是新中国成立后的苦苦追求。但由于实行着大一统的平均主义，把中国经济推向了崩溃的边缘，在本来一个追求共同富裕的美好舞台上却演出了一场普遍贫穷的悲剧。也正是面对着以往这一条根本走不通的路，作为中国经济发展的总设计师，才能在深刻的批判现代空想思潮的同时，高屋建瓴地提出了创办中国经济特区这个具有转折性战略决策。

在这里，邓小平在方法论上完全抛弃了对概念的绝对化理解，没有在绝对平均主义内容上去说明这一个目标，而只把它表述为社会财富总水平的提高和个人收入超过时代贫困线。它的对立面是在普遍贫穷基础上社会财富严重分配不公。

显然邓小平的功绩并不在于确认一个“共同富裕”的目标，而在于终于找到了实现这一目标的唯一途径——“让一部分人一部分地区先富起来。”在这里，第一，作为过程，邓小平主张“一部分地区有条件先发展起来，一部分地区发展慢点”；第二，作为结果，邓小平主张“先发展起来的地区带动后发展的地区，最终达到共同富裕”；第三，作为方法，邓小平主张“先富起来的地区多缴点税，支持贫困地区的发展”；第四，作为时间，邓小平主张“太早这样办不行，现在不能削弱发达地区的活力”，“起码本世纪末以前不向你们开刀”；第五，作为方向，邓小平主张“到那个时候，发达地区要继续发展”。这是一条多么清晰的思想轨迹啊！

邓小平的这个反教条主义、反形而上学的思维方式是具有坚实的理论基础的。

经济发展的非均衡规律决定着“共同富裕”只能是一个过程，而个人劳动差异和与此相适应的收入差异又决定着这一过程永远不会完结。政策调节的理论基石就是经济发展的“非均衡规律”，高收入政策的客观依据就是劳动力的商品属性。

“三个有利于”标准的提出，显示了一种新的思维方式——目的论。这个判断标准确凿地指示我们，应该从功能方向上而不仅仅从结构组织上，从价值取向上而不仅

[1] 《马克思恩格斯全集》第46卷(下)，人民出版社1971年版，第222页。

仅从具体制度上，从根本目的上而不仅仅从各种手段上，去综合考察社会主义的现实。目的论，即目的高于手段论，即当以往的手段与原则难以达到根本目的时，就毫不犹豫地修正以往的手段与原则，而不是篡改目的本身的论点，邓小平的“目的论”曾长期被视为实用主义或狭隘经验论。其实，20多年前邓小平的“猫论”不过就是“目的论”的一个形象比喻罢了。因为社会主义的目标只有一个，而实现社会主义的道路却有千条万条。所以，我们既不应该在这三条标准之外再加入第四条、第五条，也不应该把这三条标准的作用范围贬低为一般工作标准，甚至仅仅是经济工作标准，从而把这一重大的、根本性标准驱赶到一个十分狭小的领域。

邓小平并不是一位单纯的理论家，他的观点散见在一系列讲话、语录、批示的条文中，它以通俗的语言形式表达着许多石破天惊的深邃的思想内容。南方重要讲话是“建设中国特色社会主义”的理论精华，这一讲话，使其跃上了时代的理论巅峰。南方重要讲话又是17年来中国改革开放大业的辉煌总结，邓小平给了中国人民一个观察问题、分析形势、判断是非的强大思想武器。南方重要讲话的发表标志着“建设中国特色社会主义”理论从历史到逻辑在体系上的完成。

邓小平始终是一位伟大的革命家，他始终以改变中国人民命运为己任，以从政治上、经济上解放他们为思考的出发点和行为的最终归宿。南方重要讲话主要在特区诞生，除了表示特区的光辉实践验证了他的伟大理论外，同时也标志着作为总设计师的中国改革开放蓝图的完成。正是这个讲话排除了中国改革开放道路上的最后一道理论障碍，为1992年底的党的十四大确认“社会主义市场经济”命题奠定了坚实的理论基础和强大的舆论准备。

无论从讲话所涉及的理论内容本身，还是看讲话所形成的巨大影响，从更深层的意义上说，它都为不发达国家走出贫困指明了一条强国之路，这才是邓小平对世界的和平与发展所作出的历史性贡献。

巨人已乘黄鹤去，法雨普降人间来。中国的现代化事业，不仅需要努力完成邓小平想做但来不及做的工作，更需要大量新的创造性活动；不仅需要杰出人物的英明指引，更需要法治力量的行为规范。

邓小平在南方重要讲话中反复强调着这样一个思想，即“要坚持党的十一届三中全会以来的路线、方针、政策，关键是坚持一个中心、两个基本点”，“基本路线要管一百年，动摇不得”。可以说“一百年不动摇”也就是这位当时的88岁高龄老人所作的明确的政治嘱托和庄严的历史交代。

今天，以江泽民同志为核心的党中央，在坚持以经济建设为中心，在推动改革开放，在促进精神文明的发展等基本而且重大的问题上，高举着邓小平的“建设有中国特色社会主义理论”这一面伟大旗帜，维护着“一个中心两个基本点”的这部根本大法。历史将充分地展示，以江泽民同志为核心的党中央，已经而且必将继续向中国、向世界“用事实去证明这个不变”。

（原载《深圳特区报》1997 年 2 月 25 日，

《新华文摘》1997 年第 7 期全文转载）

“钢铁是怎样炼成的”
——邓小平理论的深圳实践

苏东斌

在世界的任何一个地方，你还可以找到像深圳这样一个仅仅经过短短 20 年的历史，就由一个小小的渔村，一跃而变成一座颇具规模又举世闻名的现代化城市吗？

这个奇迹到底是怎样发生的？这个奇迹又是为什么能够发生？

所有这一切，都召唤着人们进行理性的思考，都祈盼着世界作出庄重的回答。

一、“深圳，就叫特区吧！”

22 年前，当邓小平重新走上党和国家领导岗位时，曾动情地声明过：作为一个中国共产党人，自己出来工作，不是为当官，而是要做事。正是基于这个把中国引向现代化的大事业，所以，当他面对“中国社会从 1958 年至 1978 年二十年时间，实际上处于停滞和徘徊状态”[1]，“工人和农民的收入增加很少，生活水平很低。1978 年人均国民生产总值不到 250 美元”[2]。面对这一严酷局面，他才能及时地、准确地作出了石破天惊的判断：“现在虽说我们也在搞社会主义，但事实上不够格”，“贫穷不是社会主义”。[3]

本来，“摆脱贫穷”[4] 是社会主义的应有之义。但是，直到中国共产党的十一届三

---

[1] 《邓小平文选》第 3 卷，第 237 页。
[2] 同上，第 115 页。
[3] 同上，第 225 页。
[4] 同上。

中全会之前，中国人民曾为这一人类社会发展史的常识甚至付出了巨大的生命代价。可以说，邓小平当时的这一判断是具有强烈的震撼力的。

但是，要走出贫穷，鉴于偌大的中国经济发展的非均衡制约条件，既不可能同时，更不可能同步。所以，唯一的途径只能是“鼓励一部分地区、鼓励一部分人先富裕起来”[1]。

那么，这“一部分地区”的突破口应该在哪里呢？在那里，改革的成本可能最低，而创业的机会又可能最大。它不可能在旧体制的基地与重镇，不可能在任何一个政治、经济、文化的中心。只能在中国计划经济的薄弱地区，只能在与世界市场经济的接轨之处。领袖的目光迅速地转向了东南沿海：“地利”的优势把“天时”的彩球当然地抛向了深圳，“人和”的鲜花辉映着移民城市的宽容与轻松。在这一瞬间，中央选择了邓小平，邓小平又选择了深圳：“办特区是我倡议的，中央决定的。”(1984)

特区的英雄儿女没有辜负他老人家的重托，向人民的共和国，向人民的领袖交上了一份满意的答卷。

在中国这块版图上，最有资格、最有形象力、最有权威性去阐述与验证、去赞扬与肯定邓小平理论的地方，是绝对离不开深圳的。不管深圳的发展还积淀并预示着多少“真问题”，但从区域发展的水平来看，从1980年至1999年，全市国内生产总值年均递增31.2%，工业总产值年均递增45.4%，地方预算内财政收入年均递增41.8%。1999年，全市国内生产总值1436亿元，人均GDP达3.6万元，地方预算内财政收入185亿元，分别居全国大中城市第6位、第1位、第3位，外贸进出口总额达504亿美元，其中出口282亿美元，约占全国的七分之一，连续7年居全国大中城市之首。其发展速度也远远超过被誉为创造了世界经济奇迹的亚洲“四小龙”。

枯燥的数字翻阅着历史的跃进，铁打的烙印展示着时代的风采。我们完全可以说：伟大的理论创造着伟大的实践，伟大的实践孕育、验证与丰富着伟大的理论。深圳就是邓小平理论的杰出产物，是中国改革开放大业的光辉结晶，是中国大地上、广阔天空中的一个骄子。深圳的经验既反复地验证了邓小平理论是伟大的，又充分地说明了广大人民群众被呼唤起来的力量是无穷的。这就是邓小平理论与深圳实践的内在联系。

---

[1] 《邓小平文选》第3卷，第142页。

二、“坚持改革开放是决定中国命运的一招”

1979 年 4 月，邓小平以他那特有的惊人的胆略和非凡智慧一锤定音：“在你们广东找出一块地方来，也搞一个特区。过去陕甘宁边区就是特区。中央没有钱，你们自己搞，要杀出一条血路来。”

毫无疑问，邓小平的初衷绝不是简单地立足于中国南方一个小镇的发展前景，深圳是作为中国市场经济体制的“试验基地”而创立、是作为中国改革开放的特殊“窗口”而存在的，它的“辐射”与“带动”功能要影响整个中国。所以，观察深圳，也就是在探索中国经济如何从计划经济体制向市场经济体制的转型过渡；解读深圳，也就是在剖析世界如何使一个落后的小村落迅速走向现代化的基本路径，虽然我们不能把它加以绝对化理解。

在邓小平的理论这里：

第一，邓小平明确地规定了经济特区的基本方向——早日实现现代化。

第二，邓小平精心地设计了奔向这个方向的根本道路——改革开放。

第三，邓小平准确地指示了改革开放的体制目标——社会主义市场经济。

第四，邓小平鲜明地提出了衡量这一方向、道路、目标、性质的判断标准——“三个有利于”（是否有利于发展社会主义社会的生产力，是否有利于增强社会主义国家的综合国力，是否有利于提高人民的生活水平）标准。

第五，邓小平热忱地呼唤着特区建设踏上征途、奔向目标、实践标准所需要的特有的人文精神——敢闯精神。

1. 在邓小平理论的旗帜上，最核心的东西到底是什么？既不是“生产力标准”，也不是“公有制为主体”政策，更不是“共同富裕”理想，甚至也不是“一国两制”战略。虽然我们在实践上丝毫不能低估邓小平在上述几个方面伟大的历史功勋，但是我们坚决地认为，邓小平提供给中国历史更重要的东西则是“改革开放”四个大字。从根本的意义上讲，没有他的“改革开放”思想，也就没有“邓小平理论”本身，“改革开放”思想就是“邓小平理论”的核心与精华。

对此，邓小平一再确认“坚持改革开放是决定中国命运的一招”，“特别要注意，根本的一条是改革开放不能丢”。[1]

---

[1] 《邓小平文选》第 3 卷，第 368 页。

所谓“改革”，其实质就是对教条化的马克思主义的批判，对传统计划经济体制的批判，对社会主义市场经济的确认。邓小平曾这样揭示着改革的内涵：“社会主义基本制度确立以后，还要从根本上改变束缚生产力发展的经济体制，建立起充满生机和活力的社会主义经济体制，促进生产力的发展，这是改革，所以改革也是解放生产力。”[1] 所谓“开放”，其实质就是对当代资本主义社会的再认识，对人类一切共同文明的创造性吸收。邓小平又曾这样揭示着开放的内涵：“社会主义要赢得与资本主义相比较的优势，就必须大胆吸收与借鉴人类社会创造的一切文明成果，吸收与借鉴当今世界包括资本主义发达国家的一切反映现代化社会生产规律的先进经营方式、管理方式。”[2] 我们之所以说改革开放是强国之路就在于它是把中国社会引进现代化的必由之路，唯一之路。

毫无疑问，一条中国现代化之路一定要显示出民族特色与反映出历史阶段性来，我们强调“中国特色”就是要说明它的民族性、地区性、国家性；我们指出“初级阶段”，又是要表示它的时代性、后进性和渐进性，没有了这两点，当然也就没有了中国现代化每一个过程的出发点和落脚点。但是，无论这种特色“特”到什么程度，也不管这种“发展阶段”，进入了哪一时期，现代化道路一定有它的“本色”和“同质”。我们绝不能以“中国特色”来拒绝由“本色”所带来的规范要求，更不能用“初级阶段”去否定本来应当实现的各种现代化进程。

这样，我们在强调“中国特色”的同时，必须清醒地认识到，努力吸收人类所创造的一切物质文明、精神文明、政治文明的果实与营养，这不仅反映了我们的胸怀，更反映了我们的聪明与智慧。因为从实践的意义上讲，更多的东西是“利与弊”，而不是“是与非”。许多东西并非都一定要兵戎相见，更多的则可以融会贯通。我们绝不赞同当年“师夷长技以制夷”的狭隘民族主义观念，绝不赞同“中学为体，西学为用”的现代化蓝本，而是要在经济全球化、区域化中积极参与国际分工。开放也一定包括心态的开放与平和。在现代化的理念中，任何“中国特色”并不“特”在既定目标上，而仅仅能够“特”在具体道路上，所以，经济、政治、文化之间既不可能视同秦越，也不应当以李代桃。

由于改革开放的具体目标是建立社会主义市场经济体制，所以坚持改革开放道路

---

[1] 《邓小平文选》第 3 卷，第 370 页。

[2] 同上，第 373 页。

就是坚持社会主义市场经济体制的同义语。

作为改革“试验场”的深圳，它有1979年第一个引进香港外资兴办的来料加工、以进养出的威丝厂企业；它有1981年首推的基建工程招标制度，它有1983年向社会公开发行的全国第一张宝安联合投资公司的股票及接踵而至的证券市场；它有1987年全国第一个土地使用权的拍卖会；它有1990年发明并以后在全国推广的国有资产三级授权经营制……

作为开放“窗口”的深圳，到1999年底，累计实际利用外资200.45亿美元，最主要是集中在最近5年，共引进外资达123亿美元，居全国大中城市第二位；外资企业1.4万多家，还有8000个家“三来一补”企业。其中大型跨国公司150多家，世界500强企业中有76家进驻深圳。深圳也有37家企业“走出去”，到国外发展。1980—1999年深圳进出口总额累计达3000多亿美元，其中出口年均递增42%，连续7年居全国大中城市之首……

改革开放是中华民族的强国之路，也是深圳20年发展历程的坚持不动摇的全部路径依赖。为此，邓小平郑重严峻地警示国人：“如果没有改革开放的成果，‘六·四’这个关我们闯不过。”“谁要改变三中全会以来的路线、方针、政策，老百姓不答应，谁就会被打倒。”[1]可见，改革开放，市场经济，作为一种制度性安排，也是中国社会宏观与微观环境制约下各种要素结构性变化的一种结果，而绝不是中国社会变迁的任何前提。这不禁叫我们想起列宁针对伟大转折的1923年所作的光辉判断：由于新经济政策的实施，“我们不得不承认，我们对社会主义的整个看法都根本改变了”。[2]

2. 正因为改革开放是“第二次革命”，所以邓小平早就清醒地观察到可能与必然遇到的阻力和障碍，敏锐地分析出全部争论焦点都会集中到改革开放的“性质”上去。他一针见血地指出：说来说去就是怕资本主义的东西多了，走了资本主义道路。要害是姓‘社’姓‘资’问题。对此，他斩钉截铁地作了回答，判断姓“社”姓“资”的标准：“应该主要看是否有利于发展社会主义的生产力，是否有利于增强社会主义国家的综合国力，是否有利于提高人民的生活水平。”这真是思想大解放、理念大变迁。

[1]《邓小平文选》第3卷，第371页。

[2]《邓小平文选》第4卷，第773页。

为什么邓小平能够在深圳得出社会主义本质的新概念？为什么邓小平能够在深圳实际上发现社会主义市场经济的新命题？从哲学方法上讲，是因为邓小平经过长期痛苦的思索，破除了“教条论”、“凡是论”，终于获得一种崭新的科学思维方式——检验真理的实践标准和检验实践的价值标准在逻辑上的统一。

回首20年前，首先在思想界，接着波及整个中国社会，掀起了一场“思想解放”运动。其中心议题是“什么是检验真理的唯一标准？”其历史性结论是：“实践是检验真理的唯一标准。”这就是说，任何“主义”、“思想”、“理论”、“讲话”、“指示”的生命力并不在于它身外的权力的力量，也不在于它本身所形成的逻辑力量，更不在于某个人的人格光彩，而在于它在实践中的魅力。今天，举世共识，正是那场震撼中国大地的思想解放运动，才为中国的改革开放大业奠定了坚实的理论基石。

可是，检验真理的道路并没有走完。因为实践毕竟不会自发地进行检验，尤其在社会科学领域：由于检验的主体不同，不同主体的价值取向不同，所以得出的结论自然也不尽相同；实践即使成功了，也不能不衡量一下它的代价。这里不仅有一个短期利益与长期利益的比较问题，更有一个人民性、人道主义的问题。

有时即使是实践失败了，也未必就能证明其中的道理不对。因为有时成功与否，与真理的强弱无关，却是力量对比所致；何况有些理论是暂时根本无法检验的。如某人的科学幻想假说等等。如果都要求实践给予证明，那无疑会毁弃于理论本身。对此，确实有一个逻辑与价值检验标准问题。

这样，我们就不能不推崇邓小平为什么在1979年的“真理标准大讨论”后，又在1992年提出了一个新的标准，即“三个有利于”的标准。这个标准可归纳为哲学上的价值判断标准。而这一价值判断具体标准的提出又几乎等于严格规范了“实践标准”的具体含义。

“实践标准”讲的是“目的论”，“价值标准”讲的是“是非论”。在这里，“目的”高于“手段”，“幸福”大于“增长”。

如果说改革开放是邓小平理论的精华，如果说南方重要讲话使邓小平跃上了时代的理论巅峰，那么其中的“三个有利于”标准的提出，就蕴藏着邓小平改革开放全部理论的精华中的精华。因为它从历史与逻辑上揭示了当代人类社会文明发展的一个普世性准则。

正是这一判断标准，才纠正了那些“辛辛苦苦几十年，一夜回到解放前”的糊涂认识，正是这一判断标准才击溃了那种“深圳除了罗湖海关一面旗帜是红的，其余的全部变了色”的极“左”思潮。因为“发展是硬道理”，而发展又必须“拿事实来说话”。[1] 从“过去吃不饱穿不暖，现在不仅吃饱穿暖，而且有现代化的生活用品，人民是高兴的”[2] 这一基本点看出，正是在“三个有利于”判断标准的阳光照耀下，深圳才终于驱散了蒙在头上的一层阴影。此时此刻，深圳人笑了，全国人民放心了。这时，也只有在这时，邓小平才能够郑重地下了结论：“深圳的发展和经验证明，我们建立经济特区的政策是正确的。”

3. 既然“改革是全面的改革，包括经济体制改革，政治体制改革和相应的其他各个领域的改革”[3]，那么要“动”要“变”的就不仅是经济基础，还有上层建筑。因为我们“搞的是天翻地覆的事业，是伟大的实验、是一场革命”[4]，正因为改革的是一种权力与利益的再分配，所以“这是要冒很大风险的”[5]。

所以，为了国家的长治久安，邓小平才千呼万唤敢于“大胆地试，大胆地闯”的创新精神[6]，在经济发展问题上，他一再强调：“思想要解放一点，胆子更大一点，步子更快一点。”[7] 我们坚决地认为，如果说深圳经济特区的兴起是靠政策杀出了一条血路来，那么那时最大的政策就是“允许闯”、“允许试”。请看：

在劳动力不是商品的“中共中央关于经济体制改革决定”公布以后，深圳敢于大力推行招聘录用、竞争上岗、合同用工；在按劳分配作为社会主义基本经济制度响彻云天的时候，深圳敢于公开发行按资分配的股票；在路线决定一切，原则高于现实的僵化结冻时期，深圳敢于提出“时间就是金钱，效率就是生命”的市场经济观念……所有这一切，没有“敢闯”的精神怎能承担起“违宪”、“抗上”、“叛道”的风险呢？！

为此，邓小平高度评价了深圳的人文精神，他生动而准确地概括说：“深圳的重要经验就是敢闯。”[8]

但是，“敢闯”的前提正是“看准了”[9]，所以，敢闯并不是绿林好汉，不是草莽

[1] 《邓小平文选》第3卷，第156页。
[2] 同上，第235页。
[3] 同上，第237页。
[4] 同上，第156页。
[5] 同上，第130页。
[6] 同上，第372页。
[7] 同上，第367页。
[8] 同上，第372页。
[9] 同上。

英雄，而是基于对未来不确定性的科学预测，而要做到这一点，深圳人就不仅需要胆量，更需要胆识。这就是说不仅要"敢闯"，还要"善闯"，而"善闯"就要有人才。

邓小平讲："改革经济体制，最重要的是人才，"[1]"人才难得"[2]。

从根本上说，20年深圳的发展最根本的动力并不是什么巨额资本，而是一大批优秀人才，人力资本是最稀缺的宝贵资源。

计划经济体制最大的弊端也就是对人力资本的浪费与摧残。我们必须清醒地认识到，无论是旧体制的惯性，还是转型期的依赖，都十分缺乏竞争的内在动力与机制，相反，却顽固形成着对创新者的冷漠、嫉妒、歧视、压抑，甚至摧残的条件与动机。因为创新者要不断否定的不仅是无能的管理者，而且有时也还有所谓的技术权威，而创新的结果必然会动摇社区中特权阶层们愚昧与专横以及剥夺他们本来是从大众所掠夺来的利益。同时，还瓦解着保守与奴才的习性。早日摆脱缺乏权力意志的否定功利、否定竞争、否定技术的文化困境，从而结束尼采与孔子的对话。从这个意义上说，"中国"也是一个文化的概念而非种族概念。放弃族性迷信，接受多元文化主义是人类文明的一种进步。因为在传统文化的心态下，即使是下属的成就也会构成对自己的威胁。相反，平庸的稳定，却会受到上司的表彰。因为这种旧体制所赞扬与需要的，并不是什么"有成就"（因为"成就"就意味着创新，而创新也就意味着打破平静，意味着对财产和权力的再分配），而是"不出事"（即稳定的财产与权力的旧秩序）。这里，我们应当记住在"'99'财富'上海论坛"资深政治家李光耀的提醒"中国的传统文化培养不出企业家"的警告。

正是人力资本所具有的创造性（非机械性）、创造力的本体性（非整体性）、创造力的无限性（不可限量性）以及人力资本的自有性等四个基本特性才使其不仅具有排他性的产权要求，更有充分的报酬要求。这也正是激励创造供给，创新统治资本。对此，"三起三落"的邓小平是深知"人才难得"这一真谛的。这位曾表示愿意当科技人员"后勤部长"的老人[3]谆谆教导我们：人才是有的。要创造一种环境，使拔尖人才能够脱颖而出。改革主要是创造这样的环境。由此可见，关键是人力资本，而人力资本的发掘又重在制度建设。

---

[1] 《邓小平文选》第3卷，第108页。

[2] 同上，第369页。

[3] 《邓小平文选》第2卷，第98页。

如果说深圳发展的前10年人力资本的主要构成体现在优秀的大批党政干部与百万辛劳的打工阶层上，那么后10年人力资本的显著特点就是科学技术人员和企业家的重要作用。据说90年代后期全国博士的三分之一曾一度工作在深圳。在深圳结构调整、产业升级发展新阶段中，深圳认真地发挥着邓小平“更要善于创新”的科学精神。[1]“1991—1999年，深圳市高新技术产品产值年均递增56.4%，1999年高新技术产品产值达819.79亿元，占工业总产值的比重达40.5%，拥有自主知识产权的比重达46.8%。”

这样说来，作为中国经济特区的代表作之一——深圳的耀眼处，并不是地王大厦式的耸入云天的那片现代建筑群，也不是深南大道上红花与绿草相耀映的那条风景线，而是在邓小平理论的旗帜下所培育出来的，敢于创新的深圳人，这才是完整而深刻的深圳，这才是准确而全面的特区，这才是这座神奇城市中的灵魂与魅力。它的作用与意义早已越出了深圳与中国的时空。

总结起来，经过20年的改革开放，深圳人为中国、为世界作出了自己的两大贡献：

第一，深圳贡献了一种精神：敢闯敢冒的创新精神。

第二，深圳贡献了一个新体制：通向强国富民的具体的社会主义市场经济体制。

深圳的经验雄辩地证明了，只要坚持社会主义市场经济的体制目标，只要遵循改革开放的根本道路，一句话，只要高举邓小平理论的这面旗帜，就能一步一步地成功地把贫穷的人们引向共同富裕，钢铁也就是这样炼成的。正如资深政治家李光耀坦言：深圳的未来就是中国的未来。

如果你真想体会出“贫穷不是社会主义”这句历史性结论的话，如果你真想看得到什么是事实上的“够格的社会主义”的话，如果你真想确信世界上还会有“比资本主义更有优越的社会主义”的话，就请到中国的深圳来！

三、“更要善于创新”

百年以前，马克思提出了现实自然的本质是“人化的自然”，可以说是完成了一

[1] 《邓小平文选》第3卷，第51页。

场哲学革命。在那里，不能只有社会发展进步过程中的“规律论”、只有经济基础与上层建筑、生产力与生产关系的“矛盾论”，而极大地忽视了“人”作为“类”的主观能动作用，尤其是忽视了“个人”在社会历史发展中的意义。

显然深圳的发展源于邓小平理论，那么邓小平理论又源于何处呢？可以说，没有中国“文化大革命”的沉痛教训和惨重的灾难，没有世界近30年来技术革命与制度变迁，也就没有邓小平理论本身。

邓小平理论就是来源于对“空想”与“专断”的彻底批判，来源于对历史的理性反思与自我否定，来源于对实践的真实考察与深刻了解，来源于对人民的广泛接触与真诚的关切，也来源于他能够面向世界、求真务实的大智慧、大胸怀。邓小平曾这样对深圳说：“我是帮助你们，支持你们的，在确定方向上出了一点力。”回首20年，无论是1984年的结构调整，还是1986年的经济转型；无论是1989年的顶住压力，还是1992年的性质判断；无论是1994年的反腐倡廉，还是1996年的高新技术：每当深圳发展的转折关头，不是别人，正是邓小平，或者力挽狂澜、转危为安，或者一言九鼎、大辂椎轮。

其实，任何良好的社会设计使命，都不在于个人先验的天才的构想，领袖的魅力并不在于他们自己有什么发明与创造，而在于他们能够及时地发现、积极地支持、充分地总结，尤其是热情地推广人民群众的伟大实践。这才是正确的历史哲学观。否认了这一点，也就不仅会导向庸俗自然论，而且还会进入彻底的唯心主义。

毫无疑问，任何一个人都要受到时代的限制、个人知识的限制。显然，邓小平在批判“两个凡是”以后，也绝不希望，更不愿意看到他所热爱的人民会在他的理论上，尤其在他的思维方式上，倒退一大步，凡事由他一言定谳。

“曾因酒醉鞭名马，生怕情多累美人。”深圳的精神是伟大的，深圳的成就是辉煌的。

但是：第一，深圳绝不是什么“样板”、“典型”、“标准件”，深圳不可能永远做“经验批发商”。深圳仅仅是一个20岁的孩子，人们不可能赋予给一个新兴城市那么多的历史使命。第二，特区的发展不仅有理论的指南，不仅有内在的需求，也有外部环境的造就，它是中国社会综合因素的历史产物（如无历史包袱的“增量先改革”，靠近香港便于走近国际惯例，税收的优惠能迅速形成原始积累）。所以，无论它所形成的什么样一个普遍性的教训，对于其他的任何一个地方来讲，都必须去适应自己的特殊的市情与省情。

货币瓦解公社，网络崩溃极权，经济的发展最终决定着社会的进步。“精神文明说到底是从物质文明来的”[1]，邓小平表达的这一朴实的真理在深圳已经得到历史与现实，充分而真实的验证。

邓小平理论既有丰富的体系，又是正确的指南，所以我们既不能宣称邓小平理论在深圳全都得以实现，更不能声明深圳的每一项具体改革措施都属于并符合邓小平理论。我们坚信，随着经济特区的进一步发展，对于在实践邓小平理论过程中，深圳人还没有去做、没有做完、没有做好的一系列事情，如能上能下的民主政治、公开公正的监督机制、现代和谐的人与自然……都像一副沉重的担子重重地压在深圳人肩上。几个官员落马，若干大亨入狱，清晰地折射出邓小平“一手抓改革开放，一手抓打击各种犯罪活动”[2]教导的震撼与英明。可以说深化改革，扩大开放，早日走出双重体制的胶着与折磨，显然，深圳也和全国一样，还有一段相当遥远的路。

应该说，面对全国结构调整、产业升级的新形势，面对上海浦东全面的大开发，要圆满地完成以江泽民为核心的第三代集体领导所赋予的深圳“率先基本实现社会主义现代化”神圣新使命，深圳人的忧患意识就使自己注定永远不会那么轻松与潇洒。

（《中国经济特区史略》序言，2000年）

[1] 《邓小平文选》第3卷，第52页。
[2] 同上，第378页。

改革开放是第一法宝
——为纪念中国改革开放30周年而作

苏东斌

在中国改革开放的蓝图上，还没有哪一座新兴城市能够像她那样对全国产生着巨大影响，并引起世界的广泛瞩目，她就是中国经济特区的典型——深圳。

一、毫不动摇地走市场经济之路

“黄沙百战穿金甲，不破楼兰终不返。”

请看今日的深圳：30年来深圳的GDP获得年均14.5%高速增长[1]，总量已经在2007年增长到6765.41亿元，增长率14.7%[2]，连续20年在全国大中城市中稳居上海、北京、广州后的第四位，超过了一个中等发达省份的规模。2007年全市财政收入为2770亿元，其中地方一般预算内财政收入在2006年突破500亿元大关后达到了658.06亿元，增长31.5%，上缴中央收入也在2006年首次突破1000亿大关后再破2000亿大关，达到了2112亿元，增长78.9%。2007年人均GDP首个突破1万美元的城市，达到10628美元，居全国大中城市第一，也是内地首个人均过万美元的城市；城市登记失业率控制在2.29%较低水平,2007年人均可支配收入2487元，近年增长7.5%，名列“2006年中国城市生活质量排行榜”第一位。[3]30年过去了，深圳由一个人口不足3万的小渔村发展成人口1400万的富裕、美丽、清洁的城市。

[1] 深圳市国民经济与社会发展“十一五”规划。

[2] 2008年深圳市政府工作报告。

[3] 同上。

这些耀眼的数字虽然足以展示辉煌的成就，但是，深圳的最主要的贡献既不是已经上缴了多少税收，也不是支援了多少贫困地区，而是她创造了一个崭新的体制——社会主义市场经济体制，形成了一种崭新的精神——敢闯敢冒的创新精神。

胡锦涛曾庄重地断言：事实雄辩地证明，改革开放是决定当代中国命运的关键抉择，是发展中国特色社会主义、实现中华民族伟大复兴的必由之路；只有社会主义才能救中国，只有改革开放才能发展中国、发展社会主义、发展马克思主义。[1]

对全国是这样，对深圳更是这样。

在这里，邓小平曾告诉世界："办特区是我倡议的，中央决定的。"[2]（1984 年 1 月 24—26 日在深圳）毫无疑问，邓小平的初衷绝不是简单地立足于中国南方一个小镇的发展前景，深圳是作为中国市场经济体制的"试验基地"而创立、是作为中国改革开放的特殊"窗口"而存在的，它的"辐射"与"带动"功能要影响整个中国。所以，观察深圳，也就是在探索中国经济如何从计划经济体制向市场经济体制的转型模式；解读深圳，也就是在剖析世界如何使一个普遍贫困的小村镇迅速走向共同富裕的现代化发展路径。这样，历史所赋予深圳的神圣使命就是作为改革开放初始阶段的"突破口"，而充当起"试验区"和"排头兵"两大角色。

想当初，虽然有邓小平创作的"春天的故事"，但是无法一一确定具体的指南。一切不仅都在"摸着石头过河"，而且还可能时时承担着丢职罢官的政治风险。可以说，在改革开放的征途上，深圳今天的繁荣就是深圳人自己一步一步干出来的。

深圳人慢慢地体会到：所谓"改革"，其实质就是对教条化的马克思主义的批判，对传统计划经济体制的批判，对社会主义市场经济的确认；而所谓"开放"，其实质则就是对当代资本主义社会的再认识，对人类一切共同文明的创造性吸收。

毫无疑问，一条中国现代化之路一定要显示出民族特色与反映出历史阶段性来，我们强调"中国特色"就是要说明它的民族性、地区性、国家性；我们指出"初级阶段"，又是要表示它的时代性、后进性和渐进性，没有了这两点，当然也就没有了中国现代化每一个过程的出发点和落脚点。但是，无论这种特色"特"到什么程度，也

---

[1]　胡锦涛：《高举中国特色社会主义伟大旗帜　为夺取全面建设小康社会新胜利而奋斗——在中国共产党第十七次全国代表大会上的报告》。

[2]　田炳信主笔：《广东改革开放口述实录》，广州出版社 2004 年版，第 3 页。

不管这种“发展阶段”进入到哪一时期，现代化道路一定有它的“本色”和“同质”。所谓“中国特色”只能“特”在形式上，而不是“特”在内容上，只能“特”在发展道路上，而绝不是“特”在发展目标上。我们在说明“中国特色”时，应强调创造性吸收“人类文明”，而在确认“初级阶段”时，则更强调体现时代性的“国际惯例”。我们决不能以“中国特色”来拒绝由“本色”所带来的规范要求，更不能用“初级阶段”去否定本来应当实现的各种现代化进程。

这样，我们在强调“中国特色”的同时，必须清醒地认识到，努力吸收人类所创造的一切物质文明、精神文明、政治文明的果实与营养，这不仅反映了我们的胸怀，更反映了我们的聪明与智慧。因为从实践的意义上讲，更多的东西是“利与弊”，而不是“是与非”。许多东西并非都一定要兵戎相见，更多的则可以融会贯通。我们决不赞同当年“师夷长技以制夷”的狭隘民族主义观念，决不赞同“中学为体，西学为用”的现代化蓝本，而是要在经济全球化、区域化中积极参与国际分工。开放也一定包括心态的开放与平和。所以，经济、政治、文化之间既不可能视同秦越，也不应当以李代桃。

邓小平在审阅十四大报告中的核心思想即经济体制改革的目标是建立“社会主义市场经济”时，曾斩钉截铁地说“深圳就是社会主义市场经济”。[1]

对于确立“社会主义市场经济”的这一改革目标，既不是当年那种颇有影响的传统社会主义（苏联模式）加上市场因素的“兰格模式”，也不是再来一场“中学为体，西学为用”第二次“洋务运动”，更不是使现代经济加上传统政治、文化，从而在社会的统一体中还能够长期共存的另一种状态的“一国两制”。而是从对传统社会主义的质疑开始，经过全面而彻底的改革，从经济基础到上层建筑都将发生根本性的变化，最终实现从体制改革到制度创新的“第二次革命”。

集 30 年的曲折而光辉的实践，完全可以说，毫不动摇地走市场经济之路，这就是深圳的基本路线，这就是深圳的基本经验，这就是深圳的基本价值观念。

今天，可以当之无愧地回答，深圳已经圆满完成了历史所赋予她的改革开放初期的“试验场”和“排头兵”的神圣任务。

---

[1] 《邓小平年谱（1975—1997）》下册，第 1374 页。

二、创新是市场经济的灵魂

"闲云潭影日悠悠，物换星移几度秋。"

特别值得强调的是，深圳在创造崭新体制的同时，也形成了自己特有精神。

当年，邓小平曾精辟地总结说，"深圳的经验就是敢闯"[1]。我以为其实也就是一种创新精神。

人们忘不了深圳，它有1979年第一个引进香港外资兴办的来料加工、以进养出的威丝厂企业；它有1981年首推的基建工程招标制度；它有1983年向社会公开发行的全国第一张宝安联合投资公司的股票；它有1985年在中国开设的第一家外资银行——香港第一银行汇丰银行深圳分行；它有1987年全国第一个土地使用权的拍卖会；它有1987年开业的全国第一家由国家、企业、私人三方合股的股份制商业银行——深圳发展银行；它有1985年成立的全国第一家证券公司——深圳经济特区证券公司；它有1999年开始举办的第一个国家级首届中国国际高新技术成果交易会；它有2004年开始举办的第一个国家级首届中国国际文化产业博览交易会……

这就是深圳的创新，也就是市场经济的奇迹。

160年前，马克思在《共产党宣言》中批判资本主义的同时，以一种甚至连资产阶级自己都没有的热情，不吝篇幅赞扬了资产阶级取得的政治、经济、文化和科技成就："资产阶级在历史上曾经起过非常革命的作用"，资产阶级"第一个证明了，人的活动能够取得什么样的成就"，"资产阶级在它的不到一百年的阶级统治中所创造的生产力，比过去一切世代创造的全部生产力还要多，还要大"。[2]这些赞誉之词，使得资产阶级自己对自身的辩护都显得苍白无力。

那么，到底为什么市场经济能够发生如此巨大的创新的奇迹？

深圳人高度认同在市场经济中所蕴涵的创新观点：

第一，利益是原始动力。"利润是大多数生产者为了更有效地满足他们不认识的人们的需求而需要的唯一东西。利润是他们进行搜索的一种工具——仿佛士兵或猎人、海员或飞行员手里能够扩展他们视野的望远镜。"[3]

---

[1] 《邓小平文选》第3卷，第372页。

[2] 《马克思恩格斯选集》第2版第1卷，第274、275、277页。

[3] 《致命的自负》。

第二，价格是信号指引。“价格充当了一种指南、一种信号，它引导我们利用我们根本就不相识的人们的力量和天赋，去满足这些我们一无所知的人们的需求。价格是实现经济活动协调的信号。”[1]

第三，竞争是市场压力。“市场经济可以有效地被看作是一部机器，这部机器的主要产品就是增长。典型的市场经济与所有其他经济体系最鲜明的差别就是它存在的压力迫使企业强制性不断地进行创新，因为创新对许多企业而言是生死攸关的。在经济的关键部分，竞争的主要武器不是价格，而是创新。与此同时，一家创新企业可以通过以合适的价格将其专利技术许可他人使用来获得利益，从而导致企业之间在传播最新技术方面进行广泛的合作，而这又将在更大的范围内加速原有产品和生产流程的更新换代。”[2]

历史的教训值得记取。

对于计划经济时代的苏联，执政8年的俄罗斯总统普京曾这样判断：“苏维埃政权没有使国家繁荣，社会昌盛，人民自由。用意识形态的方式搞经济导致我国远远落后于发达国家。无论承认这一点有多么痛苦，但是我们将近70年都在一条死胡同里发展，这条道路偏离了人类文明的康庄大道。”[3] 而面对今天的俄罗斯向市场经济转型，胡锦涛主席则给予了权威性阐述：“中国政府和中国人民高度评价普京总统为中俄关系发展作出的突出贡献。普京总统执政以来，俄罗斯社会政治稳定，经济快速增长，人民生活不断改善，综合国力显著提升，在国际和地区事务中发挥着越来越重要的作用。作为友好邻邦和战略协作伙伴，中国人民为俄罗斯人民取得的显著成就感到由衷的高兴。”[4]

所以说，市场经济是人类社会一个伟大的发明，是现代人类文明的重要组成部分，而一切历史又都是精神史，通过对深圳人在市场经济中的种种创新精神分析，就可以解破深圳发展奇迹的全部密码。

三、以深化改革来全面推进深圳的基础性制度建设

“君不见，黄河之水天上来，奔流到海不复回。”

[1] 《市场的首先准则》。

[2] 《资本主义的奇迹》，中信出版社2005年版。

[3] 普京：《世纪之交的俄罗斯》，《北京日报》2008年1月21日。

[4] 《人民日报》2008年3月17日。

经济特区的本义是实行特殊优惠政策地区。一旦中央收回了特殊政策，特区的性质也就发生了根本性的变化了。即便还叫特区，也仅仅是具有历史与象征意义。今天“特区”的概念已经由实体转化为精神了，而这一精神的核心就是勇于创新。

深圳人清醒地认识到，仅仅是一个经济特区，而不是政治特区、文化特区、社会特区。仅仅靠经济特区，实现不了全面的现代化。同时任何一个特区都不再具有试验的垄断权。也正是从这个意义上讲，中央不仅希望深圳，同时也要求上海、北京实现几个“率先”与做出“示范”。所以，多年来我一直说，深圳并不能当什么“经验批发商”，深圳人自己也从来没有好为人师的品格。况且任何经验都有边界，它总是特定时空和特定文化背景下的产物，只有创新的精神才能穿越历史与未来。深圳人今天所追求的早已不再是对“特殊政策”的什么乞求，而是在现代化道路上如何走得更好更快。

在这里，要从务虚到务实两个方面去考量，把改革的重心全面转向强化深圳的基础性制度建设。

第一，从根本上消除束缚生产力发展的思想性障碍。

人们不时地想起小平同志在1980年的一段著名讲话：“近30年来，经过几次波折，始终没有把我们的工作重点转移到社会主义建设这方面来……现在要横下心来，除了爆发大规模战争外，就要始终如一地，贯彻始终地搞这件事。”当时强调不受干扰，他还说了一句话：“我要买两吨棉花，把耳朵塞起来。”[1]

深圳人牢牢记住他那“发展才是硬道理”[2]，“不搞政治运动，不搞形式主义，领导头脑要清醒，不要影响工作”[3]这样一些谆谆教导，排除了外部和内部的一切干扰，从一般意义上的体制改革到深层次的制度创新，探索着自己的道路。

比如紧紧把握社会主义、马克思主义的最高命题。

这样，既不能仅仅从马克思主义的创始人那里的早期、中期、晚期的文本中去寻章摘句来自己勾画出基本原理，也没有必要从它们矛盾着的不同论述来演绎出自己总结的基本原理，而应当从马克思主义的灵魂中，核心价值的内容中去总结出基本原理，如建设“自由人的联合体”，追求“人的全面解放”等等根本价值和最高命题。

---

[1] 《北京日报》2008年6月3日。

[2] 《邓小平文选》第3卷，第377页。

[3] 周虎城：《邓小平南方谈话中未见报的两句话》，《南方日报》，转引自人民网“时政”栏目，2008年7月25日（http://politics.people.com.cn/GB/30178/7563984.html）。

即使我们真的有一天在文本中发现了马克思说过“中国在社会主义初级阶段可以搞市场经济”这句话，也没有必要从这里来证明我们今天所做的一切就是在坚持马克思主义；同样，尽管我们从文本中反复看到“未来社会就是要消灭商品”，也不能说明我们今天搞的市场经济就是反对马克思主义了。

在这里，主要的还不是一个能否与时俱进的发展与开放问题，而是一个寻找与坚持马克思主义整体学术灵魂、核心价值问题。

深圳人明白，执政的共产党人的所作所为，归根到底就是为“人的自由而全面的发展”，提供政治、经济和文化的保障，就是最大限度地有利于“人的自由而全面的发展”。地方政府应当通过各种具体的制度安排，最大限度地去增进广大人民群众的经济、政治和文化利益。

经过 30 年的伟大实践，深圳人逐步认识到，当宪法确认对私有财产同样神圣不可侵犯而予以平等保护时，当党章规定可以吸收优秀私营企业家入党时，当我们的纲领从“消灭私有制”到“毫不动摇鼓励支持、引导非公有制经济发展”、“创造条件让更多群众拥有财产性收入”时。今天的社会主义已经不是传统意义上的社会主义，今天的共产党也还处在自身的发展变化中。

显然，我们既不能把计划经济的基础当作社会主义的基本制度来加以肯定，也不能把人类社会的普世价值当作西方经济的自由主义来加以批判。我始终认为，市场经济的运行决不能建立在计划经济的基础之上，发达国家的市场经济政策也不能完全套用到发展中国家来。显然这种结合本身就有巨大的探索空间。

而对于两者结合的基础，马克思一直认为财产权是人的自由全面发展的前提条件。深圳人切实体会到，形成财产性收入是实现市场经济的基础性制度。

经过 30 年的发展，深圳的所有制结构已经呈现出党的十七大所要求的平等竞争、一视同仁共同发展的良好状态。

第二，高度关注城市综合竞争力。

现在，中国经济发展的推动力已经主要由中央的统一动员转向了地方竞争。地方分权式的改革不仅把国有制企业划为一个个相对小而独立的公有经济体，而且把地方政府的首要目标都变成发展经济本身，把书记市长也都在实际上变成地方大公司的董事长和总经理。因此导致了城市地区间的竞争，从而刺激整体经济的发展。同时，知识经济浪潮的推动，全球化的深入，让全球经济活动越来越集中在几个主要的市场上展开，大城市及以其为核心的城市带、城市圈成为了竞争的主战场。

像深圳这样的城市也开始焦虑，担心失去30年来形成的竞争力，寻找新的经济增长点到底在哪里，担心商务成本、生活成本太高，会留不住企业、留不住人才。对此，深圳领导者近年来在不同场合不断强调深圳要面向发达国家，面向先进城市，密切深港关系，其关键因素在于加快转变经济发展方式。可以说，这是一个有眼光、有智慧的战略安排。

专家分析，20世纪初，一些传统的要素如港口吞吐能力和制造能力往往被用来描述机会城市；到了21世纪，这些因素尽管也重要，但是已经让位给一些技术要素，以及包括多样性在内的文化要素。智力资本、技术智商与创新、交通设施、人口优势、金融实力、生活方式资产、安全保障、宜商便利等等。[1]

毫无疑问，深圳在追求着自己的特色，但是，只有把“特色”和“先进性”结合起来，才能具有真正的优势。

显然，无论是土地制约还是人口剧增都使深圳的未来发展遇到了显性化困境和扩散化的不确定性，通货膨胀、油价高企……新的经济发展方式的确立，其核心问题则是从根本上纠正它的系统性扭曲的价格体系，切实建立起反映市场供求，反映资源稀缺，尤其是反映深圳的劳动价格、人才价格、土地价格及污染损失成本的价格形成机制。[2] 而市场价格的前提则又是现代企业制度的建立，使企业真正成为自主经营、自负盈亏的独立实体。

深圳的企业如华为、中兴等都是按照自己的比较优势选择了发展战略，在这个过程中，不断提高要素禀赋结构。在没有政府保护补贴而又要在竞争的市场中获得盈利，企业就必然要选择符合本地、本企业比较优势的产品和产业。这样，深圳的企业就结合自己的相邻港澳的区位优势、吸引全国乃至世界的人才优势创造了现代企业制度中企业的内生能力。于是在高新技术领域形成了著名的“四个90%以上”的格局，即90%以上的研发机构设立在企业，90%以上的研究开发人员集中在企业，90%以上研发资金源于企业，90%以上的职务发明专利出自企业。正是因为企业本身具有了卓越的适应现代市场经济的内生能力，才涌现出诸如华为、中兴程控交换机等一些世界名牌产品，国家没有给华为一分钱，但仅2007年华为就上缴税金49亿元，解决了近

[1] 《文汇报》2008年6月22日。

[2] 《第一财经报》2008年6月17日。

7万人就业。[1] 而深圳政府则尽量减少行政干预在扶持中小企业时又力求实现“上市零成本”，用收购的方式去储备土地，用加快完善产权保障体制的建设去创造深圳自己更多的名牌。尤其是深圳坚持通过技术提高和生产率上升去实现自身产业的高附加值化。所以，提高城市经济竞争力的关键是政府创造充分条件培养出一大批国家级，乃至世界级的有实力、有前途的市场经济的主体——企业及其企业家阶层，尤其是民营企业家阶层。企业家阶层始终是深圳经济的基本面。

深圳人清醒地认识到，尤其要强化自己的城市文化力。

因为在知识经济时代中，无形资产逐渐成为城市价值的重要成分。它通过知识资本、认知能力、想象力、创新能力和研究能力等来创造价值。最核心的指标就是智力资本、技术智商与创新、金融影响力、生活方式资产等。无形资产越丰富的城市，其对全球化企业的吸引力更大。[2]

深圳人明白，仅仅制度建设还是不够的，必须同时着眼于人文建设，即“软权力”——“心”的建设。因为说到底还是人的行为本身最终决定了制度建设。在物质需求渐有压倒一切之势的今天，文化绝不能成为商业的附庸。即使在文化中也不能思想淡出，利益突显。就教育体系与结构来讲，深圳仅有一所综合性大学——深圳大学，这不仅与国际性大城市的最低需要不相适应，而且也远远落后于深圳本身的经济发展水平。可是，文化的实力是借不来的，更是买不来的。有人说，资产阶级可以在一夜之间攻下巴士底狱，但是，至少还需三代才能成为贵族。第一代被称为暴发户，第二代学弹钢琴，第三代才仿佛有些优雅。如果其中有一代自甘堕落，那就前功尽弃，需要从头开始。可见文化建设（包括经验深度、思想深度、文化深度）有一个漫长的培养过程。我想，30年内可以建成现代化的一座座摩天大厦，但至少还需30年才能构建起支撑它的文化底蕴。这正是“随风潜入夜，润物细无声”。

深圳人深知经济社会发展的根本动力是人、是人的根本利益。因此要强化城市的文化力，一个重要文化观念是妥善处理所谓平等与效率的关系，从而有利于构建经济制度的利益基础。

当年，马克思恩格斯在《共产党宣言》中对于社会主义和共产主义运动中“粗陋

---

[1] 《社会科学报》2008年6月19日。

[2] 《文汇报》2008年6月22日。

的平均主义”和“粗陋的共产主义”给予过严厉的批判。[1]

如果说全面发展是执政兴国的第一要务，那么收入上的差距就是激励效率的市场杠杆。可以说，没有适当差距就没有市场，没有适当差距就丧失了活力。而效率正是提高全社会经济总水平的基本保障与前提条件。就是说，没有了效率也就根本谈不上什么经济平等与社会和谐。

面对深圳居民收入的总水平，深圳的领导者不是一般地反对收入差距，只是从提高劳动收入、安排社会保障系统、打击非法收入上去调节，尤其在加强法治建设反对腐败上大做文章。深圳政府强调尤其要防止利用公共权力、公共资源为个人获利，特别防止利用某种垄断优势去扭曲市场，使公权与利益走向部门化、集团化、个人化。因为在转型时期已经在一定程度上形成了一个特殊利益阶层。它的特点是：他们并不迷恋计划经济时代的一切，因为那意味着他们将失去30年来所积累起来的财富，同时，他们更不希望改革的深化与开放的扩大，因为那意味着他们将失去现有各种特权。在胶着的环境中，主张“维持现状”构成了他们的特有的基本情绪。深圳正以强化产权界定从而减少交易费用的代价。

古希腊哲人亚里士多德反复指出，一个城邦中，必然有一些是富人，有一些是穷人。而城邦作为公共的“共同财产”，必须把两者共同组织进城邦的优良秩序中。组织的途径就是“共和”。他还认为，“唯有以中产阶级为基础才能组成最好的政体”。近代以来的民主制的安排中，人头和财富可以各自发挥作用，既同时表达，又相互制衡。共同推进社会、国家的公共利益。[2] 所以，深圳从不以激情高于理性去抢占道德制高点，更断然拒绝煽动穷人造反的蛊惑情愫，而是大力建设“橄榄形社会”。力求做的是使地方上改革成为某种帕累托改进，而不是发动一场剥夺既得利益的革命。因为和谐最关键的是利益关系的和谐，而解决利益均衡的关键又在于不同的利益主体能够在一个制度的框架下进行利益博弈。承诺充分容忍合法的反对意见，正确处理正当的利益诉求，从而疏导怨气，回应情绪。期待深圳社会高层次的和谐早日到来。[3] 显然，这种意旨和境界具有极大的弹性与暗示力。

青山有穷，白云无尽。

---

[1] 《马克思恩格斯选集》第1卷，人民出版社1995年版，第303页。

[2] 秋风：《贫富共同：妥善安排穷人与富人关系的惟一出路》，《南方周末》2008年4月1日。

[3] 孙立平：《和谐社会最关键的是利益关系的和谐》，《半月谈》2006年7月。

深圳不仅是深圳人的深圳，也是广东人的深圳，更是全国人民的深圳。深圳正以感恩的回报展示着自己的力量和爱心，以持续的创新面对着新的机遇和挑战。

30 年改革开放的伟大实践，深圳虽然圆满地完成当初的历史使命，但是，既不能说深圳经济体制改革的任务已经完成，下一步所要进行的就是政治经济体制改革了；更不能说深圳改革的任务已经完成，下一步所要进行的就是集中力量搞发展了，这不仅是因为从某种意义讲上，就连深圳的国企改革也才刚刚破题，而且全面改革的布局更是远远没有真正展开。发展中的深层次矛盾与问题更是需要而且只能用改革开放的深化来解决，改革开放对于中国来讲，是关键抉择。对于深圳来讲，更是第一法宝。深圳还是要无所避讳、不惮尖锐、带着问题意识、抱有忧患之心，以改革求发展的迅速、以改革求民生的提升、以改革求社会的和谐、以改革求进步的持续、以改革求大局的稳定。

“只有观念才能够打败观念”，深圳人不但看到观念传播在决定舆论中的巨大力量，更重要的是坚信只要作出持之以恒的努力，“昨天的异端会成为明天的信条”。

（本文发表于《深圳特区报》2008 年 7 月 28 日理论版）

参考文献

1. [印度] 阿玛蒂亚 ·森：《以自由看待发展》，中国人民大学出版社 2002 年版。

2. [英] 艾泼斯坦：《哈耶克传》，中国社会科学出版社 2003 年版。

3. 宝安县地方志编纂委员会编：《宝安县志》，广东人民出版社 1997 年版。

4. [美] 鲍莫尔：《资本主义的增长奇迹》，中信出版社 2004 年版。

5. [美] 本尼迪克特著，张燕、傅铿译：《文化模式》，浙江人民出版社 1987 年版。

6. 卞苏徽等著：《走向现代化的行政改革：深圳政府体制改革创新之路》，国家行政学院出版社 2000 年版。

7. 薄一波：《若干重大决策与事件的回顾》（上），中共中央党校出版社 1991 年版。

8. 曹新：《调整收入分配格局乃当务之急》，《深圳特区报》2010 年 3 月 16 日。

9. 陈锦华：《国事忆述》，中共党史出版社 2006 年版。

10. 陈可焜：《香港经济与内地经济的融合——香港经济的又一种转型》，《特区经济》2003 年第 6 期。

11. 陈乐群、李必豪：《汕头经济特区的实践与启示》，《2008 年中国经济特区论坛：纪念改革开放 30 周年学术研讨会论文集》。

12. 迟福林：《收入分配改革：关键时期的关键改革》，《学习时报》2010 年 3 月 15 日。

13. [美] 丹尼 · 罗德里克（Dani Rodrik）著、张军扩等译：《相同的经济学，不同的政策处方：全球化、制度建设和经济增长》，中信出版社 2009 年版。

14. [英] 戴维 · 皮林：《香港人的“笼居”》，英国《金融时报》2010 年 3 月 25 日。

15. 戴志勇：《互联网文化弥足珍贵》，《南方周末》2010 年 4 月 1 日。

16. 《邓小平年谱（1975—1997）》（上），中央文献出版社 2004 年版。

17.《邓小平年谱（1975—1997）》（下），中央文献出版社2004年版。

18.《邓小平文选》第2卷，人民出版社1994年版。

19.《邓小平文选》第3卷，人民出版社1993年版。

20. 范尚祎：《失业问题的根源》，载《金融管理局季报》2004年6月号。

21. 方兴业：《法规基石铺设繁荣发展路——深圳市人大及其常委会15年立法纪实》，《深圳特区报》2007年7月24日。

22. 冯金灶：《深圳经济特区农村城市化的实践与思考》，《特区理论与实践》1998年第5期。

23. 关浣非：《经济结构变化与都市经济增长》，吉林人民出版社2000年版。

24. [奥地利]哈耶克等：《知识分子为什么反对市场》，吉林人民出版社2003年版。

25. 何成颖：《市场经济下特区经济模式的选择》，《生产力研究》1992年第2期。

26. 胡德平：《保持历史的记忆力》，《经济观察报》2010年3月19日。

27. 胡利民、崔美荣：《国家级综合配套改革实验区审批的新动向》，《今日中国论坛》2009年第1期。

28. 胡兆量主编：《中国区域发展导论》，北京大学出版社2000年版。

29. 黄桂田、尹志锋：《工资增长机制及相关影响因素分析——基于珠江三角洲和长江三角洲的面板数据实证》，《财贸经济》2009年第9期。

30. 金玲、熊哲文：《完善以民生为重点的特区立法体系》，《特区实践与理论》2007年第6期。

31. 金碚主编：《中国企业竞争力报告（2007）》，社会科学文献出版社2007年版。

32. 景维民：《转型经济学》，南开大学出版社2002年版。

33. 康殷：《1982年先解决造梦者的吃饭穿衣问题》，《南方都市报》2010年3月11日第SA48版。

34. 孔泾源：《中国综合改革试验三十年》，《瞭望新闻周刊》2008年第10期。

35. 雷斌、袁峻、吴章敏：《广东地方立法30年回顾与展望》，《广东法治30年》，广东省人民出版社2009年版。

36. 李炳炎：《卓炯学说及其在社会主义经济理论史的地位》，《学术研究》2008年第1期。

37. 李德顺：《当前的价值冲突与主导价值观到位》，《学习时报》2010年3月29日。

38. 李莉、安筱鹏：《华为公司自主创新的实现路经及经验启示》，《高科技与现代化》2008年7月。

39. 李荣光：《开荒牛的脚印——忆梁湘在深圳三、五事》，《深圳文史》（第2辑），2004年。

40. 李罗力：《对我国综合配套改革试验区的若干思考》，《开放导报》2006年第5期。

41. 李南玲：《社会主义市场经济造就了深圳——深圳市场经济建设探访录》（上），《瞭望》1993年第34期。

42. 李醉吾：《深圳经济特区体制改革的回顾》，《经济特区的建设》，中国文史出版社2009年版。

43. 李佐军：《“现代法治市场经济”是改革的重要方向》，《浙江经济》2009 年第 12 期。
44.[美] 刘海善：《中国经济特区——从深圳到上海的特区政策变迁与现代化新路径》（中文版），上海人民出版社 2008 年版。
45. 马国川：《科尔奈：中国改革再建言》，《财经》2010 年 3 月 29 日总 260 期。
46. 马国川：《罗征启：大学里不能没有故事》，《经济观察报》2009 年 3 月 9 日。
47. 马江河：《“海南现象”的初步思考》，《深交所》2005 年 3 月号。
48. 梁小萌：《从政策开放到规制开放——加入 WTO 后中国对外开放模式的转变》，《探求》2001 年第 6 期。
49. 梁小民：《革命尚未成功》，《读书》2008 年第 11 期。
50. 刘国光：《关于社会主义市场经济理论的几个问题》，《经济研究》1992 年第 10 期。
51. 卢荻：《习仲勋与广东反“偷渡外逃”》，《百年潮》2007 年第 10 期。
52. 毛泽东：《读“大封建”论呈郭老》（1973 年），见《毛泽东诗词选》，红旗出版社 2002 年版。
53. 倪鹏飞：《中国城市竞争力报告 No2：定位让中国城市共赢》，社会科学文献出版社 2004 年版。
54. 彭文生等：《失业问题的根源：近期发展与前景》，《金融管理局季报》2001 年 11 月号。
55. 秦蓁：《经济特区授权立法有关情况综述》，来源中国人大网 2009-04-14，http://www.npc.gov.cn/npc/zt/qt/dfrd30year/2009-04/14/content_1497664.htm。
56.《深圳市志：教科文卫卷》，方志出版社 2004 年版。
57. 深圳市人大常委会调研组：《进一步用好深圳经济特区立法权》，《特区实践与理论》2008 年第 5 期。
58. 沈德理：《改革开放初期省级经济特区与中央政府的一般关系及调整》，《新东方》2008 年第 12 期。
59. 宋海燕：《现代市场经济与中国法治基础建设问题的思考》，《开放导报》2004 年第 5 期。
60. 苏东斌：《市场经济体制对所有制结构的三大要求》，《经济研究》1998 年第 12 期。
61. 苏东斌：《人与经济》，北京大学出版社 2000 年版。
62. 苏东斌：《中国经济特区史略》，广东经济出版社 2000 年版。
63. 苏东斌：《中国经济特区发展中的理论问题》，《深圳大学学报》（人文社科版）2001 年第 3 期。
64. 苏东斌：《现代市场经济的心灵基石》，《学术界》2003 年第 5 期。
65. 苏东斌：《人与市场》，人民出版社 2005 年版。
66. 苏东斌：《公正创造和谐》，《广东社会科学》2005 年第 3 期。
67. 苏东斌：《人与制度》，中国经济出版社 2006 年版。

68. 苏东斌编：《当代中国经济思想史断录》，社会科学文献出版社 2009 年版。

69. 苏东斌主编：《中国经济特区前沿专题》，中国经济出版社 2000 年版。

70. 苏东斌：《中国经济特区发展与市场经济研究》，《中国经济特区研究》2008 年第 1 期。

71. 苏东斌：《中国经济特区的三大历史性贡献》，《中国经济特区研究》2009 年第 1 期。

72. 苏东斌：《历史的天空：读〈中国经济特区史论〉》，《学习时报》2009 年 11 月 16 日。

73. 苏东斌：《把改革推向深入是特区新使命》，《深圳特区报》2010 年 1 月 12 日。

74. 苏东斌、钟若愚主编：《曾经沧海——深圳经济体制创新考察》，广东经济出版社 2004 年版。

75. 谭刚：《深港合作的发展历程与总体评述》，《中央社会主义学院学报》2008 年第 2 期。

76. 唐任伍、马骥：《中国经济改革 30 年：对外开放卷（1978—2008）》，重庆大学出版社 2008 年版。

77. 陶一桃、鲁志国主编：《中国经济特区史论》，社会科学文献出版社 2008 年版。

78. 田炳信主笔：《历史不止一只耳朵（广东改革开放口述实录 1）》，广州出版社 2004 年版。

79. 田纪云：《改革开放的伟大实践——纪念改革开放三十周年》，新华出版社 2009 年版。

80. 田纪云：《万里：改革开放的大功臣》，《炎黄春秋》2006 第 5 期。

81. 田毅：《深圳，就是中国改革开放的一片试验田》，《第一财经日报》2008 年 7 月 18 日。

82. 魏礼群主编：《中国经济体制改革 30 年回顾与展望》，人民出版社 2008 年版。

83. 王成义、洪延青：《30 年"依法行政"在中央与地方立法框架下的实践——以深圳特区立法为基点》，《行政法学研究》2009 年第 3 期。

84. 王军：《可持续发展》，中国发展出版社 1998 年版。

85. 王峻岩：《"洋浦风波"的前前后后》，《经济特区的建设》，中国文史出版社 2009 年版。

86. 王硕：《1987—1994 年深圳经济特区的发展历程》，《中国沿海城市的对外开放》，中共党史出版社 2007 年版。

87. 王毅武、张芸：《海南省情再认识》，《新东方》2009 年第 8 期。

88. 文正邦：《论现代市场经济是法治经济》，《法学研究》1994 年第 1 期。

89. 吴敬琏：《从计划到市场——20 年经济改革的艰辛历程》，《北京观察》1999 年第 1 期。

90. 吴敬琏：《呼唤法治的市场经济》，三联书店 2007 年版。

91. 吴敬琏：《建立政治文明下法治的市场经济》，《比较》第 10 辑，中信出版社 2003 年版。

92. 吴晓波：《激荡三十年》，中国经济出版社 2008 年版。

93. 萧冬连：《试办经济特区的决策内情》，《党史博览》2008 年第 6 期。

94. 肖意、滑翔：《全力建设现代服务型政府》，《深圳特区报》2009 年 9 月 9 日。

95. 许涤新：《关于经济特区的几个理论问题》（1982.1），《中国经济特区年鉴》（创刊号）第

573—578页，香港中国经济特区年鉴出版社1983年12月。
96. 许清君：《浅谈深圳经济发展的基本经验及启示》，《大连干部学刊》1994年第2期。
97. 《习仲勋主政广东》，中共党史出版社2007年版。
98. 薛暮桥：《经济体制改革的若干理论问题》，《管理世界》1990年第5期。
99. 薛进军、园田正、荒山裕行：《中国的教育差距与收入差距——基于深圳市住户调查的分析》，《中国人口科学》2008年第1期。
100. 褚晓路：《特区立法权的创新特征和创制功能阐释》，《海南人大》2008年第5期。
101. 袁易明等：《资源约束与产业结构演进》，中国经济出版社2006年版。
102. 亚当·斯密著、蒋自强等译：《道德情操论》，商务印书馆1997年版。
103. 杨帆：《从生态经济学的角度解读中国的经济增长》，《改革与理论》2002年第9期。
104. 杨建：《七十年代末的广东反偷渡斗争》，《百年潮》2001年第4期。
105. 易纲、樊纲、李岩：《关于中国经济增长与全要素生产率的理论思考》，《经济研究》2003年第8期。
106. 于光远：《要给梁湘一个评价——〈梁湘传奇〉序》，《炎黄春秋》2006年第9期。
107. 于宏源：《发展型政府理论与香港实践》，《公共管理学报》2006年第3期。
108. 郑必坚：《中国的伟大新觉醒：解放思想、解放生产力》，《新华文摘》2008年第23期。
109. 郑凯捷：《从政策性开放到制度性开放的历史进程》，《世界经济研究》2008年第5期。
110. 周洁：《比亚迪：草根狂想曲》，《中国品牌》2010年第1期。
111. 郑智敏：《正确把握和行使经济特区城市“两个立法权”》，《中国工商管理研究》，2004年第9期。
112. 郑惠玉：《改革开放30年汕头经济特区若干重大问题的思考》，《2008年中国经济特区论坛：纪念改革开放30周年学术研讨会论文集》。
113. 张传宣、陈江：《海南大特区缘何大而不强：一再错失良机是海南特区建设最大的失误》，《瞭望新闻周刊》2003年第3期。
114. 曾培炎主编：《新中国经济50年》，中国计划出版社1999年版。
115. 张丰：《可持续发展中代际公平与折现率的经济学分析》，《经济科学》2002年第3期。
116. 张乐才：《我国居民收入差距形成的原因和对策》，《北方经贸》2004年第5期。
117. 张耀辉等著：《区域经济理论与地区经济发展》，中国计划出版社1999年版。
118. 张五常：《中国的经济制度》，中信出版社2009年版。
119. 周其仁：《中国经济增长的基础》，《北京大学学报》2010年第1期。

120. 中共中央党史研究室第三研究部编：《中国沿海城市的对外开放》，中共党史出版社 2007 年版。

121.《中共中央关于建立社会主义市场经济体制若干问题的决定》(1993 年 11 月 14 日)，载《十四大以来重要文献选编》(上)，人民出版社 1996 年版。

122. 中共广东省委研究室编：《广东改革开放决策者访谈录》，广东人民出版社 2008 年版。

123. 钟若愚：《基于物质流分析的中国资源生产率研究》，中国经济出版社 2009 年版。

124. 钟若愚：《深圳资源生产率的变迁及其影响》，《开放导报》2008 年第 4 期。

125. 钟若愚、阮萌：《解析香港经济转型中的结构性困境》，《开放导报》2004 年第 3 期。

126. 赵可全：《"新草根运动"——撕裂美国政治版图》，《世界经济》2010 年第 8 期。

127.《朱镕基答记者问》，人民出版社 2009 年版。

128. 朱德米：《经济特区与中国政治发展》，重庆出版社 2005 年版。

129.Allan, G. and Hanley, N. (2006), *The Macro-economic Rebound Effect and the UK Economy*, Report for DEFRA, May 2006.

130.Chow, G. C. (1993), *Capital Formation and Economic Growth in China*. Quarterly Journal of Economics, 108, 3, 809—42.

131.Dahlstr-m K and Ekins P. (2006), *Combining economic and environmental dimensions: value chain analysis of UK iron and steel flows*, Ecological Economics, Vol.58, Issue 3, 507—519.

132.Gollop & Swinand, (1998), *From TFP to Total Resource Productivity: An Application to Agriculture*. American Journal of Agricultural Economics 80, Aug 1998.

133.Helga Weisz, Willi Haas, Nina Eisenmenger, Fridolin Krausmann, Anke Schaffartzik, *Economy-wide Material Flow Accounts Resource Productivity*, European Commission, Eurostat, Luxembourg, June 2007.

134.C. A.Holz, (2006) *Measuring Chinese Productivity Growth, 1952—2005*. MimeoSocial Science Division. Hong Kong University of Science and Technology.

135.P.Krugman, 1994. *The myth of Asia's Miracle*. Foreign Affairs, 76 (3), 62—78.

136.J.V. Krutilla, 1967. *Conservation Reconsidered. American Economic Review 57* (4): 777—786.

137.Robert. E.Lucas, *On the Mechanics of Economic Development*. Journal of Monetary Economics, 22 (1988): 3—42.

138.Robert. E.Lucas, "Macroeconomic Priorities," *American Economic Review*, *American*

Economic Association, vol. 93 (1), pages 1—14, March, 2003.

139.*OECD London Group on Environmental Economic Accounting*. (2007), A Theoretical Framework for Material Flow Accounts and their applications at the national level, Volume II.

140.D.W.Pearce, (2001) *Measuring resource productivity*. Paper to DTI/Green Alliance Conference, Feb 2001.

141.Selin Ozyurt, (2007) *Total Factor Productivity Growth in Chinese Industry, 1952—2005*. Working Papers from LAMETA, Universtiy of Montpellier.

142.Sustainable Development Commission (2003), Redefining prosperity: Resource productivity, economic growth and sustainable development, SDC Report.

后记

这是一部献给中国经济特区成立30周年的学术专著，也是2009年广东省高校人文社科重点研究基地项目“中国经济特区的历史性贡献”和“深圳大学人文社会科学团队创新”项目（编号：09tdcx03）的最终成果。

我们由衷地感谢深圳大学副校长李凤亮教授、社会科学处长姜安教授，以及王瑜女士所给予的实质性的支持。

本书由苏东斌组织与统筹，其中“概述”部分由苏东斌执笔，“分论”的全部篇、章、节均由钟若愚执笔。

作者

2010年4月20日

深圳大学学术著作出版基金资助
Subsidized by Shenzhen University Foundation for the Production of Scholarly Monographs